# Y GEIRIADUR BACH
## *LE PETIT DICO*

**Ffrangeg – Cymraeg**
**Cymraeg – Ffrangeg**

**Linda Russon**

i

# Y GEIRIADUR BACH
# LE PETIT DICO

Argraffiad cyntaf: Hydref 1996
Ail argraffiad: Medi 1997
Trydydd argraffiad: Rhagfyr 1998
Pedwerydd argraffiad: Rhagfyr 2001
**Y Ganolfan Astudiaethau Addysg**
**Prifysgol Cymru**
**Yr Hen Goleg**
**ABERYSTWYTH, Ceredigion  SY23 2AX**

**ISBN 1 85644 970** X

**Aelodau'r Pwyllgor Monitro**
Jeff Greenidge ACAC
Meirion Davies, Prifysgol Cymru, Aberystwyth (Cyfarwyddwr/Golygydd)
Linda Russon (Awdur)
Glyn Saunders Jones (Cyfarwyddwr CAA Aberystwyth)
Steffan James AEM Abertawe
Gwyn Jones Ysgol Bro Myrddin, Caerfyrddin
Siân Davies Sparrow Ysgol Morgan Llwyd, Wrecsam
Bethan Powell Ysgol Glantâf, Caerdydd
Eurwen Booth CAA Aberystwyth (Cydlynydd)

**Clawr:** Richard Pritchard
**Golygu a chysodi:** Eurwen Booth

# Cynnwys

| | |
|---|---|
| Rhagair | iv |
| Y Patrwm Gramadegol | v |
| Diolchiadau | vi |
| Ffrangeg - Cymraeg | 1 |
| Cymraeg - Ffrangeg | 149 |
| Ymarferion defnyddio geiriadur | 291 |
| Cyfarwyddiadau i'r dosbarth | 301 |
| Tablau Berfau:- | 306 |
| Berfau rheolaidd -er; -ir; -re; atblygol | 306 |
| Berfau afreolaidd -er (*v*\*) | 307 |
| Berfau afreolaidd eraill (*v*\*\*) | 308 |

**Byrfoddau**

g = gwrywaidd
b = benywaidd
gb = gwrywaidd neu fenywaidd
ll = lluosog
ayb = ac yn y blaen
gw = gweler
*m* = masculin (gwrywaidd)
*f* = féminin (benywaidd)
*pl* = pluriel (lluosog)
*adj* = adjectif (ansoddair)
*v* = verbe (berf)
*v*\* = verbe (berf afreolaidd -er: gweler y Tabl Berfau, tud 307)
*v*\*\* = verbe (berf afreolaidd : gweler y Tabl Berfau, tud 308)

# Rhagair

Ymgais sydd yn y geiriadur hwn i gynnig Ffrangeg sylfaenol i ddisgyblion ysgolion uwchradd Cymru. Mae'n cynnwys geirfa sylfaenol, gyfoes ar gyfer gweithgareddau bob dydd, bywyd personol a chymdeithasol, a'r byd o'n cwmpas. Dyma'r meysydd profiad yr ymdrinnir â hwy yng nghyfnod allweddol 3 yn yr ysgol, ond wrth gwrs, maent yr un mor addas a pherthnasol i'r dysgwr sy'n gweithio gartref ar ei ben ei hun.

Ond nid rhestr geiriau yn unig sydd yma. Mae rhywfaint o wybodaeth ramadegol, sylfaenol ynghlwm wrth bob enw, ansoddair a berf Ffrangeg. Hefyd, mae rhai idiomau ac ymadroddion wedi eu cynnwys yn y geiriadur er mwyn rhoi ychydig o gnawd ar yr esgyrn sychion, fel petai.

Ni honnir ei fod yn eiriadur cyflawn ond gobeithio y bydd o leiaf yn rhoi'r dysgwr ar y trywydd iawn, ac yn hybu diddordeb yn yr iaith, trwy agor cil y drws ar ei chyfoeth a'i harddwch.

# Y Patrwm Gramadegol

Fel y crybwyllwyd yn y Rhagair, mae rhai o nodweddion gramadegol yr enw, yr ansoddair a'r ferf Ffrangeg wedi eu cynnwys yn y geiriadur.

Nodir cenedl pob enw (*m/f*), ac fe gynhwysir y fannod bob tro hefyd. Yn gyffredinol, y fannod amhendant (un / une / des) a geir, ond weithiau defnyddir y fannod bendant (le / la / l' / les) os yw hynny'n briodol, e.e. o flaen enwau gwledydd :- la France, *f* - Ffrainc (b). (Hefyd dangosir cenedl pob enw unigol Cymraeg) (g/b).

Mae ffurfiau lluosog afreolaidd i nifer o'r enwau Ffrangeg sy'n ymddangos yn y geiriadur, ac fe nodir y rhain i gyd, e.e. un cadeau, *m* (des cadeaux, *pl*).

Dangosir ffurf fenywaidd yr enw gwrywaidd yn Ffrangeg ac yn Gymraeg ble bynnag y bo modd, e.e. un champion, *m* / une championne, *f* - pencampwr (g) / pencampwraig (b).

Os oes ffurf fenywaidd afreolaidd i'r ansoddair Ffrangeg, e.e. doux, *m* / douce, *f adj*, yna fe'i nodir. Dangosir hefyd yr ansoddeiriau hynny nad ydynt yn amrywio o ran cenedl na rhif, e.e. marron, *adj* (byth yn newid).

Gyda'r berfau dangosir y berfenw bob tro, ond gan fod llawer o'r berfau Ffrangeg yn afreolaidd eu rhediad, fe gynhwysir nifer o'r ffurfiau afreolaidd yng nghorff y geiriadur er hwylustod i'r disgybl. (Ceir rhediad llawn y berfau yn y Tabl Berfau).

Wrth ymdrin â'r berfau, penderfynwyd ar y 'fformiwla' e(f)o (= ef / fe / fo / e / o) mewn ymgais i gyfleu'n gryno iaith y Gogledd ac iaith y De.

Weithiau ceir esboniad pellach mewn cromfachau sgwâr ar ôl y cyfieithiad, er mwyn dangos union gyd-destun y gair, e.e. une couchette, *f* - gwely (g) bync [ar long neu drên]

# Diolchiadau

Hoffwn ddiolch i bawb a fu ag unrhyw gysylltiad â'r geiriadur, boed hynny'n weinyddol, yn ymgynghorol neu'n dechnegol.

Diolch yn gyntaf i Mr. Glyn Saunders Jones a'r Ganolfan Astudiaethau Addysg am roi'r cyfle i mi i ymgymryd â'r project hwn, ac i Mr. Meirion Davies, cyfarwyddwr y project, am ei gymorth a'i gefnogacth.

Diolch yn arbennig iawn i Mrs. Eurwen Booth am ei holl waith ar y geiriadur. Diolch iddi am ei hamynedd di-ben-draw a'i dyfalbarhad, a hefyd am ei gwaith cywiro manwl a'i hawgrymiadau gwerthfawr.

Rwyf yn ddiolchgar hefyd i'r aelodau hynny o staff y Ganolfan a fu'n gweithio ar ochr dechnegol y geiriadur. Yn y cyswllt hwn, carwn ddiolch yn arbennig i Mr. Ian Lewis am ei waith rhagorol ar y cyfrifiadur.

Diolch yn fawr i chi i gyd.


Linda Russon                                                Medi 1996
Broseley
Swydd Amwythig

# FFRANGEG – CYMRAEG

| | |
|---|---|
| a (o **avoir**), *v*** | mae gan; mae ... yn cael |
| il/elle **a** (o **avoir**), *v*** | mae ganddo fe, fo / mae ganddi hi; mae e(f)o / hi'n cael |
| il y **a** | mae (yna); yn ôl |
| **à** | yn; i; at |
| **à l'aise** | yn gartrefol; yn gyfforddus; yn esmwyth |
| **à mon avis** | yn fy marn i |
| **à bas** | i lawr â |
| **à bientôt** | wela'i di / chi (cyn hir) |
| **à la campagne** | yn y wlad |
| **à côté de** | nesa at; wrth ochr; wrth |
| **à demain** | wela'i di / chi yfory |
| **à droite** | i'r dde; ar y dde |
| **à l'étranger** | (mewn gwlad) dramor |
| **à** *x* **francs** | yn costio *x* ffranc |
| **à gauche** | i'r chwith; ar y chwith |
| **à haute voix** | yn uchel [siarad] |
| **à** *x* **kilomètres** | *x* cilometr i ffwrdd |
| **à** *x* **kilomètres de** ... | *x* cilometr o ... |
| **à part** | heblaw am; ar wahân (i); o'r neilltu |
| **à peu près** | mwy neu lai; tua |
| **à plat** | fflat [teiar] |
| **à table** | wrth y bwrdd; (dewch) at y bwrdd |
| un **abbatoir**, *m* | lladd–dŷ (g) |
| une **abeille**, *f* | gwenynen (g) |
| un **abonnement**, *m* | tocyn (g) tymor; tanysgrifiad (g) |
| d' **abord** | yn gyntaf; yn y lle cyntaf; i ddechrau |
| un **abri**, *m* | cysgod (g); lloches (b) |
| un **abricot**, *m* | bricyllen (b) |
| s' **abriter**, *v* | cysgodi; llochesu |
| **absolu**, *adj* | pendant; diamod |
| **absolument** | yn hollol; yn gyfangwbl; yn ddiffael |
| **accepter**, *v* | derbyn; cymryd |
| un **accès**, *m* | mynediad (g); pwl (g) |
| **accessible**, *adj* | hawdd mynd ato / ati; o fewn cyrraedd |
| un **accident**, *m* | damwain (b); anffawd (b) |
| **accompagné de** | gyda |
| **accompagner**, *v* | mynd gyda; dod gyda |
| **accompli**, *adj* | wedi'i gwblhau / gyflawni |
| **accomplir**, *v* | cyflawni; cwblhau |
| d' **accord** | iawn; cytuno; o'r gorau |
| être d' **accord**, *v*** | cytuno; cyd–weld |

1

| | | |
|---|---|---|
| un | **accueil**, *m* | croeso (g); derbyniad (g) |
| un | **achat**, *m* | pwrcas (g); pryniad (g) |
| faire des | **achats**, *v*** | siopa |
| | **acheter**, *v** | prynu |
| un | **acteur**, *m* / une **actrice**, *f* | actiwr(g), actor (g) / actores (b) |
| | **actif**, *m* / **active**, *f adj* | bywiog; prysur |
| une | **activité**, *f* | prysurdeb (g); gweithgaredd (b) |
| les | **actualités**, *f pl* | newyddion (ll); materion (ll) cyfoes |
| une | **addition**, *f* | bil (g) |
| | **additionner**, *v* | adio |
| une | **adhésion**, *f* | aelodaeth (b) |
| un | **adieu**, *m* (des **adieux**, *pl*) | ffarwél (gb) |
| un | **adjectif**, *m* | ansoddair (g) |
| un | **ado(lescent)**, *m* / une **ado(lescente)**, *f* | uṅ (gb ) yn ei (h)arddegau |
| | **adorer**, *v* | caru; dwlu ar |
| une | **adresse**, *f* | cyfeiriad (g) |
| l' | **aérobique**, *f* | ymarfer (g) aerobig |
| un | **aéroglisseur**, *m* | hofrenfad (g); hofranlong (b) |
| un | **aéroport**, *m* | macs (g) awyr |
| les | **affaires**, *f pl* | pethau (ll); eiddo (g); busnes (g) |
| | **affectueusement** | cofion cu [ar ddiwedd llythyr] |
| | **affectueux**, *m* / **affectueuse**, *f adj* | serchog; serchus |
| une | **affiche**, *f* | poster (g) |
| | **afficher**, *v* | gosod |
| | **affreux**, *m* / **affreuse**, *f adj* | ofnadwy |
| | **afin de** | er mwyn |
| | **africain**, *adj* | Affricanaidd; o Affrica |
| l' | **Afrique**, *f* | Affrica (b) |
| un | **âge**, *m* | oed (g); oedran (g); oes (b) |
| quel | **âge as-tu?** | faint yw / ydy dy oed di? |
| | **âgé**, *adj* | hen; oedrannus |
| une | **agence**, *f* | asiantaeth (b) |
| une | **agence de publicité**, *f* | asiantaeth (b) gyhoeddusrwydd |
| une | **agence de voyages**, *f* | asiantaeth (b) deithio |
| un | **agenda**, *m* | dyddiadur (g) |
| un | **agent de police**, *m* / | plismon (g) |
| une | **femme agent de police**, *f* | plismones (b) |
| | **agile**, *adj* | heini; sionc |
| s' | **agir de**, *v* | ymwneud â; bod yn fater o ... |

2

| | | |
|---|---|---|
| une | **agitation,** *f* | cyffro (g); cynnwrf (g) |
| | **agiter,** *v* | chwifio; ysgwyd; cynhyrfu |
| l' | **agneau,** *m* | cig (g) oen; oen (g) (ŵyn, ll) |
| | (les **agneaux,** *pl*) | |
| | **agréable,** *adj* | dymunol; neis; hyfryd |
| | **agressif,** *m* | ymosodol |
| | / **agressive,** *f adj* | |
| | **agricole,** *adj* | amaethyddol |
| j' | **ai** (o **avoir**), *v*** | mae gen i; rydw i'n cael |
| j' | **ai douze ans** | rydw i'n ddeuddeg oed |
| une | **aide,** *f* | cymorth (g); help (g) |
| | **aider,** *v* | helpu; rhoi cymorth; cynorthwyo |
| | **aïe!** | aw! |
| un | **aigle,** *m* | eryr (g) |
| une | **aiguille,** *f* | bys (g) [ar oriawr]; nodwydd (b) |
| l' | **ail,** *m* | garlleg (g) |
| | **ailleurs** | rhywle arall; mewn lle arall |
| d' | **ailleurs** | heblaw hynny |
| | **aimable,** *adj* | caredig; hoffus |
| | **aimer,** *v* | hoffi; caru |
| j' | **aimerais** (o **aimer**), *v* | hoffwn |
| | **aîné,** *adj* | hŷn; hynaf |
| | **ainsi que** | (yn union) fel |
| l' | **air,** *m* | aer (g); awyr (b); golwg (gb) |
| avoir l' | **air,** *v*** | edrych / ymddangos yn |
| en plein | **air** | yn yr awyr agored / iach |
| l' | **aise** | llawenydd (g); pleser (g) |
| à l' | **aise** | yn gartrefol; yn gyfforddus; yn esmwyth |
| | **ajouter,** *v* | ychwanegu |
| un | **album,** *m* | albwm (g) |
| un | **alcool,** *m* | alcohol (g) |
| | **alcoolisé,** *adj* | alcoholaidd; meddwol |
| | **Alger** | Algiers |
| l' | **Algérie,** *f* | Algeria (b) |
| | **algérien,** *m* | Algeraidd; o Algeria |
| | / **algérienne,** *f adj* | |
| un | **aliment,** *m* | bwyd (g) |
| l' | **alimentation,** *f* | bwydo (g); bwyd (g) [arwydd siop / cownter, ayb] |
| j' | **allais** (o **aller**), *v*** | roeddwn i'n (arfer) mynd |
| si on | **allait ...?** | beth am fynd i ...? |
| je suis | **allé(e)** (o **aller**), *v*** | fe es i; euthum |

3

| | | |
|---|---|---|
| une | **allée,** *f* | rhodfa (b); ale (b) |
| l' | **Allemagne,** *f* | yr Almaen (b) |
| l' | **allemand,** *m* | Almaeneg (b) [yr iaith] |
| | **allemand,** *adj* | Almaeneg; Almaenig; Almaenaidd; o'r Almaen |
| | **aller,** *v*** | mynd |
| | **aller à pied,** *v*** | cerdded |
| | **aller à quelqu'un,** *v*** | gweddu i rywun; siwtio rhywun |
| s'en | **aller,** *v*** | mynd i ffwrdd; ymadael |
| un | **aller simple,** *m* | tocyn (g) unffordd |
| un | **aller-retour,** *m* | tocyn (g) dwyffordd |
| | **allez!** | ewch!; dewch! |
| | **allez tout droit** | ewch yn syth yn eich blaen |
| | **allez-y!** | ffwrdd â chi!; ewch ati! |
| | **allô** | hylô [ar y ffôn] |
| | **allongé,** *adj* | ar ei hyd; wedi'i ymestyn |
| | **allumé,** *adj* | wedi'i gynnau; wedi'i oleuo |
| | **allumer,** *v* | goleuo; cynnau; rhoi golau ymlaen |
| une | **allumette,** *f* | matsien (b) |
| | **alors** | wel; felly |
| ça | **alors** | tewch / peidiwch â dweud!; wel, wel! |
| et | **alors?** | beth am hynny?; be(th) wedyn? |
| l' | **alpinisme,** *m* | dringo (g); mynydda (g) |
| un / une | **alpiniste,** *m/f* | mynyddwr (g) / mynyddwraig (b) |
| une | **altitude,** *f* | uchder (g) |
| une | **amande,** *f* | almon (g) |
| un | **amateur d'histoire,** *m* | person (g) sy'n ymddiddori mewn hanes |
| une | **ambassade,** *f* | llysgenhadaeth (b) |
| l' | **ambiance,** *f* | awyrgylch (gb ) |
| une | **âme,** *f* | enaid (g) |
| | **amener,** *v** | dod â [rhywun] |
| | **amer,** *m* / **amère,** *f adj* | chwerw |
| | **américain,** *adj* | Americanaidd; o America |
| l' | **Amérique,** *f* | America (b) |
| un | **ami,** *m* / une **amie,** *f* | ffrind (g); cyfaill (g) / cyfeilles (b) |
| un petit | **ami,** *m* | cariad (gb) |
| | / une **petite amie,** *f* | |
| | **amical,** *adj* | cyfeillgar |
| | **amicalement** | dy/eich ffrind; yn gywir iawn [ar ddiwedd llythyr] |
| une | **amitié,** *f* | cyfeillgarwch (g) |
| | **Amitiés** | cofion gorau [ar ddiwedd llythyr] |

| | | |
|---|---|---|
| un | **amour,** *m* | cariad (g); serch (g) |
| | **amoureux,** *m* | mewn cariad; cariadus |
| | / **amoureuse,** *f adj* | |
| une | **ampoule,** *f* | swigen (b); bwlb (g) |
| | **amusant,** *adj* | difyr; doniol; digrif |
| | **amuse-toi!** | mwynha dy hun! |
| | **amuser,** *v* | difyrru; diddanu |
| s' | **amuser,** *v* | mwynhau eich hun |
| un | **an,** *m* | blwyddyn (b) |
| un | **ananas,** *m* | afal (g) pîn |
| un | **ancêtre,** *m* | hynafiad (g); cyndad (g) |
| un | **anchois,** *m* | ansiofi (g) |
| | **ancien,** *m* | hen; cyn– |
| | / **ancienne,** *f adj* | |
| un | **âne,** *m* | asyn (g) |
| un | **Anglais,** *m* | Sais (g) / Saesnes (b) |
| | / une **Anglaise,** *f* | |
| l' | **anglais,** *m* | Saesneg (b) [yr iaith] |
| | **anglais,** *adj* | Saesneg; Seisnig |
| l' | **Angleterre,** *f* | Lloegr (b) |
| un | **animal,** *m* | anifail (g) (anifeiliaid, ll) |
| | (des **animaux,** *pl*) | |
| un | **animal domestique,** *m* | anifail (g) anwes |
| | **animé,** *adj* | bywiog |
| un | **anneau,** *m* | modrwy (b) (modrwyau, ll); cylch (g) |
| | (des **anneaux,** *pl*) | (cylchoedd, ll) |
| une | **année,** *f* | blwyddyn (b) |
| Bonne | **Année !** | Blwyddyn Newydd Dda! |
| une | **année scolaire,** *f* | blwyddyn (b) ysgol |
| un | **anniversaire,** *m* | penblwydd (g) |
| bon | **anniversaire** | penblwydd hapus |
| une | **annonce,** *f* | cyhoeddiad (g); hysbyseb (b) |
| une | **annonce publicitaire,** *f* | hysbyseb (b) |
| | **annoncer,** *v** | cyhoeddi |
| un | **annuaire,** *m* | blwyddlyfr (g) |
| un | **annuaire,** | llyfr (g) ffôn |
| | (des **téléphones**), *m* | |
| | **annuler,** *v* | diddymu |
| un | **anorak,** *m* | anorac (g) |
| | **antidérapant,** *adj* | gwrthlithro; gwrthsglefrio |
| | **antillais,** *adj* | o / yn perthyn i / yn nodweddiadol o India'r Gorllewin |

5

| | | |
|---|---|---|
| les | **Antilles,** *f pl* | India (b) 'r Gorllewin |
| | **antiseptique,** *adj* | antiseptig; gwrth-heintiol |
| un | **antivol,** *m* | cyfarpar (g) gwrth-ladrad |
| | **anxieux,** *m* | pryderus; gofidus |
| | / **anxieuse,** *f adj* | |
| | **août,** *m* | Awst (g) |
| un | **aperçu,** *m* | cipolwg (g); braslun (g) |
| un | **appareil,** *m* | cyfarpar (g); ffôn (g) |
| un | **appareil électrique,** *m* | cyfarpar (g) trydanol |
| un | **appareil-photo,** *m* | camera (g) |
| une | **apparence,** *f* | ymddangosiad (g); golwg (gb) |
| un | **appartement,** *m* | fflat (b) |
| | **appartenir (à)** | perthyn (i) |
| | (gw **tenir**), *v*** | |
| cela m' | **appartient,** | mae hwnna'n perthyn i mi; fi biau |
| | (o **appartenir**), *v* | hwnna |
| un | **appel,** *m* | galwad (g); cofrestriad (g) |
| | **appeler,** *v** | galw; rhoi caniad / galwad ffôn |
| s' | **appeler,** *v** | eich enw yw / ydy |
| comment t' | **appelles-tu?** | beth yw / ydy dy enw di? |
| un | **appétit,** *m* | archwaeth (gb); chwant (g) (bwyd) |
| bon | **appétit** | mwynha dy fwyd; mwynhewch eich bwyd |
| | **appliquer,** *v* | cymhwyso; dodi ar |
| | **apporter,** *v* | dod â [rhywbeth] |
| une | **appréciation,** *f* | gwerthfawrogiad (g) |
| | **apprécier,** *v* | gwerthfawrogi; hoffi |
| | **apprendre,** *v*** | dysgu |
| ils / elles | **apprennent** | maen nhw'n dysgu |
| | (o **apprendre**), *v*** | |
| nous | **apprenons** | rydyn ni'n dysgu |
| | (o **apprendre**), *v*** | |
| j'ai | **appris (o apprendre),** *v*** | rydw i wedi dysgu; dysgais |
| | **approcher,** *v* | dod yn nes; agosáu |
| | **approprié,** *adj* | priodol; addas; cymwys |
| | **approximativement** | oddeutu; tua; yn fras |
| | **appuyer,** *v** | pwyso ar; gwasgu |
| | **après** | ar ôl; wedi; wedyn |
| | **après-demain** | y diwrnod ar ôl yfory; drennydd |
| un | **après-midi,** *m* | prynhawn (g) |
| un | **aquarium,** *m* | acwariwm (g) |

| | | |
|---|---|---|
| un | **Arabe**, *m* | Arab (g) |
| | **arabe**, *adj* | Arabaidd |
| une | **araignée**, *f* | pry' copyn (g); corryn (g) |
| un | **arbre**, *m* | coeden (b) |
| un | **arbre généalogique**, *m* | tabl (g) / coeden (b) achau |
| un | **arc**, *m* | bwa (g) |
| un | **arc-en-ciel**, *m* | enfys (b); bwa (g) 'r arch |
| une | **arche**, *f* | bwa (g); arch (b) |
| l' | **archéologie**, *f* | archaeoleg (b) |
| l' | **argent**, *m* | arian (g) |
| en / d' | **argent** | wedi'i wneud o arian; arian |
| l' | **argent de poche**, *m* | arian (g) / pres (g) poced |
| une | **armée**, *f* | byddin (b) |
| une | **armoire**, *f* | cwpwrdd (g) dillad |
| | **arranger**, *v\** | trefnu |
| un | **arrêt**, *m* | stop (g); arhosfa (b) |
| un | **arrêt d'autobus**, *m* | arhosfa (b) fysiau |
| | **arrêter**, *v* | stopio; atal; (a)restio |
| s' | **arrêter**, *v* | stopio |
| l' | **arrière**, *m* | y cefn (g); y tu (g) ôl; cefnwr (g) |
| en | **arrière** | yn y cefn; (yn y) tu ôl ; wysg y cefn; tuag yn ôl |
| un | **arrière droit / gauche**, *m* | cefnwr (g) de / chwith [pêl-droed] |
| une | **arrière-grand-mère**, *f* | hen–nain (b); hen fam–gu (b) |
| un | **arrière-grand-père**, *m* | hen–daid (g); hen dad–cu (g) |
| une | **arrivée**, *f* | dyfodiad (g); cyrraedd (g) |
| | **arriver**, *v* | cyrraedd; dod; digwydd |
| | **arrogant**, *adj* | balch; trahaus; ffroenuchel |
| un | **arrondissement**, *m* | ardal (b) [ym Mharis] |
| | **arroser**, *v* | dyfrhau; chwistrellu |
| l' | **art**, *m* | celfyddyd (b) |
| l' | **art dramatique**, *m* | drama (b) |
| un | **artichaut**, *m* | artisiog (g) |
| un | **article**, *m* | erthygl (b); eitem (b); nwydd (g) |
| l' | **artisanat**, *m* | celf (b) a chrefft (b) |
| un / une | **artiste**, *m/f* | perfformiwr (g) / perfformwraig (b); seren (b); artist (gb) |
| tu | **as (o avoir)**, *v\*\** | mae gen ti; rwyt ti'n cael |
| un | **ascenseur**, *m* | lifft (g); esgynnydd (g) |
| | **asiatique**, *adj* | Asiaidd |
| l' | **Asie**, *f* | Asia (b) |
| un | **aspirateur**, *m* | sugnydd (g) llwch; hwfer (g) |

7

| | | |
|---|---|---|
| une | **aspirine,** *f* | asbirin (b) |
| s' | **asseoir,** *v\*\** | eistedd |
| nous nous | **asseyons** | rydyn ni'n eistedd |
| | (o s'**asseoir**), *v\*\** | |
| | **assez** | eitha; reit; digon |
| | **assez de** | digon o |
| je m' | **assieds** | rydw i'n eistedd |
| | (o s'**asseoir**), *v\*\** | |
| une | **assiette,** *f* | plât (g) |
| une | **assiette anglaise,** *f* | platiaid (g) o wahanol fathau o gig oer |
| | **assis,** *adj* | yn eistedd; ar ei eistedd |
| je me suis | **assis(e)** | rydw i wedi eistedd; eisteddais |
| | (o s'**asseoir**), *v\*\** | |
| | **assister à,** *v* | bod yn bresennol yn |
| une | **association,** *f* | cymdeithas (b) |
| une | **association sportive,** *f* | cymdeithas (b) / clwb (g) chwaraeon |
| | **astrologique,** *adj* | astrolegol |
| un | **astrologue,** *m* | astrolegydd (g) |
| un | **astronef,** *m* | llong (b) ofod |
| l' | **astuce,** *f* | craffter (g); clyfrwch (g); cyfrwystra (g) |
| un | **atelier,** *m* | gweithdy (g) |
| un / une | **athlète,** *m/f* | athletwr (g) / athletwraig (b) |
| l' | **athlétisme,** *m* | athletau (ll) |
| l'(océan) | **Atlantique,** *m* | Môr (g) Iwerydd |
| un | **atlas,** *m* | atlas (g) |
| une | **atmosphère,** *f* | awyrgylch (gb); atmosffer (g) |
| | **attacher,** *v* | clymu; bachu; gosod |
| | **attaquer,** *v* | ymosod (ar) |
| | **attendre,** *v* | aros (am) |
| | **attentif,** *m* | gofalus; astud |
| | **/ attentive,** *f adj* | |
| | **attention!** | cymer(wch) ofal! |
| faire | **attention,** *v\*\** | bod yn ofalus; gofalu |
| | **attentivement** | yn ofalus; yn astud [gwrando] |
| | **atterrir,** *v* | glanio |
| | **attirer,** *v* | denu |
| | **attraper,** *v* | dal |
| | **au** | yn y; i'r; at y [gydag enw gwrywaidd unigol] |
| | **au troisième top** | ar y trydydd trawiad |
| une | **auberge,** *f* | tafarn (gb) |
| une | **auberge de jeunesse,** *f* | hostel (gb) ieuenctid |

| | | |
|---|---|---|
| une | **aubergine,** *f* | planhigyn (g) ŵy |
| | **aucun,** *adj* | dim; dim un; 'run |
| une | **audace,** *f* | beiddgarwch (g); hyfdra (g) |
| | **audacieux,** *m* | mentrus; beiddgar |
| | / **audacieuse,** *f adj* | |
| | **au-delà de** | tu hwnt i |
| | **au-dessous de** | (o) dan |
| | **au-dessus de** | uwchben |
| des | **auditeurs,** *m pl* | gwrandawyr (ll) |
| | **aujourd'hui** | heddiw |
| il y | **aurait** | byddai |
| | **aussi** | hefyd; yn ogystal |
| | **aussi . . . que** | mor / cyn . . . â / ag |
| | **aussitôt** | ar unwaith; yn union |
| l' | **Australie,** *f* | Awstralia (b) |
| | **australien,** *m* | Awstralaidd; o Awstralia |
| | / **australienne,** *f adj* | |
| un | **auteur,** *m* | awdur (g) / awdures (b) |
| | / une **femme auteur,** *f* | |
| | **authentique,** *adj* | gwir; dilys |
| une | **auto(mobile),** *f* | car (g) |
| en | **auto** | yn y / mewn car |
| un | **autobus,** *m* | bws (g) |
| en | **autobus** | ar / yn y bws; mewn bws |
| un | **autocollant,** *m* | sticer (g) |
| un | **autographe,** *m* | llofnod (g) |
| l' | **automne,** *m* | yr hydref (g) |
| en | **automne** | yn yr hydref |
| un | **autoportrait,** *m* | hunan–bortread (g) |
| | **autoritaire,** *adj* | awdurdodol |
| une | **autoroute,** *f* | traffordd (b) |
| | **autour (de)** | o gwmpas; o amgylch |
| | **autre,** *adj* | arall; gwahanol |
| quelqu'un d' | **autre** | rhywun arall |
| | **autrefois** | ers talwm / talm; gynt |
| | **autrement** | fel arall; yn wahanol |
| les | **autres,** *m pl* | y lleill (ll) |
| l' | **Autriche,** *f* | Awstria (b) |
| | **autrichien,** *m* | Awstriaidd; o Awstria |
| | / **autrichienne,** *f adj* | |
| une | **autruche,** *f* | estrys (gb) |
| | **aux** | yn y; i'r; at y [gydag enw lluosog] |

| | | |
|---|---|---|
| j' | **avais** (o **avoir**), *v*** | roedd gen i; roeddwn i'n cael |
| il y | **avait** | roedd |
| | **avaler**, *v* | llyncu |
| d' | **avance** | ymlaen llaw |
| en | **avance** | ymlaen llaw; yn gynnar; yn fuan [cloc] |
| | **avancer**, *v** | rhoi ymlaen; mynd ymlaen |
| l' | **avant**, *m* | y blaen (g); blaenwr (g) |
| | **avant (de)** | cyn |
| | **avant-hier** | echdoe |
| | **avant-hier soir** | echnos |
| un | **avantage**, *m* | mantais (b) |
| | **avec** | gyda; efo |
| un | **avenir**, *m* | dyfodol (g) |
| une | **aventure**, *f* | antur (gb); anturiaeth (b) |
| | **aventureux**, *m* / **aventureuse**, *f adj* | mentrus |
| une | **avenue**, *f* | rhodfa (b) |
| une | **averse**, *f* | cawod (b) |
| | **avertir**, *v* | rhybuddio; hysbysu; rhoi gwybod i |
| | **aveugle**, *adj* | dall |
| vous | **avez** (o **avoir**), *v*** | mae gennych chi; rydych chi'n cael |
| un | **avion**, *m* | awyren (b) |
| en | **avion** | mewn awyren |
| l' | **aviron**, *m* | rhwyfo (b); rhwyf (b) |
| un | **avis**, *m* | barn (g) |
| à mon | **avis** | yn fy marn i |
| | **avoir**, *v*** | bod gennych; cael |
| | **avoir l'air**, *v*** | edrych / ymddangos yn |
| | **avoir … ans**, *v*** | bod yn … oed |
| | **avoir besoin de**, *v*** | bod angen |
| | **avoir de la chance**, *v*** | bod yn lwcus / ffodus |
| | **avoir chaud**, *v*** | bod yn boeth |
| | **avoir envie de**, *v*** | bod eisiau; dymuno; bod ag awydd |
| | **avoir faim**, *v*** | bod eisiau bwyd |
| | **avoir de la fièvre**, *v*** | bod â gwres |
| | **avoir froid**, *v*** | bod yn oer |
| | **avoir honte**, *v*** | bod â chywilydd; cywilyddio |
| | **avoir horreur de**, *v*** | casáu |
| | **avoir lieu**, *v*** | digwydd |
| | **avoir mal à la tête**, *v*** | bod â chur pen; bod â phen tost |
| | **avoir peur (de)**, *v*** | bod ag ofn; ofni |
| | **avoir raison**, *v*** | bod yn iawn |

**10**

| | |
|---|---|
| **avoir soif,** *v*\*\* | bod yn sychedig; bod â syched |
| **avoir sommeil,** *v*\*\* | bod yn / teimlo'n gysglyd |
| **avoir tort,** *v*\*\* | bod yn anghywir |
| nous **avons** (o **avoir**), *v*\*\* | mae gennym ni; rydyn ni'n cael |
| **avril,** *m* | Ebrill (g) |

| | |
|---|---|
| le **babyfoot,** *m* | pêl-droed (g) bwrdd |
| le **badminton,** *m* | badminton (g) |
| des **bagages,** *m pl* | bagiau (ll) |
| une **bague,** *f* | modrwy (b) |
| une **baguette,** *f* | torth (b) Ffrengig |
| une **baie,** *f* | bae (g) |
| se **baigner,** *v* | ymdrochi |
| une **baignoire,** *f* | bath (g) |
| **bâiller,** *v* | dylyfu gên; agor eich ceg |
| un **bain,** *m* | bath (g) |
| un **bain moussant,** *m* | ewyn (g) ymolchi |
| **baisser,** *v* | gostwng; gollwng (i lawr) |
| un **bal,** *m* | dawns (b) |
| une **balade,** *f* | tro (g) |
| faire une **balade,** *v*** | mynd am dro |
| une **balade à bicyclette,** *f* | reid (b) / tro (g) ar gefn beic |
| se **balader,** *v* | mynd am dro |
| un **baladeur,** *m* | Walkman (g) |
| un **balai,** *m* | brws (g); ysgubell (b) |
| **Balance,** *f* | Libra; (cytser(g)) y Fantol (b) |
| une **balance,** *f* | clorian (gb) |
| une **balançoire,** *f* | siglen (b); sigl (g) |
| **balayer,** *v** | ysgubo |
| un **balcon,** *m* | balconi (g) |
| une **baleine,** *f* | morfil (g) |
| une **balle,** *f* | pêl (b) (fach) |
| une **ballerine,** *f* | esgid (b) ysgafn (fflat); esgid (b) fale; dawnswraig (b) fale |
| un **ballon,** *m* | pêl (b) (fawr); balŵn (g) |
| un **ballon de foot,** *m* | pêl droed (b) |
| le **bambou,** *m* | bambŵ (g) |
| une **banane,** *f* | banana (gb) |
| un **banc,** *m* | mainc (b) |
| une **bande,** *f* | grŵp (g); tâp (g) |
| une **bande dessinée,** *f* | stribed (g) [mewn comic] |
| une **banlieue,** *f* | maestref (b); cyrion (ll) dinas / tref |
| en **banlieue** | ar gyrion y ddinas / dref |
| une **banque,** *f* | banc (g) |
| un **banquier,** *m* | bancwr (g) |
| une **banquise,** *f* | maes (g) iâ |
| **barbant,** *adj* | diflas |
| un **barbare,** *m* | barbariad (g) |

| | |
|---|---|
| une **barbe,** *f* | barf (b) |
| quelle **barbe!** | dyna ddiflas / annifyr! |
| un **barbecue,** *m* | barbeciw (g) |
| un **barman,** *m* | dyn (g) y tu ôl i'r bar |
| une **barque,** *f* | cwch (g) bach |
| une **barre,** *f* | bar (g) |
| une **barre chocolatée,** *f* | bar (g) siocled |
| **barrer,** *v* | dileu |
| une **barrière,** *f* | clwyd (b); llidiart (gb); g(i)ât (b) |
| un **bas,** *m* | hosan (b) |
| **bas,** *m* / **basse,** *f adj* | isel |
| **bas** | yn isel; i lawr |
| à **bas** | i lawr â |
| en **bas** | i lawr (grisiau) |
| **basculer,** *v* | troi; dymchwel(yd) |
| le **basilic,** *m* | basil (g) |
| le **basket,** *m* | pêl–fasged (g) |
| des **baskets,** *m pl* | esgidiau (ll) ymarfer |
| un **basketteur,** *m* / une | chwaraewr (g) / chwaraewraig (b) |
| **basketteuse,** *f* | pêl–fasged |
| **basse,** *f* / **bas,** *m adj* | isel |
| il / elle **bat (**o **battre),** *v*** | mae e(f)o / hi'n curo / taro |
| une **bataille,** *f* | brwydr (b) |
| un **bateau,** *m* | llong (b) (llongau, ll); |
| (des **bateaux,** *pl*) | cwch (g) (cychod, ll); |
| | bad (g) (badau, ll) |
| par le / en **bateau** | ar y llong |
| un **bateau–mouche,** *m* | cwch (g) ar gyfer ymwelwyr ym Mharis |
| | [ar y Seine] |
| un **bâtiment,** *m* | adeilad (g) |
| je **bats (**o **battre),** *v*** | rydw i'n curo / taro |
| une **batte,** *f* | bat (g) |
| la **batterie,** *f* | offerynnau (ll) taro; drymiau (ll) |
| un **batteur,** *m* | drymiwr (g); batiwr (g) |
| **battre,** *v*** | curo; taro |
| **battre les cartes,** *v*** | cymysgu cardiau |
| **battre les records,** *v*** | torri (pob) record |
| **bavard,** *adj* | siaradus |
| **bavarder,** *v* | sgwrsio; ymgomio |
| une **B.D.** (bande dessinée), *f* | stribed (g) [mewn comic]; comic (g) |
| **beau, bel,** *m* / **belle,** *f adj* | prydferth; hardd |
| il fait **beau** | mae hi'n braf [tywydd] |

13

| | | |
|---|---|---|
| | **beaucoup (de)** | llawer (o); yn fawr iawn |
| | **beaucoup de monde** | llawer o bobl |
| un | **beau–père,** *m* | llysdad (g); tad–yng–nghyfraith (g) |
| les | **beaux–arts,** *m pl* | y celfyddydau (ll) cain |
| un | **bébé,** *m* | baban (g); babi (g) |
| un | **bec,** *m* | pig (b) |
| une | **bêche,** *f* | rhaw (b) |
| | **bel, beau,** *m / belle, f adj* | prydferth; hardd |
| | **belge,** *adj* | Belgaidd; o Wlad Belg |
| la | **Belgique,** *f* | Gwlad (b) Belg |
| | **Bélier,** *m* | Aries; (cytser(g)) yr Hwrdd (g) |
| un | **bélier,** *m* | hwrdd (g) |
| | **belle,** *f / beau, bel, m adj* | prydferth; hardd |
| une | **belle–mère,** *f* | llysfam (b); mam–yng–nghyfraith (b) |
| | **ben . . .** | wel . . . |
| des | **béquilles,** *f pl* | (ffyn) baglau (ll) |
| une | **berge,** *f* | glan (b) afon |
| un | **berger,** *m / une bergère, f* | bugail (g) / bugeiles (b) |
| un | **berger allemand,** *m* | ci (g) blaidd; bleiddgi (g) |
| un | **bermuda,** *m* | siorts (ll) Bermiwda |
| un | **besoin,** *m* | angen (g) |
| avoir | **besoin de,** *v\*\** | bod angen |
| | **bête,** *adj* | twp; gwirion; hurt; ffôl |
| une | **bête,** *f* | anifail (g) |
| une | **bêtise,** *f* | camgymeriad (g); ffwlbri (g); ffolineb (g) |
| faire des | **bêtises,** *v\*\** | gwneud pethau dwl / twp / gwirion |
| une | **betterave,** *f* | betysen (b) |
| | **beurk!** | ych-a-fi! |
| le | **beurre,** *m* | menyn (g) |
| | **beurré,** *adj* | â menyn arno / arni |
| une | **bibliothèque,** *f* | llyfrgell (b); cwpwrdd (g) llyfrau |
| un | **bic,** *m* | beiro (b); pen (g) ysgrifennu |
| une | **bicyclette,** *f* | beic (g) |
| un | **bidon,** *m* | can (g); llestr(g) |
| | **bien,** *adj* | da; del; cyfforddus |
| | **bien** | yn dda; yn iawn |
| eh | **bien** | wel |
| ou | **bien** | neu |
| | **bien sûr** | wrth gwrs |
| | **bientôt** | cyn bo hir; yn fuan |
| à | **bientôt** | wela' i di / chi (cyn hir) |

**14**

| | |
|---|---|
| soyez le **bienvenu!** | croeso! |
| **bienvenue à vous** | croeso (i chi) |
| une **bière**, *f* | cwrw (g) |
| une **bière pression**, *f* | cwrw (g) casgen |
| **biffer**, *v* | dileu |
| un **bifteck**, *m* | stecen (b) |
| une **bijouterie**, *f* | siop (b) emau |
| **bilingue**, *adj* | dwyieithog |
| le **billard**, *m* | biliards (ll); bwrdd (g) biliards; ystafell (b) filiards |
| le **billard américain**, *m* | pŵl (g) |
| une **bille**, *f* | marblen (b) |
| un **billet**, *m* | tocyn (g); ticed (gb); arian (g) papur |
| un **billet de banque**, *m* | arian (g) papur |
| la **biologie**, *f* | bioleg (b); bywydeg (b) |
| une **biscotte**, *f* | tôst (g) Ffrengig; bisgeden (b) galed |
| un **biscuit**, *m* | bisgeden (b) |
| une **bise**, *f* | cusan (gb) |
| grosses **bises** | cusanau (ll) / swsus (ll) mawr [ar ddiwedd llythyr] |
| un **bisou**, *m* | cusan (gb); sws (gb) |
| **bizarre**, *adj* | rhyfedd; od |
| une **blague**, *f* | jôc (b) |
| **blanc**, *m* / **blanche**, *f adj* | gwyn / gwen |
| un **blanc**, *m* | bwlch (g) [mewn testun] |
| le **blé**, *m* | gwenith (g); ŷd (g) |
| un **bled perdu**, *m* | lle (g) bach anghysbell |
| **blessé**, *adj* | wedi'i anafu; wedi brifo |
| **bleu**, *adj* | glas |
| un **bleu**, *m* | clais (g) |
| **bleu marine**, *adj* (byth yn newid) | glas tywyll |
| un **bloc**, *m* | llyfr (g) nodiadau; nodiadur (g) |
| un **bloc sanitaire**, *m* | bloc (g) / ystafelloedd (ll) ymolchi; cyfleusterau (ll) ymolchi |
| **blond**, *adj* | golau; blond |
| **bloquer**, *v* | cau; rhwystro |
| une **blouse**, *f* | troswisg (b); oferôl (gb) |
| un **blouson**, *m* | siaced (b) [ysgafn] |
| un **blue-jean**, *m* | jîns (ll) |
| un **bobo**, *m* | poen (g); briw (g) [gair plentyn] |
| un **bocal**, *m* (des **bocaux**, *pl*) | jar (g) (jariau. ll) |

| | |
|---|---|
| un **body**, *m* | liotard (g) |
| le **bœuf**, *m* | cig (g) eidion;bustach (g); ŷch (g) |
| **boire**, *v*\*\* | yfed |
| le **bois**, *m* | pren (g); coed (ll); coedwig (b) |
| de / en **bois** | pren; wedi'i wneud o bren |
| je **bois** (o boire), *v*\*\* | rydw i'n yfed |
| une **boisson**, *f* | diod (b); llymaid (g) |
| il / elle **boit** (o boire), *v*\*\* | mae e(f)o / hi'n yfed |
| une **boîte**, *f* | bocs (g); tun (g); clwb (g) nos |
| une **boîte à couture**, *f* | bocs (g) gwnïo |
| ils / elles **boivent** (o boire), *v*\*\* | maen nhw'n yfed |
| un **bol**, *m* | bowlen (b); powlen (b) |
| une **bombe**, *f* | bom (g); chwistrell (b) |
| un **bon**, *m* | cwpon (g) |
| un **bon de commande**, *m* | ffurflen (b) archeb |
| **bon**, *m* / **bonne**, *f adj* | da; cywir; iawn |
| ah **bon?** | o ie?; ydy e(f)o / hi? [ayb] |
| **bon anniversaire** | penblwydd hapus |
| **bon appétit!** | mwynha'r / mwynhewch y bwyd! |
| **bon courage!** | pob lwc! / hwyl! |
| au **bon endroit** | yn y lle / man iawn |
| **bon marché** | rhad |
| **bon séjour!** | mwynha dy / mwynhewch eich ymweliad / (g)wyliau |
| **bon voyage!** | siwrnai dda i ti / chi! |
| un **bonbon**, *m* | losin (g); da–da (g); fferen (b) |
| le **bonheur**, *m* | hapusrwydd (g) |
| un **bonhomme**, *m* | boi (g); dyn (g) |
| un **bonhomme de neige**, *m* | dyn (g) eira |
| **bonjour** | helo; bore da |
| faire **bonjour de la main**, *v*\*\* | codi llaw [cyfarch] |
| **bonne**, *f* / **bon** *m adj* | da; cywir; iawn |
| **Bonne Année!** | Blwyddyn Newydd Dda! |
| **bonne chance** | pob lwc / hwyl |
| **bonne fête!** | dymuniadau gorau ar ddydd gŵyl dy / eich sant / santes |
| de **bonne heure** | yn gynnar |
| de **bonne humeur** | mewn hwyliau da |
| **bonne lecture** | mwynha'r / mwynhewch y darllen; hwyl efo'r darllen |
| **bonne nuit** | nos da |
| un **bonnet**, *m* | cap (g); het (b) wlân |

| | | |
|---|---|---|
| | **bonsoir** | noswaith dda |
| un | **bord,** *m* | ymyl (g) |
| à | **bord** | ar fwrdd [llong, ayb] |
| au | **bord de** | wrth ymyl; ar lan |
| | **bordeaux,** *adj* | coch tywyll |
| | (byth yn newid) | |
| une | **bosse,** *f* | crwbi (g); lwmp (g); chwydd (g) |
| des | **bottes,** *f pl* | esgidiau (ll) uchel |
| un | **bouc,** *m* | bwch (g) gafr |
| une | **bouche,** *f* | ceg (b) |
| un | **boucher,** *m* | cigydd (g) |
| | / une **bouchère,** *f* | |
| une | **boucherie,** *f* | siop (b) gig |
| un | **bouchon,** *m* | topyn (g); corcyn (g); tagfa (b) draffig |
| une | **boucle,** *f* | bwcl (g); cwdyn (g); cyrlen (b) / |
| | | cwrlen (b) |
| une | **boucle d' oreille,** *f* | clustdlws (g) |
| | **bouclé,** *adj* | cyrliog; modrwyog |
| | **boucler,** *v* | byclu; cau |
| la | **boue,** *f* | mwd (g); baw (g) |
| | **bouffer,** *v* | bwyta; llowcio |
| ça | **bouge!** | mae pethau'n poethi! |
| | **bouger,** *v\** | symud |
| une | **bougie,** *f* | cannwyll (b) |
| (faire) | **bouillir,** *v\*\** | berwi |
| une | **bouilloire,** *f* | tegell (g) |
| une | **bouillotte,** *f* | potel (b) ddŵr poeth |
| un | **boulanger,** *m* | pobydd (g) |
| | / une **boulangère,** *f* | |
| une | **boulangerie,** *f* | siop (b) fara |
| une | **boule,** *f* | pêl (b) (chwarae bowls) |
| jouer aux | **boules,** *v* | chwarae bowls |
| un | **boulevard,** *m* | stryd (b) lydan |
| un | **boulot,** *m* | gwaith (g); swydd (b) |
| une | **boum,** *f* | parti (g) |
| un | **bouquet,** *m* | tusw (g) |
| une | **boussole,** *f* | cwmpawd (g) |
| un | **bout,** *m* | diwedd (g); pen (g) |
| au | **bout de** | ar ddiwedd / waelod |
| l'eau | **bout (o bouillir),** *v* | mae'r dŵr yn berwi |
| une | **bouteille,** *f* | potel (b) |
| une | **boutique,** *f* | siop (b) |

**17**

| | | |
|---|---|---|
| un | **bouton,** *m* | botwm(g); ploryn (g) |
| la | **boxe,** *f* | bocsio (g) |
| | **branché,** *adj* | ffasiynol; 'trendi' |
| un | **bras,** *m* | braich (b) |
| un | **brassard,** *m* | rhwymyn (g) am y fraich |
| | **bravo** | da iawn; llongyfarchiadau |
| une | **brebis,** *f* | dafad (b) |
| | **bref,** *m* / **brève,** *f adj* | byr / ber |
| la | **Bretagne,** *f* | Llydaw (b) |
| des | **bretelles,** *f pl* | bresys (ll) |
| | **breton,** *m* / **bretonne,** *f adj* | Llydewig; o Lydaw |
| un | **brevet,** *m* | tystysgrif (b) |
| le | **bricolage,** *m* | crefftau(ll)'r cartref (ll); mân orchwylion (ll) [o gwmpas y tŷ]; gwaith (g) D.I.Y. |
| | **brillant,** *adj* | yn disgleirio; disglair |
| | **briller,** *v* | disgleirio; tywynnu |
| une | **brioche,** *f* | math o fynsen (b) |
| | **briser,** *v* | torri |
| | **britannique,** *adj* | Prydeinig |
| une | **broche,** *f* | broets (g); tlws (g) |
| une | **brochette,** *f* | darnau o gig [ayb] wedi'u rhoi ar sgiwer |
| une | **brochure,** *f* | pamffled (g); llyfryn (g) |
| le | **bronzage,** *m* | torheulo(g); lliw (g) haul |
| | **bronzé,** *adj* | wedi cael / â lliw haul |
| | **bronzer,** *v* | torheulo |
| une | **brosse,** *f* | brws (g) |
| une | **brosse à cheveux / à dents,** *f* | brws (g) gwallt / dannedd |
| (se) | **brosser,** *v* | brwsio |
| le | **brouillard,** *m* | niwl (g); caddug (g) |
| il fait du | **brouillard** | mae hi'n niwlog |
| | **brouillé,** *adj* | wedi'i gymysgu; cymysglyd |
| un | **bruit,** *m* | sŵn (g) |
| le | **bruitage,** *m* | effeithiau (ll) sain |
| | **brûler,** *v* | llosgi |
| | **brun,** *adj* | brown |
| une | **brute,** *f* | bwli (g); person (g) creulon; bwystfil (g) |
| | **Bruxelles** | Brwsel |
| | **bruyant,** *adj* | swnllyd |
| j'ai | **bu (o boire),** *v*** | rydw i wedi yfed; yfais |
| | **bûcher,** *v* | gweithio'n galed [ysgol]; torri [coed] |

| | |
|---|---|
| un **buffet**, *m* | dreser (g); seld (b); bar (g) byrbryd |
| une **bulle**, *f* | swigen (b) (siarad) [comic / cartŵn] |
| un **bulletin**, *m* | bwletin (g); adroddiad (g) |
| un **bulletin scolaire**, *m* | adroddiad (g) ysgol |
| un **bulletin trimestriel**, *m* | adroddiad (g) diwedd tymor |
| un **bureau**, *m* | desg (b) (desgiau, ll); swyddfa (b) |
| (des **bureaux**, *pl*) | (swyddfeydd, ll) |
| le **bureau des objets trouvés**, *m* | swyddfa (b) eiddo coll |
| un **bureau de poste**, *m* | swyddfa (b) bost |
| le **bureau du principal**, *m* | swyddfa (b) 'r prifathro / brifathrawes |
| un **bureau de renseignements**, *m* | swyddfa (b) hysbysrwydd |
| une **burette**, *f* | can (g) olew |
| un **but**, *m* | pwrpas (g); nod (gb); gôl (b) |
| une **buvette**, *f* | caffi (g) [bach]; bar (g) byrbryd |
| nous **buvons**, (o **boire**), *v*** | rydyn ni'n yfed |

| | | |
|---|---|---|
| | **ça** | hwnnw; hwnna; honna; hynny; hynna |
| | **ça alors!** | tewch â dweud! / peidiwch â dweud!; wel! wel! |
| | **ça bouge!** | mae pethau'n poethi! |
| | **ça dépend** | mae (hynny)'n dibynnu |
| | **ça te dit...?** | wyt ti'n ffansïo...? |
| | **ça m'est égal** | (does) dim ots / gwahaniaeth gen i |
| | **ça fait mal** | mae'n brifo / dolurio |
| | **ça ne fait rien** | (does) dim ots(o gwbl); dydy e(f)o / dyw e ddim o bwys |
| | **ça suffit!** | dyna ddigon! |
| | **ça va?** | sut mae?; sut wyt ti / ydych chi?; sut mae pethau'n mynd? |
| | **ça va** | (rydw i'n) iawn; mae popeth yn iawn; dyna ddigon |
| | **ça va mal** | 'dyw / dydy pethau ddim (yn mynd) yn dda o gwbl |
| | **ça va mieux?** | wyt ti / ydych chi'n well? |
| | **ça ne va pas** | mae rhywbeth o'i le / yn bod; wnaiff hynny mo'r tro |
| | **ça va sans dire** | mae hynny'n gwbl amlwg |
| | **ça y est** | dyna fe/fo; dyna ni |
| une | **cabane,** *f* | cwt (g), cut (g); caban (g) |
| une | **cabane à lapins,** *f* | cwt (g) cwningen |
| une | **cabine,** *f* | caban (g); bwth (g) |
| une | **cabine d'essayage,** *f* | ystafell (b) wisgo / newid |
| une | **cabine téléphonique,** *f* | bocs (g) / caban (g) ffôn |
| un | **cabinet,** *m* | cabinet (g); swyddfa (b) |
| un | **cabinet médical,** *m* | meddygfa (b) |
| les | **cabinets,** *m pl* | toiled(au) (g ll) |
| un | **câble,** *m* | cêbl (g) |
| le | **cacao,** *m* | coco (g) |
| | **caché,** *adj* | wedi'i guddio |
| un | **cache-nez,** *m* | sgarff (g) |
| | **cacher,** *v* | cuddio |
| un | **cadeau,** *m* | anrheg (b) (anrhegion, ll); rhodd (b) |
| | (des **cadeaux,** *pl*) | (rhoddion, ll) |
| un | **cadre,** *m* | ffrâm (g); bocs(g) |
| un | **cafard,** *m* | chwilen (b) ddu |
| j'ai le | **cafard** | rydw i wedi 'laru / syrffedu / cael digon |
| un | **café,** *m* | caffi (g); coffi (g) |
| un | **café crème,** *m* | coffi (g) â hufen |

20

| | |
|---|---|
| une **cage**, *f* | cawell (g); caets(g) |
| un **cahier**, *m* | llyfr (g) ysgrifennu |
| un **cahier d'appel**, *m* | cofrestr (g) |
| un **cahier de brouillon**, *m* | braslyfr (g) |
| une **caisse**, *f* | til (g); man (g) talu |
| un **caissier**, *m* | ariannwr (g) / arianwraig (b) |
| / une **caissière**, *f* | |
| le **calcul**, *m* | rhifyddeg (b); sym (b); cyfrif (g) |
| une **calculatrice**, *f* | cyfrifiannell (b) |
| **calculer**, *v* | cyfrif; gweithio allan |
| une **calculette**, *f* | cyfrifiannell (b) boced |
| un **caleçon**, *m* | trôns (g) |
| un **caleçon cycliste**, *m* | siorts (ll) beicio |
| un **calendrier**, *m* | calendr (g); almanac (g) |
| un **calepin**, *m* | llyfr (g) nodiadau; nodiadur (g)) |
| **calme**, *adj* | tawel; distaw |
| **calme–toi!** | paid / peidiwch â chynhyrfu! |
| / **calmez–vous!** | |
| un/une **camarade**, *m/f* | ffrind (gb); cyfaill(g) / cyfeilles(b) |
| **cambrioler**, *v* | lladrata; torri i mewn [i dŷ / adeilad] |
| le **camembert**, *m* | caws (g) *camembert* |
| un **cameraman**, *m* | dyn (g) camera |
| un **camion**, *m* | lori (b) |
| une **camionnette**, *f* | fan (b) |
| la **campagne**, *f* | y wlad (b) |
| à la **campagne** | yn y wlad; yng nghefn gwlad |
| en pleine **campagne** | ym mherfedd(ion) y wlad |
| **camper**, *v* | gwersylla |
| le **camping**, *m* | gwersylla (g); maes (g) pebyll |
| faire du **camping**, *v*** | gwersylla |
| le **Canada**, *m* | Canada (b) |
| **canadien**, *m* / | Canadaidd; o Ganada |
| **canadienne**, *f adj* | |
| un **canapé**, *m* | soffa (b) |
| un **canard**, *m* | hwyaden (b) |
| **Cancer**, *m* | Canser; (cytser(g))y Cranc (g) |
| un **candidat**, *m* | ymgeisydd (g) |
| / une **candidate**, *f* | |
| un **caniche**, *m* | pŵdl (g) |
| un **canif**, *m* | cyllell (b) boced |
| une **canne**, *f* | ffon (b) |
| une **canne à pêche**, *f* | gwialen (b) bysgota |
| le **canoë**, *m* | canŵio (g); canŵ (g) |

| | | |
|---|---|---|
| faire du | **canoë,** *v*** | canŵio |
| un | **canot,** *m* | cwch (g) bach |
| une | **cantine,** *f* | cantîn (g) |
| le | **caoutchouc,** *m* | rwber (g) |
| de / en | **caoutchouc** | wedi'i wneud o rwber; rwber |
| une | **cape,** *f* | clogyn (g); mantell (b) |
| un | **capitaine,** *m* | capten (g) |
| une | **capitale,** *f* | prifddinas (b) |
| | **Capricorne,** *m* | Capricorn; (cytser(g))yr Afr (b) |
| | **car** | oherwydd; achos; gan |
| un | **car,** *m* | coets (b); cerbyd (g); bws (g) |
| en | **car** | mewn coets; ar y / mewn bws |
| un | **caractère,** *m* | cymeriad (g) |
| | **caraïbe,** *adj* | Caribïaidd; o ynysoedd y Caribî |
| une | **caravane,** *f* | carafan (b) |
| un | **cardigan,** *m* | cardigan (b) |
| | **caresser,** *v* | anwesu; anwylo; mwytho |
| une | **caricature,** *f* | gwawdlun (g); digriflun (g) |
| un | **carnaval,** *m* | carnifal (g) |
| un | **carnet,** *m* | nodiadur (g); llyfryn (g) o docynnau 'métro' |
| un | **carnet de chèques,** *m* | llyfr (g) siec |
| un | **carnet de timbres,** *m* | llyfryn (g) stampiau |
| une | **carotte,** *f* | moronen (b) |
| un | **carré,** *m* | sgwâr (g) |
| | **carré,** *adj* | sgwâr |
| à | **carreaux** | mewn sgwarau; sgwarog |
| un | **carrefour,** *m* | croesffordd (b) |
| un | **cartable,** *m* | bag (g) ysgol; sachell (b) |
| une | **carte,** *f* | cerdyn (g); map (g); bwydlen (b) |
| une | **Carte Bleue,** *f* | cerdyn (g) credyd [= Visa] |
| une | **carte d'adhérent,** *f* | cerdyn (g) aelodaeth |
| une | **carte d'identité,** *f* | cerdyn (g) adnabyddiaeth |
| une | **carte d'invitation,** *f* | gwahoddiad (g) |
| une | **carte postale,** *f* | cerdyn (g) post |
| en | **cas de** | mewn (achos o) |
| une | **cascade,** *f* | rhaeadr (b) |
| une | **case,** *f* | bwlch (g); sgwâr (g); bocs (g) |
| un | **casque,** *m* | helmed (b); clustffonau (ll); cyrn (ll) clustiau |
| une | **casquette,** *f* | cap (g) |
| | **cassé,** *adj* | wedi torri |

| | | |
|---|---|---|
| un | **casse–cou,** *m* | person (g) mentrus |
| un | **casse–croûte,** *m* | byrbryd (g); tamaid (g) i aros pryd |
| un | **casse–pieds,** *m* | niwsans (g) |
| un | **casse–tête,** *m* | pos (g); penbleth (gb); problem (b) |
| | **casser,** *v* | torri |
| une | **casserole,** *f* | sosban (b) |
| une | **cassette,** *f* | casét (g) |
| une | **cassette–vidéo,** *f* | casét (g) fideo |
| des | **cassis,** *mpl* | cyrens (ll) duon |
| une | **castagnette,** *f* | castaned (g) |
| un | **castor,** *m* | afanc (g) |
| un | **catadioptre,** *m* | adlewyrchydd (g) |
| une | **catastrophe,** *f* | trychineb (gb) |
| | **catastrophique,** *adj* | trychinebus |
| le | **catch ,** *m* | reslo (g); ymaflyd codwm (g) |
| le | **catéchisme,** *m* | holwyddoreg(b) [addysg grefyddol] |
| une | **catégorie,** *f* | categori (g); dosbarth (g) |
| une | **cathédrale,** *f* | eglwys (b) gadeiriol |
| un | **cauchemar,** *m* | hunllef (b) |
| une | **cause,** *f* | achos (g) |
| à | **cause de** | oherwydd; o achos |
| | **causer,** *v* | sgwrsio; achosi |
| une | **caution,** *f* | blaendal (g) |
| une | **cave,** *f* | seler (b) |
| une | **caverne,** *f* | ogof (b) |
| le | **C.D.I** (Centre de Documentation et d'Information), *m* | canolfan (b) adnoddau [ysgol] |
| la | **C.E** (Communauté Européenne), *f* | y Gymuned (b) Ewropeaidd |
| | **ce / cet / cette** | y(r) ... hwn; y(r) ... hon; y(r) ... yma; y(r) ...hwnnw; y(r)̈ ...honno; y(r) ...yna; y(r) ... acw |
| | **ce n'est pas...** | nid ... yw e / ydy e(f)o/hi; dydy e(f)o / hi ddim yn ... |
| | **ce que / ce qui** | yr hyn; beth |
| en | **ce qui me concerne** | o'm rhan i |
| | **ceci** | hyn |
| | **céder,** *v\** | ildio; rhoi i mewn |
| une | **ceinture,** *f* | gwregys (g) |
| une | **ceinture de sauvetage,** *f* | gwregys (g) diogelwch |
| | **cela** | hynny; hynna |

| | | |
|---|---|---|
| | **célèbre**, *adj* | enwog |
| | **célibataire**, *adj* | sengl; di-briod; diwair |
| | **celle / celui** | honno; hwnnw; yr hon; yr hwn; yr un |
| | **celle–ci / celui–ci** | hon; hwn |
| | **celle–là / celui–là** | honna; hwnna; honno; hwnnw |
| | **celles / ceux** | y rhai |
| | **celles–ci / ceux–ci** | y rhain |
| | **celles-là / ceux–là** | y rheiny; y rheina; y rhai acw |
| | **celui / celle** | hwnnw; honno; yr hwn; yr hon; yr un |
| | **celui–ci /celle–ci** | hwn; hon |
| | **celui–là / celle là** | hwnna; honna; hwnnw; honno |
| | **Cendrillon** | Sinderela |
| | **cent** | cant / can |
| (cinq) pour | **cent** | (pump) y cant |
| des | **centaines de...** , *f pl* | cannoedd o... |
| un | **centième**, *m* | canfed rhan (b) |
| un | **centime**, *m* | centîm (g) |
| un | **centimètre**, *m* | centimetr (g) |
| un | **centre**, *m* | canol (g); canolbwynt (g); canolfan (b) |
| un | **centre commercial**, *m* | canolfan (b) siopa |
| un | **centre de loisirs**, *m* | canolfan (b) hamdden |
| un | **centre sportif**, *m* | canolfan (b) chwaraeon |
| le | **centre–ville**, *m* | canol (g) y dref |
| un | **cerceau**, *m* | cylch(yn) (g) (cylchau, ll) |
| | (des **cerceaux**, *pl*) | |
| un | **cercle**, *m* | cylch (g) |
| une | **céréale**, *f* | grawnfwyd (g) |
| une | **cérémonie**, *f* | seremoni (b); defod (b) |
| un | **cerf**, *m* | carw (g) |
| un | **cerf–volant**, *m* | ceit (g) |
| une | **cerise**, *f* | ceiriosen (b) |
| | **certain**,*adj* | siwr; sicr; pendant; rhyw / rhai |
| | **certains** | rhai; rhai pobl |
| un | **cerveau**, *m* | ymennydd (g) (ymenyddiau, ll) |
| | (des **cerveaux**, *pl*) | |
| un | **C.E.S.**(Collège d'Enseignement Secondaire), *m* | ysgol (b) uwchradd; ysgol (b) gyfun |
| | **ces** | y(r) ...hyn/hynny; y(r) ... yma / yna / acw |
| | **cesser**, *v* | stopio; peidio |
| | **c'est** | mae'n; mae e(f) o / hi; yw e / hi; ydy e(f)o / hi |

| | | |
|---|---|---|
| | c'est moi | fi sy' ma |
| | c'est qui? | pwy yw e? / pwy ydy e(f)o?; pwy sy'na? |
| | c'est tout | dyna'r cwbl / cyfan |
| | c'est–à–dire | hynny yw/ydy |
| | ce / cet / cette | y(r) ... hwn; y(r) ... hon; y(r) ... yma; |
| | | y(r) ... hwnnw; y(r) ... honno; |
| | | y(r) ... yna; y(r) ... acw |
| | ceux / celles | y rhai |
| | ceux–ci / celles–ci | y rhain |
| | ceux–là / celles–là | y rheiny; y rheina; y rhai acw |
| | chacun(e) | pawb; pob un |
| un | chahut, m | terfysg (g); cynnnwrf (g) |
| faire du | chahut, v** | creu cynnwrf; cadw reiat |
| une | chaîne, f | cadwyn (b) |
| une | chaîne de télévision, f | sianel (b) deledu |
| une | chaîne hi–fi, f | system (b) hi–fi |
| une | chaîne stéréo, f | stereo (g) |
| la | chair, f | cnawd (g); cig (g) |
| avoir la | chair de poule, v** | bod yn groen gŵydd |
| une | chaise, f | cadair (b) |
| la | chaleur, f | gwres (g) |
| une | chambre, f | llofft (b); ystafell (b) wely |
| un | chameau, m | camel (g) (camelod, ll) |
| | (des chameaux, pl) | |
| un | champ, m | cae (g); maes (g) |
| un | champ de courses, m | maes (g) rasio ceffylau |
| le | champagne, m | siampacn (g) |
| un | champignon, m | madarchen (b) |
| un | champion, m | pencampwr (g) |
| | / une championne, f | / pencampwraig (b) |
| un | championnat, m | pencampwriaeth (b) |
| la | chance, f | lwc (b); siawns (b) |
| avoir de la | chance, v** | bod yn lwcus / ffodus |
| bonne | chance | pob lwc / hwyl |
| un | chandail, m | siwmper (b) |
| | changer, v* | newid |
| | changer de place, v* | newid lle |
| une | chanson, f | cân (b) |
| le | chant, m | canu (g) |
| | chanter, v | canu |
| un | chanteur, m | canwr (g); cantwr (g); cantor (g) |
| | / une chanteuse, f | / cantores (b) |

| | |
|---|---|
| un **chantier**, *m* | safle (g) adeiladu; gwaith (g) trin ffordd |
| la (crème) **Chantilly**, *f* | hufen (g) wedi'i chwipio â siwgwr eisin |
| un **chapeau**, *m* | het (b) (hetiau, ll) |
| (des **chapeaux**, *pl)* | |
| une **chapelle**, *f* | capel (g) |
| **chaque** | pob |
| **chaque fois** | bob tro |
| un **char**, *m* | cerbyd (g); tanc (g) |
| faire du **char à voile**, *v*** | traeth–hwylio; hwylio ar dywod |
| la **charcuterie**, *f* | cig (g) oer; siop (b) gig oer a bwydydd parod; *delicatessen* (g) |
| **charger**, *v** | llwytho |
| un **chariot**, *m* | troli (g) |
| une **charité**, *f* | elusen (b) |
| **charmant**, *adj* | hyfryd; dymunol |
| la **chasse**, *f* | hela (g); helfa (b) |
| **chasser**, *v* | hela; ymlid |
| un **chat**, *m* / une **chatte**, *f* | cath (b) / cath (b) fanw |
| **châtain**, *adj* | gwinau; brown [gwallt] |
| un **château**, *m* | castell (g) (cestyll, ll); plasty (g) |
| (des **châteaux**, *pl)* | (plastai, ll) |
| un **chaton**, *m* | cath (b) fach |
| **chaud**, *adj* | poeth; cynnes; twym |
| il fait **chaud** | mae'n boeth / gynnes / dwym [tywydd] |
| j'ai **chaud** | rydw i'n boeth / gynnes / dwym |
| le **chauffage central**, *m* | gwres (g) canolog |
| **chauffer**, *v* | poethi; cynhesu; gwresogi; twymo |
| un **chauffeur**, *m* | gyrrwr (g) / gyrwraig (b) [swyddogol] |
| / une **chauffeuse**, *f* | |
| un **chauffeur de taxi**, *m* | gyrrwr (g) tacsi |
| une **chaumière**, *f* | bwthyn (g) |
| une **chaussette**, *f* | hosan (b) |
| un **chausson**, *m* | sliper (b); slipan (b); esgid (b) fale |
| un **chausson aux pommes**, *m* | pastai (b) afalau [hanner cylch] |
| une **chaussure**, *f* | esgid (b) |
| **chauve**, *adj* | moel |
| une **chauve–souris**, *f* | ystlum (g) |
| un **chef**, *m* | pennaeth (g); bos (g); meistr (g); giaffar (g) |
| en **chef** | prif; pennaf |
| un **chef de cuisine**, *m* | prif gogydd (g) |
| un **chef–d'œuvre**, *m* | campwaith (g); gorchestwaith (g) |

| | | |
|---|---|---|
| un | **chemin,** *m* | ffordd (b); llwybr (g) |
| un | **chemin de fer,** *m* | rheilffordd (b) |
| une | **cheminée,** *f* | lle (g) tân; simnai (b) |
| une | **chemise,** *f* | crys (g) |
| une | **chemise de nuit,** *f* | crys (g) nos |
| un | **chemisier,** *m* | blows (gb) |
| un | **chêne,** *m* | derwen (b) |
| une | **chenille,** *f* | lindys (g) |
| un | **chèque,** *m* | siec (b) |
| un | **chèque de voyage,** *m* | siec (b) deithio |
| un | **chéquier,** *m* | llyfr (g) siec |
| | **cher,** *m* / **chère,** *f adj* | annwyl; drud |
| | **chercher,***v* | chwilio am; edrych am |
| un | **chéri,** *m* / une **chérie,** *f* | cariad (gb); anwylyd (gb) |
| un | **cheval,** *m* | ceffyl (g) (ceffylau, ll) |
| | (des **chevaux,** *pl*) | |
| un | **chevalier,** *m* | marchog (g) |
| le | **chevet,** *m* | pen (g) / erchwyn (gb) y gwely |
| au | **chevet** | wrth erchwyn y gwely |
| les | **cheveux,** *m pl* | gwallt (g) |
| une | **cheville,** *f* | ffêr (b); migwrn (g) |
| une | **chèvre,** *f* | gafr (b) |
| | **chez** | yn nhŷ / i dŷ (rhywun) |
| | **chez le médecin** | at y doctor / meddyg; yn lle'r doctor; i'r / yn y feddygfa |
| | **chez moi** | yn fy nhŷ i / i'm tŷ i; yn fy nghartref i / i'm cartref i; gartref; adref |
| | **chic,** *adj* (byth yn newid*)* | ffasiynol; grêt; gwych |
| un | **chien,** *m* **/** une **chienne,** *f* | ci (g) / gast (b) |
| un | **chien de berger,** *m* | ci (g) defaid |
| un | **chiffon,** *m* | dwster (g); rhacsyn (g); cadach (g) |
| un | **chiffre,** *m* | rhif (g); ffigur (g); rhifol (g) |
| des | **chiffres romains,** *m pl* | rhifolion (ll) Rhufeinig |
| la | **chimie,** *f* | cemeg (b) |
| | **chimique,** *adj* | cemegol |
| un / une | **chimiste,** *m/f* | cemegydd (g) |
| un | **chimpanzé,** *m* | tsimpansî (g) |
| la | **Chine,** *f* | Tsieina (b) |
| | **chinois,** *adj* | Tsieineaidd; o Tsieina |
| un | **chiot,** *m* | ci (g) bach |
| des | **chips,** *m pl* | creision (ll) |

| | |
|---|---|
| un **chirurgien**, *m* / une **chirurgienne**, *f* | llawfeddyg (g) |
| un **choc**, *m* | sioc (gb); ysgytiad (g) |
| un **chocolat**, *m* | siocled (g); siocled (g) i'w yfed |
| **choisi**, *adj* | dewisedig; wedi'i ddewis; dethol |
| **choisir**, *v* | dewis |
| un **choix**, *m* | dewis (g) |
| le **chômage**, *m* | diweithdra (g) |
| au **chômage** | di–waith |
| un **chômeur**, *m* / une **chômeuse**, *f* | person (g) di–waith |
| **choquant**, *adj* | gwarthus; ffiaidd; ysgytwol |
| une **chorale**, *f* | côr (g) |
| une **chose**, *f* | peth (g) |
| un **chou**, *m* (des **choux**, *pl)* | bresychen (b) (bresych, ll); cabets(i)en (b)(cabaits, ll) |
| mon (petit) **chou** | 'nghariad (bach) i |
| un **chou–fleur**, *m* | blodfresychen (b) |
| un **chouchou**, *m* / une **chouchoute**, *f* | ffefryn (g) |
| **chouette**, *adj* | grêt; neis; gwych; ardderchog |
| une **chouette**, *f* | tylluan (b) (wen); gwdihŵ (g) |
| **chrétien**, *m* / **chrétienne**, *f adj* | Crist(io)nogol |
| un **chrysanthème**, *m* | ffarwél haf  (g) |
| **chuchoter**, *v* | sibrwd |
| **chut!** | ust!; taw!; bydd(wch) yn dawel! |
| une **chute**, *f* | codwm (g); cwymp (g) |
| une **chute d'eau**, *f* | rhaeadr (b) |
| **Chypre**, *f* | Ynys (b) Cyprus |
| **ci–contre** | gyferbyn |
| **ci–dessous** | isod; oddi tanodd; islaw |
| **ci–dessus** | uchod; uwchben; uwchlaw |
| le **cidre**, *m* | seidr (g) |
| un **ciel**, *m (*des **cieux**, *pl)* | awyr (b); nef(oedd) (b) |
| une **cigarette**, *f* | sigarét (b) |
| un **cimetière**, *m* | mynwent (b) |
| un **ciné(ma)**, *m* | sinema (b) |
| un / une **cinéaste**, *m/f* | gwneuthurydd (g) ffilmiau |
| **cinq** | pump; pum |
| **cinquante** | pum deg; hanner cant |
| **cinquième**, *adj* | pumed |

| | |
|---|---|
| en **cinquième** | ym mlwyddyn 8 [ysgol] |
| un **circuit,** *m* | trac (g); cylchdaith (b); cylchffordd (b) |
| la **circulation,** *f* | traffig (g); trafnidiaeth (b) |
| **circuler,** *v* | mynd; symud |
| **cirer,** *v* | cŵyro; caboli; rhoi sglein ar |
| un **cirque,** *m* | syrcas (b) |
| des **ciseaux,** *m pl* | siswrn (g) |
| une **citadelle,** *f* | caer (b); amddiffynfa (b) |
| une **cité,** *f* | dinas (b); stad (b) dai |
| une **cité universitaire,** *f* | neuadd (b) breswyl [myfyrwyr] |
| un **citoyen,** *m* | dinesydd (g) |
| / une **citoyenne,** *f* | |
| un **citron,** *m* | lemwn, lemon (g) |
| un **citron pressé,** *m* | sudd (g) lemwn ffres |
| une **citronnade,** *f* | diod (b) lemwn |
| **clair,** *adj* | golau |
| **claqué,** *adj* | wedi blino'n lân; wedi ymlâdd |
| **claquer,** *v* | clecian |
| les **claquettes,** *f pl* | dawnsio (g) tap |
| faire des **claquettes,** *v*** | dawnsio tap |
| une **clarinette,** *f* | clarinet (g) |
| une **classe,** *f* | ystafell (b) ddosbarth; dosbarth (g) |
| en **classe** | yn y dosbarth; yn yr ysgol |
| **classique,** *adj* | clasurol |
| un **clavier,** *m* | allweddell (b) |
| une **clé / clef,** *f* | agoriad (g); allwedd (b) |
| un **client,** *m* / une **cliente,** *f* | cwsmer (g) |
| une **clientèle,** *f* | cwsmeriaid (ll) |
| un **climat,** *m* | hinsawdd (b) |
| une **climatisation,** *f* | system (b) awyru / dymheru |
| un **clochard,** *m* | crwydryn (g); trempyn (g) |
| une **cloche,** *f* | cloch (b) |
| une **clochette,** *f* | cloch (b) fach |
| un **clou,** *m* | hoelen (b) |
| le **clou du spectacle,** *m* | uchafbwynt (g) / prif atyniad (g) y sioe |
| un **club,** *m* | clwb (g) |
| un **club des jeunes,** *m* | clwb (g) ieuenctid |
| un **club de judo,** *m* | clwb (g) jiwdo |
| un **cobaye,** *m* | mochyn (g) cwta |
| un **Coca(–Cola),** *m* | Coca–Cola (g) |
| **cocher,** *v* | ticio |
| un **cochon,** *m* | mochyn (g) |

| | | |
|---|---|---|
| un | **cochon d'Inde,** *m* | mochyn (g) cwta |
| un | **cocotier,** *m* | palmwydden (b) goco |
| un | **code,** *m* | côd (g); deddf-lyfr (g) |
| le | **code de la route,** *m* | rheolau (ll)'r ffordd fawr |
| un | **cœur,** *m* | calon (b) |
| se | **coiffer,** *v* | gwneud / trin eich gwallt |
| un | **coiffeur,** *m* | un (gb) sy'n trin gwallt |
| | / une **coiffeuse,** *f* | |
| une | **coiffure,** *f* | steil (g) gwallt |
| un | **coin,** *m* | cornel (gb); cyffiniau (ll) |
| la | **colère,** *f* | dicter (g); dig (g); digofaint (g) |
| en | **colère** | dig; wedi colli tymer |
| | **coléreux,** *m* | blin; drwg ei hwyliau; mewn tymer |
| | / **coléreuse,** *f adj* | ddrwg |
| un | **colimaçon,** *m* | malw(od)en (b) |
| en | **colimaçon** | troellog [grisiau] |
| un | **collant,** *m* | pâr (g) o deits |
| une | **collection,** *f* | casgliad (g) |
| | **collectionner,** *v* | casglu; hel |
| la | **colle,** *f* | glud (g); gliw (g) |
| un | **collège,** *m* | ysgol (b) uwchradd |
| un / une | **collègue,** *m/f* | cydweithiwr (g) / cydweithwraig (b) |
| | **coller,** *v* | glynu; sticio |
| une | **colline,** *f* | bryn (g) |
| une | **colonie,** *f* | trefedigaeth (b); gwladfa (b); nythfa (b) [adar]; tylwyth (g) [anifeiliaid] |
| une | **colonie de vacances,** *f* | gwersyll (g) gwyliau |
| une | **colonne,** *f* | colofn (b) |
| | **colorier,** *v* | lliwio |
| | **combien de** | faint o; sawl |
| | **combien de fois?** | pa mor aml?; sawl gwaith? |
| une | **combinaison,** *f* | cyfuniad (g); troswisg (b); oferôl (gb); pais (b) |
| une | **combinaison de ski,** *f* | gwisg (b) / siwt (b) sgïo |
| une | **comédie,** *f* | comedi (b) |
| une | **comédie musicale,** *f* | sioe (b) / drama (b) gerdd |
| un | **comédien,** *m* | actiwr (g) actor (g) / actores (b) |
| | / une **comédienne,** *f* | |
| | **comique,** *adj* | doniol; digrif |
| un | **commandant,** *m* | capten (g); prif swyddog (g) |
| une | **commande,** *f* | archeb (b); llyw (g); rheolaeth (g) |
| | **comme** | fel |

| | |
|---|---|
| comme ci comme ça | canolig; gweddol; go lew |
| commencer, *v*\* | dechrau; cychwyn |
| comment | sut; beth |
| c'est comment? | sut un yw e / ydy e(f)o?; i beth mae e(f)o'n debyg? |
| comment allez–vous? | sut (yd)ych chi? |
| comment ça va? | sut mae? |
| comment est . . .? | i beth mae . . . yn debyg?; sut un yw/ydy . . . ? |
| comment s'appelle-t-il? | beth yw / ydy ei enw? |
| comment tu trouves...? | beth wyt ti'n ei feddwl o . . .? |
| un commentaire, *m* | sylwebaeth (b) |
| un commerçant, *m* / une commerçante, *f* | siopwr (g) / siopwraig (b); masnachwr (g) / masnachwraig (b) |
| le commissariat (de police) *m* | swyddfa (b)'r heddlu |
| une commode, *f* | cist (b) â droriau |
| commode, *adj* | cyfleus |
| la Communauté Économique Européenne, *f* | y Gymuned (b) Economaidd Ewropeaidd |
| communiquer, *v* | trosglwyddo; hysbysu; cyfathrebu |
| une compagnie, *f* | cwmni (g) |
| une comparaison, *f* | cymhariaeth (b) |
| comparer à, *v* | cymharu â |
| un compartiment, *m* | cerbydran (b); rhan (b) o drên |
| un complet, *m* | siwt (b) [dyn] |
| complet, *m* / complète, *f adj* | llawn; cyfan |
| complètement | yn gyfangwbl; yn llwyr; yn hollol |
| complexe, *adj* | cymhleth |
| compliqué, *adj* | cymhleth |
| comportant | yn cynnwys |
| composé de, *adj* | wedi'i wneud o |
| un compositeur, *m* / une compositrice, *f* | cyfansoddwr (g) / cyfansoddwraig (b); cysodydd (g) |
| composter, *v* | tyllu (tocyn); stampio (â dyddiad) |
| un composteur, *m* | tyllwr (g) tocynnau; stamp (g) (i ddangos y dyddiad) |
| une compote, *f* | stiw (g) [ffrwythau] |
| une compote de pommes, *f* | stiw (g) / saws (g) afalau |
| comprendre, *v*\*\* | deall |

| | | |
|---|---|---|
| ils / elles | **comprennent** (o **comprendre**), v** | maen nhw'n deall |
| nous | **comprenons** (o **comprendre**), v** | rydyn ni'n deall |
| un | **comprimé**, m | pilsen (b); tabled (b) |
| | **compris**, adj | wedi'i gynnwys; yn gynwysedig; yn ddealledig |
| j'ai | **compris** (o **comprendre**), v** | rydw i wedi deall; deallais |
| | **compter**, v | cyfrif; rhifo |
| une | **comptine**, f | rhigwm (g) |
| un | **comptoir**, m | cownter (g) |
| un | **comte**, m / une **comtesse**, f | iarll (g) / iarlles (b) |
| en ce qui me | **concerne** | o'm rhan i |
| | **concerner**, v | bod a wnelo â; ymwneud â |
| un | **concert**, m | cyngerdd (gb) |
| un / une | **concierge**, m/f | gofalwr (g) / gofalwraig (b) |
| un | **concombre**, m | cucumer (g) |
| un | **concours**, m | cystadleuaeth (b); gornest (b) |
| un | **concurrent**, m / une **concurrente**, f | cystadleuydd (g) |
| | **condamner**, v | condemnio; collfarnu |
| une | **condition**, f | cyflwr (g); amod (gb) |
| un | **conducteur**, m / une **conductrice**, f | gyrrwr (g) / gyrwraig (b) |
| | **conduire**, v** | gyrru; arwain; mynd â [rhywun] |
| je | **conduis** (o **conduire**), v** | rydw i'n gyrru / arwain / mynd â |
| il / elle | **conduit** (o **conduire**), v** | mae e(f)o / hi'n gyrru / arwain / mynd â |
| une | **confiance**, f | hyder (g); ymddiriedaeth (b) |
| faire | **confiance à**, v** | ymddiried yn |
| | **confiant**, adj | hyderus |
| | **confier**, v | ymddiried; dweud cyfrinach; dweud yn gyfrinachol |
| la | **confiserie**, f | fferins (ll) / melysion (ll); siop (b) fferins / felysion / losin / dda–da |
| une | **confiture**, f | jam (g) |
| une | **confiture d'oranges**, f | marmalêd (g) |
| | **confortable**, adj | cyfforddus; cysurus |
| | **confus**, adj | wedi drysu / ffwndro; ffwndrus; yn llawn embaras |
| un | **congé**, m | gwyliau (ll) |

32

| | | |
|---|---|---|
| un | **congélateur**, *m* | rhewgell (b) |
| je | **connais** | rydw i'n adnabod / gwybod |
| | (o **connaître**), *v*\*\* | |
| une | **connaissance**, *f* | gwybodaeth (b); adnabyddiaeth (b); cydnabod (gb) |
| faire la | **connaissance de**, *v*\*\* | cyfarfod; dod i adnabod |
| nous | **connaissons** | rydyn ni'n adnabod / gwybod |
| | (o **connaître**), *v*\*\* | |
| | **connaître**, *v*\*\* | adnabod; gwybod |
| j'ai | **connu** (o **connaître**), *v*\*\* | roeddwn i'n adnabod / gwybod |
| | **connu**, *adj* | adnabyddus; hysbys |
| une | **conquête**, *f* | concwest (b) |
| | **consacré (à)**, *adj* | wedi'i gysegru (i) |
| | **consciencieux**, *m* | cydwybodol |
| | / **consciencieuse**, *f adj* | |
| un | **conseil**, *m* | cyngor (g) |
| un | **Conseil Municipal** | Cyngor (g) Ieuenctid |
| | **des Jeunes**, *m* | |
| un | **conseiller**, *m* | cynghorydd (g) |
| | / une **conseillère**, *f* | |
| un | **conseiller d'éducation**, *m* | tiwtor (g) blwyddyn [addysg] |
| un | **conservatoire**, *m* | academi (b) gerdd |
| | **considérer**, *v*\* | ystyried |
| une | **consigne**, *f* | swyddfa (b) gadael bagiau |
| une | **consigne automatique**, *f* | cwpwrdd (g) / locer (g) gadael bagiau |
| un | **consommateur**, *m* | defnyddiwr (g) / defnyddwraig (b); |
| | / une **consommatrice**, *f* | cwsmer (g) [mewn caffi] |
| | **consommer**, *v* | bwyta; defnyddio |
| | **construire**, *v*\*\* | adeiladu; llunio |
| je | **construis** | rydw i'n adeiladu / llunio |
| | (o **construire**), *v*\*\* | |
| il / elle | **construit** | mae e(f)o /hi'n adeiladu / llunio |
| | (o **construire**), *v*\*\* | |
| | **construit**, *adj* | wedi'i adeiladu / lunio |
| | **consulter**, *v* | ymgynghori â |
| | **contenir** (gw **tenir**), *v*\*\* | cynnwys |
| | **content**, *adj* | hapus; bodlon |
| le | **contenu**, *m* | cynnwys (g); cynhwysiad (g) |
| il / elle | **contient** (o **contenir**), *v* | mae'n cynnwys |
| un | **continent**, *m* | cyfandir (g) |
| | **continuellement** | byth a hefyd / beunydd; o hyd; (yn) wastad |

| | | |
|---|---|---|
| | **continuer**, v | parhau; dal (ymlaen) |
| le | **contraire**, m | gwrthwyneb (g) |
| au | **contraire** | i'r gwrthwyneb |
| | **contre** | yn erbyn |
| par | **contre** | ar y llaw arall |
| une | **contrebasse**, f | basgrwth (g); bas (g) dwbl |
| | **contribuer**, v | cyfrannu |
| un | **contrôleur**, m | arolygydd (g); |
| | / une **contrôleuse**, f | goruchwyliwr (g) / goruchwylwraig (b); |
| | | tocynnwr (g) / tocynwraig (b); |
| | | archwiliwr (g) / archwilwraig (b) |
| | | [tocynnau] |
| une | **conversation**, f | sgwrs (b); ymddiddan (g); ymgom (gb) |
| en pleine | **conversation** | yn brysur yn sgwrsio |
| un | **copain**, m / une **copine**, f | ffrind (g); mêt (g); |
| | | cyfaill (g) / cyfeilles (b) |
| une | **copie**, f | copi (g) |
| | **copier**, v | copïo |
| un | **coq**, m | ceiliog (g) |
| le | **coq au vin**, m | cyw (g) iâr / ffowlyn (g) â gwin coch |
| une | **coque**, f | cocsen (b) |
| un | **coquillage**, m | cragen (b) |
| une | **coquille**, f | cragen (b); plisgyn (g) |
| un | **cor**, m | corn (g) [offeryn] |
| un | **corbeau**, m | brân (b) (brain, ll) |
| | (des **corbeaux**, pl) | |
| une | **corbeille**, f | basged (b) |
| une | **corde**, f | llinyn (g); cortyn (g); rhaff (g) |
| une | **corne**, f | corn (g) [anifail] |
| un | **cornichon**, m | gercyn (g) |
| un | **corps**, m | corff (g) |
| une | **correspondance**, f | trên (g) sy'n cysylltu; cysylltiad (g); |
| | | gohebiaeth (b) |
| un | **correspondant**, m | ffrind (g) llythyru |
| | / une **correspondante**, f | |
| | **correspondant**, adj | cyfatebol |
| | **correspondre**, v | llythyru; ysgrifennu at rywun; cysylltu; |
| | | cyfateb |
| | **corriger**, v* | cywiro |
| la | **Corse**, f | Corsica (b) |
| un | **costume**, m | gwisg (b); siwt (b) |

| | |
|---|---|
| une **côte,** *f* | arfordir (g);  llethr (b); asen (b) |
| un **côté,** *m* | ochr (b) |
| d'un **côté** | ar un ochr |
| à **côté de** | wrth ymyl / ochr; nesa at; yn agos at / i |
| une **côtelette,** *f* | golwyth (g); cytled (g) |
| une **cotisation,** *f* | tanysgrifiad (g) |
| le **coton,** *m* | cotwm (g) |
| de / en **coton** | wedi'i wneud o gotwm; cotwm |
| le **coton hydrophile,** *m* | gwlân (g) cotwm |
| un **cou,** *m* | gwddf (g); gwddw(g) (g) |
| une **couche,** *f* | haen(en) (b) |
| la **couche d'ozone,** *f* | yr haen (b) osôn |
| le soleil se **couche** | mae'r haul yn machlud |
| se **coucher,** *v* | mynd i'r gwely; gorwedd |
| une **couchette,** *f* | gwely (g) bync [ar long neu drên] |
| un **coucou,** *m* | cwcw (b); cog (b) |
| **coucou!** | heia! (wrth ffrind) |
| un **coude,** *m* | penelin (gb) |
| **coudre,** *v* ** | gwnïo |
| une **couleur,** *f* | lliw (g) |
| un **couloir,** *m* | coridor (g) |
| un **coup,** *m* | ergyd (gb) |
| un **coup de foudre,** *m* | taran (follt) (b); cariad (g) ar drawiad; cariad (g) o'r eiliad cyntaf |
| un **coup de main,** *m* | help (g) llaw |
| un **coup de pied,** *m* | cic (b) |
| un **coup de soleil,** *m* | clefyd (g) yr haul; llosg (g) haul |
| un **coup de téléphone,** *m* | galwad (g) ffôn |
| un / une **coupable,** *m/f* | troseddwr (g) / troseddwraig (b) |
| une **coupe,** *f* | cwpan (gb); tlws (g) |
| **coupé,** *adj* | wedi'i dorri; toredig |
| **couper,** *v* | torri |
| une **cour,** *f* | iard (b) (ysgol); clos (g); llys (gb) |
| le **courage,** *m* | dewrder (g) |
| bon **courage!** | pob lwc / hwyl! |
| **courageux,** *m* / **courageuse,** *f adj* | dewr; gwrol |
| un **courant,** *m* | llif (g); cerrynt (g) |
| un **coureur,** *m* / une **coureuse,** *f* | rhedwr (g) / rhedwraig (b) |
| **courir,** *v*** | rhedeg; rasio |
| une **couronne,** *f* | coron (b) |

| | |
|---|---|
| le **courrier**, *m* | llythyrau (ll); llythyron (ll); post (g) |
| le **courrier du cœur**, *m* | llythyron (ll) o'r galon; tudalen (gb) b/problemau |
| un **cours**, *m* | gwers (b); dosbarth (g) |
| un **cours de change**, *m* | cyfradd (b) gyfnewid [arian] |
| je **cours** (o **courir**), *v*** | rydw i'n rhedeg |
| une **course**, *f* | ras (b) |
| des **courses**, *f pl* | siopa (g) |
| faire des **courses**, *v*** | mynd i siopa |
| un **coursier**, *m* / une **coursière**, *f* | negesydd (g) |
| un **court**, *m* | cwrt (g) [tennis] |
| **court**, *adj* | byr |
| il / elle **court** (o **courir**), *v*** | mae e(f)o / hi'n rhedeg |
| un **courtisan**, *m* | gwas (g) / gŵr (g) llys |
| j'ai **couru** (o **courir**), *v*** | rydw i wedi rhedeg; rhedais |
| un **cousin**, *m* / une **cousine**, *f* | cefnder (g) / cyfnither (b) |
| nous **cousons** (o **coudre**), *v*** | rydyn ni'n gwnïo |
| un **coussin**, *m* | clustog (b) |
| j'ai **cousu** (o **coudre**), *v*** | rydw i wedi gwnïo; gwnïais |
| un **couteau**, *m* (des **couteaux**, *pl*) | cyllell (b) (cyllyll, ll) |
| **coûter**, *v* | costio |
| **coûteux**, *m* / **coûteuse**, *f adj* | drud; prid; costus |
| une **coutume**, *f* | arfer (gb); arferiad (g); defod (b) |
| la **couture**, *f* | (gwaith(g)) gwnïo (g) |
| un **couvercle**, *m* | clawr (g); caead (g) |
| un **couvert**, *m* | lle (g) wedi'i osod wrth y bwrdd [neu'r tâl amdano] |
| mettre le **couvert**, *v*** | gosod y / hulio'r bwrdd |
| **couvert**, *adj* | wedi'i orchuddio |
| j'ai **couvert** (o **couvrir**), *v* | rydw i wedi gorchuddio; gorchuddiais |
| une **couverture**, *f* | blanced (g); gorchudd(g); clawr (g) [llyfr] |
| un **couvre–lit**, *m* | cwrlid (g); cwilt (g) |
| **couvrir** (gw **ouvrir**), *v*** | gorchuddio |
| **cracher**, *v* | poeri |
| la **craie**, *f* | sialc (g) |
| un **crâne**, *m* | penglog (b) |
| un **crapaud**, *m* | llyffant (g) (du dafadennog) |
| une **cravate**, *f* | tei (g) |

36

| | | |
|---|---|---|
| un | **crayon,** *m* | pensil (g) |
| | **créé,** *adj* | wedi'i greu / ffurfio / lunio |
| | **créer,** *v* | creu; ffurfio; llunio |
| un (café) | **crème,** *m* | coffi (g) â hufen |
| la | **crème,** *f* | hufen (g) |
| la | **crème anglaise,** *f* | cwstard (g) |
| la | **crème Chantilly,** *f* | hufen (g) wedi'i chwipio â siwgr eisin |
| une | **crème solaire,** *f* | hufen (g) lliw haul / rhag haul |
| une | **crémerie,** *f* | siop (b) laeth |
| une | **crêpe,** *f* | crempogen (b); pancosen (b); ffroesen (b) |
| une | **crêperie,** *f* | bwyty (g) gwerthu crempog |
| | **creusé,** *adj* | wedi'i gafnio |
| | **creux,** *m* / **creuse,** *f adj* | gwag; cau |
| une | **crevaison,** *f* | twll (g) [mewn teiar] |
| | **crevé,** *adj* | fflat [tciar]; wedi marw [anifail]; wedi blino'n lân; wedi ymlâdd |
| des | **crevettes,** *f pl* | berdys (ll) |
| le | **cricket,** *m* | criced (g) |
| | **crier,** *v* | gweiddi |
| | **croire,** *v*** | credu; coelio; meddwl |
| je | **crois** (o **croire**), *v*** | rydw i'n credu / coelio / meddwl |
| une | **croisière,** *f* | mordaith (b) |
| une | **croissance,** *f* | tyfiant (g) |
| un | **croissant,** *m* | *croissant* (b) |
| il / elle | **croit** (o **croire**), *v*** | mae e(f)o / hi'n credu / coelio / meddwl |
| une | **croix,** *f* | croes (b) |
| la | **Croix–Rouge,** *f* | y Groes (b) Goch |
| un | **croque–monsieur,** *m* | brechdan (b) gaws a ham wedi'i thostio |
| une | **crosse,** *f* | ffon (b) hoci |
| la | **crotte,** *f* | tom (b); tail (g); baw (g) |
| nous | **croyons** (o **croire**), *v*** | rydyn ni'n credu / meddwl / coelio |
| j'ai | **cru** (o **croire**), *v*** | rydw i wedi credu / meddwl / coelio; credais / meddyliais / coeliais |
| des | **crudités,** *f pl* | llysiau (ll) amrwd / crai [fel cwrs cyntaf pryd bwyd] |
| | **cruel,** *m* / **cruelle,** *f adj* | creulon |
| je | **cueille** (o **cueillir**), *v* | rydw i'n casglu / hel / tynnu |
| | **cueillir,** *v* | casglu; hel; tynnu |
| une | **cuiller** / **cuillère,** *f* | llwy (b) |
| une | **cuillère à soupe,** *f* | llwy (b) gawl / bwdin |
| une | **cuillerée,** *f* | llwyaid (b); llond llwy (b) |

| | |
|---|---|
| le **cuir**, *m* | lledr (g) |
| de / en **cuir** | wedi'i wneud o ledr;  lledr |
| (faire) **cuire** (gw **conduire**), *v*** | coginio |
| une **cuisine**, *f* | cegin (b); coginio (g) |
| faire la **cuisine**, *v*** | coginio |
| un **cuisinier**, *m* / une **cuisinière**, *f* | cogydd (g) / cogyddes (b) |
| une **cuisinière**, *f* | ffwrn (b); popty (g); cwcer (gb) |
| une **cuisse**, *f* | clun (b); morddwyd (b) |
| une **cuisse de grenouille**, *f* | coes (b) llyffant |
| **cuit**, *adj* | wedi'i goginio |
| une **culotte**, *f* | clos (g) (pen-glin); nicer (g) |
| **cultiver**, *v* | tyfu |
| un **curé**, *m* | offeiriad (g) |
| **curieux**, *m* / **curieuse**, *f adj* | chwilfrydig; hynod; rhyfedd |
| une **curiosité**, *f* | chwilfrydedd (g); cywreinbeth (g); rhywbeth (g) o ddiddordeb |
| le **cyclisme**, *m* | beicio(g); seiclo (g) |
| faire du **cyclisme**, *v*** | mynd i feicio / seiclo; mynd ar gefn beic; beicio |
| un / une **cycliste**, *m / f* | beiciwr (g) / beicwraig (b) |
| un **cygne**, *m* | alarch (g) |
| un **cyprès**, *m* | cypreswydden (b); pren (g) cypres |

| | |
|---|---|
| **d'** | o; oddi wrth [o flaen llafariad] |
| **d'abord** | yn gyntaf; yn y lle cyntaf; i ddechrau |
| **d'accord** | iawn; cytuno; o'r gorau |
| être **d'accord**, *v*** | cytuno; cyd-weld |
| **d'ailleurs** | heblaw hynny |
| le **daim**, *m* | swêd (g) [esgidiau] |
| une **dame**, *f* | boneddiges (b); gwraig; (b); dynes (b); menyw / benyw (b) |
| les **dames**, *f pl* | (cyfleusterau(ll)) merched (ll); drafftiau (ll) |
| le **Danemark**, *m* | Denmarc (b) |
| un **danger**, *m* | perygl (g) |
| **dangereux**, *m* / **dangereuse**, *f adj* | peryglus |
| **danois**, *adj* | Danaidd; o Ddenmarc |
| **dans** | yn; (i) mewn (i) |
| la **danse**, *f* | dawnsio (g); dawns (b) |
| **danser**, *v* | dawnsio |
| un **danseur**, *m* / une **danseuse**, *f* | dawnsiwr (g) / dawnswraig (b) |
| une **date**, *f* | dyddiad (g) |
| une **date de naissance**, *f* | dyddiad (g) geni |
| un **dauphin**, *m* | dolffin (g) |
| **de** | o; oddi wrth |
| un **dé**, *m* | dis (g) |
| **débarquer**, *v* | gadael llong; glanio; dadlwytho |
| **débarrasser**, *v* | cael gwared o; rhyddhau |
| **débarrasser la table**, *v* | clirio'r bwrdd |
| un **débat**, *m* | dadl (b); trafodaeth (b) |
| **débile**, *adj* | gwan(llyd); egwan |
| être **debout**, *v*** | sefyll; bod ar eich traed |
| se mettre **debout**, *v*** | sefyll; codi ar eich traed |
| se tenir **debout**, *v*** | sefyll; bod ar eich traed |
| **débrouiller**, *v* | datrys; datod |
| se **débrouiller**, *v* | ymdopi; dod ymlaen |
| un **début**, *m* | dechrau (g); dechreuad (g); agoriad (g) |
| au **début** | ar y dechrau |
| un **décalage**, *m* | bwlch (g) [amser] |

| | | |
|---|---|---|
| un | **décalage horaire,** *m* | gwahaniaeth (g) amser |
| | **décembre,** *m* | Rhagfyr (g) |
| les | **déchets,** *m pl* | gwastraff (g) |
| | **déchiffrer,** *v* | dehongli; datrys |
| | **déchirer,** *v* | rhwygo |
| | **décidé,** *adj* | pendant; pcnderfynol; wedi'i setlo |
| | **décidément** | yn bendant; heb os |
| | **décider de,** *v* | penderfynu |
| se | **décider à,** *v* | penderfynu; dod i'r penderfyniad |
| | **déclarer,** *v* | cyhoeddi; datgan; mynegi; datgelu [tollau] |
| un | **décollage,** *m* | esgyniad (g) / codiad (g) i'r awyr [awyren] |
| | **décolleté,** *adj* | â gwddf / gwddw(g) isel [gwisg] |
| | **décontracté,** *adj* | wedi ymlacio; digynnwrf; hamddenol |
| | **décoré,** *adj* | wedi'i addurno; wedi'i urddo |
| | **découper,** *v* | torri allan; torri i fyny; torri'n ddarnau |
| | **découragé,** *adj* | digalon; wedi digalonni |
| un | **découragement,** *m* | digalondid (g) |
| j'ai | **découvert (o découvrir),** *v*** | rydw i wedi darganfod; darganfûm |
| une | **découverte,** *f* | darganfyddiad (g) |
| | **découvrir,** *v*** | darganfod |
| | **décrire (gw écrire),** *v*** | disgrifio |
| je | **décris (o décrire),** *v* | rydw i'n disgrifio |
| | **dedans** | (y) tu mewn iddo [ayb]; ynddo [ayb] |
| | **défaire (gw faire),** *v*** | datod; dadbacio |
| je | **défais (o défaire),** *v* | rydw i'n datod / dadbacio |
| un | **défaut,** *m* | bai (g) [personol]; diffyg (g) |
| | **défavorisé,** *adj* | difreintiedig |
| | **défendre,** *v* | amddiffyn; gwahardd |
| une | **défense,** *f* | amddiffyniad (g); gwaharddiad (g); ysgithr (g) |
| | **défense de ...** | peidiwch â ... ; ni chaniateir ...; dim ... |
| un | **défilé,** *m* | gorymdaith (b); culffordd (b); ceunant (g) |
| un | **défilé de mode,** *m* | sioe (b) ffasiwn |
| le(s) | **dégât(s),** *m (pl)* | difrod (g) |

| | |
|---|---|
| dégonfler, *v* | gollwng gwynt o |
| dégoûtant, *adj* | gwarthus; ffiaidd |
| un degré, *m* | gradd (b); gris (g) |
| se déguiser, *v* | gwisgo fel rhywun arall; cuddwisgo |
| une dégustation, *f* | blasu (g) [gwin ayb] |
| déguster, *v* | blasu; profi; mwynhau |
| (au) dehors | tu allan |
| déjà | eisoes; yn barod |
| un déjeuner, *m* | cinio (g) [canol dydd] |
| un petit déjeuner, *m* | brecwast (g) |
| déjeuner, *v* | cael cinio [canol dydd] |
| un délice, *m* | hyfrydwch (g); pleser (g) |
| délicieux, *m* | danteithiol; blasus; hyfryd |
| / délicieuse, *f adj* | |
| délier, *v* | datod |
| demain | yfory |
| à demain | wela' i di / chi (y)fory |
| je me demande | tybed; (y)sgwn i |
| demander, *v* | gofyn (am) |
| se demander, *v* | gofyn i chi'ch hun; meddwl tybed ... |
| démarrer, *v* | cychwyn [ar ei ffordd] |
| bien démarrer, *v* | cael dechrau da; dechrau'n dda |
| un déménagement, *m* | symud (g); mudo (g) |
| déménager, *v\** | symud; mudo |
| demi | hanner |
| midi / minuit et demi | hanner awr wedi deuddeg; hanner awr wedi hanner dydd / nos |
| une heure et demie | hanner awr wedi un; awr a hanner |
| un demi–frère, *m* | hanner brawd (g) |
| une demi–journée, *f* | hanner diwrnod (g) |
| un demi–kilo, *m* | pwys (g) [mwy neu lai]; hanner cilo (g) |
| un / une demi–pensionnaire, *m/f* | disgybl (g) sy'n aros yn yr ysgol i ginio |
| une demi–sœur, *f* | hanner chwaer (b) |
| une dent, *f* | dant (g) |

41

| | |
|---|---|
| la **dentelle**, *f* | les (gb) |
| un **dentifrice**, *m* | pâst (g) dannedd |
| un / une **dentiste**, *m/f* | deintydd (g) |
| un **départ**, *m* | ymadawiad (g); man (g) cychwyn |
| un **département**, *m* | ardal (b) yn Ffrainc [tebyg i sir yng Nghymru] |
| **dépêche–toi!** | brysia! |
| se **dépêcher**, *v* | brysio |
| **dépêchez–vous!** | brysiwch! |
| ça / cela **dépend** | mae (hynny)'n dibynnu |
| **dépendre**, *v* | dibynnu |
| **dépenser**, *v* | gwario [arian / pres] |
| des **dépenses**, *f pl* | costau (ll); gwariant (g) |
| **dépensier**, *m* / **dépensière**, *f adj* | gwastraffus; afradlon; di–ddarbodus |
| se **déplacer**, *v** | teithio; symud (o gwmpas) |
| un **déplantoir**, *m* | trywel (g) |
| un **dépliant**, *m* | taflen (b) ; pamffled (g) |
| **déprimé**, *adj* | digalon; isel ysbryd; yn dioddef o iselder ysbryd |
| **déprogrammé**, *adj* | wedi'i ganslo [darllediad radio / teledu] |
| **depuis** | ers (hynny) |
| **depuis un an** | ers blwyddyn |
| un **dériveur**, *m* | dingi (g) |
| **dernier**, *m* / **dernière**, *f adj* | diwethaf; diweddaraf; olaf |
| **derrière** | tu ôl (i) |
| **des** | rhai; o'r; oddi wrth y [gydag enw lluosog] |
| **dès** | ers; yn dechrau o; o ... ymlaen |
| **désagréable**, *adj* | cas; annymunol; annifyr |
| un **désavantage**, *m* | anfantais (b) |
| **descendre**, *v* | disgyn; mynd / dod i lawr |
| une **descente**, *f* | ffordd (b) / taith (b) i lawr; mynd (g) / dod (g) i lawr; disgyniad (g) |
| une **description**, *f* | disgrifiad (g) |
| un **désert**, *m* | anialwch (g) |
| **désespéré**, *adj* | anobeithiol |

| | |
|---|---|
| le **désespoir**, *m* | anobaith (g) |
| se **déshabiller**, *v* | tynnu (oddi) amdanoch; dadwisgo |
| **désirer**, *v* | dymuno; bod eisiau |
| **désolé**, *adj* | gofidus; blin; diffaith [lle] |
| je suis **désolé** | mae'n flin / ddrwg / arw iawn gen i |
| un **désordre**, *m* | anhrefn (g); llanast (g) |
| **désormais** | o hyn allan / ymlaen |
| un **dessert**, *m* | pwdin (g) |
| le **dessin**, *m* | arlunio (g); llun (g); darlun (g) |
| un **dessin animé**, *m* | cartŵn (g) [ffilm] |
| un **dessinateur**,*m* | cynllunydd (g); dylunydd (g); |
| / une **dessinatrice**,*f* | darluniwr (g) / darlunwraig (b) |
| **dessiner**, *v* | tynnu llun; arlunio |
| **dessous** | oddi tanodd; oddi tano [ayb]; tanodd |
| **dessus** | uwchben; uwchlaw; drosodd; |
| | drosto[ayb]; arno[ayb] |
| une **destination**, *f* | pen (g) taith / siwrnai |
| à **destination de** | (sydd) yn mynd i |
| un **détail**, *m* | manylyn (g) |
| des **détails** | manylion (ll) / gwybodaeth (b) |
| **supplémentaires**, *m pl* | ychwanegol |
| **détester**, *v* | casáu; ffieiddio |
| la **détresse**, *f* | trybini (g); trallod (g) |
| un **détroit**, *m* | culfor (g) |
| **deux** | dau / dwy |
| un **deux–roues**, *m* | cerbyd (g) dwy olwyn |
| **deuxième**, *adj* | ail |
| **devant** | o flaen |
| **devenir**, *v*** | dod yn ; troi yn |
| je suis **devenu (e)** | rydw i wedi dod / troi yn; deuthum / |
| (o **devenir**), *v*** | trois yn |
| ils /elles **deviennent** | maen nhw'n dod / troi yn |
| (o **devenir**), *v*** | |
| je **deviens** (o **devenir**), *v*** | rydw i'n dod / troi yn |
| il / elle **devient** (o **devenir**), *v*** | mae e(f)o / hi'n dod / troi yn |
| **deviner**, *v* | dyfalu |
| une **devinette**, *f* | pos (g) |

| | | |
|---|---|---|
| une | **devise,** *f* | arwyddair (g); slogan (g); arian (g) breiniol |
| | **devoir,** *v*** | bod rhaid; gorfod |
| des | **devoirs,** *m pl* | gwaith (g) cartref |
| je | **devrais** *(*o **devoir)**, *v*** | dylwn i |
| un | **diabolo–menthe,** *m* | diod (b) fintys [efo lemonêd] |
| un | **diamètre,** *m* | diamedr (g) |
| une | **diapositive,** *f* | sleid (b) liw |
| un | **dico / dictionnaire,** *m* | geiriadur (g) |
| | **Dieu,** *m* | Duw (g) |
| un | **dieu,** *m* (des **dieux,** *pl*) | duw (g) (duwiau, ll) |
| mon | **dieu!** | mawredd!; bobol annwyl!; duw(cs) annwyl! |
| une | **différence,** *f* | gwahaniaeth (g) |
| | **différent,** *adj* | gwahanol |
| | **difficile,** *adj* | anodd; caled; dyrys |
| une | **difficulté,** *f* | anhawster (g); problem (b) |
| | **difforme,** *adj* | afluniaidd; anffurfiedig |
| | **dimanche,** *m* | dydd (g) Sul |
| un | **dindon,** *m* / une **dinde,** *f* | twrci (g) (ceiliog (g) / iâr (b)) |
| un | **dîner,** *m* | cinio (g) [nos] |
| | **dîner,** *v* | ciniawa; cael cinio [nos] |
| | **dingue,** *adj* | hurt; (dim) hanner call |
| | **dire,** *v*** | dweud |
| c'est–à– | **dire** | hynny yw |
| cela veut | **dire** | mae hynny'n golygu; ystyr hynny yw / ydy |
| | **direct,** *adj* | union(gyrchol) |
| en | **direct** | byw; yn fyw |
| | **directement** | yn syth; yn union(gyrchol); ar ei union |
| un | **directeur,** *m* | prifathro (g) / prifathrawes (b); |
| | / une **directrice,** *f* | rheolwr (g) / rheolwraig (b); cyfarwyddwr (g) / cyfarwyddwraig(b); pennaeth (g) |
| je | **dis** (o **dire)**, *v*** | rydw i'n dweud |
| une | **discothèque,** *f* | disgo (g) |
| | **discuter,** *v* | dadlau; trafod |

44

| | |
|---|---|
| je **disparais** | rydw i'n diflannu |
| (o **disparaître**), *v* | |
| **disparaître** | diflannu |
| (gw **connaître**), *v*** | |
| **disparu**, *adj* | wedi diflannu; ar goll |
| (se) **disperser**, *v* | chwalu |
| **disposer de**, *v* | bod gan; defnyddio |
| une **dispute**, *f* | dadl (b); ffrae (b); anghydfod (g) |
| se **disputer**, *v* | dadlau; ffraeo |
| un **disque**, *m* | record (b); disg (b) |
| une **disquette**, *f* | disg (b) gyfrifiadur |
| **distingué**, *adj* | enwog; o fri; urddasol |
| une **distraction**, *f* | adloniant (g); difyrrwch (g) |
| **distrait**, *adj* | anghofus; â'r meddwl ymhell |
| **distribuer**, *v* | dosbarthu |
| il/elle **dit** (o **dire**), *v*** | mae e(f)o / hi'n dweud |
| ça te **dit** . . . ? | wyt ti'n ffansïo . . . ? |
| j'ai **dit** (o **dire**), *v*** | rydw i wedi dweud; dywedais |
| vous **dites** (o **dire**), *v*** | rydych chi'n dweud |
| **divers**, *adj* | amrywiol; amryfal ; amryw o |
| un **divertissement**, *m* | adloniant (g); difyrrwch (g) |
| **diviser**, *v* | rhannu |
| **divorcé**, *adj* | wedi ysgaru |
| **dix** | deg / deng |
| **dix–huit** | deunaw; un deg wyth |
| **dix–neuf** | pedwar / pedair ar bymtheg; un deg naw |
| **dix–sept** | dau / dwy ar bymtheg; un deg saith |
| un **docteur**, *m* | doctor (g); doethur (g); meddyg (g) |
| / une **doctoresse**, *f* | |
| un **documentaire**, *m* | ffilm (b) / rhaglen (b) ddogfen |
| un **dodo**, *m* | bei–bei (g); cwsg (g) [gair plentyn] |
| un **doigt**, *m* | bys (g) |
| des **doigts de pied**, *m pl* | bysedd (ll) / bodiau (ll) traed |
| je **dois** (o **devoir**), *v*** | rhaid i mi / fy mod |
| il / elle **doit** (o **devoir**), *v*** | rhaid iddo / iddi; rhaid ei fod / bod |
| ils / elles **doivent** (o **devoir**), *v*** | rhaid iddynt; rhaid eu bod |
| un / une **domestique**, *m/f* | gwas (g) / morwyn (b) |
| un **domino**, *m* | domino (g) |

| | | |
|---|---|---|
| un | **dommage,** *m* | niwed (g); difrod (g) |
| (quel) | **dommage!** | dyna drueni; dyna biti |
| | **donc** | felly |
| | **donner,** *v* | rhoi |
| | **dont** | yr hwn / yr hon / y rhai y(r) ... ei / eu |
| | **dormir,** *v*\*\* | cysgu |
| je | **dors** (o **dormir**), *v*\*\* | rydw i'n cysgu |
| il/elle | **dort** (o **dormir**), *v*\*\* | mae e(f)o / hi'n cysgu |
| un | **dortoir,** *m* | ystafell (b) gysgu; dormitori (g) |
| un | **dos,** *m* | cefn (g) |
| un | **dossier,** *m* | ffeil (b); casgliad (g) o ddogfennau / nodiadau |
| | **double,** *adj* | dwbl |
| | **doublé,** *adj* | wedi'i ddybio |
| | **douce,** *f* / **doux,** *m adj* | addfwyn; mwyn; tyner; ysgafn; meddal |
| | **doucement** | yn dawel; yn araf; yn fwyn; yn addfwyn; yn dyner; yn ysgafn |
| une | **douche,** *f* | cawod (b) |
| se | **doucher,** *v* | cael cawod |
| | **doué,** *adj* | dawnus; talentog; galluog; da |
| la | **douleur,** *f* | poen (g) |
| | **douloureux,** *m* / **douloureuse,** *f adj* | poenus |
| le | **doute,** *m* | amheuaeth (b) |
| pas de | **doute** | heb os / amheuaeth; does dim dwywaith / amheuaeth |
| | **Douvres** | Dover |
| | **doux,** *m* / **douce,** *f adj* | addfwyn; mwyn; tyner; ysgafn; meddal |
| une | **douzaine,** *f* | dwsin (g) |
| | **douze** | deuddeg / deuddeng; un deg dau / dwy |
| une | **dragée,** *f* | siwgr–almon (g) |
| un | **drap,** *m* | cynfas (b) |
| un | **drapeau,** *m* (des **drapeaux,** *pl*) | baner (b) (baneri, ll); fflag (b) (fflagiau, ll) |
| le | **drapeau tricolore,** *m* | y faner (b) drilliw [baner Ffrainc] |
| une | **drogue,** *f* | cyffur (g) |
| | **drogué,** *adj* | wedi'i ddrygio; yn / wedi cymryd cyffur(iau) |

| | |
|---|---|
| une **droguerie,** *f* | siop (b) nwyddau metel / haearn |
| le **droit,** *m* | y gyfraith (b); hawl (b) |
| **droit,** *adj* | syth; union(syth) |
| tout **droit** | yn syth yn eich blaen; ymlaen |
| la **droite,** *f* | y dde (b) |
| à **droite** | ar y / i'r dde |
| **droitier,** *m* | (yn defnyddio) llaw dde |
| / **droitière,** *f adj* | |
| **drôle,** *adj* | doniol; digrif; rhyfedd |
| **du** | o'r; oddi wrth y [gydag enw gwrywaidd unigol] |
| j'ai **dû** (o **devoir**)**,** *v*** | bu raid i mi |
| un **duc,** *m* / une **duchesse,** *f* | dug (g) / duges (b) |
| **dur,** *adj* | caled |
| **durer,** *v* | parhau; para |
| **dynamique,** *adj* | dynamig |
| une **dynamo,** *f* | dynamo (g) |

| | | |
|---|---|---|
| l' | **eau,** *f* (les **eaux,** *pl*) | dŵr (g) (dyfroedd, ll) |
| l' | **eau douce,** *f* | dŵr (g) croyw |
| un | **éboueur,** *m* | dyn (g) sbwriel / lludw |
| des | **échalotes,** *f pl* | sibwn(s) (ll); sialots (ll) |
| un | **échange,** *m* | taith (b) gyfnewid; cyfnewid (g) |
| faire un | **échange,** *v*** | mynd ar daith gyfnewid; cyfnewid |
| | **échanger,** *v** | cyfnewid; ffeirio |
| (s') | **échapper,** *v* | dianc |
| une | **écharpe,** *f* | sgarff (g) |
| s' | **échauffer,** *v* | cynhesu; twymo; poethi |
| les | **échecs,** *m pl* | gwyddbwyll (b) |
| jouer aux | **échecs,** *v* | chwarae gwyddbwyll |
| une | **échelle,** *f* | ysgol (b) |
| un | **échiquier,** *m* | bwrdd (g) gwyddbwyll |
| | **échouer (à),** *v* | methu [arholiad, ayb] |
| un | **éclair,** *m* | mellten (b); math o gacen (b) |
| | | / deisen (b); *éclair* (b) |
| un | **éclairage,** *m* | golau (g); goleuadau (ll); goleuo (g) |
| une | **éclaircie,** *f* | cyfnod (g) o haul / heulog |
| | **éclairer,** *v* | goleuo |
| un | **éclaireur,** *m* | sgowt (g) / geid (b) |
| | / une **éclaireuse,** *f* | |
| | **éclater,** *v* | ffrwydro |
| une | **école,** *f* | ysgol (b) |
| une | **école maternelle,** *f* | ysgol (b) feithrin |
| une | **école primaire,** *f* | ysgol (b) gynradd |
| une | **école du soir,** *f* | ysgol (b) nos |
| un | **écolier,** *m* | bachgen (g) / merch (b) ysgol; |
| | / une **écolière,** *f* | hogyn (g) / hogan (b) ysgol |
| l' | **écologie,** *f* | ecoleg (b) |
| | **économe,** *adj* | cynnil; darbodus |
| l' | **économie,** *f* | economi (gb); cynildeb (g) |
| faire des | **économies,** *v*** | cynilo |
| | **économique,** *adj* | rhad; economaidd |
| une | **écorce,** *f* | rhisgl (g) |
| | **écossais,** *adj* | Albanaidd; o'r Alban |
| l' | **Écosse,** *f* | yr Alban (b) |
| | **écouter,** *v* | gwrando (ar) |
| un | **écran,** *m* | sgrîn (b) |
| | **écrire,** *v*** | ysgrifennu |
| s' | **écrire,** *v*** | cael ei ysgrifennu / sillafu |
| j' | **écris** (o **écrire**), *v*** | rydw i'n ysgrifennu |

| | | |
|---|---|---|
| il / elle | **écrit** (o **écrire**), *v*** | mae e(f)o / hi'n ysgrifennu |
| j'ai | **écrit** (o **écrire**), *v*** | rydw i wedi ysgrifennu; ysgrifennais |
| une | **écriture,** *f* | ysgrifen (b); llawysgrifen (b) |
| nous | **écrivons** (o **écrire**), *v*** | rydyn ni'n ysgrifennu |
| un | **écrou,** *m* | nyten (b); gweinell (b) |
| s' | **écrouler,** *v* | chwalu; disgyn yn ddarnau |
| un | **écusson,** *m* | bathodyn (g); arfbais (b) |
| un | **édito,** *m* | golygyddol (g) |
| l' | **éducation,** *f* | addysg (b) |
| l' | **éducation civique,** *f* | astudiaethau (ll) cyffredinol / cymdeithasol; materion (ll) cyfoes [addysg] |
| l' | **éducation physique,** *f* | addysg (b) gorfforol; ymarfer (g) corff |
| | **éffacer,** *v** | dileu; rhwbio allan |
| un | **effet,** *m* | effaith (g) |
| en | **effet** | yn wir; mewn gwirionedd |
| un | **effort,** *m* | ymdrech (b) |
| | **effrayant,** *adj* | brawychus; dychrynllyd |
| | **égal,** *adj* | cyfartal; cydradd |
| cela/ça m'est | **égal** | (does) dim ots / gwahaniaeth gen i |
| | **égaler,** *v* | bod yn gyfartal â; bod cystal â |
| l' | **égalité,** *f* | cydraddoldeb (g); cyfartalwch (g) |
| une | **église,** *f* | eglwys (b) |
| | **égoïste,** *adj* | hunanol |
| | **eh bien!** | wel! |
| un | **électricien,** *m* / une **électricienne,** *f* | trydanydd (g) |
| l' | **électricité,** *f* | trydan (g) |
| | **électrique,** *adj* | trydan(ol) |
| | **électroménager,** *m* /**électroménagère,** *f adj* | trydanol [offer yn y cartref] |
| un | **électrophone,** *m* | chwaraeydd (g) recordiau |
| | **élégant,** *adj* | trwsiadus; cain; ffasiynol |
| un | **éléphant,** *m* | eliffant (g) |
| un/une | **élève,** *m/f* | disgybl (g) |
| | **élever,** *v** | codi |
| | **éliminer,** *v* | dileu; cael gwared o / â; bwrw allan |
| | **elle / il** | hi; ef, fe, fo, e, o |
| | **elles** | hwy; nhw |
| | **éloigner,** *v* | mynd â / gyrru ... ymaith / i ffwrdd; symud |
| un | **emballage,** *m* | papur (g) lapio |

| | | |
|---|---|---|
| | **emballer,** *v* | pacio; lapio |
| | **embarquer,** *v* | mynd ar (fwrdd); dringo ar / i |
| | **embêtant,** *adj* | trafferthus; poenus; annifyr |
| | **embêter,** *v* | poeni; cythruddo; blino |
| d' | **emblée** | ar unwaith; yn syth (bin) |
| un | **embouteillage,** *m* | tagfa (b) draffig |
| s' | **embrasser,** *v* | cusanu; cofleidio |
| une | **émission,** *f* | rhaglen (b); darllediad (g) |
| | **emmener,** *v\** | mynd â / cludo [rhywun] |
| l' | **emmental,** *m* | caws (g) *emmental* |
| un | **emplacement,** *m* | lle (g); man (gb); safle (g) / llecyn (g) [ar gyfer carafan / pabell] |
| un | **emploi,** *m* | swydd (b); gwaith (g) |
| un | **emploi du temps,** *m* | amserlen (b) [ysgol] |
| un | **employé,** *m* / une **employée,** *f* | gweithiwr (g) / gweithwraig (b); gŵr (g) cyflog / merch (b) gyflog; aelod (g) staff |
| | **employer,** *v\** | defnyddio; cyflogi |
| | **empoisonné,** *adj* | wedi'i wenwyno |
| | **emporter,** *v* | mynd â [rhywbeth] |
| une | **empreinte,** *f* | ôl (g) troed |
| | **emprunter,** *v* | benthyca; cael benthyg |
| l' | **E.M.T** (Éducation Manuelle et Technique), *f* | crefft (b) cynllunio (g) a thechnoleg (b) [adddysg] |
| | **en** | yn; mewn; ymhen; i; (wedi'i wneud) o; ohono[ayb]; oddi wrtho [ayb]; amdano [ayb]; oddi yno |
| | **en coton** | (wedi'i wneud) o gotwm; cotwm |
| | **en effet** | yn wir; mewn gwirionedd |
| | **en face de** | gyferbyn â |
| | **en fait** | yn wir; mewn gwirionedd |
| | **en forme** | ffit; heini; mewn cyflwr da |
| | **en retard** | yn hwyr; ar ôl; ar ei hôl hi |
| | **en route** | ar y ffordd; ar ei [ayb] ffordd |
| | **enchanté** | mae'n dda gen i gwrdd â chi |
| | **encore** | eto; mwy; o hyd; byth |
| | **encore un / une** | un (gb) arall (eto) |
| | **encourager,** *v\** | annog; calonogi; cefnogi |
| | **endormi,** *adj* | cysglyd; swrth; yn cysgu |
| s' | **endormir** (gw **dormir**), *v\*\** | mynd / cwympo / syrthio i gysgu |

50

| | |
|---|---|
| je m' **endors** | rydw i'n mynd / cwympo / syrthio |
| (o **s'endormir**), v | i gysgu |
| un **endroit**, m | lle (g); man (gb); llecyn (g) |
| au bon **endroit** | yn y lle / man iawn |
| une **énergie**, f | egni (g); ynni (g) |
| **énergique**, adj | egnïol |
| **énervant**, adj | poenus; annifyr |
| ça m' **énerve** | mae'n fy mlino / mhoeni i; |
| | mae'n mynd ar fy nerfau i |
| **énervé**, adj | blin; piwis |
| **énerver**, v | mynd ar nerfau rhywun; blino |
| | / poeni rhywun |
| une **enfance**, f | plentyndod (g) |
| un / une **enfant**, m/f | plentyn (g) |
| un / une **enfant unique**, m/f | unig blentyn (g) |
| un **enfer**, m | uffern (b) |
| d' **enfer** | 'cŵl'; gwych |
| **enfermé**, adj | wedi'i gau i mewn |
| **enfin** | o'r / yn y diwedd; sut bynnag; mewn gair |
| s' **enfoncer**, v* | suddo; mynd yn ddwfn i mewn |
| un **engin**, m | dyfais (b); peiriant (g); cyfarpar (g) |
| un **engin spatial**, m | llong (b) ofod |
| **enlever**, v* | tynnu i ffwrdd; mynd â ... i ffwrdd; cipio |
| **ennuyer**, v* | blino; diflasu; syrffedu; 'laru |
| s' **ennuyer**, v* | bod wedi diflasu / syrffedu / 'laru |
| **ennuyeux**, m | diflas; undonog |
| / **ennuyeuse**, f adj | |
| **énorme**, adj | enfawr; anferth |
| **énormément** | yn arw; yn ddirfawr; yn fawr iawn |
| **énormément de** | llawer iawn o |
| une **enquête**, f | ymholiad(au) (g ll); arolwg (g); |
| | ymchwiliad (g) |
| un **enregistrement**, m | recordiad (g); cofrestriad (g); |
| | cofrestru (g) |
| **enregistrer**, v | recordio; cofrestru |
| **enrhumé**, adj | ag annwyd; yn llawn annwyd; anwydog |
| être **enrhumé**, v** | bod ag / yn llawn annwyd |
| l' **enseignement**, m | addysg (b); dysgu (g) |
| **ensemble** | gyda'i [ayb] gilydd |
| **ensoleillé**, adj | heulog |
| **ensuite** | wedyn; yna |
| **entendre**, v | clywed |

| | | |
|---|---|---|
| s' | **entendre** , *v* | cyd-weld; cytuno; dod ymlaen |
| une | **entente,** *f* | dealltwriaeth (b) |
| un | **enterrement,** *m* | claddedigaeth (b); claddu (g); angladd (gb); cynhebrwng (g) |
| | **enthousiaste,** *adj* | brwdfrydig |
| | **entier,***m* / **entière,** *f adj* | cyfan; holl |
| | **entouré de,** *adj* | wedi'i amgylchynu / gwmpasu gan / â |
| | **entourer,** *v* | amgylchynu; cwmpasu |
| un | **entracte,** *m* | egwyl (b) |
| un | **entraînement,** *m* | hyfforddiant (g); hyfforddi (g) |
| s' | **entraîner,** *v* | ymarfer |
| un | **entraîneur,** *m* / une **entraîneuse,** *f* | hyfforddwr (g) / hyfforddwraig (b) |
| | **entre** | rhwng |
| une | **entrée,** *f* | mynedfa (b); cyntedd (g); mynediad (g); cwrs (g) cyntaf [pryd o fwyd] |
| une | **entreprise,** *f* | cwmni (g); busnes (g) |
| | **entrer,** *v* | mynd / dod i mewn |
| | **entre–temps** | yn y cyfamser |
| une | **enveloppe,** *f* | amlen (b) |
| | **enveloppé,** *adj* | wedi'i lapio / orchuddio |
| | **envelopper,** *v* | lapio; gorchuddio |
| un | **envers,** *m* | tu (gb) chwith |
| à l' | **envers** | (â'i) wyneb i waered; tu chwith allan; o chwith |
| l' | **envie,** *f* | cenfigen (b); awydd (g); dyhead (g) |
| avoir | **envie de,** *v*** | bod eisiau; dymuno |
| | **environ** | tua |
| les | **environs,** *m pl* | yr ardal(b) o amgylch / gwmpas; y cyffiniau (ll) |
| l' | **environnement,** *m* | yr amgylchedd (g) |
| | **envoyer,** *v*** | gyrru; anfon |
| un | **épagneul,** *m* | sbaniel (g) |
| | **épais,** *m* / **épaisse,** *f adj* | tew; trwchus |
| une | **épaule,** *f* | ysgwydd (b) |
| | **épeler,** *v** | sillafu |
| une | **épicerie,** *f* | siop (b) fwyd / y groser |
| des | **épices,** *f pl* | sbeisys(ll); perlysiau (ll) |
| des | **épinards,** *m pl* | sbinaits (g); pigoglys (g) |
| une | **épingle,** *f* | pin (g) |
| une | **épingle de sûreté,** *f* | pin (g) cau / dwbl |
| des | **épluchures,** *f pl* | crafion (ll); pilion (ll) |

| | |
|---|---|
| une **éponge,** *f* | sbwng (g) |
| une **époque,** *f* | cyfnod (g); oes (b) |
| des **époux,** *m pl* | gŵr (g) a gwraig (b); pâr (g) priod |
| une **épreuve,** *f* | prawf (g) |
| l' **E.P.S** (Éducation Physique et Sportive), *f* | ymarfer (g) corff; addysg (b) gorfforol |
| l' **équateur,** *m* | y cyhydedd (g) |
| un **équilibre,** *m* | cydbwysedd (g) |
| **équilibré,** *adj* | cytbwys |
| une **équipe,** *f* | tîm (g) |
| une **équipe de nuit,** *f* | sifft (b) nos |
| l' **équipement,** *m* | cyfarpar (g); offer (ll); adnoddau (ll) |
| des **équipements agricoles,** *m pl* | offer (ll) / peiriannau (ll) / celfi (ll) amaethyddol |
| des **équipements scolaires,** *m pl* | cyfarpar (g) / offer (ll) / adnoddau (ll) ysgol |
| l' **équitation,** *f* | marchogaeth (g) |
| faire de l' **équitation,** *v*** | marchogaeth |
| un **équivalent,** *m* | rhywbeth cyfwerth |
| une **erreur,** *f* | camgymeriad (g) |
| par **erreur** | trwy gamgymeriad / amryfusedd |
| tu **es** (o être), *v*** | rwyt ti |
| l' **escalade,** *f* | dringo (g) |
| un **escalier,** *m* | grisiau (ll) |
| un **escalier mécanique / roulant,** *m* | grisiau (ll) symudol |
| un **escargot,** *m* | malw(od)en (b) |
| un / une **esclave,** *m/f* | caethwas (g) / caethferch (b) |
| l' **escrime,** *f* | ffensio (g); ymladd (g) â chleddyf |
| un **espace,** *m* | lle (g); man (gb); gofod (g) |
| un **espace vert,** *m* | llecyn (g) gwyrdd |
| l' **Espagne,** *f* | Sbaen (b) |
| l' **espagnol,** *m* | Sbaeneg (b) [yr iaith] |
| **espagnol,** *adj* | Sbaeneg; Sbaenaidd; o Sbaen |
| une **espèce,** *f* | math (g); rhywogaeth (b) |
| **espérer,** *v** | gobeithio; hyderu |
| l' **espionnage,** *m* | ysbïo (g); ysbïaeth (b) |
| **essayer de,** *v** | ceisio; trio; ymgeisio |
| l' **essence,** *f* | petrol (g) |
| **essuyer,** *v** | sychu |
| l' **est,** *m* | y dwyrain (g) |
| **est** (o être), *v*** | mae; yw / ydy; sy(dd) |

| | | |
|---|---|---|
| il / elle | **est** (o **être**), *v*\*\* | mae e(f)o / hi |
| ça y | **est** | dyna fe / fo; dyna ni |
| un | **estomac**, *m* | stumog (b); cylla (g); bol (g) |
| | **et** | a; ac |
| | **et avec ceci?** | rhywbeth arall? |
| | **et demie / quart** | hanner / chwarter awr wedi |
| | **établir**, *v* | sefydlu |
| un | **étage**, *m* | llawr (g); lefel (b) |
| une | **étagère**, *f* | silff (b); astell (b) |
| j' | **étais** (o **être**), *v*\*\* | roeddwn i |
| | **était** (o **être**), *v*\*\* | oedd |
| | **étaler**, *v* | gosod allan; taenu |
| une | **étape**, *f* | rhan (b) [o daith / ras] |
| un | **état**, *m* | gwladwriaeth (b); cyflwr (g); sefyllfa (b); stad (b) |
| les | **États–Unis**, *m pl* | yr Unol Daleithiau (ll) |
| l' | **été**, *m* | yr haf (g) |
| en | **été** | yn yr haf |
| j'ai | **été** (o **être**), *v*\*\* | rydw i wedi bod; bûm |
| nous | **éteignons** (o **éteindre**), *v*\*\* | rydyn ni'n diffodd / troi ... i ffwrdd |
| | **éteindre**, *v*\*\* | diffodd; troi i ffwrdd |
| j' | **éteins** (o **éteindre**), *v*\*\* | rydw i'n diffodd / troi ... i ffwrdd |
| il / elle | **éteint** (o **éteindre**), *v*\*\* | mae e(f)o / hi'n diffodd / troi ... i ffwrdd |
| | **éternuer**, *v* | tisian; trwsial |
| vous | **êtes** (o **être**), *v*\*\* | rydych chi |
| une | **étiquette**, *f* | label (g) |
| une | **étoile**, *f* | seren (b) |
| l' | **étonnement**, *m* | syndod (g) |
| s' | **étonner**, *v* | synnu; rhyfeddu |
| | **étourdi**, *adj* | penchwiban; â'i [ayb] ben yn y gwynt |
| | **étrange**, *adj* | rhyfedd; hynod; dieithr |
| un | **étranger**, *m* / une **étrangère**, *f* | tramorwr (g) / tramorwraig (b); estron (g) / estrones (b); dieithryn (g) / merch ddieithr (b) |
| à l' | **étranger** | (mewn gwlad) dramor |
| | **étranger**, *m* / **étrangère**, *f adj* | estron(ol); tramor |
| | **être**, *v*\*\* | bod |
| | **étroit**, *adj* | cul |
| une | **étude**, *f* | astudiaeth (b); gwers (b) astudio / baratoi |

| | | |
|---|---|---|
| un | **étudiant**, *m* | myfyriwr (g) / myfyrwraig (b) |
| | / une **étudiante**, *f* | |
| | **étudier**, *v* | astudio |
| j'ai | **eu** (o **avoir**), *v*\*\* | rydw i wedi cael; cefais |
| | **euh** | y... |
| un | **eurochèque**, *m* | ewrosiec (b) |
| l' | **Europe**, *f* | Ewrop (b) |
| | **européen**, *m* | Ewropeaidd; o Ewrop |
| | / **européenne**, *f adj* | |
| | **eux** | nhw; hwy |
| | **évaluer**, *v* | asesu; nodi / mesur gwerth |
| une | **évasion**, *f* | dihangfa (b) |
| un | **événement**, *m* | digwyddiad (g) |
| un | **éventail**, *m* | gwyntyll (b); ffan (b) |
| | **évidemment** | wrth gwrs; yn amlwg |
| | **évident**, *adj* | amlwg |
| un | **évier**, *m* | sinc (b) |
| | **éviter**, *v* | osgoi |
| | **exact**, *adj* | union; cywir |
| | **exactement** | yn union; i'r dim |
| | **exagérer**, *v*\* | gor–ddweud; gorliwio |
| un | **examen**, *m* | arholiad (g) |
| | **exciter**, *v* | cynhyrfu; cyffroi |
| une | **excursion**, *f* | gwibdaith (b); trip (g) |
| | **excuser**, *v* | esgusodi |
| | **excusez–moi!** | esgusodwch fi!; mae'n ddrwg / flin / arw gen i! |
| un | **exemple**, *m* | enghraifft (b) |
| par | **exemple** | er enghraifft |
| un | **exercice**, *m* | ymarfer(iad) (g) |
| un | **expéditeur**, *m* | anfonwr (g) / anfonwraig (b) |
| | / une **expéditrice**, *f* | |
| une | **expérience**, *f* | profiad (g); arbrawf (g) |
| | **expirer**, *v* | anadlu allan; darfod; marw |
| | **expliquer**, *v* | esbonio; egluro |
| un | **explorateur**, *m* | fforiwr (g) / fforwraig (b) |
| | / une **exploratrice**, *f* | |
| | **exploser**, *v* | ffrwydro |
| une | **explosion**, *f* | ffrwydriad (g) |
| une | **exposition**, *f* | arddangosfa (b) |
| | **exprès** | o fwriad; yn fwriadol |

55

| | |
|---|---|
| une **expression**, *f* | mynegiant (g) / mynegiad (g);  golwg (gb) / edrychiad (g) [ar wyneb] |
| **exprimer**, *v* | mynegi |
| un **extérieur**, *m* | tu (gb) allan / fa(e)s |
| à l' **extérieur** | tu allan / fa(e)s |
| **extra**, *adj* (byth yn newid) | gwych; grêt; bendigedig; ardderchog |
| un **extrait**, *m* | detholiad (g); dyfyniad (g); trwyth (g) |
| **extraordinaire**, *adj* | anghyffredin; hynod |
| **extraverti**, *adj* | allblyg |

| | | |
|---|---|---|
| une | **fabrication,** *f* | gwneuthuriad (g) |
| une | **fabrique,** *f* | ffatri (b); gwaith (g) |
| | **fabriqué,** *adj* | wedi'i wneud / gynhyrchu / lunio |
| | **fabriquer,** *v* | gwneud; cynhyrchu; llunio |
| qu'est-ce que tu | **fabriques?** | beth yn y byd wyt ti'n ei wneud? |
| une | **face,** *f* | tu (gb) blaen / wyneb (g) [darn arian]; ochr (b) |
| | **face à** | yn wynebu; gyferbyn â |
| en | **face de** | gyferbyn â |
| se | **fâcher,** *v* | gwylltio; colli tymer |
| | **facile,** *adj* | hawdd; rhwydd |
| | **facilement** | yn hawdd; yn rhwydd |
| une | **façon,** *f* | ffordd (b); dull; (g); modd (g) |
| de toute | **façon** | beth / sut bynnag |
| | **façonner,** *v* | llunio; ffurfio |
| un | **facteur,** *m* | postman (g); postmon (g) |
| | / une **factrice,** *f* | / postmones (b) |
| | **fade,** *adj* | di – flas; difywyd |
| | **faible,** *adj* | gwan; eiddil; llesg |
| la | **faim,** *f* | newyn (g); chwant (g) bwyd |
| avoir | **faim,** *v*** | bod eisiau bwyd |
| | **fainéant,** *adj* | diog; segur |
| | **faire,** *v*** | gwneud |
| | **faire des achats,** *v*** | mynd i siopa |
| | **faire attention,** *v*** | bod yn ofalus; gofalu |
| | **faire du chahut,** *v*** | creu cynnwrf; cadw reiat |
| | **faire confiance à,** *v*** | ymddiried yn |
| | **faire la connaissance,** *v*** | cyfarfod; dod i adnabod |
| | **faire des courses,** *v*** | (gwneud y) siopa |
| | **faire la cuisine,** *v*** | coginio |
| | **faire un échange,** *v*** | mynd ar daith gyfnewid; cyfnewid |
| | **faire des économies,** *v*** | cynilo |
| | **faire l' imbécile,** *v*** | bod yn wirion / yn ddwl / yn dwp |
| | **faire du jardinage,** *v*** | garddio |
| | **faire la lessive,** *v*** | gwneud y golch / golchi [dillad] |
| | **faire les magasins,** *v*** | mynd i siopa; mynd i'r siop(au) |
| | **faire la navette,** *v*** | rhedeg gwasanaeth gwennol |
| | **faire partie de,** *v*** | bod yn aelod / rhan o; perthyn i |
| | **faire une promenade,** *v*** | mynd am dro |
| | **faire la queue,** *v*** | ciwio |

| | | |
|---|---|---|
| | faire un tour, $v^{**}$ | mynd am dro / reid (o gwmpas); teithio o gwmpas |
| | faire la vaisselle, $v^{**}$ | golchi'r llestri |
| | faire sa valise, $v^{**}$ | pacio (cês) |
| | faire du vélo, $v^{**}$ | mynd (am dro / reid) ar gefn beic |
| | faire de la voile, $v^{**}$ | (mynd i ) hwylio |
| un | faire–part, $m$ | cerdyn (g) / carden (b) hysbysu [geni, priodi, ayb] |
| je | fais (o faire), $v^{**}$ | rydw i'n gwneud |
| ne t'en | fais pas | paid â phoeni amdano; hidia befo |
| un | fait, $m$ | gweithred (b); ffaith (b) |
| en | fait | yn wir; mewn gwirionedd |
| tout à | fait | yn gyfan gwbl; yn llwyr |
| il/elle | fait (o faire), $v^{**}$ | mae e(f)o / hi'n gwneud |
| il | fait beau | mae'n braf |
| il | fait du brouillard | mae'n niwlog |
| il | fait chaud | mae'n boeth / dwym / gynnes |
| il | fait froid | mae'n oer |
| il | fait gris | mae'n gymylog / ddwl |
| il | fait mauvais | mae'n dywydd gwael / drwg |
| il | fait du soleil | mae'n heulog |
| il | fait du vent | mae'n wyntog; mae'n chwythu |
| ça | fait mal | mae'n brifo / dolurio |
| ça ne | fait rien | dydy e(f)o ddim o bwys; does dim ots / gwahaniaeth |
| j'ai | fait (o faire), $v^{**}$ | rydw i wedi gwneud; gwneuthum; gwnes |
| vous | faites (o faire), $v^{**}$ | rydych chi'n gwneud |
| il a | fallu (o falloir), $v^{**}$ | bu raid |
| | familier, $m$ / familière, $f$ adj | cyfarwydd |
| une | famille, $f$ | teulu (g) |
| en | famille | gyda'r teulu; fel teulu |
| un / une | fan(a), $m/f$ | ffan (gb); cefnogwr (g) / cefnogwraig (b) |
| un | fan–club, $m$ | clwb (g) y ffans / ffyddloniaid; clwb (g) cefnogi |
| | fantastique, adj | ffantastig; ardderchog; bendigedig; grêt |
| un | fantôme, $m$ | ysbryd (g); drychiolaeth (b) |
| | farci, adj | wedi'i stwffio |
| le | fard, $m$ | colur (g) |
| | farfelu, adj | od; hynod; rhyfedd |
| la | farine, $f$ | blawd (g) |
| | fatigant, adj | blin |

| | | |
|---|---|---|
| la | **fatigue,** *f* | blinder (g) |
| | **fatigué,** *adj* | wedi blino; blinedig |
| (se) | **fatiguer,** *v* | blino |
| la | **faune,** *f* | bywyd (g) gwyllt |
| | **fausse,** *f* / **faux,** *m adj* | ffals; ffug; anghywir |
| il | **faut** (o **falloir**), *v*** | (mae'n) rhaid; mae angen |
| il vous | **faut** | mae angen ... arnoch |
| une | **faute,** *f* | gwall (g); camgymeriad (g); bai (g) |
| un | **fauteuil,** *m* | cadair (b) freichiau |
| un | **fauteuil roulant,** *m* | cadair (b) olwyn |
| | **faux,** *m* / **fausse,** *f adj* | ffals; ffug; anghywir |
| | **favori,** *m* / **favorite,** *f adj* | hoff |
| un | **féculent,** *m* | bwyd (g) yn cynnwys llawer o startsh |
| des | **félicitations,** *f pl* | llongyfarchiadau (ll) |
| une | **femme,** *f* | gwraig (b); menyw (b); dynes (b) |
| une | **femme d'affaires,** *f* | gwraig (b) fusnes |
| une | **femme de ménage,** *f* | glanheuwraig (b) |
| une | **fenêtre,** *f* | ffenestr (b) |
| le | **fer** *m* | haearn (g) |
| de / en | **fer** | wedi'i wneud o haearn; haearn |
| un | **fer à repasser,** *m* | haearn (g) / fflat (g) smwddio |
| une | **ferme,** *f* | ffarm (b); fferm (b) |
| | **fermé,** *adj* | wedi cau; ar gau |
| | **fermer,** *v* | cau |
| une | **fermeture,** *f* | (peth (g) ) cau (g) |
| la | **fermeture annuelle,** *f* | gwyliau (ll) blynyddol [pan fo cwmni, ffatri [ayb] yn cau am gyfnod penodol yn yr haf] |
| un | **fermier,** *m* | ffermwr (g) / ffermwraig (b); |
| | / une **fermière,** *f* | ffarmwr(g) / ffarmwraig (b) |
| | **féroce,** *adj* | ffyrnig |
| une | **fesse,** *f* | ffolen (b) |
| une | **fête,** *f* | (dydd (g)) gŵyl (b); dathliad (g); dydd (g) Sant/Santes |
| bonne | **fête!** | dymuniadau gorau ar ddydd gŵyl eich / dy Sant / Santes |
| une | **fête foraine,** *f* | ffair (b) |
| | **fêter,** *v* | dathlu; croesawu |
| un | **feu,** *m* (des **feux,** *m pl*) | tân (g) (tanau, ll); (goleuadau, ll) |
| prendre | **feu,** *v*** | mynd ar dân |
| un | **feu d'artifice,** *m* | tân (g) gwyllt |
| une | **feuille,** *f* | deilen (b); dalen (b) / darn (g) o bapur |
| un | **feuilleton,** *m* | stori (b) gyfres; opera (b) sebon |

| | | |
|---|---|---|
| le **feutre**, *m* | ffelt (g); pen (g) ffelt |
| des **feux**, *m pl* | goleuadau (ll) traffig / trafnidiaeth; tanau (ll) |
| **février**, *m* | Chwefror (g) |
| un **fiancé**, *m* / une **fiancée**, *f* | dyweddi (gb) |
| une **ficelle**, *f* | llinyn (g); torth (b) Ffrengig |
| une **fiche**, *f* | ffurflen (b); slip (g) |
| **fidèle**, *adj* | ffyddlon; triw |
| **fier**, *m* / **fière**, *f adj* | balch |
| une **fièvre**, *f* | gwres (g); twymyn (b) |
| **fiévreux**, *m* / **fiévreuse**, *f adj* | â gwres ganddo / ganddi; cynhyrfus |
| une **figure**, *f* | wyneb (g); ffurf (b); llun (g) |
| **figurer**, *v* | ymddangos; cynrychioli |
| **figurez–vous!** | meddyliwch! |
| un **fil**, *m* | gwifren (b); edau (b) |
| **filer**, *v* | mynd (heibio'n fuan); gwibio (heibio); nyddu; dilyn |
| un **filet**, *m* | rhwyd (b) |
| une **fille**, *f* | merch (b); geneth (b); hogan (b) |
| une **fille unique**, *f* | unig ferch (b) / blentyn (g) |
| un **film**, *m* | ffilm (b) |
| un **film d'amour**, *m* | ffilm (b) serch |
| un **film d'aventure**, *m* | ffilm (b) antur |
| un **film d'épouvante / d'horreur**, *m* | ffilm (b) arswyd |
| un **fils**, *m* | mab (g) |
| un **fils unique**, *m* | unig fab (g) / blentyn (g) |
| une **fin**, *f* | diwedd (g) |
| en **fin de compte** | yn y pen draw |
| **final**, *adj* | terfynol; olaf |
| **finalement** | yn y diwedd |
| **fini**, *adj* | wedi'i orffen; wedi gorffen |
| **finir**, *v* | gorffen; diweddu; dibennu |
| **fixe**, *adj* | diysgog; sefydlog |
| des **flageolets**, *m pl* | ffa (ll) Ffrengig |
| la **flanelle**, *f* | gwlanen (b) [defnydd] |
| un **flash–grammaire**, *m* | adran (b) gramadeg [llyfr iaith] |
| une **flèche**, *f* | saeth (b) |
| les **fléchettes**, *fpl* | dartiau (ll) |
| une **fleur**, *f* | blodyn (g) |
| un / une **fleuriste**, *m/f* | un (gb) sy'n gwerthu / tyfu blodau |

| | |
|---|---|
| un **fleuve**, *m* | afon (b) fawr |
| un **flic**, *m* | plismon (g) [slang] |
| un **flipper**, *m* | gêm (b) bwnio peli |
| **flotter**, *v* | arnofio; nofio; chwifio [yn y gwynt] |
| un **flotteur**, *m* | arnofyn (g); fflôt (b) |
| **fluo(rescent)**, *adj* | fflworoleuol; fflworolau |
| une **flûte** *f* | ffliwt (b) |
| une **flûte à bec**, *f* | recorder (g) |
| une **fois**, *f* | tro (g); unwaith |
| des **fois** | weithiau; ambell waith |
| à la **fois** | yr un pryd |
| combien de **fois?** | pa mor aml?; sawl gwaith? |
| **fol, fou**, *m* / **folle**, *f adj* | gwallgof; gorffwyll; ynfyd |
| **folklorique**, *adj* | gwerin |
| **folle**, *f* / **fou, fol**, *m adj* | gwallgof; gorffwyll; ynfyd |
| **foncé**, *adj* | tywyll [lliw] |
| un / une **fonctionnaire**, *m/f* | gwas (g) sifil; gweithiwr (g) / gweithwraig (b) yn y gwasanaeth sifil |
| **fonctionner**, *v* | gweithio |
| un **fond**, *m* | gwaelod (g); cefn (g) |
| au **fond** | yn y bôn; yn y / i'r gwaelod, cefn |
| un **fond de teint**, *m* | hylif (g) / hufen (g) i liwio'r croen; haen (b) liw [colur] |
| **fonder**, *v* | sefydlu |
| (faire) **fondre**, *v*** | toddi; meirioli; dadmer |
| ils/ elles **font** (o **faire**), *v*** | maen nhw'n gwneud |
| le **foot(ball)**, *m* | pêl–droed (g) |
| le **footing**, *m* | jogio (g); loncian(g) |
| une **forêt**, *f* | coedwig (b) |
| une **forme**, *f* | ffurf (b); llun (g); siâp (g) |
| en **forme** | ffit; heini; mewn cyflwr da |
| avoir la **forme**, *v*** | bod yn ei [ayb] hwyliau (gorau); bod mewn hwyl dda; bod ar ei [ayb] orau |
| être en pleine **forme**, *v*** | bod ar ei [ayb] orau; bod mewn cyflwr arbennig / yn ffit iawn |
| **former**, *v* | ffurfio; llunio |
| **formidable**, *adj* | gwych; bendigedig; grêt; ardderchog |
| un **formulaire**, *m* | ffurflen (b) |
| un **formulaire de patronage**, *m* | ffurflen (b) noddi / nawdd |

| | | |
|---|---|---|
| un | **fort,** *m* | caer (b) |
| | **fort,** *adj* | cryf; da [am wneud rhywbeth] |
| il est | **fort en maths** | mae e(f)o'n dda mewn / am wneud mathemateg |
| | **fortement** | yn gryf; yn arw; dros ben |
| | **fou, fol** *m,* / **folle** *f adj* | gwallgof; gorffwyll; ynfyd |
| | **fouiller,** *v* | chwilio; archwilio; chwilota; cloddio |
| un | **foulard,** *m* | sgarff (g) |
| une | **foule,** *f* | tyrfa (b) |
| un | **four,** *m* | popty (g); ffwrn (b) |
| au | **four** | yn y ffwrn / popty |
| un | **four à micro–ondes,** *m* | popty (g) / ffwrn (b) m/ficrodon |
| une | **fourche,** *f* | fforch (b) |
| une | **fourchette,** *f* | fforc (en) (b) |
| une | **fourmi,** *f* | morgrugyn (g); mywionyn (g) |
| | **fragile,** *adj* | bregus; brau; gwan; eiddil; simsan |
| | **frais,** *m* / **fraîche,** *f adj* | ffres; oer; oeraidd; oerllyd |
| des | **frais,** *mpl* | treuliau (ll); costau (ll) |
| une | **fraise,** *f* | mefusen (b) |
| une | **framboise,** *f* | mafonen (b); afanen(b) |
| un | **franc,** *m* | ffranc (gb) |
| un | **Français,** *m* | Ffrancwr (g) |
| | / une **Française,** *f* | / Ffrances (b) |
| le | **français,** *m* | Ffrangeg (b) [yr iaith] |
| | **français,** *adj* | Ffrangeg; Ffrengig |
| la | **France,** *f* | Ffrainc (b) |
| | **franchement** | (a bod) yn onest |
| | **francophone,** *adj* | yn siarad Ffrangeg |
| | **frapper,** *v* | curo; taro |
| une | **fraternité,** *f* | brawdoliaeth (b) |
| un | **frein,** *m* | brêc (g) |
| | **freiner,** *v* | brêcio |
| un | **frère,** *m* | brawd (g) |
| un | **frigo,** *m* | oergell (b) |
| un | **frimeur,** *m* | un (gb) sy'n dangos ei hun; |
| | / une **frimeuse,** *f* | ymffrostiwr (g) / ymffrostwraig (b) |
| des | **fringues,** *f pl* | dillad (ll) [slang] |
| | **frisé,** *adj* | cyrliog |
| un | **frisson,** *m* | cryndod (g); ias (b); gwefr (b) |
| des (pommes) | **frites,** *f pl* | sglodion(ll) |
| | **froid,** *adj* | oer |
| il fait | **froid** | mae'n oer [tywydd] |

| | |
|---|---|
| j'ai **froid** | rydw i'n oer |
| un **fromage**, *m* | caws (g) |
| un **fromage blanc**, *m* | caws (g) meddal gwyn |
| | |
| un **front**, *m* | talcen (g) |
| une **frontière**, *f* | ffin (b) |
| un **fruit**, *m* | ffrwyth (g) |
| des **fruits de mer**, *m pl* | bwyd (g) môr |
| des **fruits secs**, *m pl* | ffrwythau (ll) wedi'u sychu / sych |
| la **fumée**, *f* | mwg (g) |
| **fumer**, *v* | mygu; (y)smygu; smocío |
| un **fumeur**, *m* | ysmygwr (g) / ysmygwraig (b); |
| / une **fumeuse**, *f* | smociwr (g) / smocwraig (b) |
| un **funiculaire**, *m* | rheilffordd (b) halio |
| **furieux**, *m* | cynddeiriog; crac; dig; wedi gwylltio |
| / **furieuse**, *f adj* | |
| un **fuseau horaire**, *m* | cylchfa (b) amser |
| une **fusée**, *f* | roced (b) |
| un **fusil**, *m* | gwn (g); dryll (g) |

| | |
|---|---|
| un **gagnant**, *m* | enillydd (g) |
| / une **gagnante**, *f* | |
| **gagner**, *v* | ennill |
| une **galerie**, *f* | oriel (b); galeri (b) |
| une **galerie d'art**, *f* | oriel (b) gelfyddyd / ddarluniau |
| une **galette**, *f* | math o deisen (b); math o grempogen (b) |
| | / ffroesen (b) |
| le Pays de **Galles**, *m* | Cymru (b) |
| un **Gallois**, *m* | Cymro (g) / Cymraes (b) |
| / une **Galloise**, *f* | |
| le **gallois**, *m* | Cymraeg (b) [yr iaith] |
| **gallois**, *adj* | Cymraeg; Cymreig; Cymreigaidd |
| **galoper**, *v* | carlamu |
| un **gant**, *m* | maneg (b) |
| un **gant de boxe**, *m* | maneg (b) focsio |
| un **gant de toilette**, *m* | gwlanen (b) (ymolchi) |
| un **garage**, *m* | garej (b) |
| un **garçon**, *m* | bachgen (g); gweinydd (g) |
| **garder**, *v* | cadw; gwarchod; gofalu am |
| un **gardien**, *m* | gard (g); ceidwad (g); gofalwr (g) |
| / une **gardienne**, *f* | / gofalwraig (b) |
| un **gardien de but**, *m* | gôl–geidwad (g); golwr (g) |
| une **gare**, *f* | gorsaf (b) |
| une **gare routière**, *f* | gorsaf (b) fysiau |
| **garer**, *v* | parcio |
| un **gars**, *m* | hogyn (g); boi (g); gwas (g) |
| **gâté**, *adj* | wedi'i ddifetha / andwyo / sbwylio |
| un **gâteau**, *m* | teisen (b) (teisennau, ll); |
| (des **gâteaux**, *pl*) | cacen (b) (cacennau, ll) |
| un **gâteau sec**, *m* | bisgeden (b) |
| la **gauche**, *f* | y chwith (b) |
| à **gauche** | ar y / i'r chwith |
| **gauche**, *adj* | trwsg(w)l; llet(ch)with |
| **gaucher**, *m* | (yn defnyddio) llaw chwith |
| / **gauchère**, *f adj* | |
| une **gaufre**, *f* | waffl (b) |
| le **gaz**, *m* | nwy (g) |
| **gazeux**, *m* / **gazeuse**, *f adj* | nwyol |
| le **gazon**, *m* | glaswellt (g); lawnt (b) |
| un **géant**, *m* / une **géante**, *f* | cawr (g) / cawres (b) |
| **geler**, *v\** | rhewi |
| **Gémeaux**, *m pl* | Gemini; (cytser (g)) y Gefeilliaid (ll) |

| | |
|---|---|
| **gênant,** *adj* | trafferthus; anghyfleus; ar y / o'r ffordd; yn achosi embaras |
| un **gendarme,** *m* | plismon (g) (arfog) |
| une **gendarmerie,** *f* | gorsaf (b) heddlu |
| **général,** *adj* | cyffredin(ol) |
| en **général** | yn gyffredinol; fel arfer |
| **généralement** | yn gyffredinol; fel arfer |
| un / une **généraliste,** *m/f* | meddyg (g) teulu |
| **généreux,** *m* / **généreuse,** *f adj* | hael |
| la **génétique,** *f* | geneteg (b) |
| **génial,** *adj* | gwych; bendigedig; grêt; ffantastig; ardderchog |
| un **génie,** *m* | athrylith (b) |
| un **genou,** *m* (des **genoux,** *pl*) | pen-(g)lin (g) (pen(g)liniau, ll); glin (gb) (gliniau, ll) |
| un **genre,** *m* | math (g); teip (g) |
| des **gens,** *m pl* | pobl (b) |
| **gentil,** *m* / **gentille,** *f adj* | caredig; neis; hoffus |
| une **gentillesse,** *f* | caredigrwydd (g) |
| la **géographie,** *f* | daearyddiaeth (b) |
| un **gérant,** *m* / une **gérante,** *f* | rheolwr (g) / rheolwraig (b) |
| une **gerbille,** *f* | jerbil (g) |
| un **geste,** *m* | symudiad (g); arwydd (g); amnaid (b) |
| **gigantesque,** *adj* | anferth |
| un **gilet,** *m* | gwasgod (b) |
| un **gilet de sauvetage,** *m* | siaced (b) achub bywyd |
| une **girafe,** *f* | jiraff (g) |
| une **glace,** *f* | hufen iâ (g); rhew (g); iâ (g); drych (g) |
| un **glaçon,** *m* | ciwb (g) / darn (g) o rew; cloch (b) / clöyn (g) iâ |
| **glisser,** *v* | llithro |
| un **globe,** *m* | glôb (g); pelen (b) |
| la **gloire,** *f* | gogoniant (g); clod (gb) |
| une **gomme,** *f* | rhwbiwr (g) |
| une **gorge,** *f* | gwddw(g) (g); gwddf (g) |
| un **gorille,** *m* | gorila (g) |
| un / une **gosse,** *m/f* | plentyn (g); crotyn (g) / croten (b) |
| **goudronné,** *adj* | wedi'i dario [ffordd, ayb] |
| une **gourde,** *f* | potel (b) ddŵr; fflasg (b) |
| **gourmand,** *adj* | barus |
| un **goût,** *m* | blas (g); chwaeth (b) |

| | | |
|---|---|---|
| un | **goûter**, *m* | te (g) prynhawn; byrbryd (g) |
| | **goûter**, *v* | blasu; mwynhau; cael te |
| un | **gouvernement**, *m* | llywodraeth (b) |
| | **grâce à** | diolch i |
| un | **gradin**, *m* | rhes (b) [o seddau] |
| | **graisser**, *v* | iro |
| une | **grammaire**, *f* | gramadeg (g) |
| un | **gramme**, *m* | gram (g) |
| | **grand**, *adj* | mawr; tal |
| un | **grand magasin**, *m* | siop (b); fawr / adrannol |
| une | **grande surface**, *f* | archfarchnad (b) |
| les | **grandes vacances**, *f pl* | gwyliau (ll)'r haf |
| | **grand–chose** | llawer |
| une | **grand–mère**, *f* | nàin (b); mam–gu (b) |
| un | **grand–père**, *m* | taid (g); tad–cu (g) |
| une | **grand–rue**, *f* | stryd (b) fawr |
| la | **Grande–Bretagne**, *f* | Prydain (b) Fawr |
| des | **grands–parents**, *m pl* | taid (g) a nain (b); tad–cu (g) a mam–gu (b) |
| une | **grange**, *f* | ysgubor (b) |
| un | **graphique**, *m* | graff (g) |
| une | **grappe**, *f* | clwstwr (g) |
| | **gras**, *m* / **grasse**, *f adj* | bras; llawn braster; seimllyd; tew; blonegog |
| au | **gratin** | gyda haenen o friwsion bara neu gaws |
| un | **gratte–ciel**, *m* | nen–grafwr (g) |
| | **gratuit**, *adj* | am ddim; di–alw–amdano |
| | **grave**, *adj* | difrifol |
| ce n'est pas | **grave** | (does) dim ots; dydy e / dydy o ddim o bwys |
| | **grec**, *m* / **grecque**, *f adj* | Groegaidd; o wlad Groeg |
| la | **Grèce**, *f* | (Gwlad) Groeg (b) |
| un | **grenier**, *m* | atig (b) |
| une | **grenouille**, *f* | broga (g); llyffant (g) melyn |
| une | **grève**, *f* | streic (b); traethell (b); glan (b) |
| | **griffer**, *v* | crafangu; cripio; cripian |
| | **grignoter**, *v* | cnoi; deintio |
| une | **grille**, *f* | grid (g); g(i)ât / iet (b) [â barrau] |
| | **grimper**, *v* | dringo |
| la | **grippe**, *f* | ffliw (g) |
| | **gris**, *adj* | llwyd; dwl |
| il fait | **gris** | mae'n gymylog / ddwl |

| | | |
|---|---|---|
| | **grognon,** *m* | blin; piwis; croes; sarrug; grwgnachlyd; |
| | / **grognonne,** *f adj* | gwenw(y)nllyd |
| | **gros,** *m* / **grosse,** *f adj* | mawr; tew; garw |
| | **grosses bises** | cusanau / swsus mawr [ar ddiwedd llythyr] |
| des | **groseilles,** *f pl* | cyrens (ll) coch |
| une | **grotte,** *f* | ogof (b); groto (g) |
| un | **groupe,** *m* | grŵp (g) |
| un | **groupe scolaire,** *m* | grŵp (g) / parti (g) ysgol |
| le | **gruyère,** *m* | caws (g) *gruyère* |
| une | **guêpe,** *f* | gwenynen (b) feirch; cacynen (b) |
| une | **guerre,** *f* | rhyfel (gb) |
| un | **guichet,** *m* | swyddfa (b) docynnau; cownter (g) |
| un | **guide,** *m* | teithlyfr (g); arweinydd (g); tywysydd (g) |
| un | **guidon,** *m* | cyrn (ll) beic |
| une | **guitare,** *f* | gitâr (gb) |
| la | **gym rythmique et sportive,** *f* | gymnasteg (b) rythmig |
| un | **gymnase,** *m* | campfa (b) |
| la | **gymnastique,** *f* | gymnasteg (b) |

67

| | |
|---|---|
| s' **habiller**, v | gwisgo (amdanoch) |
| un **habitant**, m | trigolyn (g) |
| / une **habitante**, f | |
| **habiter**, v | byw |
| des **habits**, m pl | dillad (ll) |
| une **habitude**, f | arferiad (g); arfer (gb) |
| d' **habitude** | fel arfer |
| **habituel**, m | arferol; cyson |
| / **habituelle**, f adj | |
| le **hachis**, m | briwgig (g) |
| un **hachis parmentier**, m | pryd (g) o friwgig a thatws; pastai (b) bugail |
| une **haie**, f | gwrych (g); clawdd (g); perth (b) |
| un **hamburger**, m | hambyrgyr (g) |
| un **hamster**, m | hamster (g) |
| des **hanches**, f pl | cluniau (ll) |
| un **handicap**, m | anfantais (b); anabledd (g) |
| un **handicapé physique**, m | rhywun (g) anabl [corfforol] |
| une **handicapée physique**, f | |
| un **haricot**, m | ffäen (b) / ffeuen (b) |
| des **haricots verts**, m pl | ffa (ll) Ffrengig |
| une **harpe**, f | telyn (b) |
| le **hasard**, m | siawns (b); hap (g) |
| par **hasard** | ar siawns; trwy ddamwain; yn ddamweiniol |
| la **hâte**, f | brys (g); hast (g) |
| à la **hâte** | ar frys / hast |
| **haut**, adj | uchel |
| en **haut** | uwchben; i fyny / lan yn fan'na; i fyny'r grisiau; lan sta(e)r / lan (l)lofft |
| à **haute voix** | yn uchel [siarad] |
| une **hauteur**, f | uchder (g); taldra (g) |
| **hein?** | y?; be?; ynte?; ie?; on'd oes / yw e / ydy o? [ayb] |
| **hélas!** | gwaetha'r modd!; yn anffodus |
| un **hélicoptère**, m | hofrennydd (g) |
| l' **herbe**, f | glaswellt (g); porfa (b); perlysieuyn (g) |
| une mauvaise **herbe**, f | chwynnyn (g) |
| un **hérisson**, m | draenog (g) |
| un **héros**, m / une **héroïne**, f | arwr (g) / arwres (b); gwron (g) |
| **hésiter**, v | petruso |

| | |
|---|---|
| une **heure**, *f* | awr (b); amser (g) [o'r dydd]; un o'r gloch |
| de bonne **heure** | yn gynnar |
| une **heure et demie** | hanner awr wedi un; awr a hanner |
| quelle **heure est–il?** | faint o'r gloch yw / ydy hi? |
| il est dix **heures** | mae'n ddeg o'r gloch |
| les **heures de pointe**, *f pl* | oriau (ll) brig |
| **heureusement** | yn ffodus; drwy drugaredd |
| **heureux**, *m* | hapus |
| / **heureuse**, *f adj* | |
| un **hibou**, *m* | tylluan (b) (tylluanod, ll); gwdihŵ (g) |
| (des **hiboux**, *pl*) | (gwdihwiaid, ll) |
| **hier** | ddoe |
| **hier soir** | neithiwr |
| **hindou**, *adj* | Hindŵaidd |
| un **hippodrome**, *m* | maes (g) rasio ceffylau |
| un **hippopotame**, *m* | hipopotamws (g) |
| une **hirondelle**, *f* | gwennol (b) |
| l' **histoire**, *f* | hanes (g); stori (b) |
| **historique**, *adj* | hanesyddol |
| l' **hiver**, *m* | y gaeaf (g) |
| en **hiver** | yn y gaeaf |
| le **hockey**, *m* | hoci (g) |
| **hollandais**, *adj* | Iseldiraidd; Iseldirol; o'r Iseldiroedd |
| la **Hollande**, *f* | yr Iseldiroedd (ll) |
| un **homard**, *m* | cimwch (g) |
| un **homme**, *m* | dyn (g) |
| un **homme d'affaires**, *m* | dyn (g) / gŵr (g) busnes |
| la **Hongrie**, *f* | Hwngari (b) |
| **hongrois**, *adj* | Hwngaraidd; o Hwngari |
| **honnête**, *adj* | gonest; parchus; rhesymol |
| la **honte**, *f* | cywilydd (g) |
| avoir **honte**, *v*** | bod â chywilydd; cywilyddio |
| un **hôpital**, *m* | ysbyty (g) (ysbytai, ll) |
| (des **hôpitaux**, *pl*) | |
| le **hoquet**, *m* | yr ig (g) |
| un **horaire**, *m* | amserlen (b) |
| **horizontalement** | ar draws [croesair] |
| une **horloge**, *f* | cloc (g) |
| un **horoscope**, *m* | horosgop (g) |
| l' **horreur**, *f* | dychryn (g); arswyd (g); erchylltra (g) |
| avoir **horreur de**, *v*** | casáu |

| | | |
|---|---|---|
| j'ai | **horreur de ça** | 'fedra' i / alla' i ddim diodde' hwnna; rydw i'n casáu hwnna |
| | **horrible,** *adj* | ofnadwy; dychrynllyd |
| un | **hot–dog,** *m* | ci (g) poeth |
| un | **hôtel,** *m* | gwesty (g) |
| l' | **hôtel de ville,** *m* | neuadd (b) y dref |
| un | **hôtelier,** *m* | gwestywr (g) |
| | / une **hotelière,** *f* | / gwestywraig (b) |
| | **H.S.** (hors service) | i'w drwsio |
| l' | **huile,** *f* | olew(g) |
| | **huit** | wyth |
| | **humain,** *adj* | dynol |
| | **humanitaire,** *adj* | dyngarol |
| une | **humeur,** *f* | hwyl (b); tymer (b) |
| de bonne | **humeur** | mewn hwyliau da |
| de mauvaise | **humeur** | mewn hwyliau drwg |
| | **humide,** *adj* | llaith; gwlyb |
| | **hyper** | iawn; dros ben |
| un | **hypermarché,** *m* | archfarchnad (b) |

| | | |
|---|---|---|
| | **ici** | yma |
| par | **ici** | y ffordd yma / hyn / hon |
| | **idéal,** *adj* | delfrydol |
| une | **idée,** *f* | syniad (g) |
| | **identifier,** *v* | adnabod; enwi |
| une | **identité,** *f* | hunaniaeth (b); pwy yw / ydy rhywun |
| | **idiot,** *adj* | hurt; dwl; twp; gwirion |
| | **il / elle** | ef, fe, fo, e, o; hi |
| | **il y a** | mae (yna); yn ôl |
| une | **île,** *f* | ynys (b) |
| les | **îles anglo– normandes,** *f pl* | Ynysoedd (ll) Môr Udd / y Sianel |
| | **illuminé,** *adj* | wedi'i oleuo |
| | **illustrer,** *v* | egluro; esbonio; darlunio |
| | **ils** | hwy; nhw |
| une | **image,** *f* | llun (g) |
| | **imaginaire,** *adj* | dychmygol |
| | **imaginer,** *v* | dychmygu |
| | **imbattable,** *adj* | na ellir ei guro [mewn ras]; na ellir ei thorri [record] |
| un / une | **imbécile,** *m / f* | twp(s)yn (g) / twp(s)en (b); hurtyn (g) / hurten (b) |
| faire l' | **imbécile,** *v*** | bod yn wirion / yn hurt / yn dwp / yn ddwl; chwarae'r ffŵl |
| | **imbécile,** *adj* | hurt; dwl; twp; gwirion |
| | **imiter,** *v* | efelychu; dynwared; copïo |
| | **immédiatement** | ar unwaith; yn syth (bin) |
| un | **immeuble,** *m* | bloc (g) o fflatiau; adeilad (g) |
| une | **impasse,** *f* | ffordd (b) bengaead |
| un | **imperméable,** *m* | côt / cot (b) law |
| | **impoli,** *adj* | anghwrtais; anfoesgar; dig(y)wilydd |
| | **important,** *adj* | pwysig |
| n' | **importe quel** | unrhyw ... ; dim ots pa ... |
| n' | **importe quoi** | unrhyw beth; dim ots (pa) beth |
| | **impossible,** *adj* | amhosibl |
| | **impressionnant,** *adj* | yn / wedi creu, gwneud, gadael argraff |
| | **impressionner,** *v* | creu / gwneud / gadael argraff |
| | **imprimer,** *v* | argraffu; printio; stampio |
| des | **imprimés,** *m pl* | deunydd (g) printiedig |
| un | **incendie,** *m* | tân (g) [mawr] |
| un | **incident,** *m* | digwyddiad (g) |
| | **inconnu,** *adj* | anhysbys; anadnabyddus |

| | | |
|---|---|---|
| un | **inconvénient**, *m* | anghyfleustra/ter (g); anhwylustod (g); anfantais (b) |
| | **incroyable**, *adj* | anhygoel; anghredadwy |
| | **incroyablement** | (yn) anhygoel (o) |
| l' | **Inde**, *f* | yr India (b) |
| | **indépendant**, *adj* | annibynnol |
| un | **index**, *m* | bys (g) blaen; mynegfys (g); bys (g) yr uwd |
| un | **indicatif**, *m* | côd (g) deialu |
| un | **indice**, *m* | cliw (g); arwydd (g) |
| | **indien**, *m* / **indienne**, *f adj* | Indiaidd; o'r India |
| | **indiquer**, *v* | dangos; pwyntio at |
| | **infect**, *adj* | atgas; ffiaidd; afiach |
| | **inférieur**, *adj* | is; israddol; gwael |
| une | **infirmerie**, *f* | ystafell (b) / adran (b) y cleifion; canolfan (b) feddygol |
| un | **infirmier**, *m* / une **infirmière**, *f* | nyrs (b) |
| | **influencer**, *v\** | dylanwadu (ar) |
| un | **informaticien**, *m* / une **informaticienne**, *f* | rhaglennydd (g) [cyfrifiaduron] |
| les | **informations**, *f pl* | newyddion (ll) |
| l' | **informatique**, *f* | astudiaethau (ll) cyfrifiadurol |
| un | **ingénieur**, *m* / une **femme ingénieur**, *f* | peiriannydd (g) |
| des | **ingrédients**, *m pl* | cynhwysion (ll) [coginio] |
| | **inquiet**, *m* / **inquiète**, *f adj* | pryderus; anesmwyth |
| ne t' | **inquiète pas** | paid â phoeni / gofidio |
| s' | **inquiéter**, *v\** | poeni; gofidio |
| un | **insecte**, *m* | trychfil (g); pryf(yn) (g) |
| un | **insigne**, *m* | bathodyn (g) |
| | **insolent**, *adj* | dig(y)wilydd; haerllug; powld |
| | **insomniaque**, *adj* | di–gwsg; yn methu cysgu |
| un | **inspecteur**, *m* / une **inspectrice**, *f* | archwiliwr (g) / archwilwraig (b); arolygydd (g) |
| | **inspirer**, *v* | anadlu (i mewn); ysbrydoli |
| s' | **installer**, *v* | ymgartrefu; ymsefydlu; eistedd |
| un | **instant**, *m* | eiliad (gb) |
| pour l' | **instant** | am y tro |
| | **instinctif**, *m* / **instinctive**, *f adj* | greddfol |

| | |
|---|---|
| instinctivement | yn reddfol |
| un instituteur, *m* | athro (g) / athrawes (b) [ysgol gynradd] |
| / une institutrice, *f* | |
| l' instruction, *f* | addysg (b); hyfforddiant (g); cyfarwyddyd (g) |
| l' instruction civique, *f* | astudiaethau (ll) cymdeithasol; materion (ll) cyfoes |
| l' instruction religieuse, *f* | addysg (b) grefyddol |
| un instrument, *m* | offeryn (g); teclyn (g) |
| un instrument de musique, *m* | offeryn (g) cerdd |
| insupportable, *adj* | annioddefol |
| intellectuel *m* | ymenyddol; deallus(ol) |
| / intellectuelle *f adj* | |
| intelligent, *adj* | clyfar; galluog; peniog; deallus |
| interdit, *adj* | gwaharddedig; wedi'i wahardd |
| il est interdit de | ni chaniateir; peidiwch â ... |
| intéressant, *adj* | diddorol |
| intéresser, *v* | diddori |
| s' intéresser (à), *v* | ymddiddori (mewn, yn) |
| un intérêt, *m* | diddordeb (g) |
| un intérieur, *m* | tu (gb) mewn |
| un internat, *m* | ysgol (b) breswyl |
| un / une interne, *m / f* | disgybl (g) preswyl |
| un / une interprète, *m / f* | cyfieithydd (g); lladmerydd (g); dehonglydd (g) |
| une interro(gation), *f* | prawf (g); holiad (g) |
| une interview, *f* | cyfweliad (g) |
| interviewer, *v* | cyf–weld |
| intitulé, *adj* | o'r enw; yn dwyn y teitl |
| inventer, *v* | dyfeisio; creu |
| une invitation, *f* | gwahoddiad (g) |
| inviter, *v* | gwahodd; gwadd |
| irlandais, *adj* | Gwyddelig; o Iwerddon |
| l' Irlande, *f* | Iwerddon (b) |
| la République d'Irlande, *f* | Gweriniaeth (b) Iwerddon |
| l' Irlande du Nord, *f* | Gogledd (g) Iwerddon |
| irritant, *adj* | poenus; annifyr; plagus; llidus |
| irrité, *adj* | blin; dig; llidiog |
| irriter, *v* | poeni; gwylltio |
| isolé, *adj* | unig; anghysbell; diarffordd |

| | |
|---|---|
| l' **Italie,** *f* | yr Eidal (b) |
| l' **italien,** *m* | Eidaleg (b) [yr iaith] |
| **italien,** *m* / **italienne,** *f adj* | Eidalaidd; Eidaleg; o'r Eidal |
| en **italique** | mewn italig |
| un **itinéraire,** *m* | taith (b); ffordd (b); llwybr (g) |
| l' **ivoire,** *m* | ifori (g) |

| | |
|---|---|
| **jaloux**, *m* / **jalouse**, *f adj* | cenfigennus; eiddigeddus |
| **jamaïcain**, *adj* | Jamaicaidd; o Jamaica |
| la **Jamaïque**, *f* | Jamaica (b) |
| (ne ...) **jamais** | (ni(d) ...) byth / erioed |
| une **jambe**, *f* | coes (b) |
| le **jambon**, *m* | ham (g) |
| **janvier**, *m* | Ionawr (g) |
| le **Japon**, *m* | Japan (b) |
| **japonais**, *adj* | Japaneaidd; o Japan |
| un **jardin**, *m* | gardd (b) |
| un **jardin des plantes**, *m* | gerddi (ll) botaneg(ol) |
| un **jardin public**, *m* | parc (g) |
| un **jardin zoologique**, *m* | sw (g) |
| le **jardinage**, *m* | garddio (g) |
| faire du **jardinage**, *v\*\** | garddio |
| **jaune**, *adj* | melyn |
| un **javelot**, *m* | gwaywffon(b) |
| **je** | i [fi] |
| un **jean**, *m* | pâr (g) o jîns |
| les **Jersiais**, *m pl* | pobl (b) Jersey |
| **jeter**, *v\** | taflu; lluchio; bwrw |
| un **jeton**, *m* | darn (g) chwarae [gêm fwrdd] |
| un **jeu**, *m* (des **jeux**, *pl)* | gêm (b) (gêmau, ll) |
| un **jeu de questions– réponses**, *m* | cwis (g) |
| un **jeu de société**, *m* | gêm (b) fwrdd |
| un **jeu vidéo**, *m* | gêm (b) fideo |
| un **jeu–concours**, *m* | cwis (g); cystadleuaeth (b) [teledu] |
| un **jeu–test**, *m* | cwis (g) |
| **jeudi**, *m* | dydd(g) Iau |
| **jeune**, *adj* | ifanc; ieuanc |
| les **jeunes**, *m pl* | pobl (b) ifainc / ieuainc; yr ifainc / ieuainc (ll) |
| les **Jeux Olympiques**, *m pl* | y Gêmau (ll) Olympaidd |
| la **Joconde**, *f* | y '*Mona Lisa*' |
| le **jogging**, *m* | jogio (g); loncian (g); siwt (b) loncian; tracwisg (b) |
| une **joie**, *f* | llawenydd (g); gorfoledd (g) |
| **joignez une photo** (o **joindre**), *v* | amgaewch lun |
| **joindre** (gw **éteindre**), *v\*\** | cysylltu; asio; amgáu |
| je **joins** (o **joindre**), *v* | rydw i'n cysylltu / asio / amgáu |

| | |
|---|---|
| **joli,** *adj* | tlws; del; pert; neis |
| une **jonquille,** *f* | daffodil (g); cenhinen (b) Bedr |
| une **joue,** *f* | boch (b); grudd (gb) |
| **jouer,** *v* | chwarae |
| **jouer à,** *v* | chwarae [gêm] |
| **jouer aux échecs,** *v* | chwarae gwyddbwyll |
| **jouer de,** *v* | chwarae / canu [offeryn] |
| **jouer du piano,** *v* | chwarae / canu piano |
| un **jouet,** *m* | tegan (g) |
| un **joueur,** *m* / une **joueuse,** *f* | chwaraewr (g) / chwaraewraig (b) |
| un **jour,** *m* | diwrnod (g); dydd (g) |
| par **jour** | y dydd |
| le **jour de l'An,** *m* | Dydd (g) Calan |
| un **jour de congé,** *m* | diwrnod (g) o wyliau |
| le **jour de Noël,** *m* | Dydd (g) Nadolig |
| un **jour férié,** *m* | dydd (g) gŵyl; gŵyl (b) banc; diwrnod (g) ffair |
| le **jour J.,** *m* | 'D – Day' |
| tous les **jours** | bob dydd |
| un **journal,** *m* | papur (g) (papurau, ll) newydd; |
| (des **journaux,** *pl*) | dyddiadur (g) (dyddiaduron, ll) |
| un / une **journaliste,** *m* / *f* | newyddiadurwr (g) / newyddiadurwraig (b) |
| une **journée,** *f* | diwrnod (g); dydd (g) |
| toute la **journée** | drwy'r dydd |
| **joyeux,** *m* / **joyeuse,** *f adj* | llawen; llon |
| **Joyeux Noël** | Nadolig Llawen |
| le **judo,** *m* | jiwdo (g) |
| **juger,** *v*\* | barnu; beirniadu; ystyried |
| **juif,** *m* / **juive,** *f adj* | Iddewig |
| **juillet,** *m* | Gorffennaf (g) |
| **juin,** *m* | Mehefin (g) |
| un **jumeau,** *m* | gefell (g) (gefeilliaid, ll) |
| (des **jumeaux,** *pl*) | |
| une **jumelle,** *f* | gefeilles (b) (gefeillesau, ll); |
| (des **jumelles,** *pl*) | ysbienddrych (g) |
| un **jumelage,** *m* | gefeillio (g) [tref ayb] |
| **jumelé,** *adj* | wedi gefeillio |
| une **jupe,** *f* | sgert (b) |
| un **jupon,** *m* | pais (b) |
| un **jury,** *m* | rheithgor (g) |
| le **jus,** *m* | sudd (g) |

un **jus d'orange / de fruit**, *m*    sudd (g) oren / ffrwythau
    **jusqu'à**                hyd (at); tan
un **justaucorps**, *m*        liotard (g)
    **juste**, *adj*            cywir; iawn ; teg
    **juste à temps**        mewn union bryd

| | |
|---|---|
| un **kangourou**, *m* | cangarŵ (g) |
| le **karaté**, *m* | carate (g) |
| un **kilo**, *m* | cilo (g) |
| un **kilomètre**, *m* | cilometr (g) |
| **kilomètre(s) à l'heure** | cilometr yr awr |
| un **kimono**, *m* | cimono (g) |
| un **kiosque**, *m* | ciosg (g) |

| | | |
|---|---|---|
| | l' | y / yr [o flaen llafariad]; ef, fe, fo, e, o / hi |
| | la | y / yr [o flaen enw benywaidd]; hi / ef, fe, fo, e, o |
| | là | yna; yno; acw; yn fan'na |
| par | là | y ffordd yna / acw |
| | là–bas | (yn y) fan (a)cw/co; draw fan (a)cw/co; draw fan'na |
| | là–dedans | i mewn yn fan'na; i mewn yn hwnna [ayb]; (y) tu mewn i hwnna [ayb] |
| un | labo(ratoire), *m* | lab(ordy) (g) |
| un | lac, *m* | llyn (g) |
| | laid, *adj* | hyll; salw |
| la | laine, *f* | gwlân (g) |
| de / en | laine | wedi'i wneud o wlân; gwlân |
| une | laisse, *f* | tennyn (g) |
| | laisser, *v* | gadael |
| | laisser tomber, *v* | gollwng; disgyn; gadael i gwympo |
| le | lait, *m* | llaeth (g); llefrith (g) |
| le | lait en poudre, *m* | llaeth (g) / llefrith (g) powdwr |
| le | lait solaire, *m* | hylif (g) / eli (g) lliw haul / rhag haul |
| | laitier, *m* / laitière, *f adj* | llaeth / llefrith |
| une | laitue, *f* | letysen (b) |
| une | lampe, *f* | lamp (b) |
| une | lampe de poche, *f* | fflachlamp (b); lamp (b) fach / boced |
| | lancer, *v** | hyrddio; lluchio; taflu; la(w)nsio [roced] |
| un | langage, *m* | ieithwedd (b); iaith (b) |
| une | langoustine, *f* | corgimwch (g) |
| une | langue, *f* | iaith (b); tafod (gb) |
| une | langue étrangère, *f* | iaith (b) dramor |
| un | lapin, *m* | cwningen (b) |
| | laquelle / lequel | yr hon; yr hwn; [cwestiwn] pa un? / p'run? / p'un? |
| | large, *adj* | llydan; eang |
| un | laurier, *m* | llawryf (g) |
| un | lavabo, *m* | basn (g) ymolchi |
| la | lavande, *f* | lafant (g) |
| | laver, *v* | golchi |
| se | laver, *v* | ymolchi |
| un | lave–vaisselle, *m* | peiriant (g) golchi llestri |
| | le | y / yr [o flaen enw gwrywaidd]; ef, fe, fo, e, o / hi |

| | | |
|---|---|---|
| | lécher, *v** | llyfu |
| une | leçon, *f* | gwers (b) |
| un | lecteur, *m* | darllenydd (g); darllenwr (g) |
| | / une lectrice, *f* | / darllenwraig (b) |
| la | lecture, *f* | darllen (g); darlleniad (g) |
| bonne | lecture! | mwynha'r / mwynhewch y darllen!; hwyl gyda'r / efo'r darllen |
| | légendaire, *adj* | chwedlonol |
| une | légende, *f* | chwedl (b); pennawd (g); allwedd (b) [map] |
| | léger, *m* / légère, *f adj* | ysgafn |
| un | légume, *m* | llysieuyn (g) |
| le | lendemain, *m* | drannoeth (g); trannoeth (g) |
| | lent, *adj* | araf |
| | lentement | yn araf |
| | lequel / laquelle | yr hwn; yr hon; [cwestiwn] pa un? / p'run? / p'un? |
| | les | y / yr [o flaen enw lluosog]; nhw; hwy |
| | lesquels / lesquelles | y rhai; [cwestiwn] pa rai? |
| la | lessive, *f* | golch (g); golchi (g); golch(i)ad (g) |
| faire la | lessive, *v*** | golchi; gwneud y golch(i) [dillad] |
| une | lettre, *f* | llythyr (g); llythyren (b) |
| | leur | eu; â / iddyn / wrthyn nhw; nhw; hwy |
| une | levée, *f* | casgliad (g) [post] |
| | lever, *v** | codi (rhywun / rhywbeth) |
| se | lever, *v** | codi (chi'ch hun, eich hunan) |
| | levez–vous | codwch; sefwch |
| une | lèvre, *f* | gwefus (b); min (g) |
| la | levure, *f* | burum (g) |
| un | lexique, *m* | geirlyfr (g); geirfa (b) |
| une | liberté, *f* | rhyddid (g) |
| une | librairie, *f* | siop (b) lyfrau |
| | libre, *adj* | rhydd; gwag |
| un | lien, *m* | cysylltiad (g); dolen (b); rhwymyn (g) |
| | lier, *v* | clymu; cysylltu |
| un | lieu, *m* (des lieux, *pl*) | lle (g) (lleoedd, llefydd, ll); llecyn (g) (llecynnau, ll) |
| avoir | lieu, *v*** | digwydd |
| au | lieu de | yn lle |
| un | lièvre, *m* | ysgyfarnog / sgwarnog (b) |
| une | ligne, *f* | llinell (b); lein (b); rhes (b) |
| une | ligue, *f* | cynghrair (b) |

80

| | |
|---|---|
| **lilas,** *adj* (byth yn newid) | lliw lelog |
| une **limonade,** *f* | lemwnêd (g) |
| **Lion,** *m* | Leo; (cytser (g)) y Llew (g) |
| un **lion,** *m* / une **lionne,** *f* | llew (g) / llewes (b) |
| un **liquide,** *m* | hylif (g) |
| **lire,** *v*** | darllen |
| je **lis** (o **lire**), *v*** | rydw i'n darllen |
| **lisse,** *adj* | llyfn; esmwyth |
| une **liste,** *f* | rhestr (b) |
| un **lit,** *m* | gwely (g) |
| un **lit de camp,** *m* | gwely (g) cynfas / plygu |
| un **lit superposé,** *m* | gwely (g) bync |
| il/elle **lit** (o **lire**), *v*** | mae e(f)o / hi'n darllen |
| un **litre,** *m* | litr (g) |
| un **livre,** *m* | llyfr (g) |
| une **livre,** *f* | pwys (g); punt (b) |
| **livrer,** *v* | dosbarthu; trosglwyddo |
| un **livret,** *m* | llyfryn (g) |
| un **livret de banque,** *m* | llyfr (g) banc |
| **local,** *adj* | lleol |
| une **location,** *f* | rhentu (g); llogi (g); hurio (g); gosod (g) |
| une **loge,** *f* | porth(or)dy (g); cyfrinfa (b); bocs (g) [theatr] |
| une **loge de concierge,** *f* | swyddfa (b) gofalwr |
| un **logement,** *m* | llety (g) |
| **loger,** *v** | lletya |
| **logique,** *adj* | rhesymegol |
| **loin** | ymhell |
| de **loin** | o bell |
| **lointain,** *adj* | pell; anghysbell |
| le **loisir,** *m* | hamdden (b); amser (g) / oriau (ll) hamdden |
| les **loisirs,** *m pl* | gweithgareddau (ll) hamdden |
| **Londres** | Llundain |
| **long,** *m* / **longue,** *f adj* | hir; llaes |
| **longtemps** | (am) amser maith; yn hir |
| une **longueur,** *f* | hyd (g) |
| un **look,** *m* | steil (g) |
| une **loterie,** *f* | loteri (g); raffl (b) |
| un **lotissement,** *m* | ystad / stad (b) dai |
| le **Loto,** *m* | Bingo (g) |
| une **louche,** *f* | llwy (b) fawr; lletwad (b) |

| | | |
|---|---|---|
| | **louer,** *v* | gosod; rhentu; llogi |
| | **loufoque,** *adj* | hurt; (dim) hanner call |
| un | **loup,** *m* | blaidd (g) |
| une | **loupe,** *f* | chwyddwydr (g) |
| | **lourd,** *adj* | trwm |
| j'ai | **lu** (o **lire**), *v*** | rydw i wedi darllen; darllenais |
| une | **luge,** *f* | tobogan (g); sled (b) fach |
| | **lui** | ef, fe, fo, e, o / hi; iddo fe, fo / iddi hi; wrtho fe, fo / wrthi hi |
| une | **lumière,** *f* | golau (g); goleuni (g) |
| | **lundi,** *m* | dydd (g) Llun |
| une | **lune,** *f* | lleuad (gb); lloer (gb) |
| une | **lunette,** *f* | telesgop (g); ysbienddrych (g) |
| des | **lunettes,** *f pl* | sbectol (b) |
| des | **lunettes de soleil,** *f pl* | sbectol (b) haul |
| un | **lutin,** *m* | gwalch (g); coblyn (g) |
| la | **lutte,** *f* | reslo (g); brwydr (b) |
| | **lutter,** *v* | brwydro; reslo |
| un | **luxe,** *m* | moeth(usrwydd) (g) |
| dc | **luxe** | moethus |
| le | **Luxembourg,** *m* | Lwcsembwrg (b) |
| | **luxembourgeois,** *adj* | Lwcsembwrgaidd; o Lwcsembwrg |
| un | **lycée,** *m* | ysgol (b) uwchradd |
| un | **lycéen,** *m* / une **lycéenne,** *f* | disgybl (g) (mewn) *lycée* (ysgol) |

| | |
|---|---|
| **M.,** *m* [= Monsieur] | Mr.; Mistar; y Bnr. |
| **ma** | fy [o flaen enw benywaidd unigol] |
| un **macaron,** *m* | bathodyn (g); macarŵn (g) |
| une **macédoine,** *f* | cymysgedd (g) |
| une **macédoine de fruits,** *f* | salad (g) (o) ffrwythau |
| une **macédoine de légumes,** *f* | llysiau (ll) cymysg |
| **mâcher,** *v* | cnoi |
| un **machin,** *m* | peth (g); pethma (g) / pethne (g); bechingalw(g) / betingalw (g) |
| une **machine,** *f* | peiriant (g) |
| une **machine à laver,** *f* | peiriant (g) golchi [dillad] |
| une **machine à traitement de textes,** *f* | prosesydd (g) geiriau |
| un **maçon,** *m* | saer (g) maen; masiwn (g); adeiladydd (g); briciwr (g) |
| **Madame,** *f* | Mrs.; Meistres; y Fns. |
| **Mademoiselle,** *f* | Miss |
| un **magasin,** *m* | siop (b) |
| un grand **magasin,** *m* | siop (b) fawr / adrannol |
| faire les **magasins,** *v*** | siopa |
| un **magazine,** *m* | cylchgrawn (g) |
| la **magie,** *f* | hud (g); dewiniaeth (b) |
| **magique,** *adj* | hud; hudol; swyn |
| un **magnétophone,** *m* | recordydd (g) tâp |
| un **magnétoscope,** *m* | recordydd (g) fideo |
| **magnifique,** *adj* | gwych; godidog; gogoneddus |
| **mai,** *m* | Mai (g) |
| **maigre,** *adj* | tenau |
| **maigrir,** *v* | colli pwysau; teneuo |
| un **maillot,** *m* | crys (g) [chwaraeon] |
| un **maillot de bain,** *m* | gwisg (b) nofio; tryncs (ll) |
| une **main,** *f* | llaw (b) |
| à la **main** | yn ei [ayb] law; efo / â llaw |
| **maintenant** | nawr; rŵan |
| un **maire,** *m* / une **mairesse,** *f* | maer (g) / maeres (b) |
| la **mairie,** *f* | neuadd (b) y dref |
| **mais** | ond |
| le **maïs,** *m* | indrawn (g); india–corn (g) |
| le **maïs doux,** *m* | corn (g) melys |
| une **maison,** *f* | tŷ (g) |
| à la **maison** | gartref; adref |

| | |
|---|---|
| une **maison des jeunes,** *f* | canolfan (b) ieuenctid |
| un **maître,** *m* | ysgolfeistr (g) / ysgolfeistres (b); |
| / une **maîtresse,** *f* | meistr (g) / meistres (b) |
| **mal** | yn ddrwg; yn wael; yn sâl |
| **mal élevé,** *adj* | anghwrtais; dig(y)wilydd; anfoesgar |
| pas **mal** | dim yn ddrwg; iawn ; reit gyffyrddus |
| pas **mal de** | tipyn go lew o ; eitha tipyn o ; nifer go lew o |
| le **mal,** *m* (les **maux,** *pl*) | drwg (g); drygioni (g); niwed (g); poen (g); salwch (g) |
| ça fait **mal** | mae'n brifo; mae'n dolurio / gwneud dolur |
| j'ai **mal à ...** | mae gen i boen / ddolur yn ... |
| j'ai **mal au cœur** | rydw i'n teimlo'n sâl; rydw i eisiau taflu i fyny / cyfogi |
| j'ai **mal à la tête** | mae gen i gur pen; mae gen i ben tost |
| le **mal de mer,** *m* | salwch (g) môr; clefyd (g) y môr |
| **malade,** *adj* | sâl; tost; claf; gwael |
| un / une **malade,** *m/f* | claf (g) |
| une **maladie,** *f* | salwch (g); clefyd (g) |
| **maladroit,** *adj* | trwsg(w)l; llet(ch)with |
| **malgré** | er gwaethaf |
| un **malheur,** *m* | anlwc (g); anffawd (b) |
| **malheureusement** | yn anffodus |
| **malheureux,** *m* | anhapus; truenus; anffodus |
| / **malheureuse,** *f adj* | |
| **malin,** *m* / **maligne,** *f adj* | cyfrwys; maleisus; drygionus |
| une **maman,** *f* | mam (b) |
| une **mamie,** *f* | nain (b); mam–gu (b) |
| la **Manche,** *f* | y Sianel (b); Môr (g) Udd |
| une **manche,** *f* | llawes (b); gêm (b) / set(b) / ras (b) [ayb] [un o gyfres] |
| un **manche,** *m* | carn (g); coes (b) |
| un **mandat,** *m* | gorchymyn (g); awdurdod (gb); archeb (b) |
| un **mandat d'arrestation,** *m* | gwarant (b) i (a)restio rhywun |
| un **manège,** *m* | ceffylau (ll) bach [ffair] |
| **manger,** *v\** | bwyta |
| une salle à **manger,** *f* | ystafell (b) fwyta |
| une **mangue,** *f* | mango (g) |
| des **manières,** *f pl* | ymddygiad (g); moesau (ll) |
| une **manif(estation),** *f* | gwrthdystiad (g) |

| | |
|---|---|
| manœuvrer, *v* | llywio; trin |
| il manque ... | does dim digon o ... ; mae angen ... ; mae prinder ... |
| je lui manque | mae e(f)o / hi'n gweld fy ngholli / eisiau |
| manquer, *v* | methu; colli; bod yn brin / ddiffygiol |
| manquer à, *v* | cael eich colli gan; gweld eich eisiau |
| manquer de, *v* | bod yn fyr o; bod angen / eisiau; bod bron â |
| une mansarde, *f* | ystafell (b) do / yn y to; atig (b) |
| un manteau, *m* | côt / cot (b) (cotiau, ll) |
| (des manteaux, *pl*) | |
| un maquereau, *m* | macrell (gb) (mecryll, ll) |
| (des maquereaux, *pl*) | |
| une maquette, *f* | model (g); braslun (g) |
| le maquillage, *m* | colur (g) |
| se maquiller, *v* | rhoi / gwisgo colur; coluro |
| un marchand, *m* | masnachwr (g) / masnachwraig (b); |
| / une marchande, *f* | siopwr (g) / siopwraig (b); stondinwr (g) / stondinwraig (b) |
| des marchandises, *f pl* | nwyddau (ll) |
| une marche, *f* | gris (g); step (b); cerddediad (g) |
| un marché, *m* | marchnad (b); bargen (b) |
| bon marché | rhad |
| un marché aux puces, *m* | marchnad (b) rad |
| marcher, *v* | cerdded; gweithio |
| mardi, *m* | dydd (g) Mawrth |
| Mardi gras, *m* | dydd (g) Mawrth Ynyd |
| un mari, *m* | gŵr (g) |
| un mariage, *m* | priodas (b) |
| marié, *adj* | wedi priodi; priod |
| (se) marier, *v* | priodi |
| un marin, *m* | morwr (g); llongwr(g) |
| une marionnette, *f* | pyped (g) |
| le Maroc, *m* | Moroco (b) |
| marocain, *adj* | Morocaidd; o Foroco |
| une marque, *f* | enw (g) (gwneuthurwr); gwneuthuriad (g); marc (g) |
| marquer, *v* | sgorio; marcio |
| marrant, *adj* | doniol; digri(f); (y)smala |
| j'en ai marre | rydw i wedi 'laru / wedi cael digon / wedi cael llond bol |
| se marrer, *v* | cael hwyl; chwerthin |

| | |
|---|---|
| **marron,** *adj* (byth yn newid) | brown |
| **mars,** *m* | Mawrth (g) |
| la **Marseillaise,** *f* | y '*Marseillaise*' [anthem genedlaethol Ffrainc] |
| un **marteau,** *m* (des **marteaux,** *pl*) | morthwyl (g) (morthwylion, ll) |
| un **masque,** *m* | mwgwd (g) |
| un **mât,** *m* | hwylbren (g); polyn (g) |
| un **match,** *m* | gêm (b) |
| un **match de foot,** *m* | gêm (b) bêl–droed |
| un **matelas,** *m* | matres (gb) |
| un **matelas pneumatique,** *m* | gwely (g) aer; leilo (g) |
| un **matériel,** *m* | offer (ll); cyfarpar (g) |
| les **mathématiques / maths,** *f pl* | mathemateg (b) |
| une **matière,** *f* | pwnc (g) ysgol; deunydd (g) |
| la **matière grasse,** *f* | braster (g) |
| un **matin,** *m* | bore (g) |
| **matinal,** *adj* | boreol; yn y bore |
| une **matinée,** *f* | bore (g) |
| **mauvais,** *adj* | drwg; sâl; gwael; anghywir |
| il fait **mauvais** | mae'n dywydd gwael / drwg |
| une **mauvaise herbe,** *f* | chwynnyn (g) |
| de **mauvaise humeur** | mewn hwyliau drwg |
| **mauve,** *adj* (byth yn newid) | porffor golau |
| **me** | fi / i; i mi; ata' i; â mi; wrtha' i; (mi) fy hun |
| un **mec,** *m* | dyn (g) [slang]; boi (g) / bachan (g) |
| un **mécanicien,** *m* / une **mécanicienne,** *f* | mecanig (g); peiriannydd (g) |
| la **mécanique,** *f* | peirianneg (b); mecaneg (b); peirianwaith (g) |
| **méchant,** *adj* | drwg; drygionus |
| **mécontent,** *adj* | anfodlon; blin; dig |
| une **médaille,** *f* | medal (b) |
| un **médecin,** *m* / une **femme médecin,** *f* | meddyg (g) |
| **médical,** *adj* | meddygol |
| un **médicament,** *m* | ffisig (g); moddion (g); meddyginiaeth (b) |

| | | |
|---|---|---|
| | **médiéval,** *adj* | o'r / yn perthyn i'r Oesoedd Canol; canoloesol |
| la (mer) | **Méditerranée,** *f* | Môr (g) y Canoldir |
| | **méfiant,** *adj* | drwgdybus; amheus |
| se | **méfier de,** *v* | drwgdybio; amau |
| | **meilleur,** *adj* | gwell |
| le | **meilleur ...** | y ... gorau |
| | **mélangé,** *adj* | cymysg(lyd) |
| | **mélanger,** *v** | cymysgu |
| un | **membre,** *m* | aelod (g) |
| | **même,** *adj* | yr un |
| moi– | **même** / nous–**mêmes** | fy hun / ein hunain |
| | **même** | hyd yn oed |
| tout de | **même** | er / serch hynny |
| une | **mémé,** *f* | nain (b); mam–gu (b) |
| une | **mémoire,** *f* | cof (g) |
| | **mémoriser,** *v* | dysgu ar y cof |
| | **menacer,** *v** | bygwth |
| le | **ménage,** *m* | teulu (g); gwaith (g) tŷ |
| faire le | **ménage,** *v*** | gwneud gwaith tŷ |
| une | **ménagère,** *f* | gwraig (b) tŷ |
| | **mener,** *v** | arwain |
| un | **menteur,** *m* / une **menteuse,** *f* | un (gb) c / gelwyddog |
| la | **menthe,** *f* | mintys (g) |
| | **mentionner,** *v* | crybwyll; sôn (am) |
| un | **menton,** *m* | gên (b) |
| une | **mer,** *f* | môr (g) |
| la | **mer Méditerranée,** *f* | Môr (g) y Canoldir |
| | **merci** | diolch |
| | **mercredi,** *m* | dydd (g) Mercher |
| une | **mère,** *f* | mam (b) |
| un | **merle,** *m* | aderyn (g) du; mwyalchen (b) |
| une | **merveille,** *f* | rhyfeddod (g) |
| | **merveilleux,** *m* / **merveilleuse,** *f adj* | bendigedig; gwych; ardderchog |
| | **mes** | fy [o flaen enw lluosog] |
| | **mesdames,** *f pl* | foneddigesau [wrth gyfarch] |
| | **mesdemoiselles,** *f pl* | foneddigesau [wrth gyfarch] |
| une | **messe,** *f* | offeren (b) |
| des | **messieurs,** *m pl* (un **monsieur,** *m)* | gwŷr (ll) bonheddig (gŵr (g) bonheddig) |

| | | |
|---|---|---|
| | **messieurs**, *m pl* | foneddigion (ll) [wrth gyfarch]; (cyfleusterau (ll)) dynion (ll) |
| | **messieurs–dames**, *m/f pl* | foneddigion (ll) a boneddigesau (ll) [wrth gyfarch] |
| une | **mesure**, *f* | mesur(iad) (g) |
| | **mesurer**, *v* | mesur |
| il / elle | **met** (o **mettre**), *v*** | mae e(f)o / hi'n rhoi / gosod; mae e(f)o / hi'n rhoi ... amdano / amdani |
| la | **météo**, *f* | rhagolygon (ll) y tywydd |
| une | **méthode**, *f* | dull (g); ffordd (b) |
| un | **métier**, *m* | gwaith (g); swydd (b); crefft (b) |
| un | **mètre**, *m* | metr (g) |
| un | **métro**, *m* | trên (g) tanddaearol |
| je | **mets** (o **mettre**), *v*** | rydw i'n rhoi / gosod / rhoi ... amdanaf |
| | **mettre**, *v*** | rhoi; gosod; rhoi ... amdanoch |
| se | **mettre à**, *v*** | mynd ati i; ymroi i; dechrau |
| | **mettre la table / le couvert**, *v*** | gosod y / hulio'r bwrdd |
| un | **meuble**, *m* | dodrefnyn (g) |
| je | **meurs** (o **mourir**), *v*** | rydw i'n marw |
| il / elle | **meurt** (o **mourir**), *v*** | mae e(f)o / hi'n marw |
| un | **meurtre**, *m* | llofruddiaeth (b) |
| | **miam!** | mm! |
| | **miaou** | miaw |
| un | **micro**, *m* | meic(roffon) (g) |
| un | **microbe**, *m* | meicrob (g); microb (g) |
| le | **Midi**, *m* | De (g) Ffrainc |
| | **midi**, *m* | hanner dydd (g) |
| | **midi et demi** | hanner awr wedi deuddeg / hanner dydd |
| le | **miel**, *m* | mêl (g) |
| le | **mien**, *m* / la **mienne**, *f* | fy un i [gwrywaidd / benywaidd] |
| les | **miens**, *m pl* / les **miennes**, *f pl* | fy rhai i [gwrywaidd / benywaidd] |
| | **mieux** | yn well |
| | **mignon**, *m* / **mignonne**, *f adj* | del; pert; annwyl |
| | **mijoter**, *v* | mudferwi |
| au | **milieu de** | yng nghanol; ar ganol |
| | **mille**, *m* | mil (b) |
| un | **mille**, *m* | milltir (b) |
| un | **milliard**, *m* | mil o filiynau; biliwn (b) [Unol Daleithiau] |

| | | |
|---|---|---|
| des | **milliers de**, *m pl* | miloedd (ll) o |
| | **mi–long**, *m* | gweddol hir |
| | / **mi–longue**, *f adj* | |
| | **minable**, *adj* | truenus; gwael |
| | **mince**, *adj* | main; tenau |
| | **mince!** | o na! ; dario!; dam(ia)! |
| | **minéral**, *adj* | mw(y)nol |
| une | **mini–jupe**, *f* | sgert (b) fini |
| un | **ministre**, *m* | gweinidog (g) |
| le Premier | **ministre**, *m* | y Prif Weinidog (g) |
| | **minuit**, *m* | hanner nos (g) |
| | **minuit et demi**. | hanner awr wedi deuddeg / hanner nos |
| | **minuscule**, *adj* | bach iawn; pitw; mân |
| une | **minute**, *f* | munud (gb) |
| un | **miroir**, *m* | drych (g); gwydr (g) |
| j'ai | **mis** (o **mettre**), *v*** | rydw i wedi rhoi / gosod / rhoi ... amdanaf; rhoddais; gosodais; rhoddais ... amdanaf |
| | **misérable**, *adj* | truenus |
| une | **mite**, *f* | gwyfyn (g) / pryf (g) dillad |
| | **mité**, *adj* | yn dyllau pryfed |
| la | **mi-temps**, *f* | [pêl–droed, ayb] egwyl (g) rhwng dau hanner; hanner (g) |
| | **mixte**, *adj* | cymysg |
| | **Mlle.** *f* [= Mademoiselle] | Miss |
| | **Mme.** *f* [= Madame] | Mrs.; Meistres; y Fns. |
| une | **mobylette**, *f* | moped (g) |
| | **moche**, *adj* | hyll; salw; gwael; ofnadwy |
| la | **mode**, *f* | ffasiwn (g) |
| à la | **mode** | yn y ffasiwn |
| un | **modèle**, *m* | model (g); patrwm (g) |
| le | **modélisme**, *m* | crefft (b) gwneud / llunio modelau |
| | **modéré**, *adj* | cymedrol; rhesymol |
| | **moderne**, *adj* | modern; cyfoes |
| | **moi** | fi; mi; i mi |
| (ni) | **moi non plus** | na finne chwaith |
| le | **moins** | y (peth) lleiaf |
| au | **moins** | o leiaf |
| | **moins** | llai; minws |
| il est | **moins ... que** | mae e(f)o'n llai ... na; dyw e / dydy o ddim mor ... â |
| | **moins de** | llai na [rhif]; llai o |

| | | |
|---|---|---|
| | **moins le quart** | chwarter i [amser] |
| un | **mois,** *m* | mis (g) |
| | **moite,** *adj* | llaith [croen] |
| | **mol, mou** *m* / **molle,** *f adj* | meddal; llac; llipa |
| un | **moment,** *m* | eiliad (gb); moment (b) |
| | **mon** | fy [o flaen enw gwrywaidd unigol ac o flaen llafariad] |
| un | **monde,** *m* | byd (g) |
| beaucoup de | **monde** | llawer o bobl |
| tout le | **monde** | pawb |
| il y a du | **monde** | mae'n brysur / llawn |
| un | **moniteur,** *m* / une **monitrice,** *f* | hyfforddwr (g) / hyfforddwraig (b) |
| la | **monnaie,** *f* | newid (g); pres (g) / arian (g) mân |
| | **monotone,** *adj* | undonog; diflas |
| | **Monsieur,** *m* | Mr.; Mistar; Syr; y Bnr. |
| un | **monsieur,** *m* (des **messieurs,** *pl*) | gŵr (g) bonheddig (gwŷr (ll) bonheddig); bon(h)eddwr (g)(bon(h)eddwyr, boneddigion, (ll)) |
| un | **monstre,** *m* | anghenfil (g) |
| une | **montagne,** *f* | mynydd (g) |
| | **montagneux,** *m* /**montagneuse,** *f adj* | mynyddig |
| un | **montant,** *m* | cyfanswm (g) |
| | **monter,** *v* | esgyn; dringo; mynd lan / i fyny; mynd ar [fws ayb] |
| | **monter à cheval,** *v* | marchogaeth; mynd ar gefn ceffyl |
| une | **montgolfière,** *f* | balŵn (g) aer [â basged] |
| une | **montre,** *f* | oriawr (b); wats(h) (b) |
| | **montrer,** *v* | dangos |
| un | **monument,** *m* | cofadail (b); cofeb (b); cofgolofn (b); adeilad (g) [ayb] hanesyddol |
| un | **moral,** *m* | ysbryd (g); calon (b) |
| un | **morceau,** *m* (des **morceaux,** *pl*) | darn (g) (darnau, ll) |
| | **mordre,** *v* | brathu; cnoi |
| | **mort,** *adj* | (wedi) marw |
| la | **mort,** *f* | marwolaeth (b); angau (g) |
| une | **mosquée,** *f* | mosg (g) |
| un | **mot,** *m* | gair (g) |
| un | **mot–clé,** *m* | allweddair (g) |
| les | **mots croisés,** *m pl* | croesair (g) |

90

| | |
|---|---|
| un **motard**, *m* | motobeiciwr (g) / motobeicwraig (b) |
| / une **motarde**, *f* | |
| un **moteur**, *m* | injan (b); peiriant (g) |
| une **moto(cyclette)**, *f* | beic (g) modur; motobeic (g) |
| à / en **moto(cyclette)** | ar gefn beic modur / motobeic |
| un /une **motocycliste**, *m* / *f* | motobeiciwr (g) |
| | / motobeicwraig (b) |
| **mou, mol** , *m* / **molle** *f adj* | meddal; llac; llipa |
| une **mouche**, *f* | gwybedyn (g); cleren (b) |
| un **mouchoir**, *m* | hances (b); cadach (g) / macyn (g) |
| | poced; neisied (b) |
| une **mouette**, *f* | gwylan (b) |
| **mouillé**, *adj* | gwlyb |
| une **moule**, *f* | cragen (b) las |
| un **moule**, *m* | tun (g) cacen; mold (g) |
| **mourir**, *v*** | marw |
| la **mousse**, *f* | mwswg(l) (g); ewyn (g) |
| une **mousse au chocolat**, *f* | *mousse* (g) siocled |
| une **moustache**, *f* | mwstas (g) |
| un **moustique**, *m* | mosgito (g) |
| la **moutarde**, *f* | mwstard (g) |
| le **mouton**, *m* | cig (g) dafad / gwedder; dafad (b) |
| un **moyen**, *m* | modd (g); cyfrwng (g); dull (g); ffordd |
| | (b) [o wneud rhywbeth] |
| **moyen**, *m* /**moyenne**, *f adj* | canolig; cymedrol; gweddol |
| le **Moyen–Orient**, *m* | y Dwyrain (g) Canol |
| en **moyenne** | ar gyfartaledd |
| **moyennement** | yn weddol |
| **muet**, *m* / **muette**, *f adj* | mud; tawedog |
| le **muguet**, *m* | lili (b)'r dyffrynnoedd; lili (b)'r maes |
| **multiplier**, *v* | lluosogi; lluosi |
| **municipal**, *adj* | yn perthyn i'r dref / cyngor; bwrdeisiol |
| une **municipalité**, *f* | bwrdeisdref (b); tref (b) |
| un **mur**, *m* | mur (g); wal (b) |
| une **muraille**, *f* | mur (g); wal (b) |
| des **mûres**, *f pl* | mafon (ll) / mwyar (ll) duon |
| un **muscle**, *m* | cyhyr (g) |
| **musclé**, *adj* | cyhyrog |
| un **musée**, *m* | amgueddfa (b) |
| un **musicien**, *m* | cerddor (g) |
| / une **musicienne**, *f* | |
| la **musique**, *f* | cerddoriaeth (b) |

| | |
|---|---|
| **musulman,** *adj* | Moslemaidd |
| une **mutinerie,** *f* | gwrthryfel (g); terfysg (g) |
| un **mystère,** *m* | dirgelwch (g) |

| | |
|---|---|
| **nager**, *v** | nofio |
| un **nain**, *m* / une **naine**, *f* | corrach (g) / coraches (b) |
| une **naissance**, *f* | geni (g); genedigaeth (b) |
| **naître**, *v*** | cael eich geni |
| une **nappe**, *f* | lliain (g) bwrdd |
| un **napperon**, *m* | mat (g) [ar y bwrdd] |
| la **natation**, *f* | nofio (g) |
| **national**, *adj* | cenedlaethol |
| la **nature**, *f* | natur (b) |
| **naturel**, *m* | naturiol |
| / **naturelle**, *f adj* | |
| **naturellement** | wrth gwrs; yn naturiol |
| **nautique**, *adj* | yn perthyn i'r môr; morwrol; [chwaraeon] dŵr |
| un **navet**, *m* | erfinen (b); meipen (b); ffilm (b) wael |
| une **navette**, *f* | gwennol (b) |
| faire la **navette**, *v*** | rhedeg gwasanaeth gwennol |
| un **navigateur**, *m* | llywiwr (g); |
| / une **navigatrice**, *f* | mordwywr (g) / mordwywraig (b); cyfeiriwr (g) / cyfeirwraig(b) [car] |
| un **navire**, *m* | llong (b) |
| **ne ... jamais** | ni(d) ... byth / erioed |
| **ne ... ni ... ni** | ni(d) ... na ... na |
| **ne ... pas** | ni(d) ... ; ni(d) ... (d)dim |
| **n'est–ce pas?** | onid e?; ynte?; on'd oes?; on'd wyt ti?; on'd yw e/ ydy e(f)o? [ayb] |
| **ne pas...** | peidiwch â / ag ...; dim ... |
| **ne ... personne** | ni(d) ... neb |
| **ne ... plus** | ni(d) ... ((d)dim) mwy / rhagor / mwyach |
| **ne ... que** | ni(d) ... ((d)dim) ond; dim ond |
| **ne ... rien** | ni(d) ... unrhyw beth; ni(d) ... (d)dim byd |
| je suis **né(e)** (o **naître**), *v*** | cefais / ces fy ngeni |
| **nécessaire**, *adj* | angenrheidiol |
| **néerlandais**, *adj* | Iseldiraidd; Iseldirol; o'r Iseldiroedd |
| la **neige**, *f* | eira (g) |
| **neiger**, *v** | bwrw eira |
| **néo–zélandais**, *adj* | o Seland Newydd |
| un **nerf**, *m* | nerf (g) |
| **nerveux**, *m* | nerfol; nerfus; cynhyrfus |
| / **nerveuse**, *f adj* | |
| le **netball**, *m* | pêl–rwyd (g) |

|  |  |  |
|---|---|---|
|  | nettoyer, *v**  | glanhau |
|  | neuf  | naw |
|  | neuf, *m* / neuve, *f adj*  | newydd sbon |
| un | neveu, *m* (des neveux, *pl*)  | nai (g) (neiaint, ll) |
| un | nez, *m*  | trwyn (g) |
|  | ni  | na |
| une | niche, *f*  | cwb (g) / cwt (g) ci |
| un | nid, *m*  | nyth (g) |
| une | nièce, *f*  | nith (b) |
| un | niveau, *m*  | lefel (b) (lefelau, ll); |
|  | (des niveaux, *pl*)  | safon (b) (safonau, ll) |
|  | nocturne, *adj*  | gyda'r nos; nosol |
|  | Noël, *m*  | Nadolig (g) |
| un | nœud, *m*  | cwlwm (g); cwlwm (g) dolen |
| un | nœud papillon, *m*  | tei (g) bô |
|  | noir, *adj*  | du; tywyll |
| une | noisette, *f*  | cneuen (b) gyll |
| une | noix, *f*  | cneuen (b) Ffrengig |
| une | noix de coco, *f*  | cneuen (b) goco |
| un | nom, *m*  | enw (g) |
| le | nom (de famille), *m*  | cyfenw (g) |
| un | nombre, *m*  | rhif (g); nifer (gb) |
|  | nombreux, *m*  | niferus |
|  | / nombreuse, *f adj*  |  |
|  | nommé, *adj*  | o'r enw; wedi'i apwyntio / benodi |
|  | nommer, *v*  | enwi; apwyntio; penodi |
|  | non  | na; (d)dim |
|  | non plus  | (y)chwaith |
|  | non–fumeur,*m*  | dim ysmygu |
|  | / non–fumeuse, *f adj*  |  |
| le | nord, *m*  | y gogledd (g) |
| le | nord-est, *m*  | y gogledd - ddwyrain (g) |
| le | nord-ouest, *m*  | y gogledd - orllewin (g) |
|  | normal, *adj*  | normal; arferol |
|  | normalement  | fel arfer |
|  | normand, *adj*  | Normanaidd |
| la | Normandie, *f*  | Normandi (b) |
| la | Norvège, *f*  | Norwy (b) |
|  | norvégien, *m*  | Norwyaidd; o Norwy |
|  | / norvégienne, *f adj*  |  |
|  | nos  | ein [o flaen enw lluosog] |
| une | note, *f*  | bil (g); marc (g); nodyn (g) |

94

| | | |
|---|---|---|
| | **noter,** *v* | nodi; marcio |
| | **notre** | ein [o flaen enw unigol] |
| des | **nouilles,** *f pl* | nwdlau (ll) |
| un | **nounours,** *m* | tedi bêr (g) |
| | **nourrir,** *v* | bwydo; meithrin; maethu |
| la | **nourriture,** *f* | bwyd (g); maeth (g) |
| | **nous** | ni; i ni ; aton ni; â ni; wrthyn ni; (ni) ein hunain |
| | **nouveau, nouvel,** *m* / **nouvelle,** *f adj* | newydd |
| une | **nouveauté,** *f* | newydd–deb (g); newyddbeth (g); rhywbeth (g) newydd |
| le | **nouvel an,** *m* | y Flwyddyn Newydd (b) |
| la | **Nouvelle–Zélande,** *f* | Seland Newydd (b) |
| | **novembre,** *m* | Tachwedd (g) |
| un | **nuage,** *m* | cwmwl (g) |
| une | **nuit,** *f* | nos (b); noson (b) |
| bonne | **nuit** | nos da |
| | **nul,** *m* / **nulle,** *f adj* | da i ddim; anobeithiol; dim |
| un | **numéro,** *m* | rhif (g); rhifyn (g) [cylchgrawn] |
| un | **numéro d'immatriculation,** *m* | rhif (g) cofrestru |

| | |
|---|---|
| un **objet**, *m* | gwrthrych (g); peth (g); nod (gb) |
| **obligatoire**, *adj* | gorfodol |
| **obliger à / de**, *v** | gorfodi i |
| un **observateur**, *m* | sylwedydd (g) |
| / une **observatrice**, *f* | |
| **observer**, *v* | gwylio; sylwi ar; cadw at |
| **obstiné**, *adj* | (y)styfnig |
| **obtenir** (gw **tenir**) *v*** | cael; sicrhau |
| j' **obtiens** (o **obtenir**), *v* | rydw i'n cael / sicrhau |
| une **occasion**, *f* | achlysur (g); cyfle (g); siawns (b); bargen (b) |
| à l' **occasion de** | ar achlysur / adeg |
| d' **occasion** | ail–law |
| **occupé**, *adj* | prysur; â rhywun ynddo / ynddi; ddim yn rhydd / wag |
| s' **occuper de**, *v* | delio â; gofalu am; ymgymryd â |
| un **océan**, *m* | môr (g); cefnfor (g) |
| l' **océan Atlantique**, *m* | Môr (g) Iwerydd |
| l' **océan Pacifique**, *m* | y Môr (g) Tawel |
| **octobre**, *m* | (mis) Hydref (g) |
| une **odeur**, *f* | aroglau (g); gwynt (g) |
| un **œil**, *m* (des **yeux**, *pl*) | llygad (gb) (llygaid, ll) |
| un **œuf**, *m* | wy (g) |
| j'ai **offert** (o **offrir**), *v*** | rydw i wedi cynnig / rhoi; cynigiais; rhoddais |
| un **office**, *m* | swydd (b); swyddfa (b) |
| un **office de tourisme**, *m* | swyddfa (b) dwristiaeth |
| une **offre**, *f* | cynnig (g) |
| des **offres d'emploi**, *f pl* | (rhestr (b)) swyddi (ll) ar gael/gwag |
| **offrir**, *v*** | rhoi [anrheg]; cynnig |
| **ohé**! | hei! |
| une **oie**, *f* | gŵydd (b) |
| un **oignon**, *m* | nionyn (g); winwnsyn (g); bỳlb (g) [blodyn] |
| un **oiseau**, *m* | aderyn (g) (adar, ll) |
| (des **oiseaux**, *pl*) | |
| une **olive**, *f* | olif (b) |
| un **olivier**, *m* | olewydden (b) |
| une **ombre**, *f* | cysgod (g) |
| une **ombrelle**, *f* | ymbarél (g) haul |
| une **omelette**, *f* | omled (b) |

| | | |
|---|---|---|
| | **on** | rhywun; ni ; chi; nhw; pobl [yn gyffredinol] |
| un | **oncle,** *m* | ewythr (g) |
| | **ondulé,** *adj* | tonnog |
| un | **ongle,** *m* | ewin (gb) |
| ils/elles | **ont (o avoir),** *v*** | mae ganddyn nhw; maen nhw'n cael |
| | **onze** | unarddeg; un deg un |
| un | **opéra,** *m* | opera (b); tŷ (g) opera |
| une | **opération,** *f* | llawdriniaeth (b); gweithrediad (g) |
| une | **opinion,** *f* | barn (b) |
| | **opposé,** *adj* | cyferbyn; gwrthgyferbyniol; gwrthwynebol |
| l' | **or,** *m* | aur (g) |
| d' | **or** | euraid; euraidd; wedi'i wneud o aur; aur |
| en | **or** | wedi'i wneud o aur; aur |
| un | **orage,** *m* | storm (b) |
| une | **orange,** *f* | oren (gb) |
| un | **Orangina,** *m* | pop (g) oren |
| un | **orchestre,** *m* | cerddorfa (b); band (g) |
| | **ordinaire,** *adj* | cyffredin; [petrol] dwy seren |
| un | **ordinateur,** *m* | cyfrifiadur (g) |
| un | **ordre,** *m* | gorchymyn (g); trefn (b); urdd (b) |
| en | **ordre** | taclus; trefnus |
| par | **ordre** | mewn trefn; yn eu trefn |
| par | **ordre alphabétique** | yn nhrefn yr wyddor |
| une | **oreille,** *f* | clust (b) |
| un | **oreiller,** *m* | gobennydd (g) |
| un | **organisateur,** *m* / une **organisatrice,** *f* | trefnydd (g) |
| | **organiser,** *v* | trefnu |
| un | **orgue,** *m* | organ (b) |
| être | **originaire de,** *v*** | bod yn enedigol o; bod yn wreiddiol o |
| | **original,** *adj* | gwreiddiol |
| l' | **ornithologie,** *f* | adareg (b); gwylio (g) adar |
| un | **orteil,** *m* | bys (g) troed |
| un | **os,** *m* | asgwrn (g) |
| | **ôter,** *v* | diosg; tynnu |
| | **ou (bien)** | neu |
| | **où** | lle; ble; ymhle |
| | **oublier,** *v* | anghofio |
| l' | **ouest,** *m* | y gorllewin (g) |

| | | |
|---|---|---|
| | **ouf!** | whiw! |
| | **oui** | ie; oes; ydw [ayb]; do |
| l' | **ourdou**, *m* | Wrdw (b) |
| un | **ours**, *m* | arth (b) |
| | **ouvert**, *adj* | ar agor; agored |
| j'ai | **ouvert** (o **ouvrir**), *v*** | rydw i wedi agor; agorais |
| une | **ouverture**, *f* | agoriad (g) |
| un | **ouvrage**, *m* | gwaith (g) |
| un | **ouvrage de référence**, *m* | llyfr (g) cyfair / cyfeirio; cyfeirlyfr (g) |
| un | **ouvre–boîte(s)**, *m* | agorwr (g) tun |
| un | **ouvrier**, *m* | gweithiwr (g) / gweithwraig (b); |
| | / une **ouvrière**, *f* | labrwr (g) |
| | **ouvrir**, *v*** | agor |
| l' | **oxygène**, *m* | oċsigen (g) |

| | | |
|---|---|---|
| le (l'océan) | **Pacifique,** *m* | y Môr (g) Tawel |
| une | **page,** *f* | tudalen (gb) |
| le | **pain,** *m* | bara (g); torth (b) |
| le | **pain grillé,** *m* | tost (g) |
| une | **paire,** *f* | pâr (g) |
| | **paisible,** *adj* | tawel; heddychlon |
| un | **palais,** *m* | palas (g) |
| un | **palmier,** *m* | palmwydden (b) |
| un | **pamplemousse,** *m* | grawnffrwyth (g) |
| un | **panier,** *m* | basged (b) |
| un | **panier à provisions,** *m* | basged (b) siopa |
| | **paniquer,** *v* | mynd i banig; cynhyrfu |
| une | **panne,** *f* | methiant (g); toriad (g) |
| en | **panne** | wedi torri i lawr |
| une | **panne d'électricité,** *f* | toriad (g) yn y cyflenwad trydan |
| un | **panneau,** *m* | arwydd (g) (arwyddion, ll) [traffig]; |
| | (des **panneaux,** *pl*) | panel (g) (paneli, ll) |
| un | **panneau d'affichage,** *m* | hysbysfwrdd (g) |
| un | **pansement,** *m* | rhwymyn (g) [ar friw]; bandais (g); plastr (g) |
| un | **pantalon,** *m* | tr(o)wsus (g); tr(o)wser (g); llodrau (ll) |
| une | **panthère,** *f* | panther (g) |
| une | **pantoufle,** *f* | sliper (b); slipan (b) |
| un | **papa,** *m* | d/tad (g) |
| le | **pape,** *m* | y Pab (g) |
| une | **papeterie,** *f* | siop (b) nwyddau papur |
| le | **papier,** *m* | papur (g) |
| de / en | **papier** | wedi'i wneud o bapur; papur |
| le | **papier à lettres,** *m* | papur (g) ysgrifennu |
| le | **papier hygiénique / toilette,** *m* | papur (g) toiled |
| un | **papillon,** *m* | iâr(b) fach yr haf; pili–pala (gb); glöyn (g) byw |
| | **Pâques,** *m* | y Pasg (g) |
| un | **paquet,** *m* | parsel (g); pecyn (g) |
| | **par** | gan; gyda; efo; mewn; ar; trwy; gerfydd |
| | **par contre** | ar y llaw arall |
| | **par erreur** | trwy gamgymeriad / amryfusedd |
| | **par exemple** | er enghraifft |
| | **par hasard** | ar siawns; ar / trwy ddamwain |
| | **par ici** | y ffordd yma |
| | **par là** | y ffordd yna / acw |

| | | |
|---|---|---|
| | **par ordre** | mewn trefn; yn eu trefn |
| | **par ordre alphabétique** | yn nhrefn yr wyddor |
| | **par semaine** | yr wythnos; bob wythnos |
| le | **parachutisme,** *m* | parasiwtio (g) |
| je | **parais** (o **paraître**), *v* ** | rydw i'n ymddangos |
| nous | **paraissons** | rydyn ni'n ymddangos |
| | (o **paraître**), *v* ** | |
| | **paraître,** *v* ** | ymddangos |
| un | **parapluie,** *m* | ymbarél (g) |
| un | **parasol,** *m* | ymbarél (g) haul |
| un | **parc,** *m* | parc (g) |
| un | **parc d'attractions,** *m* | ffair (b) wagedd / bleser; parc (g) difyrion / pleserau |
| un | **parcmètre,** *m* | mesurydd (g) parcio |
| | **parce que** | oherwydd; achos |
| un | **parcours,** *m* | ffordd (b); llwybr (g); taith (b) |
| un | **pardessus,** *m* | côt / cot (b) fawr; côt / cot (b) uchaf |
| | **pardon** | esgusodwch fi / esgusoda fi |
| | **pardonner,** *v* | maddau |
| | **pareil,** *m* / **pareille,** *f adj* | yr un fath; tebyg |
| un | **parent,** *m* / une **parente,** *f* | perthynas (gb) |
| des | **parents,** *m pl* | rhieni (ll); perthnasau (ll) |
| | **paresseux,** *m* | diog(lyd) |
| | / **paresseuse,** *f adj* | |
| | **parfait,** *adj* | perffaith |
| | **parfois** | weithiau |
| un | **parfum,** *m* | persawr (g); peraroglau (g); aroglau (g); blas (g) |
| | **parfumé,** *adj* | persawrus; peraroglus |
| | **parfumé à,** *adj* | â blas / ag aroglau ... (arno) |
| un | **parking,** *m* | maes (g) parcio |
| | **parler,** *v* | siarad |
| | **parmi** | ymhlith; ymysg |
| une | **paroisse,** *f* | plwyf (g) |
| une | **parole,** *f* | gair (g); lleferydd (gb); parabl (g) |
| prendre la | **parole,** *v* ** | (dechrau) siarad |
| à vous la | **parole!** | eich cyfle / tro chi i ddweud gair! |
| je | **pars** (o **partir**), *v* ** | rydw i'n gadael / ymadael / mynd (i ffwrdd) |
| une | **part,** *f* | rhan (b) |
| à | **part** | heblaw am; ar wahân (i); o'r neilltu |
| | **partager,** *v** | rhannu; dosrannu |

| | |
|---|---|
| un / une **partenaire**, *m/f* | partner (g) / partneres (b) |
| **participer à**, *v* | cymryd rhan yn / mewn |
| **particulier**, *m* | arbennig; neilltuol |
| / **particulière**, *f adj* | |
| **particulièrement** | yn arbennig; yn enwedig |
| une **partie**, *f* | rhan (b); gêm (b) |
| faire **partie de**, *v*** | bod yn aelod / rhan o; perthyn i |
| **partir**, *v*** | gadael; ymadael; mynd (i ffwrdd) |
| **partir du bon pied**, *v*** | cael cychwyn / dechrau da; |
| | cychwyn / dechrau yn dda |
| à **partir de** | o ... ymlaen |
| **partout** | ym mhobman |
| j'ai **paru** (o **paraître**), *v*** | rydw i wedi ymddangos; ymddangosais |
| un **pas**, *m* | cam (g) |
| **pas** | dim; nid |
| ne **pas** ... | peidiwch â / ag ... ; dim ... |
| ne ... **pas** | ni(d) ...; ni(d) ... (d)dim |
| **pas de doute** | heb os / amheuaeth; does dim dwywaith |
| | / amheuaeth |
| **pas du tout** | dim o gwbl |
| **pas grand–chose** | dim llawer |
| **pas mal** | dim yn ddrwg; iawn; reit gyffyrddus |
| **pas mal de** | tipyn go lew o; eitha tipyn o; nifer go |
| | lew o |
| **pas tellement** | dim yn arbennig; dim cymaint â hynny |
| un **passage**, *m* | tramwyfa (b); mynediad (g) |
| un **passage clouté**, *m* | croesfan (b) (i gerddwyr); |
| | croesfan (b) sebra |
| un **passage souterrain**, *m* | croesfan (b) dan ddaear / danddaearol |
| un **passager**, *m* | teithiwr (g) / teithwraig (b) |
| / une **passagère**, *f* | |
| le **passé**, *m* | y gorffennol (g) |
| un **passeport**, *m* | pasbort (g); trwydded (b) deithio |
| **passer**, *v* | pasio; treulio [amser]; dangos [rhaglen]; |
| **passer à**, *v* | mynd / symud (ymlaen) i |
| **passer l'aspirateur**, *v* | glanhau â hwfer / sugnydd llwch; hwfro |
| **passer un examen**, *v* | sefyll arholiad |
| **passer un tour**, *v* | colli / methu twrn, tro |
| se **passer**, *v* | digwydd |
| un **passe–temps**, *m* | hobi (g); difyrrwch(g) |
| une **passion**, *f* | angerdd (gb); nwyd (g) |
| **passionnant**, *adj* | cyffrous; gwefreiddiol; hudolus |

101

| | | |
|---|---|---|
| un | **passionné**, *m* | ffan (g); cefnogwr (g) brwd |
| | / une **passionnée**, *f* | / cefnogwraig (b) frwd |
| | **passionné**, *adj* | brwdfrydig iawn; angerddol; nwydus |
| | **passionnément** | yn angerddol |
| | **passionner**, *v* | cyffroi; diddori |
| un | **pasteur**, *m* | ficer (g); person (g) |
| une | **pâte**, *f* | toes (g); cytew (g); pâst (g) |
| les | **pâtes**, *f pl* | pasta (g) |
| un | **pâté**, *m* | *pâté* (g) |
| | **patiemment** | yn amyneddgar |
| une | **patience**, *f* | amynedd (g) |
| | **patient**, *adj* | amyneddgar |
| un | **patin**, *m* | sgêt (b); esgid (b) sglefrio |
| le | **patin à glace**, *m* | sglefrio (g) |
| le | **patin à roulettes**, *m* | sglefrolio (g); troed–rolio (g); esgid (b) rolio |
| faire du | **patin à roulettes**, *v**\** | sglefrolio; troed–rolio |
| le | **patinage**, *m* | sglefrio (g) |
| le | **patinage artistique**, *m* | sglefrddawnsio (g); sglefrio (g) ffigyrau |
| | **patiner**, *v* | sglefrio |
| une | **patinoire**, *f* | llawr (g) / canolfan (b) sglefrio |
| la | **pâtisserie**, *f* | cacennau (ll) / teisennau (ll); siop (b) gacennau |
| un | **patron**, *m* | rheolwr (g) / rheolwraig (b); bos (g); |
| | / une **patronne**, *f* | perchennog (g) [gwesty, ayb] |
| le | **patronage**, *m* | nawdd (g) |
| une | **patte**, *f* | pawen (b); troed (b) anifail |
| une | **paupière**, *f* | amrant (g) |
| une | **pause**, *f* | saib (b); seibiant (g); hoe (b) |
| | **pauvre**, *adj* | tlawd; truan |
| des | **pauvres**, *m pl* | tlodion (ll) |
| la | **pauvreté**, *f* | tlodi (g) |
| | **payer**, *v**\** | talu (am) |
| un | **pays**, *m* | gwlad (b) |
| un | **pays avancé**, *m* | gwlad b) ddatblygedig |
| le | **Pays de Galles**, *m* | Cymru (b) |
| les | **Pays–Bas**, *m pl* | yr Iseldiroedd (ll) |
| un | **paysage**, *m* | golygfa (b); tirwedd (g); tirlun (g) |
| une | **peau**, *f* (des **peaux**, *pl*) | croen (g) (crwyn, ll) |
| la | **pêche**, *f* | pysgota (g); eirinen (b) wlanog |
| aller à la | **pêche**, *v**\**\** | mynd i bysgota |

| | |
|---|---|
| un **pêcheur**, *m* / une **pêcheuse**, *f* | pysgotwr (g) / pysgotwraig (b) |
| un **peigne**, *m* | crib (gb) |
| un **peignoir**, *m* | gŵn–wisg (b); gŵn (g) llofft / tŷ |
| **peint**, *adj* | wedi'i beintio |
| un / une **peintre**, *m/f* | arlunydd (g) / arlunwraig (b); peintiwr(g) / peintwraig (b) |
| la **peinture**, *f* | peintio (g); llun (g); paentiad (g); paent (g) |
| **peler**, *v\** | plicio; pilio; tynnu croen |
| une **pelle**, *f* | pâl (b); rhaw (b) |
| une **pellicule**, *f* | ffilm (b) [i gamera] |
| des **pellicules**, *f pl* | cen (g); mardon (g) |
| une **pelouse**, *f* | lawnt (b); glaswellt (g) |
| une **peluche**, *f* | tegan (g) meddal |
| se **pencher**, *v* | gwyro; gogwyddo; plygu drosodd |
| **pendant** | yn ystod; am |
| **pendant ce temps** | yn y cyfamser |
| une **pendule**, *f* | cloc (g) |
| **pénible**, *adj* | poenus; blin; trafferthus |
| une **péniche**, *f* | ysgraff (b) |
| **penser (à)**, *v* | meddwl (am) |
| une **pension**, *f* | llety (g) |
| la **pension complète**, *f* | llety (g) a phob pryd bwyd |
| la **Pentecôte**, *f* | (gŵyl(b)) y Sulgwyn (g); y Pentecost (g) |
| un **pépé**, *m* | taid (g); tad–cu(g) |
| un **perchoir**, *m* | clwyd (b) [adar] |
| un **percolateur**, *m* | pot (g) coffi [â hidlydd]; hidlydd (g) coffi |
| **perdre**, *v* | colli |
| se **perdre**, *v* | mynd ar goll |
| **perdu**, *adj* | colledig; wedi'i golli; ar goll; ar ben |
| un **père**, *m* | tad (g) |
| le **père Noël**, *m* | Siôn Corn(g); Santa Clôs (g) |
| une (salle de) **permanence**, *f* | stydi (b); swyddfa (b) |
| **permanent**, *adj* | parhaol; arhosol; sefydlog |
| un **permis**, *m* | trwydded (b) |
| un **permis de conduire**, *m* | trwydded (b) yrru |
| la **permission**, *f* | caniatâd (g); cennad (b) |
| **perpétuel**, *m* / **perpétuelle**, *f adj* | parhaus; parhaol; tragwyddol |
| un **perroquet**, *m* | parot (g) |

| | |
|---|---|
| une **perruche**, *f* | byji (g) |
| une **perruque**, *f* | gwallt (g) gosod; wig (b) |
| le **persil**, *m* | persli (g) |
| un **personnage**, *m* | person (g) [enwog]; cymeriad (g) |
| une **personne**, *f* | person (g) |
| (ne ...) **personne** | (ni(d) ... ) neb |
| un **personnel**, *m* | staff (g); gweithwyr (ll) |
| **peser**, *v\** | pwyso |
| **pétillant**, *adj* | pefriol |
| **petit**, *adj* | bach; bychan; byr |
| un **petit ami**, *m* | cariad (gb) |
| / une **petite amie**, *f* | |
| mon **petit chou** | 'nghariad bach i |
| un **petit déjeuner**, *m* | brecwast (g) |
| des **petits pois**, *m pl* | pys (ll) [gleision] |
| de **petite taille** | byr |
| un **petit–fils**, *m* | ŵyr (g) / wyres (b) |
| / une **petite–fille**, *f* | |
| des **petits–enfants**, *m pl* | wyrion (ll) a wyresau (ll) |
| un **peu**, *m* | ychydig (g); peth (g); braidd |
| **peu** | dim llawer; ychydig; dim yn ... iawn |
| **peu à peu** | fesul tipyn; yn raddol |
| à **peu près** | tua; oddeutu; bron iawn |
| un **peuple**, *m* | pobl (b); cenedl(b) |
| la **peur**, *f* | ofn(g); dychryn(g); braw (g) |
| avoir **peur (de)**, *v\*\** | ofni; bod gennych/ arnoch ofn; bod ag ofn |
| il / elle **peut** (o **pouvoir**), *v\*\** | mae e(f)o/ hi'n gallu; gall |
| **peut–être** | efallai; hwyrach |
| ils / elles **peuvent** (o **pouvoir**), *v\*\** | maen nhw'n gallu; gallant |
| je **peux** (o **pouvoir**), *v\*\** | rydw i'n gallu; gallaf |
| un **phare**, *m* | goleudy (g); golau (g) (blaen) [car ayb] |
| une **pharmacie**, *f* | fferyllfa (b); siop (b) fferyllydd |
| la **philatélie**, *f* | casglu (g) stampiau |
| un **phoque**, *m* | morlo (g) |
| le **phosphore**, *m* | ffosfforws (g) |
| **phosphorescent**, *adj* | llewychol |
| une **photo(graphie)**, *f* | llun (g); ffotograff (g) |
| un / une **photographe**, *m/f* | ffotograffydd (g) / ffotograffyddes (b); tynnwr (g) / tynwraig (b) lluniau |
| la **photographie**, *f* | ffotograffiaeth (b); tynnu (g) lluniau |
| une **phrase**, *f* | brawddeg (b) |

| | |
|---|---|
| un **physicien**, *m* | ffisegwr (g) / ffisegwraig (b); |
| / une **physicienne**, *f* | ffisegydd (g) |
| la **physique**, *f* | ffiseg (b) |
| un **piano**, *m* | piano (gb) |
| **picorer**, *v* | pigo |
| une **pièce**, *f* | ystafell (b); darn (g) arian; drama (b) |
| 2 francs la **pièce** | dau /dwy ffranc yr un |
| une **pièce d'identité**, *f* | prawf (g) adnabyddiaeth |
| | / adnabod [cerdyn, dogfen, ayb] |
| un **pied**, *m* | troed (b) |
| aller à **pied**, *v*** | cerdded |
| une **pierre**, *f* | carreg (b) |
| un **piéton**, *m* | cerddwr (g) / cerddwraig (b) |
| / une **piétonne**, *f* | |
| une **pile**, *f* | batri (g); pentwr (g); piler (g); |
| | tu (gb) chwith [darn arian] |
| un **pilote**, *m* | peilot (g) |
| / une **femme pilote**, *f* | |
| un **pilote de rallye**, *m* | ralïwr (g) / ralïwraig (b) |
| / une femme **pilote de rallye**, *f* | |
| un **pin**, *m* | pinwydden (b) |
| **pincer**, *v** | pinsio; gwasgu |
| un **pingouin**, *m* | pengwin (g) |
| le **ping–pong**, *m* | tennis (g) bwrdd |
| **piocher**, *v* | ceibio; gweithio'n galed; |
| | codi [cerdyn mewn gêm] |
| un **pique–nique**, *m* | picnic (g) |
| **piquer**, *v* | colio; pigo; brathu [pryf]; rhoi pigiad i |
| une **piqûre**, *f* | colyn (g); brathiad (g); pigiad (g) |
| une **piscine**, *f* | pwll (g) nofio |
| une **piscine couverte**, *f* | pwll (g) nofio dan do |
| une **pistache**, *f* | cneuen (b) pistachio |
| une **piste**, *f* | trac (g); llwybr (g); trywydd (g); |
| | llethr (b) sgïo; *piste* (g) |
| une **piste cyclable**, *f* | trac (g) / llwybr (g) beic; lôn (b) seiclo |
| le **pitre**, *m* | clown (g) |
| faire le **pitre**, *v*** | chwarae'r ffŵl |
| **pittoresque**, *adj* | darluniadwy; byw |
| un **placard**, *m* | cwpwrdd (g) |
| une **place**, *f* | sgwâr (g); sedd (b); lle (g) |
| sur **place** | yn y fan a'r lle |
| à la **place de** | yn lle |

| | |
|---|---|
| le **plafond**, *m* | nenfwd (g) |
| une **plage**, *f* | traeth (g) |
| **plaire à**, *v* | plesio; bod yn ddeniadol / ddymunol / atyniadol (yng ngolwg rhywun) |
| **plaisanter**, *v* | jocio; jocan; cellwair; cellweirio |
| vous **plaisantez!** | dydych chi ddim o ddifri'! |
| un **plaisir**, *m* | pleser (g) |
| ça me **plaît** (o **plaire**), *v* | rydw i'n hoffi hwnna |
| s'il te / vous **plaît** | os gweli di'n / os gwelwch chi'n dda |
| un **plan**, *m* | map (g); plan (g); cynllun (g) |
| le gros **plan**, *m* | llun (g) agos [ffilm] |
| une **planche**, *f* | bwrdd (g); (e)styllen(b); silff (b); astell(b) [cwpwrdd] |
| une **planche à repasser**, *f* | bwrdd (g) smwddio |
| la **planche à roulettes**, *f* | sgrialu (g); bwrdd (g) sgrialu |
| faire de la **planche à roulettes**, *v*** | sgrialu |
| la **planche à voile**, *f* | bordhwylio (g); hwylfwrdd (g) |
| faire de la **planche à voile**, *v*** | bordhwylio |
| le **plancher**, *m* | llawr (g) |
| une **planète**, *f* | planed (b) |
| **planifier**, *v* | cynllunio |
| une **plante**, *f* | planhigyn (g); gwadn (gb) |
| une **plaque**, *f* | bathodyn (g); plât (g); plac (g) |
| une **plaquette**, *f* | plât (g) / plac (g) (bach) [ar ddrws, ayb] |
| **plastique**, *adj* | plastig |
| un **plat**, *m* | dysgl (b); saig (b); cwrs (g) [bwyd] |
| **plat**, *adj* | fflat |
| à **plat** | fflat [teiar] |
| un **plateau**, *m* (des **plateaux**, *pl*) | hambwrdd (g) (hambyrddau, ll) |
| le **plâtre**, *m* | plastr (g) |
| **plein**, *adj* | llawn |
| faites le **plein** | llenwch y tanc [car, ayb] |
| en **plein air** | yn yr awyr iach / agored |
| en **pleine campagne** | ym mherfedd(ion) y wlad |
| en **pleine conversation** | yn brysur yn sgwrsio |
| en **pleine forme** | ffit iawn; mewn cyflwr arbennig (o dda) |
| **pleurer**, *v* | crio; llefain; wylo |
| il **pleut** (o **pleuvoir**), *v*** | mae hi'n glawio / bwrw (glaw) |
| il **pleuvait** (o **pleuvoir**), *v*** | roedd hi'n glawio / bwrw (glaw) |
| **pleuvoir**, *v*** | glawio; bwrw (glaw) |
| un **pliant**, *m* | stôl (b) blygu |

| | |
|---|---|
| **plier**, *v* | plygu |
| la **plongée**, *f* | plymio (g) |
| la **plongée sous–marine**, *f* | plymio (g) tanfor / tanddwr |
| **plonger**, *v*\* | plymio; trochi |
| il a **plu** (o **pleuvoir**), *v* \*\* | mae hi wedi glawio / bwrw (glaw); bu'n glawio / bwrw (glaw) |
| la **pluie**, *f* | glaw (g) |
| la **pluie acide**, *f* | glaw (g) asid |
| la **plupart**, *f* | y rhan (b) fwyaf |
| le **pluriel**, *m* | lluosog (g) |
| **plus** | mwy; plws |
| en **plus** | ar ben / heblaw / yn ychwanegol at hynny; yn ogystal; hefyd |
| ne ... **plus** | ni(d) ... ((d)dim) mwy / mwyach / rhagor |
| non **plus** | (y)chwaith |
| (ni) moi non **plus** | na finne chwaith |
| **plus de** | mwy na [rhif]; mwy o |
| **plus ... que** | mwy ... na |
| **plus tard** | yn hwyrach; yn ddiweddarach; yn nes ymlaen |
| **plusieurs** | sawl (un); nifer (o); amryw (o) |
| **plutôt** | braidd; yn hytrach |
| un **pneu**, *m* | teiar (g) |
| une **poche**, *f* | poced (b) |
| une **poêle**, *f* | padell (b) ffrio; ffrimpan / ffreipan (b) |
| un **poème**, *m* | cân (b); cerdd (b) [barddoniaeth] |
| la **poésie**, *f* | barddoniaeth (b) |
| un **poète**, *m* / une **poétesse**, *f* | bardd (g) |
| un **poids**, *m* | pwysau (g) |
| un **poignet**, *m* | garddwrn (gb) |
| un **poil**, *m* | blewyn (g) |
| un **point**, *m* | pwynt (g); marc (g); man (g); atalnod (g) llawn |
| un **point d'eau**, *m* | tap(g); ffynhonnell (b) ddŵr |
| un **point de repère**, *m* | tirnod (g); cyfeirbwynt (g) |
| une **pointure**, *f* | maint (g) [esgidiau, menig, ayb] |
| une **poire**, *f* | peren (b); gellygen (b) |
| un **poireau**, *m* (des **poireaux**, *pl*) | cenhinen (b) (cennin, ll) |
| un **pois**, *m* | pysen (b); smotyn (g) |
| à **pois** | â smotiau arno / arni |
| des petits **pois**, *m pl* | pys (ll) [gleision] |

**107**

| | | |
|---|---|---|
| un | **poisson**, *m* | pysgodyn (g) |
| un | **poisson rouge**, *m* | pysgodyn (g) aur |
| | **Poissons**, *m pl* | Pisces; (cytser(g)) y Pysgod (ll) |
| une | **poissonnerie**, *f* | siop (b) bysgod |
| une | **poitrine**, *f* | brest (b); mynwes (b) |
| le | **poivre**, *m* | pupur (g) |
| un | **poivron**, *m* | pupur (g) [llysieuyn] |
| | **poli**, *adj* | cwrtais; moesgar; caboledig; â sglein arno |
| un | **policier**, *m* | stori (b) dditectif; plismon (g) |
| une femme | **policier**, *f* | plismones (b) |
| | **poliment** | yn gwrtais / foesgar |
| | **polluant**, *adj* | sy'n llygru |
| | **pollué**, *adj* | llygredig; wedi'i lygru |
| la | **pollution**, *f* | llygredd (g) |
| la | **Pologne**, *f* | Gwlad (b) Pwyl |
| | **polonais**, *adj* | Pwylaidd; o Wlad Pwyl |
| un / une | **polyglotte**, *m/f* | dyn (g) / dynes (b) amlieithog |
| une | **pomme**, *f* | afal (g) |
| unc | **pomme de pin**, *f* | mochyn (g) coed |
| une | **pomme de terre**, *f* | taten (b) |
| des | **pommes frites**, *f pl* | sglodion (ll) |
| un | **pommier**, *m* | coeden (b) / pren (g) afalau; afallen (b) |
| une | **pompe**, *f* | pwmp (g); rhwysg (g) |
| un | **pompier**, *m* | dyn (g) / diffoddwr (g) tân |
| un | **pont**, *m* | pont (b) |
| | **populaire**, *adj* | poblogaidd |
| une | **population**, *f* | poblogaeth (b) |
| le | **porc**, *m* | porc (g); mochyn (g) |
| un | **porc–épic**, *m* | porciwpîn (g) |
| la | **porcelaine**, *f* | porslen (g) |
| une | **porcherie**, *f* | twlc (g) / cwt (g) mochyn |
| un | **port**, *m* | porthladd (g) |
| une | **porte**, *f* | drws (g); porth (g); mynedfa (b); g(i)ât / iet (b) |
| un | **porte–clefs**, *m* | cylch (g) allweddi |
| un | **porte–crayon**, *m* | cas (g) pensiliau |
| un | **portefeuille**, *m* | waled (b) |
| un | **portemanteau**, *m* | rhesel (b) gotiau (rheseli (ll) cotiau); |
| | (des **portemanteaux**, *pl*) | cambren (g) (cambrennni, ll) |
| un | **porte–monnaie**, *m* | pwrs (g) |
| | **porter**, *v* | cario; gwisgo |

| | |
|---|---|
| un **portrait**, *m* | llun (g) ; darlun (g); portread (g) |
| un **portrait–robot**, *m* | amcan–lun (g) |
| **portugais**, *adj* | Portiwgeaidd; Portiwgalaidd; o Bortiwgal |
| le **Portugal**, *m* | Portiwgal (b) |
| **poser**, *v* | rhoi (i lawr); gosod |
| **poser une question**, *v* | gofyn cwestiwn |
| **posséder**, *v\** | meddu (ar); bod yn berchen (ar); perchenogi; bod ... gan |
| une **possibilité**, *f* | posibilrwydd (g) |
| **possible**, *adj* | posibl |
| la **poste**, *f* | y post (g); swyddfa (b) bost |
| un **poste**, *m* | swydd (b); safle (g) |
| un **poste de police**, *m* | swyddfa (b) heddlu |
| un **poste de radio / de TV**, *m* | set (b) radio / deledu |
| un **poster**, *m* | poster (g) |
| un **pot**, *m* | jar (g); llestr (g); pot (g) |
| prendre un **pot**, *v\*\** | mynd am ddiod; cymryd diod |
| un **potage**, *m* | cawl (g); potes (g) |
| un **poteau**, *m* | post(yn) (g) (pyst, ll); |
| (des **poteaux**, *pl*) | polyn (g) (polion, ll) |
| une **poubelle**, *f* | bin (g) sbwriel |
| un **pouce**, *m* | bawd (g); modfedd (b) |
| un **poulailler**, *m* | cwt (g) ieir |
| une **poule**, *f* | iâr (b) |
| un **poulet**, *m* | cyw (g) (iâr); ffowlyn (g) |
| un **pouls**, *m* | curiad (g) [y galon] |
| les **poumons**, *m pl* | (yr) ysgyfaint (ll) |
| une **poupée**, *f* | dol(i) (b) |
| **pour** | am; i; ar gyfer; er mwyn |
| (cinq) **pour cent** | (pump) y cant |
| **pour l'instant** | am y tro |
| un **pourboire**, *m* | tip (g); cildwrn (g) |
| **pourquoi** | pam |
| je **pourrais** (o **pouvoir**), *v\*\** | byddwn i'n gallu; gallwn |
| un **pousse–pousse**, *m* | cerbyd (g) a dynnir gan ddyn; ricsio (gb) |
| **pousser**, *v* | gwthio; tyfu |
| la **poussière**, *f* | llwch (g) |
| un **pouvoir**, *m* | gallu (g); nerth (g); grym (g); pŵer (g); awdurdod (gb) |
| **pouvoir**, *v\*\** | gallu |

| | | |
|---|---|---|
| une | **prairie,** *f* | dôl (b); gwaun (b); gweirglodd (b); paith (g) |
| | **pratique,** *adj* | ymarferol |
| | **pratiquer,** *v* | ymarfer; cymryd rhan yn / mewn |
| se | **précipiter,** *v* | rhuthro |
| | **précis,** *adj* | union; manwl; pendant |
| | **préféré,** *adj* | hoff |
| de | **préférence** | os yn bosib(l); o ddewis |
| | **préférer,** *v\** | bod yn well gan |
| | **premier,** *m* / **première,** *f adj* | cyntaf; prif; blaen(llaw) |
| le | **Premier ministre,** *m* | y Prif Wenidog (g) |
| les | **premiers secours,** *m pl* | cymorth (g) cyntaf |
| les | **premiers soins,** *m pl* | cymorth (g) cyntaf |
| | **prendre,** *v\*\** | cymryd; cael; gafael (yn); dal |
| | **prendre feu,** *v\*\** | mynd ar dân |
| | **prendre la parole,** *v\*\** | (dechrau) siarad |
| | **prendre un pot,** *v\*\** | mynd am ddiod; cymryd diod |
| ils / elles | **prennent** (o **prendre**), *v\*\** | maen nhw'n cymryd / cael / gafael (yn) / dal |
| un | **prénom,** *m* | enw (g) cyntaf / bedydd |
| nous | **prenons** (o **prendre**), *v\*\** | rydyn ni'n cymryd / cael / gafael (yn) / dal |
| | **préparer,** *v* | paratoi |
| se | **préparer,** *v* | gwneud eich hun yn barod |
| (tout) | **près** | gerllaw; yn ymyl |
| | **près de** | yn agos at; yn ymyl; wrth; ger |
| (se) | **présenter,** *v* | cyflwyno / cynnig (eich hunan) |
| se | **présenter à,** *v* | mynd i; sefyll [etholiad] |
| un | **président,** *m* / une **présidente,** *f* | llywydd (g); arlywydd (g); cadeirydd (g) / cadeiryddes (b) |
| | **presque** | bron; prin |
| la | **presse,** *f* | y wasg (b) |
| | **pressé,** *adj* | ar frys / hast |
| une | **pression,** *f* | pwysedd (g); pwysau (g) |
| une (bière) | **pression,** *f* | cwrw (g) casgen |
| | **prêt,** *adj* | parod |
| | **prêter,** *v* | rhoi benthyg |
| un | **prêtre,** *m* | offeiriad (g) |
| une | **preuve,** *f* | prawf (g) |
| | **prévenir** (gw **venir**), *v\*\** | rhybuddio |
| la | **prévention,** *f* | rhagfarn (b); atal(iad) (g) |

| | | |
|---|---|---|
| la | **prévention routière,** *f* | diogelwch (g) ar y ffordd |
| je | **préviens** (o **prévenir**), *v* | rydw i'n rhybuddio |
| des | **prévisions,** *f pl* | rhagolygon (ll) |
| | **prévoir,** *v* | rhagweld; cynllunio (ar gyfer) |
| je | **prévois** (o **prévoir**), *v* | rydw i'n rhagweld/cynllunio (ar gyfer) |
| je vous en | **prie** | peidiwch â sôn; pleser |
| | **prier,** *v* | gofyn; erfyn (ar); crefu (ar); gweddïo |
| un | **prince,** *m* | tywysog (g) / tywysoges (b) |
| | / une **princesse,** *f* | |
| | **principal,** *adj* | prif; pennaf |
| | **principalement** | gan mwyaf; yn bennaf |
| une | **principauté,** *f* | tywysogaeth (b) |
| le | **printemps,** *m* | y gwanwyn (g) |
| au | **printemps** | yn y gwanwyn |
| j'ai | **pris** (o **prendre**), *v*** | rydw i wedi cymryd / cael / gafael (yn) / dal; cymerais; cefais; gafaelais (yn); daliais |
| une | **prise,** *f* | gafael (b) |
| une | **prise (de courant),** *f* | soced (b) drydan; plwg (g) trydan |
| un | **prisonnier,** *m* | carcharor (g) |
| | / une **prisonnière,** *f* | |
| | **privé,** *adj* | preifat |
| un | **prix,** *m* | pris (g); gwobr (b) |
| un | **prix net,** *m* | gwir bris (g); pris (g) net |
| un | **problème,** *m* | problem (b) |
| | **prochain,** *adj* | nesaf |
| | **producteur,** *m* | sy'n cynhyrchu |
| | / **productrice,** *f adj* | |
| | **produire** | cynhyrchu |
| | (gw **conduire**), *v*** | |
| je | **produis** (o **produire**), *v* | rydw i'n cynhyrchu |
| un | **produit,** *m* | cynnyrch (g) |
| un | **prof(esseur),** *m* | athro (g) / athrawes (b) [ysgol uwchradd] |
| | **professionnel,** *m* | proffesiynol; galwedigaethol |
| | / **professionnelle,** *f adj* | |
| un | **profil,** *m* | proffil (g); amlinell (b) |
| | **profiter de,** *v* | manteisio (ar); cymryd mantais (o); elwa (ar) |
| | **profond,** *adj* | dwfn; trwm [cwsg]; dwys; isel |
| un | **programme,** *m* | rhaglen (b); maes (g) llafur |
| un | **programme informatique,** *m* | rhaglen (b) gyfrifiadur(ol) |

111

| | |
|---|---|
| **programmer**, *v* | rhaglennu [cyfrifiaduron] |
| le **progrès**, *m* | cynnydd (g); gwelliant (g); datblygiad (g); hynt (g) |
| un **projet**, *m* | cynllun (g); prosiect / project (g) |
| une **promenade**, *f* | tro (g); reid(en) (b) |
| faire une **promenade**, *v**** | mynd am dro |
| **promener le chien**, *v** * | mynd â'r ci am dro |
| se **promener**, *v** * | mynd am dro / reid(en) |
| **promettre** (gw **mettre**), *v**** | addo |
| **promis**, *adj* | addawedig |
| **prononcer**, *v** * | ynganu; datgan |
| à **propos** | gyda llaw; yn gymwys; yn amserol |
| à **propos de** | ynglŷn â |
| **proposer**, *v* | awgrymu; cynnig |
| une **proposition**, *f* | awgrym (g); cynnig (g) |
| **propre**, *adj* | taclus; glân; hun |
| un / une **propriétaire**, *m/f* | perchennog (g) |
| **protéger**, *v** * | amddiffyn |
| la **protéine**, *f* | protein (g) |
| **prouver**, *v* | profi |
| **provoquer**, *v* | achosi; peri |
| **prudent**, *adj* | gofalus; pwyllog; call |
| une **prune**, *f* | eirinen (b) |
| un/une **psychiatre**, *m/f* | seiciatrydd (g) |
| les **PTT** *f pl* (Postes Télécommunications et Télédiffusion) | y gwasanaeth (g) post a theliffon yn Ffrainc |
| j'ai **pu** (o **pouvoir**), *v**** | rydw i wedi gallu; gallais |
| **publicitaire**, *adj* | (sy'n rhoi) cyhoeddusrwydd; (sy'n) hysbysebu; hysbysebol |
| la **pub(licité)**, *f* | hysbysebu (g); cyhoeddusrwydd (g); hysbyseb (b) |
| une **pub(licité) télévisée**, *f* | hysbyseb (b) deledu |
| **publier**, *v* | cyhoeddi |
| **puer**, *v* | drewi (o) |
| **puis** | yna; wedyn |
| **puisque** | gan; am |
| un **pull**, *m* | siwmper (b) |
| un **pupitre**, *m* | desg (b) |
| un **pyjama**, *m* | pyjama(s) (g ll) |

Q

| | |
|---|---|
| un **quai,** *m* | platfform (g); cei (g) |
| une **qualité,** *f* | ansawdd (g); nodwedd (b) |
| **quand** | pan; pryd |
| **quand même** | er / serch hynny |
| une **quantité,** *f* | llawer (g); rhywfaint (g); nifer (gb); maint (g) |
| **quarante** | deugain; pedwar deg |
| un **quart,** *m* | chwarter (g) |
| un **quart d'heure,** *m* | chwarter (g) awr |
| et **quart** | chwarter wedi |
| moins le **quart** | chwarter i |
| un **quartier,** *m* | ardal (b); rhan (b) |
| **quatorze** | pedwar / pedair ar ddeg; un deg pedwar / pedair |
| **quatre** | pedwar / pedair |
| **quatre-vingt-dix** | naw deg; deg a phedwar ugain |
| **quatre-vingts** | wyth deg; pedwar ugain |
| **quatrième,** *adj* | pedwerydd / pedwaredd |
| **que** | a; mai; beth; na |
| **que faire?** | beth wnawn ni [ayb]? |
| ne ... **que** | ni(d) ... ((d)dim) ond |
| **quel,** *m* / **quelle,** *f adj* | pa; beth; dyna |
| **quel âge as-tu?** | beth / faint yw / ydy dy oed di? |
| **quel dommage!** | dyna drueni / biti! |
| **quel temps de chien!** | dyma / am dywydd ofnadwy! |
| **quelle barbe !** | dyna ddiflas / annifyr! |
| **quelle heure est-il?** | faint o'r gloch yw / ydy hi? |
| **quelque,** *adj* | peth; rhai; ychydig o; rhywfaint o |
| à **quelques mètres** | rhai metrau / ychydig fetrau i ffwrdd |
| **quelque chose** | rhywbeth |
| **quelque part** | rhywle (neu'i gilydd) |
| **quelquefois** | weithiau |
| **quelqu'un** | rhywun (g) |
| **quelqu'un d'autre** | rhywun (g) arall |
| **qu'est-ce que / qui** | beth |
| **qu'est-ce qu'il y a?** | beth sy'n bod? |
| **qu'est-ce que tu as?** | beth sy'n bod (arnat ti)? |
| **qu'est-ce qui se passe?** | beth sy'n digwydd? |
| une **question,** *f* | cwestiwn (g) |
| un **questionnaire,** *m* | holiadur (g) |
| une **queue,** *f* | cynffon (b); ciw (g) |
| faire la **queue,** *v*** | ciwio |

| | | |
|---|---|---|
| | **qui** | sydd; a ; pwy |
| | **qui est-ce?** | pwy yw e / ydy e(f)o?; pwy sy 'ne / 'na? |
| une | **quincaillerie,** *f* | siop (b) nwyddau metel / haearn |
| une | **quinzaine,** *f* | pythefnos (gb); tua phymtheg |
| | **quinze** | pymtheg; un deg pump |
| | **quinze jours,** *m pl* | pythefnos (gb) |
| | **quitter,** *v* | gadael; ymadael (â) |
| | **quoi** | beth |
| | **quotidien,** *m* | dyddiol; beunyddiol; bob dydd |
| | / **quotidienne,** *f adj* | |

| | |
|---|---|
| raconter, *v* | dweud (hanes / straeon); adrodd hanes |
| la radio, *f* | radio (gb) |
| un radis, *m* | radis (g); rhuddygl (g) |
| une raffinerie, *f* | purfa (b) |
| le rafting, *m* | rafftio (g) |
| un ragoût, *m* | stiw (g) [cig] |
| raide, *adj* | stiff; anhyblyg; syth; tyn; serth |
| le raisin, *m* | grawnwin (ll) |
| des raisins secs, *m pl* | rhesin (ll) |
| unc raison, *f* | rheswm (g) |
| avoir raison, *v\*\** | bod yn iawn |
| raisonnable, *adj* | rhesymol; call |
| ramasser, *v* | hel; casglu; codi |
| une rame, *f* | rhwyf (b) |
| une randonnée, *f* | taith (b) gerdded; tro (g); crwydr (g); reid(en) (b) |
| un rang, *m* | rhes (b); llinell (b) |
| ranger, *v\** | tacluso; twtio; clirio; rhoi trefn ar; cadw / rhoi i gadw |
| râper, *v* | gratio |
| rapide, *adj* | cyflym; buan |
| se rappeler, *v\** | cofio |
| un rapport, *m* | adroddiad (g); cysylltiad (g); perthynas (gb) |
| rapporter, *v* | dod / mynd â ... yn ôl |
| se rapporter à, *v* | cyfeirio at; cysylltu â |
| une raquette, *f* | raced (gb); bat (g) [tennis bwrdd]; esgid (b) eira |
| rare, *adj* | prin; anghyffredin |
| rarement | (yn) anaml; prin (byth) |
| se raser, *v* | eillio; siafio |
| rassembler, *v* | hel; casglu |
| un rat, *m* | llygoden (b) fawr |
| un râteau, *m* | cribin (gb) (cribiniau, ll); |
| (des râteaux, *pl*) | rhaca (gb) (rhacanau, ll) |
| rater, *v* | methu; colli |
| ravitailler, *v* | ail–gyflenwi |
| rayé, *adj* | llinellog; streipiog; rhesog; wedi'i ysgraffinio / ysgythru / grafu |
| rayer, *v\** | dileu; ysgraffinio; tynnu llinell |
| un rayon, *m* | adran (b); silff (b); pelydryn (g) |
| un rayure, *m* | streipen (b); rhesen (b); ysgraffiniad (g) |

| | | |
|---|---|---|
| à | **rayures** | streipiog; rhesog |
| | **réagir,** *v* | ymateb; adweithio |
| | **réaliste,** *adj* | realistig |
| | **récent,** *adj* | diweddar |
| un | **récepteur,** *m* | derbynnydd (g) (ffôn) |
| un / une | **réceptionniste,** *m/f* | croesawydd (g) / croesawferch (b) |
| une | **recette,** *f* | rysáit (b) |
| des | **recettes,** *f pl* | derbyniadau (ll); ryseitiau (ll) |
| | **recevoir,** *v*** | derbyn; croesawu |
| la | **recherche,** *f* | ymchwil (b); ymchwiliad (g) |
| à la | **recherche de** | (yn) chwilio am |
| je | **reçois** (o **recevoir**), *v*** | rydw i'n derbyn / croesawu |
| il / elle | **reçoit** (o **recevoir**), *v*** | mae e(f)o / hi'n derbyn / croesawu |
| ils / elles | **reçoivent** (o **recevoir**), *v*** | maen nhw'n derbyn / croesawu |
| | **récolter,** *v* | casglu; hel; cynaeafu; cywain |
| | **recommander,** *v* | argymell; cymeradwyo |
| | **recommencer,** *v** | ailgychwyn; ailddechrau |
| je | **reconnais** (o **reconnaître**), *v*** | rydw i'n adnabod / cydnabod |
| nous | **reconnaissons** (o **reconnaître**), *v*** | rydyn ni'n adnabod / cydnabod |
| | **reconnaître,** *v*** | adnabod; cydnabod |
| j'ai | **reconnu** (o **reconnaître**), *v*** | rydw i wedi adnabod / cydnabod; adnabûm; cydnabûm |
| | **recopier,** *v* | copïo; ysgrifennu |
| un | **record,** *m* | record (gb) |
| | **recouvert,** *adj* | wedi'i orchuddio |
| une | **récréation,** *f* | amser (g) chwarae; egwyl (b) |
| un | **reçu,** *m* | derbynneb (b) |
| j'ai | **reçu** (o **recevoir**), *v*** | rydw i wedi derbyn / croesawu; derbyniais; croesewais |
| être | **reçu à un examen,** *v*** | pasio / llwyddo mewn arholiad |
| je | **recueille** (o **recueillir**), *v* | rydw i'n casglu / hel |
| | **recueillir,** *v* | casglu; hel |
| | **reculer,** *v* | mynd wysg y cefn; symud yn ôl; mynd tuag yn ôl; cilio |
| le | **recyclage,** *m* | ailgylchu (g) |
| une | **rédaction,** *f* | staff(g)golygyddol; traethawd(g) |
| | **redescendre,** *v* | mynd / dod i lawr eto; mynd / dod â ... i lawr eto |
| une | **rediffusion,** *f* | ailddarllediad (g) |
| se | **redresser,** *v* | ymsythu; sythu; unioni |

| | |
|---|---|
| une **réduction,** *f* | gostyngiad (g); lleihad (g) |
| **réduit,** *adj* | gostyngol; is; llai |
| **réel,** *m* / **réelle,** *f adj* | gwir; go iawn |
| **refaire** (gw **faire**), *v*** | ail–wneud |
| je **refais** (o **refaire**), *v* | rydw i'n ail–wneud |
| un **réfectoire,** *m* | ffreutur (g); ystafell (b) fwyta; cantîn (g) |
| **réfléchir,** *v* | meddwl; ystyried |
| un **refrain,** *m* | cytgan (gb) |
| un **réfrigérateur,** *m* | oergell (b) |
| **refroidir,** *v* | oeri |
| **refuser,** *v* | gwrthod |
| ça me **regarde** | fy musnes i yw hwnna / hynny |
| **regarder,** *v* | edrych ar; gwylio; bod a wnelo â |
| un **régime,** *m* | deiet (g) |
| être au un **régime,** *v*** | bod ar ddeiet |
| suivre, un **régime,** *v*** | mynd ar ddeiet |
| une **région,** *f* | ardal (b); rhanbarth (g) |
| une **règle,** *f* | pren (g) mesur; riwler (g); rheol (b) |
| un **règlement,** *m* | rheol (b) |
| **régler,** *v** | llinellu; setlo; cael trefn ar; cywiro |
| un **règne,** *m* | teyrnasiad (g) |
| **regretter,** *v* | bod yn arw / yn flin / yn ddrwg gan; edifarhau |
| **régulier,** *m* / **régulière,** *f adj* | rheolaidd; cyson |
| **régulièrement** | yn rheolaidd; yn gyson |
| une **reine,** *f* / un **roi,** *m* | brenhines (b) / brenin (g) |
| **rejoindre** (gw **éteindre**), *v*** | ailymuno â; ailgysylltu |
| je **rejoins** (o **rejoindre**), *v* | rydw i'n ailymuno â / ailgysylltu |
| **relancer,** *v** | taflu'n ôl; taflu (eto) |
| **relaxe,** *adj* | ymlaciol; wedi ymlacio; hamddenol |
| **relever,** *v** | codi (eto); ailgodi |
| **relier,** *v* | cysylltu; rhwymo [llyfrau] |
| une **religieuse,** *f* | lleian (b); math o gacen (b) / deisen (b) hufen |
| un **religieux,** *m* | mynach (g); gŵr (g) crefyddol |
| **religieux,** *m* / **religieuse,** *f adj* | crefyddol |
| **relire** (gw **lire**), *v*** | ailddarllen |
| je **relis** (o **relire**), *v* | rydw i'n ailddarllen |
| une **reliure,** *f* | rhwymiad (g) |
| **remarquer,** *v* | sylwi (ar) |

| | | |
|---|---|---|
| un | **remède**, *m* | meddyginiaeth (b) |
| | **remercier**, *v* | diolch |
| je | **remets** (o **remettre**), *v* | rydw i'n rhoi'n ôl / gohirio |
| | **remets-toi (bien)** | brysia wella; gwellhad buan i ti |
| | **remettre** (gw **mettre**), *v*** | rhoi'n ôl; gohirio |
| se | **remettre**, *v* | gwella; ailddechrau |
| | **remonter**, *v* | mynd yn ôl (i fyny / lan); codi (eto); mynd â ... lan / i fyny (yn ôl) |
| | **remplacer**, *v** | cymryd lle; mynd yn lle; rhoi yn lle; disodli; amnewid |
| | **remplir**, *v* | llenwi; llanw |
| | **remuer**, *v* | symud; ysgwyd; cynhyrfu; cyffroi; troi [te, ayb] |
| un | **renard**, *m* | llwynog (g); cadno (g) |
| une | **rencontre**, *f* | cyfarfod (g) |
| | **rencontrer**, *v* | cyfarfod; cwrdd |
| un | **rendez–vous**, *m* | (man(g)) cyfarfod (g); oed (g) |
| | **rendre**, *v* | rhoi('n ôl); dychwelyd; gwneud |
| | **rendre visite à**, *v* | ymweld â [rhywun] |
| se | **rendre à**, *v* | mynd i |
| se | **rendre compte**, *v* | sylweddoli |
| un | **renne**, *m* | carw (g) (Llychlyn) |
| | **renouveler**, *v** | adnewyddu; adfywio; amnewid |
| | **rénover**, *v* | atgyweirio; adfer; adnewyddu |
| des | **renseignements**, *m pl* | gwybodaeth(b); hysbysrwydd (g); ymholiadau (ll) |
| la | **rentrée**, *f* | dechrau (g) tymor / blwyddyn ysgol newydd |
| | **rentrer**, *v* | dychwelyd adref; mynd / dod â ... i mewn |
| | **renverser**, *v* | dymchwel(yd); taro i lawr; gwrthdroi |
| | **renvoyé**, *adj* | wedi'i ddiswyddo; wedi'i yrru i ffwrdd / yn ôl |
| | **réparer**, *v* | atgyweirio; trwsio |
| un | **repas**, *m* | pryd (g) bwyd / o fwyd |
| | **repasser**, *v* | smwddio |
| | **répéter**, *v* | ailadrodd; ail–ddweud; ymarfer; gwneud drachefn |
| une | **répétition**, *f* | rihyrsal (g); ailadrodd(iad) (g); ailddigwyddiad (g) |
| | **répondre**, *v* | ateb; ymateb |
| une | **réponse**, *f* | ateb (g); ymateb (g) |

| | |
|---|---|
| un **reportage**, *m* | sylwebaeth (b); gohebu(g); adroddiad (g) |
| se **reposer**, *v* | gorffwys(o) |
| **reprendre** (gw **prendre**), *v*** | mynd yn ôl i; cael / cymryd yn ôl; ailafael (yn); ailddechrau |
| nous **reprenons** (o **reprendre**), *v* | rydyn ni'n mynd yn ôl i / cael, cymryd yn ôl / ailafael (yn) / ailddechrau |
| un **représentant**, *m* / une **représentante**, *f* | cynrychiolydd (g) |
| une **représentation**, *f* | perfformiad (g); cynrychiolaeth (b); portread (g) |
| **représenter**, *v* | cynrychioli; portreadu; llwyfannu |
| une **république**, *f* | gweriniaeth (b); gwerinlywodraeth (b) |
| un **requin**, *m* | siarc (g) |
| un **réseau**, *m* (des **réseaux**, *pl*) | rhwydwaith (g) (rhwydweithiau, ll) |
| une **réservation**, *f* | archeb (b) [am sedd, ayb] |
| une **réserve**, *f* | parc (g) / gwarchodfa (b) natur |
| **réserver**, *v* | cadw; archebu; gohirio |
| une **résidence**, *f* | cartref (g); preswylfa(b); annedd (b) |
| **résoudre**, *v* | datrys; setlo |
| je **résous** (o **résoudre**), *v* | rydw i'n datrys / setlo |
| **respirer**, *v* | anadlu |
| **ressemblant**, *adj* | tebyg |
| **ressembler à**, *v* | edrych yn debyg i; bod yn debyg i |
| des **ressources**, *f pl* | adnoddau (ll) |
| un **restaurant**, *m* | tŷ (g) bwyta; bwyty (g) |
| le **reste**, *m* | (y) gweddill (g) |
| **rester**, *v* | aros; bod ar ôl |
| un **résultat**, *m* | canlyniad (g) |
| un **résumé**, *m* | crynodeb(gb) |
| un **retard**, *m* | oediad (g) |
| en **retard** | yn hwyr; ar ei hôl hi; ar ôl |
| **retenir** (gw **tenir**), *v*** | cadw('n ôl); atal; dal |
| je **retiens** (o **retenir**), *v* | rydw i'n cadw('n ôl) / atal / dal |
| un **retour**, *m* | dychweliad (g); taith (b) (tuag) adre(f) / yn ôl |
| de **retour** | yn ôl (eto) |
| **retourner**, *v* | mynd yn ôl; dychwelyd; troi (drosodd) |
| **retraverser**, *v* | ailgroesi |

119

| | |
|---|---|
| un **rétroprojecteur**, *m* | uwchdaflunydd (g) |
| **retrouver**, *v* | ailddarganfod; dod o / cael hyd i (eto); cyfarfod |
| se **retrouver**, *v* | cyfarfod; cwrdd |
| une **réunion**, *f* | aduniad (g); cyfarfod (g) |
| **réussir**, *v* | llwyddo |
| un **rêve**, *m* | breuddwyd (gb) |
| un **réveil**, *m* | cloc (g) larwm; deffro(ad) (g); corn (g) bore [milwyr] |
| (se) **réveiller**, *v* | deffro; dihuno |
| **révélé**, *adj* | wedi'i ddatgelu |
| **revenir**, *v*** | dod yn ôl; dychwelyd |
| je suis **revenu(e)** (o **revenir**), *v*** | rydw i wedi dod yn ôl / dychwelyd; deuthum / des yn ôl; dychwelais |
| **rêver**, *v* | breuddwydio |
| **rêveur**, *m* / **rêveuse**, *f adj* | breuddwydiol |
| ils / elles **reviennent** (o **revenir**), *v*** | maen nhw'n dod yn ôl / dychwelyd |
| je **reviens** (o **revenir**), *v*** | rydw i'n dod yn ôl / dychwelyd |
| il / elle **revient** (o **revenir**), *v*** | mae e(f)o / hi'n dod yn ôl / dychwelyd |
| **revoir** (gw **voir**), *v*** | gweld eto |
| au **revoir** | hwyl (fawr); ffarwél; ta–ta |
| faire au **revoir de la main** *v*** | codi llaw [ffarwelio] |
| je **revois** (o **revoir**), *v* | rydw i'n gweld eto |
| une **revue**, *f* | cylchgrawn (g) |
| un **rez–de–chaussée**, *m* | llawr (g) gwaelod |
| au **rez–de–chaussée** | ar y llawr gwaelod |
| le **Rhin**, *m* | afon (b) Rhein |
| un **rhinocéros**, *m* | rhinoseros (g) |
| le **rhum**, *m* | rwm (g) |
| un **rhume**, *m* | annwyd(g) |
| j'ai **ri** (o **rire**), *v*** | rydw i wedi chwerthin; chwerthais; chwerddais |
| **riche**, *adj* | cyfoethog; cefnog |
| un **rideau**, *m* (des **rideaux**, *pl*) | llen (b) (llenni, ll); cyrten (g) (cyrtens, cyrtenni, ll) |
| **ridicule**, *adj* | gwirion; hurt; chwerthinllyd |
| (ne ... ) **rien** | (ni(d) ... ) (d)dim byd |
| de **rien** | peidiwch â sôn; croeso |
| **rieur**, *m* / **rieuse**, *f adj* | siriol; llon |
| une **rigolade**, *f* | hwyl (b); sbort (gb) |
| **rigoler**, *v* | chwerthin; jocan; cael hwyl |

| | | |
|---|---|---|
| | **rigolo**, *m* / **rigolote**, *f adj* | doniol; digrif; (y)smala |
| | **rimer**, *v* | odli |
| nous | **rions** (o **rire**), *v*** | rydyn ni'n chwerthin |
| | **rire**, *v*** | chwerthin |
| je | **ris** (o **rire**), *v*** | rydw i'n chwerthin |
| un | **risque**, *m* | perygl (g); ment(e)r (b) |
| il / elle | **rit** (o **rire**), *v*** | mae e(f)o / hi'n chwerthin |
| une | **rivière**, *f* | afon (b) |
| le | **riz**, *m* | reis (g) |
| une | **robe**, *f* | ffrog (b); gwisg (b) |
| un | **robinet**, *m* | tap (g) |
| un | **robot**, *m* | robot (g) |
| un | **rocher**, *m* | carreg (b) (fawr); craig (b) |
| un | **roi**, *m* / une **reine**, *f* | brenin (g) / brenhines (b) |
| un | **rôle**, *m* | rhan (b) |
| | **romain**, *adj* | Rhufeinig; o Rufain |
| un | **roman**, *m* | nofel (b) |
| un | **roman policier**, *m* | stori (b) dditectif |
| un | **roman photo**, *m* | stori (b) ddarluniau / mewn darluniau |
| | **romantique**, *adj* | rhamantus; rhamantaidd |
| un | **rond**, *m* | cylch (g) |
| un | **rond–point**, *m* | cylchfan (g) |
| une | **rondelle**, *f* | sleisen (b) gron |
| | **ronger**, *v** | cnoi; deintio |
| un | **ronron**, *m* | grŵn (g); grwndi (g) |
| | **ronronner**, *v* | grwnan; canu grwndi |
| le | **roquefort**, *m* | caws (g) *roquefort* |
| le | **rosbif**, *m* | cig (g) eidion rhost / wedi'i rostio |
| | **rose**, *adj* | pinc |
| une | **rose**, *f* | rhosyn (g) |
| | **rôti**, *adj* | rhost; wedi'i rostio |
| une | **roue**, *f* | olwyn (b) |
| | **rouge**, *adj* | coch |
| un | **rouge à lèvres**, *m* | minlliw (g); lipstic (g) |
| un | **rouge–gorge**, *m* | robin (g) goch |
| | **rouler**, *v* | rholio; gyrru; mynd |
| | **rousse**, *f* / **roux**, *m adj* | cochlyd; browngoch; [gwallt] coch / melyngoch / browngoch |
| une | **route**, *f* | ffordd (b) |
| en | **route** | ar y ffordd; ar ei [ayb] ffordd |
| une | **route nationale**, *f* | priffordd (b) |

121

| | |
|---|---|
| **roux,** *m* / **rousse,** *f adj* | cochlyd; browngoch; [gwallt] coch / melyngoch / browngoch |
| le **Royaume–Uni,** *m* | y Deyrnas (b) Unedig / Gyfun |
| un **ruban,** *m* | r(h)uban (g) |
| une **rue,** *f* | stryd (b) |
| le **rugby,** *m* | rygbi (g) |
| **russe,** *adj* | Rwsiaidd; o Rwsia |
| la **Russie,** *f* | Rwsia (b) |
| **rythmé,** *adj* | rhythmig |

| | | |
|---|---|---|
| | **sa** | ei ... e(f)o/ hi |
| | | [o flaen enw benywaidd unigol] |
| le | **sable,** *m* | tywod (g) |
| un | **sac,** *m* | bag (g); sach (b) |
| un | **sac à dos,** *m* | sach (b) deithio; cwdyn (g) teithio; |
| | | ysgrepan (b) |
| un | **sac de couchage,** *m* | cwdyn (g) cysgu; sach (b) gysgu |
| un | **sachet,** *m* | bag (g) bach; cwdyn (g) |
| | **sacré,** *adj* | sanctaidd; cysegredig |
| | **sacrifier,** *v* | aberthu; offrymu |
| | **sage,** *adj* | da; call; doeth |
| | **Sagittaire,** *m* | Sagitariws; (cytser (g)) y Saethydd (g) |
| | **sain,** *adj* | iach; iachus(ol) |
| | **saint,** *adj* | sanctaidd |
| je | **sais (o savoir),** *v*\*\* | rydw i'n gwybod / medru; gwn; medraf |
| | **saisir,** *v* | cipio; cydio yn; dal |
| une | **saison,** *f* | tymor (g) |
| il / elle | **sait (o savoir),** *v*\*\* | mae e(f)o / hi'n gwybod / medru; gŵyr; |
| | | medr |
| une | **salade,** *f* | salad (g); letys (ll) |
| un | **salaire,** *m* | cyflog (gb); tâl (g) |
| | **sale,** *adj* | budr; brwnt; moch(ynn)aidd |
| | **salé,** *adj* | hallt; sawrus |
| une | **salle,** *f* | ystafell (b); neuadd (b) |
| une | **salle à manger,** *f* | ystafell (b) fwyta |
| une | **salle d'attente,** *f* | ystafell (b) aros |
| une | **salle de bains,** *f* | ystafell (b) ymolchi |
| une | **salle de classe,** *f* | ystafell (b) ddosbarth |
| une | **salle de jeux,** *f* | ystafell (b) chwaraeon; arcêd (b) |
| une | **salle des professeurs,** *f* | ystafell (b) athrawon |
| une | **salle de séjour,** *f* | ystafell (b) fyw |
| une | **salle de sports,** *f* | neuadd (b) chwaraeon |
| un | **salon,** *m* | lolfa (b) |
| un | **salon de coiffure,** *m* | siop (b) trin gwallt |
| une | **salopette,** *f* | dyngarîs (ll); oferôl (gb) |
| | **saluer,** *v* | cyfarch |
| | **salut** | heia; helo; hwyl |
| des | **salutations,** *f pl* | cyfarchion (ll) |
| | **samedi,** *m* | dydd (g) Sadwrn |
| un | **sandwich,** *m* | brechdan (b) |
| un | **sanglier,** *m* | baedd (g) gwyllt |
| | **sangloter,** *v* | beichio wylo / crio; igian |

| | | |
|---|---|---|
| | **sans** | heb |
| la | **santé,** *f* | iechyd (g) |
| un | **sapeur–pompier,** *m* | dyn (g) / diffoddwr (g) tân |
| un | **sapin,** *m* | ffynidwydden (b) |
| une | **sardine,** *f* | sardîn (g) |
| | **satisfait,** *adj* | bodlon |
| une | **sauce,** *f* | saws (g); grefi (g); blaslyn (g) |
| une | **saucisse,** *f* | selsigen (b) [i'w choginio] |
| un | **saucisson,** *m* | selsigen (b) [fawr, sych. o deip salami] |
| | **sauf** | ar wahân i; ag eithrio; heblaw; ond |
| un | **saumon,** *m* | eog (g); samwn (g) |
| un | **saut,** *m* | naid (b); llam (g) |
| le | **saut à la perche,** *m* | naid (b) bolyn / â pholyn |
| | **sauter,** *v* | neidio (dros); llamu (dros); ffrwydro |
| | **sauvage,** *adj* | gwyllt; anwaraidd; anghymdeithasgar |
| une | **sauvagerie,** *f* | gwylltineb(g); anghymdeithasgarwch(g); anwareidd–dra (g) |
| | **sauver,** *v* | achub; arbed |
| se | **sauver,** *v* | rhedeg i ffwrdd |
| | **savoir,** *v**\*\** | gwybod; medru |
| un | **savon,** *m* | sebon (g) |
| un | **schéma,** *m* | diagram (g); braslun (g) |
| une | **scie,** *f* | llif (b) |
| la | **science,** *f* | gwybodaeth (b); dysg (g); gwyddoniaeth (b) |
| les | **sciences,** *f pl* | gwyddorau (ll); gwyddoniaeth (b) |
| | **scientifique,** *adj* | gwyddonol |
| un / une | **scientifique,** *m/f* | gwyddonydd (g) / gwyddonwraig (b) |
| | **scier,** *v* | llifio |
| | **scolaire,** *adj* | [yn gysylltiedig â'r] ysgol |
| | **Scorpion,** *m* | Sgorpio; (cytser (g)) y Sgorpion (g) |
| | **se** | ei hun; eu hunain; wrtho'i/wrthi'i hun; wrthynt eu hunain; iddo'i / iddi'i hun; iddynt eu hunain; ei gilydd; wrth ei gilydd; i'w gilydd |
| une | **séance,** *f* | perfformiad (g); sesiwn (g); eisteddiad (g); cyfarfod (g) |
| un | **seau,** *m* **(des seaux,** *pl*) | bwced (gb) (bwcedi, ll) |
| | **sec,** *m* / **sèche,** *f adj* | sych |
| un | **sèche–cheveux,** *m* | sychwr (g) gwallt |
| | **sécher,** *v\** | sychu |
| un | **séchoir à cheveux,** *m* | sychwr (g) gwallt |

| | | |
|---|---|---|
| une | **seconde,** *f* | eiliad (gb); ail ddosbarth (g) |
| en | **seconde** | ym mlwyddyn 11 [yn yr ysgol] |
| | **secouer,** *v* | ysgwyd |
| le | **secours,** *m* | cymorth (g); help (g) |
| au | **secours!** | help! |
| les premiers | **secours,** *m pl* | cymorth (g) cyntaf |
| un | **secret,** *m* | cyfrinach (b); dirgelwch (g) |
| | **secret,** *m* / **secrète,** *f adj* | cyfrinachol; dirgel; cudd |
| un / une | **secrétaire,** *m* / *f* | ysgrifennydd (g) / ysgrifenyddes (b) |
| un | **secrétariat,** *m* | swyddfa (b) [ysgol, ayb] |
| une | **sécurité,** *f* | diogelwch (g) |
| | **seize** | un ar bymtheg; un deg chwech |
| un | **séjour,** *m* | arhosiad (g); ymweliad (g) |
| bon | **séjour** | mwynha dy / mwynhewch eich (g)wyliau, ymweliad |
| le | **sel,** *m* | halen (g) |
| une | **sélection,** *f* | dewis(iad) (g); detholiad (g) |
| | **sélectionner,** *v* | dewis [tîm, ayb]; dethol |
| une | **selle,** *f* | cyfrwy (g); sedd (b) [beic] |
| | **selon** | yn ôl; chwedl |
| une | **semaine,** *f* | wythnos (b) |
| par | **semaine** | yr wythnos; bob wythnos |
| | **semblable,** *adj* | tebyg; o'r fath |
| | **sembler,** *v* | ymddangos |
| un | **sens,** *m* | synnwyr (g); ystyr (g); cyfeiriad (g) |
| le | **sens contraire,** *m* | y ffordd arall |
| | **sens dessus dessous** | (â'i) wyneb i waered |
| un | **sens unique,** *m* | stryd (b) unffordd |
| je | **sens** (o **sentir**), *v* | rydw i'n teimlo / synhwyro / arogli |
| | **sensationnel,** *m* / **sensationnelle,** *f adj* | cyffrous; cynhyrfus; gwych |
| un | **sentier,** *m* | llwybr (g) |
| un | **sentiment,** *m* | teimlad (g); ymdeimlad (g) |
| | **sentir** (gw **partir**), *v\*\** | teimlo; synhwyro; arogli |
| se | **sentir,** *v* | teimlo |
| | **séparer,** *v* | gwahanu |
| | **sept** | saith |
| | **septembre,** *m* | Medi (g) |
| il | **sera** (o **être**), *v\*\** | bydd |
| il | **serait** (o **être**), *v\*\** | byddai |
| une | **série,** *f* | cyfres (b) |

| | | |
|---|---|---|
| | **sérieux,** *m* | difrif(ol); o ddifrif |
| | / **sérieuse,** *f adj* | |
| un | **serpent,** *m* | neidr (b); sarff(b) |
| | **serré,** *adj* | tyn; clòs |
| | **serrer,** *v* | gafael / cydio (yn dyn) yn;tynhau; gwasgu |
| (se) | **serrer la main,** *v* | ysgwyd llaw |
| je | **sers** (o **servir**), *v* | rydw i'n gweini / gwasanaethu |
| | **sers–toi** | helpa dy hun(an) |
| il / elle | **sert de** (o **servir**), *v* | mae'n cael ei (d)defnyddio fel ...; fe'i defnyddir fel ... |
| un | **serveur,** *m* | gweinydd (g) / gweinyddes (b) |
| | / une **serveuse,** *f* | |
| un | **service,** *m* | gwasanaeth (g); cymwynas (b) |
| | **service compris** | y gwasanaeth yn gynwysedig yn y pris |
| une | **serviette,** *f* | lliain (g); tywel (g); bag (g) papurau / dogfennau |
| | **servir** (gw **partir**), *v*** | gweini; gwasanaethu |
| se | **servir,** *v* | helpu eich hun(an) |
| se | **servir de,** *v* | defnyddio |
| un | **serviteur,** *m* | gwas (g) |
| | **ses** | ei ... e(f)o / hi [o flaen enw lluosog] |
| | **seul,** *adj* | un; unig; ar ei [ayb] ben ei hun(an) |
| | **seulement** | dim ond; yn unig |
| | **sévère,** *adj* | llym; garw |
| des | **sextuplés,** *m pl* | chwe gefaill (gb) |
| un | **shampooing,** *m* | siampŵ (g) |
| le | **shopping,** *m* | siopa (g) |
| un | **short,** *m* | siorts (ll); tr(y/o)wsus (g) byr / bach / cwta |
| | **si** | os; a; ai; mor; ie / oes / ydy [ayb] [ar ôl cwestiwn neu osodiad negyddol] |
| | **si on allait ...?** | beth am fynd i ...? |
| | **s'il te / vous plaît** | os gweli di'n / os gwelwch chi'n dda |
| un | **siècle,** *m* | canrif (b) |
| un | **siège,** *m* | sedd (b); gwarchae (g) |
| une | **sieste,** *f* | cyntun (g) |
| un | **signalement,** *m* | disgrifiad (g); manylion (ll) |
| une | **signalisation,** *f* | arwyddion (ll) [ffordd, ayb] |
| un | **signe,** *m* | arwydd (g) |
| | **signer,** *v* | arwyddo |
| | **signifier,** *v* | golygu; dynodi |

| | | |
|---|---|---|
| un | **silence**, *m* | distawrwydd (g); tawelwch (g) |
| | **silencieux**, *m* | tawel; distaw; tawedog |
| | / **silencieuse**, *f adj* | |
| une | **silhouette**, *f* | amlinell (b); cysgodlun (g) |
| | **simple**, *adj* | syml; sengl |
| un | **singe**, *m* | mwnci (g) |
| | **singulier**, *m* | |
| | / **singulière**, *f adj* | hynod; od |
| le | **singulier**, *m* | unigol (g) |
| | **sinon** | os na(d); heblaw (am); neu |
| un | **sirop**, *m* | diod (g) [ffrwythau] |
| une | **situation**, *f* | sefyllfa (b); safle (g); swydd(b) |
| la | **situation familiale**, *f* | statws (g) priodasol |
| | **situé**, *adj* | wedi'i leoli |
| se | **situer**, *v* | bod; bod wedi'i leoli |
| | **six** | chwe(ch) |
| | **sixième**, *adj* | chweched |
| en | **sixième** | ym mlwyddyn saith [ysgol] |
| le | **ski**, *m* | sgïo (g) |
| le | **ski nautique**, *m* | sgïo (g) dŵr |
| un | **slip**, *m* | trôns (ll); nicer (g) |
| un | **slip de bain**, *m* | tryncs (ll); tr(y/o)wsus (g) nofio |
| le | **snooker**, *m* | snwcer (g) |
| une | **société**, *f* | cwmni (g); cymdeithas (b) |
| une | **sœur**, *f* | chwaer (b) |
| la | **soie**, *f* | sidan (g) |
| de / en | **soie** | wedi'i wneud o sidan; sidan |
| la | **soif**, *f* | syched (g) |
| avoir | **soif**, *v*** | bod yn sychedig / â syched; sychedu |
| | **soigner**, *v* | gofalu am; edrych ar ôl |
| le | **soin**, *m* | gofal (g) |
| les premiers | **soins**, *m pl* | cymorth (g) cyntaf |
| un | **soir**, *m* | noswaith(b); noson(b); min(g) nos; hwyr (g); hwyrnos (b) |
| ce | **soir** | heno |
| hier | **soir** | neithiwr |
| une | **soirée**, *f* | noswaith(b); noson(b) [o adloniant]; parti (g) [gyda'r nos] |
| | **sois** (o **être**), *v*** | bydd |
| | **soit ...soit** | naill ai ... neu |
| | **soixante** | chwe deg; trigain |
| | **soixante–dix** | saith deg; deg a thrigain |

| | | |
|---|---|---|
| le | **sol**, *m* | daear (b); llawr (g); pridd (g) |
| | **solaire**, *adj* | heulol; haul |
| un | **soldat**, *m* | milwr (g); sowldiwr (g) |
| des | **soldes**, *m pl* | bargeinion (ll) [mewn sêl]; sêl(s) (b ll) |
| le | **soleil**, *m* | haul (g); heulwen (b) |
| il fait du | **soleil** | mae'n heulog |
| | **solennel**, *m* | difrifol; dwys |
| | / **solennelle**, *f adj* | |
| | **solitaire**, *adj* | unig; ar ei [ayb] ben ei hun |
| une | **solution**, *f* | ateb (g) |
| | **sombre**, *adj* | tywyll |
| une | **somme**, *f* | (cyfan)swm (g) |
| un | **sommeil**, *m* | cwsg (g) |
| avoir | **sommeil**, *v\*\** | bod yn / teimlo'n gysglyd |
| nous | **sommes** (o **être**), *v\*\** | rydyn ni |
| un | **sommet**, *m* | copa (g); pen (g) (uchaf); brig (g) |
| un | **son**, *m* | sain (b); sŵn (g) |
| | **son** | ei ... e(f)o / hi |
| | | [o flaen enw gwrywaidd unigol |
| | | ac o flaen llafariad] |
| un | **sondage**, *m* | arolwg (g) (barn); pôl (g) piniwn |
| | **sonner**, *v* | seinio; canu [cloch, ayb]; taro [cloc] |
| une | **sonnette**, *f* | cloch (b) (fach) |
| | **sonore**, *adj* | atseiniol; clochaidd; sain |
| ils / elles | **sont** (o **être**), *v\*\** | maen nhw |
| un | **sorcier**, *m* | dewin (g) |
| | / une **sorcière**, *f* | / dewines (b); gwrach (b) |
| je | **sors** (o **sortir**), *v\*\** | rydw i'n mynd allan / ma(e)s; |
| | | rydw i'n dod allan / ma(e)s; |
| | | rydw i'n mynd â / dod â / tynnu |
| | | ... allan / ma(e)s |
| le | **sort**, *m* | tynged (b); ffawd (b) |
| il / elle | **sort** (o **sortir**), *v\*\** | mae e(f)o / hi'n mynd allan / ma(e)s; |
| | | mae e(f)o / hi'n dod alan / ma(e)s; |
| | | mae e(f)o / hi'n mynd â / dod â / tynnu |
| | | ... allan / ma(e)s |
| une | **sorte**, *f* | math (g) |
| une | **sortie**, *f* | gwibdaith(b); trip(g); ymadawiad (g); |
| | | ffordd (b) allan / ma(e)s; allanfa(b) |
| une | **sortie de secours**, *f* | allanfa (b) dân / frys |
| | **sortir**, *v\*\** | mynd allan / ma(e)s; dod allan / ma(e)s; |
| | | mynd â / dod â / tynnu...allan / ma(e)s |

| | | |
|---|---|---|
| une | **soucoupe,** *f* | soser (b) |
| | **soudain,** *adj* | sydyn |
| | **soudain** | yn sydyn |
| j'ai | **souffert** (o **souffrir**), *v* | rydw i wedi dioddef / goddef; dioddefais; goddefais |
| | **souffler,** *v* | chwythu |
| | **souffrir** (gw **ouvrir**), *v\*\** | dioddef; goddef |
| | **souhaiter,** *v* | dymuno |
| | **souhaiter la bienvenue,** *v* | croesawu |
| (se) | **soulever,** *v\** | codi |
| un | **soulier,** *m* | esgid (b) |
| | **souligner,** *v* | tanlinellu |
| une | **soupe,** *f* | cawl (g) |
| un | **souper,** *m* | swper (g) |
| un | **sourcil,** *m* | ael (b) |
| | **sourd,** *adj* | byddar |
| un | **sourire,** *m* | gwên (b) |
| | **sourire** (gw **rire**), *v\*\** | gwenu |
| une | **souris,** *f* | llygoden (b) |
| je | **souris** (o **sourire**), *v* | rydw i'n gwenu |
| | **sous** | (o) dan; islaw |
| | **sous–marin,** *adj* | tanfor; tanddwr |
| un | **sous–sol,** *m* | llawr (g) isaf; islawr (g) |
| un | **sous–titre,** *m* | is–deitl (g) |
| des | **sous–vêtements,** *m pl* | dillad (ll) isaf |
| | **soutenir** (gw **tenir**), *v\*\** | cynnal; cefnogi; gwrthsefyll |
| | **souterrain,** *adj* | tanddaear(ol) |
| un | **soutien–gorge,** *m* | bra (g) |
| je | **soutiens** (o **soutenir**), *v* | rydw i'n cynnal / cefnogi / gwrthsefyll |
| un | **souvenir,** *m* | cof (g); atgof (g); cofrodd (b) |
| se | **souvenir** (gw **venir**), *v\*\** | cofio |
| | **souvent** | yn aml; yn fynych |
| je me | **souviens** | rydw i'n cofio |
| | (o **se souvenir**), *v* | |
| | **soyez** (o **être**), *v\*\** | byddwch |
| | **soyez le bienvenu!** | croeso! |
| un | **sparadrap,** *m* | plastr (g) [ar glwyf] |
| | **spatial,** *adj* | gofod(ol) |
| un / une | **spationaute,** *m/f* | gofodwr(g) / gofodwraig (b) |
| une | **spatule,** *f* | math o lwy (b) fflat; sbatiwla (b) |
| | **spécial,** *adj* | arbennig; neilltuol |
| | **spécialement** | yn arbennig; yn neilltuol |

| | |
|---|---|
| une **spécialité**, *f* | arbenigedd (g); bwyd (g) [ayb] o ardal arbennig; bwyd (g) / pryd (g) arbennig |
| un **spectacle**, *m* | sioe (b); perfformiad (g); golygfa (b) |
| un **spectateur**, *m* | gwyliwr (g) |
| / une **spectatrice**, *f* | / gwylwraig (b) |
| la **spéléologie**, *f* | ogofa (g) |
| une **splendeur**, *f* | ysblander (g); gogoniant (g) |
| **splendide**, *adj* | godidog; gogoneddus |
| **sponsoriser**, *v* | noddi |
| le **sport**, *m* | chwaraeon (ll) a champau (ll) |
| les **sports nautiques**, *m pl* | chwaraeon (ll) / campau (ll) dŵr |
| **sportif**, *m* / **sportive**, *f adj* | yn hoff o chwaraeon / athletau; (yn ymwneud â) chwaraeon |
| le **squash**, *m* | sboncen (b) |
| un **squelette**, *m* | (y)sgerbwd (g) |
| **squelettique**, *adj* | yn ddim ond croen ac esgyrn; ysgerbydol |
| un **stade**, *m* | stadiwm (b) |
| un **stage**, *m* | cwrs (g) hyfforddi |
| en **stage** | ar gwrs |
| une **star**, *f* | seren (b) [ffilm] |
| une **station**, *f* | gorsaf (b); safle (g) |
| une **station balnéaire**, *f* | tref (b) wyliau ar lan y môr |
| une **station de métro**, *f* | gorsaf (b) drenau [tanddaear(ol)] |
| une **station de ski**, *f* | tref (b) wyliau sgïo |
| une **station de taxis**, *f* | rhes (b) / rheng (b) dacsis; safle (g) tacsis |
| une **station spatiale**, *f* | gorsaf (b) ofod |
| une **station–service**, *f* | gorsaf (b) / garej (b) betrol |
| le **stationnement**, *m* | parcio (g) |
| **stationner**, *v* | parcio |
| une **statue**, *f* | cerflun (g); cerfddelw (b) |
| un **steak**, *m* | stecen (b) |
| le **steak haché**, *m* | cig (g) eidion wedi'i friwellu; briwgig (g) |
| une **stéréo**, *f* | (peiriant (g) / offer (ll)) stereo (g) |
| **stérile**, *adj* | diffrwyth; anffrwythlon; di–haint |
| un **store**, *m* | bleind (g) |
| un **style**, *m* | steil (g); arddull (gb) |
| un **stylo**, *m* | pen (g) ysgrifennu |
| j'ai **su** (o **savoir**), *v*** | roeddwn i'n gwybod / medru |
| un **succès**, *m* | llwyddiant (g) |

| | | |
|---|---|---|
| | **sucer,** *v*\* | sugno |
| une | **sucette,** *f* | lolipop (g) |
| le | **sucre,** *m* | siwgr (g) |
| | **sucré,** *adj* | melys; gyda / efo / â siwgr |
| des | **sucreries,** *f pl* | pethau (ll) melys; losin (ll); fferins(ll); da–da (ll) |
| le | **sud,** *m* | y de (g) |
| le | **sud–est,** *m* | y de–ddwyrain (g) |
| le | **sud–ouest,** *m* | y de–orllewin (g) |
| la | **Suède,** *f* | Sweden (b) |
| le | **suède,** *m* | swêd (g) [menig] |
| | **suédois,** *adj* | Swedaidd; o Sweden |
| ça | **suffit** | dyna ddigon |
| | **suggérer,** *v*\* | awgrymu |
| une | **suggestion,** *f* | awgrym (g) |
| je | **suis** (o **être**), *v*\*\* | rydw i |
| je | **suis** (o **suivre**), *v*\*\* | rydw i'n dilyn / canlyn |
| la | **Suisse,** *f* | y Swistir (g) |
| | **suisse,** *adj* | Swisaidd; o'r Swistir |
| il / elle | **suit** (o **suivre**), *v*\*\* | mae e(f)o / hi'n dilyn / canlyn |
| une | **suite,** *f* | parhad (g); canlyniad (g); dilyniant (g); gosgordd (b) |
| tout de | **suite** | ar unwaith; yn syth (bin) |
| | **suivant,** *adj* | sy'n dilyn; canlynol |
| au | **suivant!** | yr un (gb)) nesaf! |
| | **suivre,** *v*\*\* | dilyn; canlyn |
| à | **suivre** | i'w barhau |
| un | **sujet,** *m* | goddrych (g); pwnc (g); testun (g); deiliad (g) |
| au | **sujet de** | am; ynghylch; ynglŷn â |
| | **super,** *adj* | gwych; grêt |
| le | **super,** *m* | petrol (g) pedair seren |
| une | **superficie,** *f* | arwynebedd (g) |
| | **supérieur,** *adj* | uchaf; uwch; gwell |
| un | **supermarché,** *m* | uwchfarchnad (b) |
| | **supplémentaire,** *adj* | ychwanegol; atodol |
| | **supporter,** *v* | dioddef; goddef; cynnal |
| | **sur** | ar; ar ben; am |
| | **sûr,** *adj* | siwr; sicr; diogel |
| bien | **sûr** | wrth gwrs; siwr iawn |
| le | **surf,** *m* | brigdonni (g); syrffio (g) |

| | | |
|---|---|---|
| une | **surface,** *f* | wyneb (g); arwyneb(edd) (g) |
| une grande | **surface,** *f* | archfarchnad (b) |
| un | **surligneur,** *m* | pen (g) pwysleisio |
| | **surnaturel,***m* | goruwchnaturiol |
| | / **surnaturelle,** *f adj* | |
| la | **surprise,** *f* | syndod (g); syrpreis (g) |
| | **surtout** | yn enwedig; yn anad dim; yn arbennig |
| un | **surveillant,***m* | arolygwr (g) / arolygwraig(b); |
| | / une **surveillante,** *f* | goruchwyliwr (g) / goruchwylwraig (b); |
| | | myfyriwr (g) / myfyrwraig(b) |
| | | [yn arolygu plant mewn ysgol] |
| | **surveiller,** *v* | goruchwylio; arolygu; cadw llygad ar |
| un | **survêtement,** *m* | tracwisg (b) |
| un | **survivant,** *m* | goroeswr (g) |
| | / une **survivante,** *f* | / goroeswraig (b) |
| | **survoler,** *v* | hedfan dros |
| en | **sus** | ar ben hynny; yn ychwanegol (at hynny) |
| | **s.v.p.** (s'il vous plaît) | os gwelwch yn dda |
| un | **sweat(shirt),** *m* | crys (g) chwys |
| un | **symbole,** *m* | symbol (g) |
| | **sympa(thique),** *adj* | neis; hawddgar; hyfryd; dymunol; clên |
| un | **syndicat,** *m* | syndicet (gb); (cyf)undeb (g); |
| | | ffederasiwn (gb) |
| un | **syndicat d'initiative,** *m* | swyddfa (b) dwristiaeth; |
| | | canolfan (b) groeso |
| un | **syndicat ouvrier,** *m* | undeb (g) llafur |
| | **synthétique,** *adj* | synthetig; cyfosodol |
| un | **synthétiseur,** *m* | synth(eseisydd) (g) |
| un | **système,** *m* | system (b); cyfundrefn (b) |

| | |
|---|---|
| ta | dy [o flaen enw benywaidd unigol] |
| le **tabac**, *m* | (ty)baco (g); siop (b) dybaco / faco |
| une **table**, *f* | bwrdd (g); bord (b) |
| à **table** | wrth y bwrdd; (dewch) at y bwrdd |
| mettre la **table**, *v*** | gosod y / hulio'r bwrdd |
| une **table de chevet** / **de nuit**, *f* | bwrdd (g) wrth erchwyn y gwely |
| un **tableau**, *m* (des **tableaux**, *pl*) | llun (g) (lluniau, ll); darlun (g) (darluniau, ll); bwrdd (g) (byrddau, ll) [ar wal]; bwrdd (g) du |
| un **tablier**, *m* | ffedog (b); brat (g); barclod (g) |
| une **tâche**, *f* | tasg (b); gwaith (g); gorchwyl (g) |
| une **taille**, *f* | maint (g); taldra (g); gwasg (gb) |
| de petite **taille** | byr |
| un **taille–crayon**, *m* | hogwr (g) pensel |
| un **tailleur**, *m* | siwt (b) [dynes] |
| **tais–toi!** | bydd ddistaw!; cau / caea dy geg, ben! |
| **taisez–vous!** | byddwch ddistaw! |
| un **tambour**, *m* | drwm (g); tabwrdd (g); drymiwr (g) |
| la **Tamise**, *f* | afon (b) Tafwys |
| **tant (de)** | cymaint (o); cynifer (o) |
| **tant mieux** | gorau'n y byd; gorau oll / i gyd |
| **tant pis** | ta waeth; (doe)s dim ots |
| une **tante**, *f* | modryb (b); bodo (b) |
| **taper**, *v* | curo; taro; teipio |
| un **tapis**, *m* | carped (g) |
| une **tapisserie**, *f* | (gwaith (g)) tapestri (g) |
| **tard** | yn hwyr |
| plus **tard** | yn hwyrach; yn nes ymlaen; yn ddiweddarach |
| **tarder**, *v* | oedi |
| un **tarif**, *m* | rhestr (b) brisiau; prisiau (ll) |
| une **tarte**, *f* | tarten (b); fflan (b) |
| une **tartine**, *f* | tafell (b) o fara / o fara menyn / o fara menyn â jam; brechdan (b) |
| un **tas**, *m* | twr (g); pentwr (g); tomen (b); llwyth (g); criw (g); g(i)ang (b) |
| une **tasse**, *f* | cwpan (gb); cwpanaid (gb) |
| une **taupe**, *f* | twrch (g) daear; gwadd (b) |
| un **taureau**, *m* (des **taureaux**, *pl*) | tarw (g) (teirw, ll) |
| **Taureau**, *m* | Tawrws; (cytser (g)) y Tarw (g) |

| | | |
|---|---|---|
| un | **taux de change,** *m* | cyfradd (b) gyfnewid |
| un | **taxi,** *m* | tacsi (g) |
| | **te** | di; i ti ; atat ti; â thi; wrthyt ti; (ti) dy hun |
| un | **tee–shirt,** *m* | crys (g) Ti |
| la | **télé,** *f* | teli (g) |
| un | **téléphone,** *m* | ffôn (g) |
| au | **téléphone** | ar y ffôn |
| | **téléphoner,** *v* | ffônio / ffonio; gwneud galwad ffôn; rhoi caniad |
| un | **téléspectateur,** *m* | gwyliwr (g) [teledu] |
| | / une **téléspectatrice,** *f* | / gwylwraig (b) [teledu] |
| un | **téléviseur,** *m* | set (b) deledu |
| la | **télévision,** *f* | teledu (g) |
| | **tellement** | mor; cymaint |
| pas | **tellement** | dim yn arbennig; dim cymaint â hynny |
| une | **température,** *f* | tymheredd(g) |
| avoir de la | **température,** *v*** | bod â gwres |
| une | **tempête,** *f* | storm (b); tymestl (b) |
| | **temporaire,** *adj* | dros dro |
| le | **temps,** *m* | amser (g); tywydd (g) |
| à | **temps** | mewn pryd |
| tout le | **temps** | drwy'r amser |
| de | **temps en temps** | o bryd i'w gilydd |
| le | **temps libre,** *m* | amser (g) rhydd / hamdden |
| il est grand | **temps de ...** | mae'n hen bryd ... |
| quel | **temps de chien!** | dyma / am dywydd ofnadwy! |
| | **tenace,** *adj* | gafaelgar; cyndyn; ystyfnig |
| | **tenez!** | dyma chi!; cymerwch hwn!; edrychwch!; wel! |
| | **tenir,** *v*** | gafael / cydio (yn); dal; cadw |
| | **tenir en laisse,** *v*** | dal / cadw/ arwain ar dennyn |
| le | **tennis,** *m* | tennis (g); cwrt (g) tennis; esgid (b) dennis / ymarfer |
| une | **tentation,** *f* | temtasiwn (gb) |
| une | **tente,** *f* | pabell (b) |
| j'ai | **tenu** (o **tenir**), *v*** | rydw i wedi gafael / cydio / dal / cadw; gafaelais; cydiais; daliais; cedwais |
| la | **terminale,** *f* | blwyddyn (b) 13; y flwyddyn (b) olaf yn yr ysgol |
| | **terminé,** *adj* | wedi gorffen / dibennu / dod i ben |
| | **terminer,** *v* | gorffen; dibennu |
| se | **terminer,** *v* | dod i ben ; gorffen |

| | |
|---|---|
| un **terrain**, *m* | tir (g); darn (g) / llain (b) o dir; cae (g) / maes (g) chwarae |
| un **terrain de camping**, *m* | maes (g) pebyll / gwersylla |
| un **terrain de jeu**, *m* | maes (g) chwarae(on) |
| un **terrain de tennis**, *m* | cwrt (g) tennis |
| une **terrasse**, *f* | teras (g) |
| la **terre**, *f* | daear (b); llawr (g); tir (g); pridd (g) |
| par **terre** | ar y llawr / ddaear |
| **terrestre**, *adj* | daearol |
| **terrible**, *adj* | dychrynllyd; arswydus; erchyll |
| **tes** | dy [o flaen enw lluosog] |
| une **tête**, *f* | pen (g); pen (g) blaen / uchaf; blaen (g) |
| avoir la **tête en l'air**, *v**** | bod â'ch [ayb] pen yn y gwynt |
| **têtu**, *adj* | ystyfnig; cyndyn; penstiff |
| un **texte**, *m* | testun (g); darn (g) |
| un **TGV** (Train à Grande Vitesse), *m* | trên (g) cyflym iawn |
| un **thé**, *m* | te (g); te–parti (g) |
| le **théâtre**, *m* | drama (b); theatr (b) |
| faire du **théâtre**, *v**** | bod yn actor / actores |
| une **théière**, *f* | tebot (g) |
| un **thermomètre**, *m* | thermomedr (g) |
| un **thermos**, *m* | fflasg (b); thermos (b) |
| un **thermostat**, *m* | thermostat (g) |
| un **thon**, *m* | tiwna (g) |
| un **ticket**, *m* | ticed (gb); tocyn (g) |
| **tiède**, *adj* | claear; llugoer |
| ils/elles **tiennent** (o **tenir**), *v**** | maen nhw'n gafael / cydio / dal / cadw |
| je **tiens** (o **tenir**), *v**** | rydw i'n gafael / cydio / dal / cadw |
| **tiens!** | dyma ti!; cymer hwn!; edrych!; wel! |
| il/elle **tient** (o **tenir**), *v**** | mae e(f)o / hi'n gafael / cydio / dal / cadw |
| le **tiers monde**, *m* | y Trydydd Byd (g) |
| un **tigre**, *m* | teigr (g) |
| un **timbre**, *m* | stamp (g); cloch (b); sain (b); ansawdd (g) [llais ayb] |
| **timide**, *adj* | ofnus; swil |
| le **tir à l'arc**, *m* | saethyddiaeth (b) |
| un **tirage**, *m* | cylchrediad (g); tynnu (g) |
| une **tirelire**, *f* | cadw–mi–gei (g) |
| **tirer**, *v* | tynnu; llusgo; saethu |
| un **tiroir**, *m* | drôr (g) / drâr (g) |

| | |
|---|---|
| un **tissu**, *m* | defnydd (g) |
| un **titre**, *m* | teitl (g) |
| **toc toc!** | cnoc cnoc! |
| **toi** | ti (dy hun) |
| à **toi** | dy dro di (yw e / ydy o) |
| **toi–même** | dy hun |
| une **toile**, *f* | lliain (g); cynfas (g) / canfas(g) |
| les **toilettes**, *f pl* | toiled(au) (g ll) |
| une **toise**, *f* | teclyn (g) / siart (g) i fesur taldra |
| un **toit**, *m* | to (g) |
| **tolérant**, *adj* | goddefgar |
| une **tomate**, *f* | tomato (g) |
| **tomber**, *v* | syrthio; cwympo; disgyn |
| **tomber en panne**, *v* | torri i lawr |
| **tomber sur**, *v* | dod ar draws; taro ar |
| **ton** | dy [o flaen enw gwrywaidd unigol ac o flaen llafariad] |
| une **tondeuse**, *f* | peiriant (g) torri glaswellt / porfa |
| **tondre**, *v* | torri [glaswellt ayb]; tocio; cneifio |
| un **tonnerre**, *m* | taran (b) |
| un **torchon**, *m* | lliain (g) sychu llestri |
| un **tort**, *m* | cam (g); bai (g) |
| avoir **tort**, *v*** | bod yn anghywir |
| une **tortue**, *f* | crwban (g) |
| **tôt** | yn fuan; yn gynnar |
| **toucher**, *v* | cyffwrdd; derbyn [arian / cyflog]; newid [siec] |
| **toujours** | bob amser; (yn) wastad; o hyd |
| un **tour**, *m* | trip (g); tro (g); cylchdaith (b) |
| faire un **tour**, *v*** | mynd am dro bach / reid |
| à **tour de rôle** | yn eich tro; pob un yn ei dro |
| une **tour**, *f* | twˆr (g) |
| un **tourbillon**, *m* | trowynt (g); trobwll (g); chwyrlïad (g) |
| le **tourisme**, *m* | twristiaeth (b) |
| un / une **touriste**, *m/f* | ymwelydd (g); twrist (gb) |
| **touristique**, *adj* | twristaidd |
| **tourner**, *v* | troi |
| **tourner un film**, *v* | ffilmio; gwneud ffilm |
| un **tournoi**, *m* | twrnamaint (g) |
| **tous**, *m pl adj* | pob; holl; i gyd |
| **tous / toutes les deux** | nhw'u dau / dwy; y ddau / ddwy |
| **tous les deux jours** | bob yn eilddydd |

| | | |
|---|---|---|
| | tous les jours | bob dydd |
| la | Toussaint, *f* | Calan (g) Gaeaf; Tachwedd y cyntaf |
| | tousser, *v* | pesychu; peswch |
| | tout, *m* / toute, *f adj* | pob; holl ; i gyd |
| | tous, *m pl* / toutes, *f pl adj* | |
| en | tout | i gyd; at ei gilydd; gyda'i gilydd |
| c'est | tout | dyna'r cwbl / cyfan |
| pas du | tout | dim o gwbl |
| | tout à coup | yn sydyn (reit) |
| | / tout d'un coup | |
| | tout droit | yn syth ymlaen |
| | tout à fait | yn gwbl; yn gyfan gwbl; yn llwyr |
| | tout de même | er / serch hynny |
| | tout le monde | pawb |
| | tout près | yn agos iawn; yn ymyl; gerllaw |
| | tout de suite | ar unwaith; yn syth (bin) |
| | tout le temps | drwy'r amser |
| | toute, *f adj* | pob; holl; i gyd |
| de | toute façon | beth bynnag |
| | toute la journée | drwy'r dydd |
| | toutes les *x* heures | bob *x* awr |
| | tracer, *v** | amlinellu |
| un | tracmots, *m* | pos (g) chwilio am eiriau; chwilair (g); chwilotair (g) |
| un | tracteur, *m* | tractor (g) |
| un | train, *m* | trên (g) |
| par le / en | train | ar y trên |
| en | train de | yn y broses o ; wrthi yn; ar ganol |
| un | traîneau, *m* | sled (b) (slediau, ll); car (g) llusg (ceir (ll) llusg) |
| | (des traîneaux, *pl*) | |
| | traîner, *v* | tynnu; llusgo; sefyllian; loetran |
| un | trait, *m* | llinell (b); strôc (b); nodwedd (b); tres (b) [ceffyl] |
| | traiter, *v* | trin; ymdrin â; galw (enwau ar) |
| un | trajet, *m* | taith (b); siwrnai (b) |
| une | tranche, *f* | sleisen (b); tafell (b) |
| | tranquille, *adj* | tawel; heddychlon; llonydd |
| une | tranquillité, *f* | tawelwch (g); heddwch (g); llonyddwch (g) |
| je | transmets | rydw i'n trosglwyddo |
| | (o transmettre), *v* | |

| | | |
|---|---|---|
| | **transmettre,** (gw **mettre**), *v*\*\* | trosglwyddo |
| | **transporter,** *v* | cludo; cario; alltudio |
| un | **travail,** *m* (des **travaux,** *pl*) | gwaith (g) |
| | **travailler,** *v* | gweithio |
| | **travailleur,** *m* / **travailleuse,** *f adj* | gweithgar; diwyd; dyfal |
| les | **travaux manuels,** *m pl* | crefftau, ll; crefft (b), cynllunio (g) a thechnoleg (b) |
| à | **travers** | ar draws; trwy |
| une | **traversée,** *f* | croesi (g); siwrnai (b) [ar draws môr, afon ayb] |
| | **traverser,** *v* | croesi |
| | **treize** | tri / tair ar ddeg; un deg tri / tair |
| un | **tremblement,** *m* | cryndod (g) |
| un | **tremblement de terre,** *m* | daeargryn (gb) |
| | **trembler,** *v* | crynu; ysgwyd |
| | **trente** | deg ar hugain ; tri deg |
| | **très** | iawn |
| un | **trésor,** *m* | trysor (g) |
| une | **tribune,** *f* | (prif) stand (gb); oriel (b) |
| | **tricher,** *v* | twyllo; cafflo |
| le (drapeau) | **tricolore,** *m* | baner (b) Ffrainc |
| un | **tricot,** *m* | siwmper (b); gwau (g) / gweu (g) |
| | **tricoter,** *v* | gwau / gweu |
| | **trilingue,** *adj* | teirieithog; yn siarad / lle siaredir tair iaith |
| un | **trimestre,** *m* | tymor (g) [ysgol]; chwarter (g) [blwyddyn]; cyflog (g) / incwm (g) chwarter [blwyddyn] |
| | **triste,** *adj* | trist; digalon |
| | **trois** | tri / tair |
| | **troisième,** *adj* | trydydd / trydedd |
| un | **trombone,** *m* | trombôn (g); clip (g) papurau |
| une | **trompe,** *f* | corn (g); trwnc (g) |
| | **tromper,** *v* | twyllo; camarwain |
| se | **tromper,** *v* | gwneud camgymeriad; camgymryd; camsynied; methu |
| une | **trompette,** *f* | trwmped (g) / trymped (g); utgorn (g) |
| | **trop (de)** | gormod (o); rhy |
| une | **trottinette,** *f* | sgwter (g) plentyn |
| un | **trottoir,** *m* | pafin (g); palmant (g) |

| | |
|---|---|
| un **trou**, *m* | twll (g) |
| **troubler**, *v* | poeni; aflonyddu; anesmwytho; cynhyrfu; drysu |
| un **troupeau**, *m* | praidd (g) (preiddiau, ll); |
| (des **troupeaux**, *pl*) | diadell (b) (diadellau, diadelloedd, ll); gyr (g) (gyrroedd, ll) |
| une **trousse**, *f* | pecyn (g); cas (g) pensiliau |
| une **trousse de bricolage**, *f* | pecyn (g) atgyweirio |
| une **trousse de secours**, *f* | pecyn (g) cymorth cyntaf |
| une **trousse de toilette**, *f* | cwdyn (g) / bag (g) ymolchi |
| **trouver**, *v* | dod o hyd i; cael hyd i; darganfod; meddwl; cael |
| se **trouver**, *v* | bod ; bod wedi'i leoli |
| un **truc**, *m* | peth (g); pethma (g) / pethne (g); 'betingalw' (g) / 'bechingalw' (g); tric (g); ystryw (gb) |
| une **truite**, *f* | brithyll (g) |
| **tu** | ti |
| un **tube**, *m* | tiwb (g); record (b) ysgubol |
| **tuer**, *v* | lladd |
| une **tulipe**, *f* | tiwlip (g) |
| un **tunnel**, *m* | twnnel (g) |
| **turc**, *m* / **turque**, *f adj* | Twrcaidd; o Dwrci |
| la **Turquie**, *f* | Twrci (b) |
| **tutoyer**, *v** | dweud 'ti' wrth; galw rhywun yn 'ti'; galw 'ti' ar rywun |
| un **tuyau**, *m* (des **tuyaux**, *pl*) | pibell (b) (pibellau, pibelli, ll); piben (b) (pibenni, ll); pib (b) (pibau, ll) |
| un **type**, *m* | boi (g); bachan (g) |
| **typique**, *adj* | nodweddiadol |

| | | |
|---|---|---|
| | ultra | iawn; tu hwnt |
| | un | un [gwrywaidd] |
| | une | un [benywaidd] |
| | uni, *adj* | unol; unedig; agos; llyfn; gwastad; plaen; unlliw |
| un | uniforme, *m* | iwnifform (b); gwisg (b) swyddogol |
| une | union, *f* | uniad (g); undeb (g); cymdeithas (b) |
| l' | Union Soviétique, *f* | yr Undeb (g) Sofietaidd (1922–1989) |
| | unique, *adj* | unig; unigryw; dihafal; un lôn / cyfeiriad |
| | uniquement | yn unig |
| une | unité, *f* | uned (b); undod (g) |
| un | univers, *m* | bydysawd (g) |
| un/une | urbaniste, *m/f* | cynllunydd (g) tref(i) / trefol |
| | usagé, *adj* | ail–law; heb fod yn newydd; wedi'i ddefnyddio (o'r blaen) |
| un | usager, *m* / une usagère, *f* | defnyddiwr (g) / defnyddwraig (b) |
| | usé, *adj* | treuliedig; ag ôl traul arno / arni |
| une | usine, *f* | ffatri (b) |
| un | ustensile, *m* | teclyn (g); celficyn (g); offeryn (g) |
| | usuel, *m* / usuelle, *f adj* | cyffredin; arferol |
| | utile, *adj* | defnyddiol |
| | utiliser, *v* | defnyddio |

| | |
|---|---|
| il / elle **va** (o **aller**), *v*\*\* | mae e(f)o / hi'n mynd |
| ça **va?** | sut mae?; sut wyt ti / ydych chi?; sut mae pethau'n mynd? |
| ça **va** | (rydw i'n) iawn; mae popeth yn iawn; dyna ddigon |
| ça **va mal** | dyw / dydy pethau ddim (yn mynd) yn dda o gwbl |
| ça **va mieux?** | wyt ti / ydych chi'n well? |
| ça ne **va pas** | mae rhywbeth o'i le / yn bod; wnaiff hynny mo'r tro |
| ça **va sans dire** | mae hynny'n gwbl amlwg |
| **va!** | dos!; cer! |
| **va-t-en!** | dos / cer o' ma! |
| des **vacances,** *f pl* | gwyliau (ll) |
| en **vacances** | ar wyliau |
| les grandes **vacances,** *f pl* | gwyliau (ll) 'r haf |
| des **vacanciers,** *m pl* | ymwelwyr (ll); twristiaid (ll) |
| une **vache,** *f* | buwch (b) |
| **vachement** | yn wirioneddol; yn hynod o [slang] |
| une **vague,** *f* | ton (b) |
| je **vais** (o **aller**), *v*\*\* | rydw i'n mynd |
| la **vaisselle,** *f* | llestri (ll) |
| faire la **vaisselle,** *v*\*\* | golchi('r) llestri |
| **valable,** *adj* | dilys |
| une **valeur,** *f* | gwerth (g) |
| de **valeur** | gwerthfawr |
| une **valise,** *f* | cês (g); bag (g) dillad |
| faire sa **valise,** *v*\*\* | pacio (cês) |
| une **vallée,** *f* | dyffryn (g) |
| un **vallon,** *m* | dyffryn (g) [bach]; cwm (g) |
| la **vanille,** *f* | fanila (g) |
| la **vapeur,** *f* | ager (g); anwedd (g); stêm (g); tawch (g) |
| un **vapeur,** *m* | stemar (b) |
| une **variante,** *f* | amrywiad (g) |
| **varié,** *adj* | amrywiol |
| la **variété,** *f* | amrywiaeth (gb); math (g) |
| les **variétés,** *f pl* | sioe (b) amrywiaethol |
| tu **vas** (o **aller**), *v*\*\* | rwyt ti'n mynd |
| **vas-y!** | ffwrdd â t(h)i!; dos / cer ati, yn dy flaen! |
| un **vase,** *m* | cawg (g); ffiol(b) |
| le **veau,** *m* (les **veaux,** *pl*) | cig (g) llo; llo (g) (lloi, lloeau, ll) |
| j'ai **vécu** (o **vivre**), *v*\*\* | rydw i wedi byw; bûm / bues i'n byw |

| | | |
|---|---|---|
| une | **vedette,** *f* | seren (b) [ffilm]; cwch (g) modur [heddlu, ayb] |
| | **végétarien,** *m* / **végétarienne,** *f adj* | llysfwytäol; ar gyfer llysfwytawyr |
| la | **veille,** *f* | y diwrnod (g) cyn / cynt; y noson(b) / noswaith (b) cyn; y noson (b) / noswaith (b) gynt; noswyl (b); gwyliadwriaeth (b); anhunedd (g) |
| un | **vélo,** *m* | beic (g) |
| à / en | **vélo** | ar feic; ar gefn beic |
| faire du | **vélo,** *v*** | mynd (am dro / reid) ar gefn beic |
| un | **vélo tout terrain (V.T.T.),** *m* | beic (g) mynydd |
| un | **vélomoteur,** *m* | beic (g) modur bach ; moped (g) |
| le | **velours,** *m* | melfed (g) |
| de / en | **velours** | wedi'i wneud o felfed; melfed |
| un | **vendeur,** *m* / une **vendeuse,** *f* | gwerthwr (g) / gwerthwraig (b); dyn (g) / dynes (b) siop; gweithiwr (g) / gweithwraig (b) siop |
| | **vendre,** *v* | gwerthu |
| | **vendredi,** *m* | dydd (g) Gwener |
| | **vendu,** *adj* | wedi'i werthu |
| | **venir,** *v*** | dod |
| | **venir de (faire ...),** *v*** | bod newydd (wneud ...) |
| un | **vent,** *m* | gwynt (g) |
| il fait du | **vent** | mae'n wyntog; mae'n chwythu |
| une | **vente,** *f* | gwerthiant (g) |
| en | **vente** | ar werth |
| une | **vente aux enchères,** *f* | ocsiwn (b); arwerthiant (g) |
| un | **ventre,** *m* | stumog (b); bol(a) (g) |
| je suis | **venu (e)** (o **venir**), *v*** | rydw i wedi dod; deuthum / des |
| un | **ver,** *m* | cynrhonyn (g) |
| un | **ver de terre,** *m* | pry' (g) genwair |
| un | **verbe,** *m* | berf (b) |
| | **vérifier,** *v* | gwirio; edrych dros / ar; archwilio; cadarnhau |
| | **véritable,** *adj* | gwir; gwirioneddol |
| une | **vérité,** *f* | gwir (g); gwirionedd (g) |
| on | **verra** (o **voir**), *v*** | cawn weld |
| un | **verre,** *m* | gwydr (g); gwydryn (g); gwydraid (g) |
| des | **verres de contact,** *m pl* | lensys (ll) cyffwrdd |
| | **vers** | tuag at; tua |

| | | |
|---|---|---|
| un | **vers,** *m* | llinell (b) [cân / cerdd] |
| les | **vers,** *m pl* | barddoniaeth (b) |
| | **Verseau,** *m* | Acwariws; (cytser(g)) y Cariwr Dŵr (g) |
| | **verser,** *v* | tywallt; arllwys; dymchwel(yd) |
| une | **version,** *f* | fersiwn (gb); cyfieithiad (g) |
| en | **version originale** | yn yr iaith wreiddiol |
| | **vert,** *adj* | gwyrdd |
| | **verticalement** | i lawr [mewn croesair] |
| le | **vertige,** *m* | penfeddwdod (g); penysgafnder (g) |
| avoir le | **vertige,** *v*** | bod â phenfeddwdod / phenysgafnder; dioddef o'r bendro; teimlo'n benfeddw / benysgafn |
| une | **veste,** *f* | siaced (b) |
| un | **vestiaire,** *m* | ystafell (b) newid / gotiau |
| un | **vestibule,** *m* | cyntedd (g) |
| des | **vêtements,** *m pl* | dillad (ll) |
| un/une | **vétérinaire,** *m/f* | milfeddyg (g) |
| | **veuf,** *m* / **veuve,** *f adj* | gweddw |
| ils / elles | **veulent** (o **vouloir**), *v*** | maen nhw eisiau / yn dymuno |
| il / elle | **veut** (o **vouloir**), *v*** | mae e(f)o / hi eisiau; mae e(f)o / hi'n dymuno |
| cela | **veut dire** | mae hynny'n golygu; ystyr hynny yw/ydy |
| je | **veux** (o **vouloir**), *v*** | rydw i eisiau / yn dymuno |
| la | **viande,** *f* | cig (g) |
| une | **victime,** *f* | dioddefydd (g) / dioddefwraig (b) |
| | **vide,** *adj* | gwag |
| une | **vidéo(cassette),** *f* | fideo (g); casét fideo |
| unc | **vidéothèque,** *f* | siop (b) (hurio / fenthyg) fideo |
| | **vider,** *v* | gwagio; gwagu; gwacáu; disbyddu |
| un | **videur,** *m* / une **videuse,** *f* | un (gb) sy'n cadw trefn mewn clwb nos [ayb]; taflwr (g) allan |
| une | **vie,** *f* | bywyd (g); bywoliaeth (b) |
| | **vieil, vieux,** *m* / **vieille,** *f adj* | hen; oedrannus |
| ils / elles | **viennent** (o **venir**), *v*** | maen nhw'n dod |
| je | **viens** (o **venir**), *v*** | rydw i'n dod |
| il / elle | **vient** (o **venir**), *v*** | mae e(f)o / hi'n dod |
| elle | **vient d'arriver** | mae hi newydd gyrraedd |
| | **Vierge,** *f* | Firgo; (cytser (g) ) y Forwyn (b) / y Wyryf (b) |

| | | |
|---|---|---|
| | **vieux, vieil,** *m* / **vieille,** *f adj* | hen; oedrannus |
| | **vif,** *m* / **vive,** *f adj* | byw; bywiog; nwyfus; llachar; craff; llym |
| une | **vigne,** *f* | gwinwydden (b); gwinllan (b) |
| une | **vignette,** *f* | label (gb) [gwneuthurwr]; addurn (g) [ar dudalen]; disgrifiad (g) [cryno] |
| | **vilain,** *adj* | hyll; salw; [plentyn] drwg; cas; gwael |
| un | **village,** *m* | pentref (g) |
| une | **ville,** *f* | tref (b); dinas (b) |
| en | **ville** | yn y dref / ddinas; i'r dref / ddinas |
| un | **vin,** *m* | gwin (g) |
| le | **vinaigre,** *m* | finegr (g) |
| une | **vinaigrette,** *f* | blaslyn (g) Ffrengig o olew a finegr [ar gyfer salad] |
| | **vingt** | ugain; dau ddeg |
| | **violet,** *m* / **violette,** *f adj* | porffor; lliw fioled |
| un | **violon,** *m* | ffidil (b) |
| un | **violoncelle,** *m* | soddgrwth (g) |
| un | **virage,** *m* | tro (g); trofa (b) |
| je | **vis** (o **vivre**), *v*\*\* | rydw i'n byw |
| un | **visage,** *m* | wyneb (g) |
| une | **visite,** *f* | ymweliad (g) |
| rendre | **visite à,** *v* | ymweld â [rhywun] |
| | **visiter,** *v* | ymweld â |
| un | **visiteur,** *m* / une **visiteuse,** *f* | ymwelydd (g) |
| | **visser,** *v* | sgriwio |
| il / elle | **vit** (o **vivre**), *v*\*\* | mae e(f)o / hi'n byw |
| | **vite** | yn gyflym; yn fuan |
| une | **vitesse,** *f* | cyflymder (g); cyflymdra (g); gêr (gb) |
| une | **vitrine,** *f* | ffenestr (b) siop |
| | **vivant,** *adj* | byw; bywiog |
| | **vive,** *f* / **vif,** *m adj* | byw; bywiog; nwyfus; llachar; craff; llym |
| | **vive ... !** | hir oes i ...! |
| | **vivre,** *v*\*\* | byw |
| un | **vocabulaire,** *m* | geirfa (b) |
| | **voici** | dyma |
| une | **voie,** *f* | ffordd (b); llwybr (g); trac (g); lôn (b) |
| ils / elles | **voient** (o **voir**), *v*\*\* | maen nhw'n gweld |

| | |
|---|---|
| voilà | dyna; dacw |
| la **voile**, *f* | hwylio (g); hwyl (b) |
| faire de la **voile**, *v*** | (mynd i) hwylio |
| **voir**, *v*** | gweld |
| je **vois** (o **voir**), *v*** | rydw i'n gweld; wela' i |
| un **voisin**, *m* / une **voisine**, *f* | cymydog (g) / cymdoges (b) |
| il / elle **voit** (o **voir**), *v*** | mae e(f)o / hi'n gweld |
| une **voiture**, *f* | car (g) |
| en **voiture** | yn y car; mewn car |
| une **voix**, *f* | llais (g) |
| un **vol**, *m* | hediad (g); haid (b) [adar]; lladrad (g) |
| un **volant**, *m* | olwyn (b); llyw (g) [car] |
| **voler**, *v* | dwyn; lladrata; hedfan; ehedeg |
| un **voleur**, *m* / une **voleuse**, *f* | lleidr (g) / lladrones (b) |
| le **volley**, *m* | pêl-foli (g) |
| un / une **volontaire**, *m/f* | gwirfoddolwr (g) / gwirfoddolwraig (b) |
| **vomir**, *v* | cyfogi; chwydu; taflu i fyny |
| ils / elles **vont** (o **aller**), *v*** | maen nhw'n mynd |
| **vos** | eich [o flaen enw lluosog] |
| **votre** | eich [o flaen enw unigol] |
| je **voudrais** (o **vouloir**), *v*** | (fe / mi) hoffwn i |
| **vouloir**, *v*** | bod eisiau; dymuno |
| j'ai **voulu** (o **vouloir**), *v*** | rydw i wedi bod eisiau; rydw i wedi dymuno; roeddwn i eisiau / yn dymuno; dymunais |
| **vous** | chi; i chi; atoch chi; â chi; wrthych chi; (chi) eich hun(ain) |
| **vous–même(s)** | eich hun(ain) |
| un **voyage**, *m* | taith (b); siwrnai (b) |
| bon **voyage!** | siwrnai dda i ti / i chi ! |
| **voyager**, *v** | teithio; trafaelu / trafaelio / trafeilio |
| un **voyageur**, *m* | teithiwr (g) |
| / une **voyageuse**, *f* | / teithwraig (b) |
| un **voyant**, *m* | gweledydd (g); un (gb) sy'n gallu gweld |
| / une **voyante**, *f* | |
| une **voyelle**, *f* | llafariad (b) |
| nous **voyons** (o **voir**), *v*** | rydyn ni'n gweld |
| **voyons** | gad / gadewch i ni weld |
| un **voyou**, *m* | hwligan (g); dihiryn (g) ; cenau (g); cnaf (g); gwalch (g) |
| **vrai**, *adj* | gwir; cywir; gwironeddol |

| | |
|---|---|
| à **vrai dire** | a bod yn onest; a dweud y gwir |
| **vraiment** | yn wir; yn wironeddol; mewn gwirionedd; o ddifri(f) |
| j'ai **vu** (o **voir**), *v*\*\* | rydw i wedi gweld; gwelais |
| la **vue**, *f* | golwg (g); golygfa (b) |

| | |
|---|---|
| un **walkman,** *m* | Walkman (g) |
| les **water(s),** *m pl* | toiled (g) |
| un **week–end,** *m* | penwythnos (g) |
| un **western,** *m* | ffilm (b) gowboi |

| | |
|---|---|
| **y** | yno |
| il **y a** | mae (yna); yn ôl |
| un **yaourt,** *m* | iogwrt (g) |
| des **yeux,** *m pl* | llygaid (ll) |

| | |
|---|---|
| un **zèbre,** *m* | sebra (g) |
| un **zéro,** *m* | sero (g); dim (g) |
| un **zeste,** *m* | pil (g) / croen (g) [oren, ayb] |
| une **zone,** *f* | cylchfa (b); rhanbarth (g); ardal (b) |
| une **zone piétonne,** *f* | man (g) / stryd (b) / rhanbarth (g) siopa heb draffig, i gerddwyr yn unig |
| un **zoo,** *m* | sw (g) |
| **zut!** | dam(i)o!; dario!; daria! |

# CYMRAEG – FFRANGEG

| | |
|---|---|
| **a, ac** | et |
| **a** | qui; que; si |
| **â, ag** | avec; par; à |
| **aberthu** | sacrifier, *v* |
| **academi** (b) | une académie, *f;* une école privée (*f*) |
| **academi** (b) **gerdd** | un conservatoire, *m* |
| **actor** (g) / **actores** (b) | un acteur, *m* / une actrice, *f;* un comédien, *m* / une comédienne, *f* |
| *bod yn actor / actores* | faire du théâtre, *v*** |
| **acw** | là |
| **y(r)...acw** | ce/cet/cette/ces...; ce/cet/cette/ces...-là |
| **y rhai acw** | ceux-là/celles-là |
| **acwariwm** (g) | un aquarium, *m* |
| **Acwariws** | Verseau, *m* |
| **ach (b)** | une lignée, *f* |
| *coeden (b) / tabl (g) achau* | un arbre généalogique, *m* |
| **achlysur** (g) | une occasion *f* |
| **ar achlysur** | à l'occasion de |
| **achos** (g) | une cause; *f;* un cas, *m* |
| **achos** | car; parce que |
| *o achos* | à cause de |
| **achosi** | causer, *v*; provoquer, *v*; occasionner, *v* |
| **achub** | sauver, *v* |
| **adareg** (b) | l'ornithologie, *f* |
| **adeg** (b) | une occasion, *f* |
| **adeilad** (g) | un bâtiment, *m*; un immeuble, *m* |
| **adeiladu** | construire, *v***; bâtir, *v* |
| *wedi'i adeiladu* | construit, *adj*; bâti, *adj* |
| **adeiladydd** (g) | un maçon, *m*; un entrepreneur en bâtiment, *m* |
| **aderyn** (g) | un oiseau, *m* (des oiseaux, *pl)* |
| **aderyn** (g) **du** | un merle, *m* |
| **adio** | additionner, *v* |
| **adloniant** (g) | un divertissement, *m*; une distraction, *f* |
| **adnabod** | connaître, *v***; reconnaître, *v***; identifier, *v* |
| **dod i adnabod** | faire la connaissance de, *v*** |
| **adnabyddiaeth** (b) | une connaissance, *f* |
| **adnabyddus** | connu, *adj* |
| **adnewyddu** | renouveler, *v** |
| **adnoddau** (ll) | des ressources, *f pl* |

| | | |
|---|---|---|
| **adran** (b) | | un département, *m*; un rayon, *m* [mewn siop] |
| **adref** | | à la maison; chez moi / toi [ayb] |
| **adrodd** | | réciter, *v* |
| *adrodd hanes / straeon* | | raconter, *v* |
| **adroddiad** (g) | | un bulletin, *m*; un rapport, *m*; un reportage, *m* |
| *adroddiad (g) diwedd tymor* | | un bulletin trimestriel, *m* |
| *adroddiad (g) ysgol* | | un bulletin scolaire, *m* |
| **aduniad** (g) | | une réunion, *f* |
| **adweithio** | | réagir, *v* |
| **addas** | | approprié, *adj*; convenable, *adj* |
| **addfwyn** | | doux, *m* / douce, *f adj* |
| **addo** | | promettre (gw mettre), *v*** |
| **addurno** | | décorer, *v* |
| **addysg** (b) | | l'éducation, *f*; l'enseignement, *m*; l'instruction, *f* |
| *addysg (b) gorfforol* | | l'éducation physique et sportive, *f* |
| *addysg (b) grefyddol* | | l'instruction religieuse, *f* |
| **ael** (b) | | un sourcil, *m* |
| **aelod** (g) | | un membre, *m* |
| *aelod (g) staff* | | un employé, *m* / une employée, *f* |
| *bod yn aelod o* | | faire partie de, *v*** |
| **aelodaeth** (b) | | une adhésion, *f* |
| **aer** (g) | | l'air, *m* |
| **afal** (g) | | une pomme, *f* |
| *afal (g) pîn* | | un ananas, *m* |
| **afanc** (g) | | un castor, *m* |
| **afanen** (b) | | une framboise, *f* |
| **aflonyddu** | | troubler, *v*; s'agiter, *v* |
| **afluniaidd** | | difforme, *adj* |
| **afon** (b) | | une rivière, *f* |
| *afon (b) fawr* | | un fleuve, *m* |
| *afon (b) Rhein* | | le Rhin, *m* |
| *afon (b) Tafwys* | | la Tamise, *f* |
| **Affrica** (b) | | l'Afrique, *f* |
| *o Affrica* | | africain, *adj* |
| **Affricanaidd** | | africain, *adj* |
| **ager** (g) | | la vapeur, *f*; la buée, *f* |
| **agor** | | ouvrir, *v*** |
| *ar agor* | | ouvert, *adj* |
| **agored** | | ouvert, *adj* |

| | |
|---|---|
| **agoriad** (g) | une clé / clef, *f* [clo]; un début, *m* [dechrau]; une ouverture, *f* [bwlch] |
| **agorwr** (g) **tun** | un ouvre-boîtes, *m* (des ouvre-boîtes, *pl*) |
| **agos** | proche, *adj* |
| *yn* **agos** *(at)* | près (de) |
| *yn* **agos iawn** | tout près |
| **agosáu** | (s') approcher, *v* |
| **angau** (g) | la mort, *f* |
| **angen** (g) | un besoin, *m* |
| *bod* **angen** | avoir besoin de, *v\*\**; manquer de, *v* |
| *mae* **angen** | il faut (o falloir), *v\*\** |
| *mae* **angen** ... | il manque ... |
| *mae* **angen** ... **arnoch** | il vous faut ... |
| **angenrheidiol** | nécessaire, *adj* |
| **angerdd** (gb) | une passion, *f* |
| **angerddol** | passionné, *adj* |
| *yn* **angerddol** | passionnément |
| **anghenfil** (g) | un monstre, *m* |
| **anghofio** | oublier, *v* |
| **anghofus** | oublieux, *m* / oublieuse, *f adj*; distrait, *adj* |
| **anghwrtais** | impoli, *adj*; mal élevé, *adj* |
| **anghydfod** (g) | une dispute, *f*; une querelle, *f* |
| **anghyfleus** | incommode, *adj*; gênant, *adj* |
| **anghyfleuster** (g) | un inconvénient, *m* |
| **anghyffredin** | peu commun, *adj*; extraordinaire, *adj*; rare, *adj* |
| **anghysbell** | lointain, *adj*; éloigné, *adj*; écarté, *adj*; isolé, *adj* |
| **anghywir** | faux, *m* / fausse, *f adj*; incorrect, *adj*; inexact, *adj*; mauvais, *adj* |
| *bod yn* **anghywir** | avoir tort, *v\*\**; se tromper, *v* |
| **angladd** (gb) | un enterrement, *m* |
| **ai** | si |
| **ail** | deuxième, *adj*; second, *adj* |
| **ailadrodd** | répéter, *v\** |
| **ailadroddiad** (g) | une répétition, *f* |
| **ailafael (yn)** | reprendre (gw prendre), *v\*\** |
| **ailddarganfod** | retrouver, *v* |
| **ailddarllediad** (g) | une rediffusion, *f* |
| **ailddarllen** | relire (gw lire), *v\*\** |

| | | |
|---|---|---|
| | **ailddechrau** | recommencer, *v**; se remettre, (gw mettre), *v*** |
| | **ailddigwyddiad** (g) | une répétition, *f* |
| | **ailgodi** | relever, *v** |
| | **ailgroesi** | retraverser, *v* |
| | **ailgychwyn** | recommencer, *v** |
| | **ailgylchu** (g) | le recyclage, *m* |
| | **ailgysylltu** | rejoindre (gw éteindre), *v*** |
| | **ailymuno â** | rejoindre (gw éteindre), *v*** |
| | **ail-ddweud** | répéter, *v** |
| | **ail-law** | d'occasion; usagé, *adj* |
| | **ail-wneud** | refaire (gw faire), *v*** |
| | **alarch** (*g*) | un cygne, *m* |
| *yr* | **Alban** | l'Ecosse, *f* |
| *o'r* | *Alban* | écossais, *adj* |
| | **Albanaidd** | écossais, *adj* |
| | **alcohol** (g) | l'alcool, *m* |
| | **alcoholaidd** | alcoolisé, *adj* |
| | **Algeraidd** | algérien, *m* / algérienne, *f adj* |
| | **Algeria** (b) | l'Algérie, *f* |
| *o* | *Algeria* | algérien, *m* / algérienne, *f adj* |
| *yr* | **Almaen** (b) | l'Allemagne, *f* |
| *o'r* | *Almaen* | allemand, *adj* |
| | **Almaenaidd** | allemand, *adj* |
| | **Almaeneg** (b) | l'allemand, *m* [yr iaith] |
| | **Almaeneg / Almaenig** | allemand, *adj* |
| | **almon** (g) | une amande, *f* |
| | **allan** | (au) dehors |
| *mae e(f)o* | *allan* | il est sorti |
| *tu (gb)* | *allan* | l'extérieur, *m*; le dehors, *m* |
| *tu* | *allan* | (au) dehors; à l'extérieur |
| | **allanfa** (b) | une sortie, *f* |
| | *allanfa (b) dân / frys* | une sortie de secours, *f* |
| | **allblyg** | extraverti, *adj* |
| | **alltudio** | transporter, *v* |
| | **allwedd** (b) | une clé / clef, *f* [clo]; une légende, *f* [map] |
| | **allweddair** (g) | un mot-clé, *m* |
| | **allweddell** (b) | un clavier, *m* |
| | **am** | au sujet de; pendant; pour; puisque; sur |
| | **amaethyddol** | agricole, *adj* |
| | **amau** | douter, *v*; se méfier de, *v* |

| | |
|---|---|
| **ambell** | quelque, *adj* |
| **ambell waith** | quelquefois, des fois |
| **amcan**-**lun** (g) | un portrait-robot, *m* |
| **amddiffyn** | défendre, *v*; protéger, *v**  |
| **amddiffyniad** (g) | une défense, *f* |
| **America** (b) | l'Amérique, *f* |
| *o America* | américain, *adj* |
| **Americanaidd** | américain, *adj* |
| **amgueddfa** (b) | un musée, *m* |
| *o* **amgylch** | autour de |
| *yr* **amgylchedd** (g) | l'environnement, *m* |
| **amgylchynu** | entourer, *v* |
| **amheuaeth** (b) | le doute, *m* |
| **amheus** | douteux, *m* / douteuse, *f adj*; méfiant, *adj* |
| **amhosibl** | impossible, *adj* |
| **aml** | fréquent, *adj* |
| *yn aml* | souvent |
| **amlen** (b) | une enveloppe, *f* |
| **amlieithog** | polyglotte, *adj* |
| **amlinell** (b) | un profil, *m*; une silhouette, *f* |
| **amlinellu** | tracer, *v** silhouetter, *v*; esquisser, *v* |
| **amlwg** | évident, *adj* |
| *yn amlwg* | évidemment |
| *mae hynny'n gwbl amlwg* | ça va sans dire |
| **amnaid** (b) | un geste, *m*; un signe, *m* |
| **amod** (gb) | une condition, *f* |
| **amrant** (g) | une paupière, *f* |
| **amryw** | divers, *adj*; plusieurs, *adj* |
| **amrywiad** (g) | une variante, *f* |
| **amrywiaeth** (b) | la variété, *f* |
| **amrywiol** | divers, *adj*; varié, *adj* |
| **amser** (g) | le temps, *m*; l'heure, *f* [o'r dydd] |
| *amser (g) chwarae* | une récréation, *f* |
| *(am) amser hir* | longtemps |
| *amser (g) rhydd / hamdden* | le temps libre, *m*; le loisir, *m* |
| **amserlen** (b) | un horaire, *m*; un emploi du temps, *m* [ysgol] |
| **amynedd** (g) | une patience, *f* |
| **amyneddgar** | patient, *adj* |
| *yn amyneddgar* | patiemment |
| **anabl** | handicapé, *adj* |

|  | | |
|---|---|---|
| | **anabledd** (g) | un handicap, *m* |
| | **anadlu** | respirer, *v* |
| | **anadnabyddus** | inconnu, *adj* |
| | **anafu** | blesser, *v* |
| | **anaml** | rare, *adj* |
| *yn* | *anaml* | rarement |
| | **andwyo** | abîmer, *v*; gâcher, *v*; gâter, *v* [plentyn] |
| | **anesmwyth** | inquiet, *m* / inquiète, *f adj*; agité, *adj* |
| | **anfantais** (b) | un désavantage, *m*; un handicap, *m*; un inconvénient, *m* |
| | **anferth** | énorme, *adj*; gigantesque, *adj* |
| | **anfodlon** | mécontent, *adj* |
| | **anfon** | envoyer, *v*** |
| | **anfonwr** (g) / | un expéditeur, *m* / |
| | **anfonwraig** (b) | une expéditrice, *f* |
| | **anffawd** (b) | un accident, *m*; un malheur, *m* |
| | **anffodus** | malheureux, *m* / malheureuse, *f adj*; malchanceux, *m* / malchanceuse, *f adj* |
| *yn* | *anffodus* | malheureusement |
| | **anhapus** | malheureux, *m* / malheureuse, *f adj* |
| | **anhapusrwydd** (g) | la tristesse, *f*; le chagrin, *m* |
| | **anhawster** (g) | une difficulté, *f* |
| | **anhrefn** (g) | un désordre, *m* |
| | **anhygoel** | incroyable, *adj* |
| *(yn)* | *anhygoel (o)* | incroyablement |
| | **anhysbys** | inconnu, *adj* |
| | **anialwch** (g) | un désert, *m* |
| | **anifail** (g) | un animal, *m* (des animaux, *pl*); une bête, *f* |
| | *anifail (g) anwes* | un animal domestique, *m* |
| | **anlwc** (g) | un malheur, *m* |
| | **anlwcus** | malchanceux, *m* / malchanceuse, *f adj* |
| | **annibynnol** | indépendant, *adj* |
| | **annifyr** | embêtant, *adj*; énervant, *adj*; irritant, *adj* |
| | **annioddefol** | insupportable, *adj* |
| | **annog** | encourager, *v** |
| | **annwyd** (g) | un rhume, *m* |
| *bod ag / yn llawn* | *annwyd* | être enrhumé, *v*** |
| | **annwyl** | cher, *m* / chère, *f adj*; mignon, *m* / mignonne, *f adj* |
| | **annymunol** | désagréable, *adj* |
| | **anobaith** (g) | le désespoir, *m* |

| | |
|---|---|
| **anobeithiol** | désespéré, *adj*; nul, *m* / nulle, *f adj* |
| **anodd** | difficile, *adj* |
| **anorac** (g) | un anorak, *m* |
| **anrheg** (b) | un cadeau, *m* (des cadeaux, *pl*) |
| **ansawdd** (g) | une qualité, *f* |
| **ansoddair** (g) | un adjectif, *m* |
| **antiseptig** | antiseptique, *adj* |
| **antur** (gb) | une aventure, *f* |
| **anwaraidd** | sauvage, *adj* |
| **anwesu** | caresser, *v* |
| **anwylyd** (gb) | un chéri, *m* / une chérie, *f* |
| **ar** | sur; par |
| *ar draws* | à travers; horizontalement [croesair] |
| *ar ôl* | après; en retard |
| *ar wahân i* | à part; sauf |
| **Arab** (g) | un Arabe, *m* |
| **Arabaidd** | arabe, *adj* |
| **araf** | lent, *adj* |
| *yn araf* | lentement; doucement |
| **arall** | autre, *adj* |
| *un (gb) arall (eto)* | encore un / une |
| **arbed** | sauver, *v*; épargner, *v*; éviter, *v* |
| **arbennig** | particulier, *m* / particulière, *f adj*; spécial, *adj* |
| *yn arbennig* | spécialement; surtout; particulièrement |
| **arbrawf** (g) | une expérience, *f* |
| **arcêd** (gb) | une galerie / une salle de jeux, *f* |
| **archaeoleg** (b) | l'archéologie, *f* |
| **archeb** (b) | une commande, *f*; un mandat, *m*; une réservation, *f* [am sedd, ayb] |
| **archebu** | réserver, *v*; commander, *v*; louer, *v* |
| **archfarchnad** (b) | un hypermarché, *m*; une grande surface, *f* |
| **archwaeth** (gb) | un appétit, *m* |
| **archwilio** | vérifier, *v*; inspecter, *v*; examiner, *v* |
| **archwiliwr** (g) / **archwilwraig** (b) | un inspecteur, *m* / une inspectrice, *f*; un contrôleur, *m* / une contrôleuse, *f* [tocynnau] |
| **ardal** (b) | une région, *f*; un quartier, *m* |
| *ardal (b) o amgylch* | des environs, *m pl* |
| **arddangosfa** (b) | une exposition, *f* |
| (yr) **arddegau** (ll) | l'adolescence, *f* |

| | |
|---|---|
| *un (gb) yn ei (h)arddegau* | un ado(lescent), *m* / une ado(lescente), *f* |
| **ardderchog** | chouette, *adj*; fantastique, *adj*; extra, *adj* (byth yn newid); formidable, *adj*; génial, *adj*; merveilleux, *m* / merveilleuse, *f adj* |
| **arddull** (gb) | un style, *m* |
| **arestio** | arrêter, *v* |
| **arfbais** (b) | une écusson, *f* |
| **arfer** (gb) | une habitude, *f*; une coutume, *f* |
| **arferol** | usuel, *m* / usuelle, *f adj*; habituel, *m* / habituelle, *f adj*; normal, *adj* |
| **arfordir** (g) | une côte, *f* |
| **argraff** (b) | une impression, *f* |
| *gweneud argraff ar* | impressionner, *v* |
| **argraffu** | imprimer, *v* |
| **argymell** | recommander, *v* |
| **arholiad** (g) | un examen, *m* |
| **arhosfa** (b) | un arrêt, *m* |
| *arhosfa (b) fysiau* | un arrêt d'autobus, *m* |
| **arhosiad** (g) | un séjour, *m* |
| **arhosol** | permanent, *adj* |
| **arian** (g) | l'argent, *m* |
| *wedi'i wneud o arian* | en / d'argent |
| *arian (g) breiniol* | une devise, *f* |
| *arian (g) poced* | l'argent de poche, *m* |
| *arian (g) papur* | un billet (de banque), *m* |
| **ariannwr** (g) / **arianwraig** (b) | un caissier, *m* / une caissière, *f* |
| **Aries** | Bélier, *m* |
| **arlunio** (g) | le dessin, *m* |
| **arlunio** | dessiner, *v* |
| **arlunydd** (g) / **arlunwraig** (b) | un / une peintre, *m* / *f*; un / une artiste, *m* / *f* |
| **arlywydd** (g) | un président, *m* / une présidente, *f* |
| **arllwys** | verser, *v* |
| **arnofio** | flotter, *v* |
| **arogl** (g) | une odeur, *f*; un parfum, *m* |
| **arogli** | sentir (gw partir), *v*** |
| **arolwg** (g) **(barn)** | un sondage, *m* |
| **arolygwr** (g) / **arolygwraig** (b) | un surveillant, *m* / une surveillante, *f*; un inspecteur, *m* / une inspectrice, *f*; un contrôleur, *m* / une contrôleuse, *f* |

| | |
|---|---|
| **aros** | attendre, *v*; rester, *v* |
| *aros am* | attendre, *v* |
| **arswyd** (g) | l'horreur, *f* |
| **artisiog** (g) | un artichaut, *m* |
| **artist** (g) | un / une artiste, *m / f*; un / une peintre, *m / f* |
| **arth** (b) | un ours, *m* |
| **arwain** | conduire, *v\*\**; mener, *v\** |
| **arweinydd** (g) | un chef, *m*; un guide, *m* |
| **arwerthiant** (g) | une vente aux enchères, *f* |
| **arwr** (g) / **arwres** (b) | un héros, *m* / une héroïne, *f* |
| **arwydd** (g) | un indice, *m*; un geste, *m*; un signe, *m*; un panneau, *m* (des panneaux, *pl*) [traffig] |
| **arwyddair** (g) | une devise, *f* |
| **arwyddion** (ll) | une signalisation, *f* [traffig] |
| **arwyddo** | signer, *v* |
| **arwynebedd** (g) | une superficie, *f*; une surface, *f* |
| **asbirin** (b) | une aspirine, *f* |
| **asen** (b) | une côte, *f* |
| **asesu** | évaluer, *v* |
| **asgwrn** (g) | un os, *m* |
| **Asia** (b) | l'Asie, *f* |
| **Asiaidd** | asiatique, *adj* |
| **asiantaeth** (b) | une agence, *f* |
| *asiantaeth (b) deithio* | une agence de voyages, *f* |
| *asiantaeth (b) gyhoeddusrwydd* | une agence de publicité, *f* |
| **astrolegol** | astrologique, *adj* |
| **astrolegydd** (g) | un astrologue, *m* |
| **astud** | attentif, *m* / attentive, *f adj* |
| *yn astud* | attentivement |
| **astudiaeth** (b) | une étude, *f* |
| *astudiaethau (ll) cyffredinol / cymdeithasol* | l'éducation / l'instruction civique, *f* |
| *astudiaethau (ll) cyfrifiadurol* | l'informatique, *f* |
| **astudio** | étudier, *v* |
| **asyn** (g) | un âne, *m* |
| **at** | à |
| **atal** | arrêter, *v*; empêcher, *v*; retenir (gw tenir), *v\*\** |

159

| | |
|---|---|
| **atalnod** (g) **llawn** | un point, *m* |
| **ateb** (g) | une réponse, *f*; une solution, *f* |
| **ateb** | répondre, *v* |
| **atgas** | infect, *adj* |
| **atgof** (g) | un souvenir, *m* |
| **atgyweirio** | réparer, *v*; rénover, *v* |
| *pecyn (g)* **atgyweirio** | une trousse de bricolage / de réparation, *f* |
| **atig** (b) | un grenier, *m*; une mansarde, *f* |
| **atlas** (g) | un atlas, *m* |
| **atmosffer** (g) | une atmosphère, *f* |
| **atodol** | supplémentaire, *adj* |
| **atseiniol** | retentissant, *adj*; sonore, *adj* |
| **athletau** (ll) | l'athlétisme, *m* |
| **athletwr** (g) / **athletwraig** (b) | un / une athlète, *m* / *f* |
| **athro** (g) / **athrawes** (b) | un / une prof(esseur), *m* [ysgol uwchradd]; un instituteur, *m* / une institutrice, *f* [ysgol gynradd] |
| **athrylith** (b) | un génie, *m* |
| **aur** (g) | l'or, *m* |
| *wedi'i wneud o* **aur** | d'or; en or |
| **aw!** | aïe! |
| **awdur** (g) / **awdures** (b) | un auteur, *m* / une femme auteur, *f* |
| **awdurdod** (gb) | une autorité, *f*; un mandat, *m*; |
| **awdurdodol** | autoritaire, *adj* |
| **awgrym** (g) | une proposition, *f*; une suggestion, *f* |
| **awgrymu** | proposer, *v*; suggérer, *v**  |
| **awr** (b) | une heure, *f* |
| *awr a hanner* | une heure et demie |
| **Awst** (g) | août, *m* |
| **Awstralaidd** | australien, *m* / australienne, *f adj* |
| **Awstralia** (b) | l'Australie, *f* |
| *o* **Awstralia** | australien, *m* / australienne, *f adj* |
| **Awstria** (b) | l'Autriche, *f* |
| *o* **Awstria** | autrichien, *m* / autrichienne, *f adj* |
| **Awstriaidd** | autrichien, *m* / autrichienne, *f adj* |
| **awyddus** | désireux, *m* / désireuse, *f adj* |
| **awyr** (b) | l'air, *m*; le ciel, *m* (les cieux, *pl*) |
| *yn yr* **awyr** *iach / agored* | en plein air |
| **awyren** (b) | un avion, *m* |
| *mewn* **awyren** | en avion |
| **awyrgylch** (gb) | une ambiance, *f*; une atmosphère, *f* |

160

| | |
|---|---|
| **baban** (g) | un bébé, *m* |
| **baco** (g) | le tabac, *m* |
| **bach** | petit, *adj* |
| **bachgen** (g) | un garçon, *m*; un gars, *m* |
| **bad** (g) | un bateau, *m* (des bateaux, *pl*) |
| **badminton** (g) | le badminton, *m* |
| **bae** (g) | une baie, *f* |
| **baedd** (g) **gwyllt** | un sanglier, *m* |
| **bag** (g) | un sac, *m* |
| *bag* (g) *bach* | un sachet, *m* |
| *bag* (g) *dogfennau* | une serviette, *f* |
| *bag* (g) *ymolchi* | une trousse de toilette, *f* |
| *bag* (g) *ysgol* | un cartable, *m* |
| **bagiau** (ll) | des bagages, *m pl* |
| **baglau** (ll) | les béquilles, *f pl* |
| **bai** (g) | un défaut, *m*; une faute, *f*; un tort, *m* |
| **balch** | arrogant, *adj*; fier, *m* / fière, *f adj*; content, *adj* |
| **balconi** (g) | un balcon, *m* |
| **balŵn** (g) | un ballon, *m;* une montgolfière, *f* [â basged] |
| **bambŵ** (g) | le bambou, *m* |
| **banana** (g) | une banane, *f* |
| **banc** (g) | une banque, *f* |
| **bancwr** (g) | un banquier, *m* |
| **band** (g) | un orchestre, *m*; une fanfare, *f* [pres] |
| **baner** (b) | un drapeau, *m* (des drapeaux, *pl*) |
| *y faner* (b) *drilliw* | le (drapeau) tricolore, *m* [Ffrainc] |
| **bar** (g) | une barre, *f*; un barreau, *m* (des barreaux, *pl*) [ffenest]; un bar, *m* [yfed] |
| *bar* (g) *byrbryd* | un snack(-bar), *m*; une buvette, *f* |
| *bar* (g) *siocled* | une barre chocolatée / au chocolat, *f* |
| **bara** (g) | le pain, *m* |
| **barbaraidd** | barbare, *adj*; sauvage, *adj* |
| **barbeciw** (g) | un barbecue, *m* |
| **bardd** (g) | un poète, *m* / une poétesse, *f* |
| **barddoniaeth** (b) | la poésie, *f*; les vers, *m pl* |
| **barf** (b) | une barbe, *f* |
| **bargen** (b) | une occasion, *f*; un marché, *m* |
| **bargeinion** (ll) | des soldes, *m pl* [mewn sêl] |
| **barn** (b) | un avis, *m*; une opinion, *f* |
| *yn fy marn i* | à mon avis |
| **barnu** | juger, *v\** |

| | | |
|---|---|---|
| | **barus** | gourmand, *adj*; goulu, *adj* |
| | **bas** (g) **dwbl** | une contrebasse, *f* |
| | **basged** (b) | une corbeille, *f*; un panier, *m* |
| | *basged (b) siopa* | un panier à provisions, *m* |
| | **basgrwth** (g) | une contrebasse, *f* |
| | **basn** (g) **ymolchi** | un lavabo, *m* |
| | **bat** (g) | une batte, *f*; une raquette, *f* [tennis bwrdd] |
| | **batri** (g) | une pile, *f* |
| | **bath** (g) | un bain, *m*; une baignoire, *f* |
| | **bathodyn** (g) | un insigne, *m*; une plaque, *f* |
| | **baw** (g) | la boue, *f*; la crotte, *f*; la saleté, *f* |
| | **bawd** (g) | un pouce, *m*; un gros orteil, *m* [troed] |
| | **be?** | hein?, comment? |
| | **bechingalw** (g) / **betingalw** (g) | un machin, *m*; un truc, *m* |
| | **beic** (g) | une bicyclette, *f*; un vélo, *m* |
| *ar gefn* | *beic* | à / en vélo; à / en bicyclette |
| *mynd ar gefn* | *beic* | faire du cyclisme, *v*\*\*; faire du vélo, *v*\*\* |
| | *beic* (g) *modur* | une moto(cyclette), *f*; un vélomoteur, *m* [bach] |
| *ar gefn* | *beic modur* | à / en moto(cyclette) |
| | *beic* (g) *mynydd* | un vélo tout terrain (V.T.T.), *m* |
| | **beicio** (g) | le cyclisme, *m* |
| | **beicio** | faire du cyclisme, *v*\*\* |
| | **beiciwr** (g) / **beicwraig** (b) | un / une cycliste, *m* / *f* |
| | **beichio wylo / crio** | sangloter, *v* |
| | **beiddgar** | audacieux, *m* / audacieuse, *f adj*; hardi, *adj* |
| | **beiddgarwch** (g) | une audace, *f* |
| | **beirniadu** | juger, *v*\* |
| | **beiro** (b) | un bic, *m* |
| **Gwlad** (b) | **Belg** | la Belgique, *f* |
| *o Wlad* | *Belg* | belge, *adj* |
| | **Belgaidd** | belge, *adj* |
| | **bendigedig** | extra, *adj* (byth yn newid); fantastique, *adj*; formidable, *adj*; génial, *adj*; merveilleux, *m adj* / merveilleuse, *f adj*; saint, *adj* [crefyddol] |
| | **benthyca** | emprunter, *v*; prêter, *v* |
| *cael* | *benthyg* | emprunter, *v* |
| *rhoi* | *benthyg* | prêter, *v* |

| | | |
|---|---|---|
| | **berdys** (ll) | des crevettes, *f pl* |
| | **berf** (b) | un verbe, *m* |
| | **berwi** | (faire) bouillir, *v*** |
| *mae'r dŵr yn* | *berwi* | l'eau bout (o bouillir), *v* |
| | **beth** | qu'est-ce que / qui; que; quoi; ce que; quel, *m* / quelle, *f adj*; comment |
| | *beth bynnag* | de toute façon |
| | *beth am fynd i ...?* | si on allait...? |
| | *beth sy'n bod?* | qu'est-ce qu'il y a? |
| | *beth sy'n bod (arnat ti)?* | qu'est-ce que tu as? |
| | *beth sy'n digwydd?* | qu'est-ce qui se passe? |
| | *beth wnawn ni [ayb]* | que faire? |
| | *beth wyt ti'n ei feddwl o...?* | comment tu trouves...? |
| | *beth yn y byd wyt ti'n ei wneud?* | qu'est-ce que tu fabriques? |
| | *beth yw / ydy dy enw di?* | comment t'appelles-tu? |
| | **betysen** (b) | une betterave, *f* |
| | **beunyddiol** | quotidien, *m* / quotidienne, *f adj* |
| | **bil** (g) | une addition, *f*; une note, *f* |
| | **biliards** (ll) | le billard, *m* |
| | **bin** (g) | un coffre, *m* |
| | *bin (g) sbwriel* | une poubelle, *f* |
| | **Bingo** (g) | le Loto, *m* |
| | **bioleg** (b) | la biologie, *f* |
| | **bisgeden** (b) | un biscuit, *m* |
| | **blaen** | premier, *m* / première, *f adj* |
| *(tu(gb))* | **blaen** (g) | l'avant, *m*; le devant, *m*; la tête, *f*; le bout, *m*; la pointe, *f*; la face, *f* [darn arian] |
| | *o flaen* | devant |
| | **blaendal** (g) | une caution, *f* |
| | **blaenwr** (g) | un avant, *m* |
| | **blaidd** (g) | un loup, *m* |
| | **blanced** (g) | une couverture, *f* |
| | **blas** (g) | un goût, *m*; un parfum, *m* |
| | **blaslyn** (g) | une sauce, *f* |
| | **blasu** | goûter, *v*; déguster, *v* |
| | **blasu** (g) | une dégustation, *f* [gwin, ayb] |
| | **blasus** | délicieux, *m* / délicieuse, *f adj*; savoureux, *m* / savoureuse, *f adj* |
| | **blawd** (g) | la farine, *f* |
| | **ble** | où |

| | |
|---|---|
| **bleind** (g) | un store, *m* |
| **blewyn** (g) | un poil, *m* |
| **blin** | coléreux, *m* / coléreuse, *f adj*; irrité, *adj*; en colère; énervé, *adj*; fatigant, *adj*; pénible, *adj* |
| *bod yn flin gan* | regretter, *v* |
| **blinder** (g) | la fatigue, *f* |
| **blinedig** | fatigué, *adj* |
| **blino** | (se) fatiguer, *v*; ennuyer, *v\**; embêter, *v*; irriter, *v* |
| *wedi blino* | fatigué, *adj* |
| *wedi blino'n lân* | claqué, *adj*; crevé, *adj* |
| **blodfresychen** (b) | un chou-fleur, *m* (des choux-fleurs, *pl*) |
| **blodyn** (g) | une fleur, *f* |
| **blows** (gb) | un chemisier, *m* |
| **blwyddyn** (b) | un an, *m*; une année, *f* |
| *y Flwyddyn* (b) *Newydd* | le nouvel an, *m* |
| *Blwyddyn Newydd Dda!* | Bonne Année! |
| *blwyddyn* (b) *ysgol* | une année scolaire, *f* |
| *dechrau blwyddyn* (b) *ysgol newydd* | la rentrée, *f* |
| *ym mlwyddyn 7* | en sixième [ysgol] |
| *ym mlwyddyn 8* | en cinquième [ysgol] |
| *ym mlwyddyn 11* | en seconde [ysgol] |
| *ym mlwyddyn 13* | en terminale [ysgol] |
| **bob** | chaque; tout, *m* / toute, *f* / tous, *m pl* / toutes, *f pl adj* |
| *bob amser* | toujours |
| *bob x awr* | toutes les *x* heures |
| *bob dydd* | tous les jours; chaque jour |
| *bob tro* | chaque fois |
| *bob yn eilddydd* | tous les deux jours |
| **bocs** (g) | une boîte, *f*; une case, *f*; une loge, *f* [theatr] |
| **bocs** (g) **gwnïo** | une boîte à couture, *f* |
| **bocsio** (g) | la boxe, *f* |
| **boch** (b) | une joue, *f* |
| **bod** | être, *v\*\** |
| *mae rhywbeth yn bod* | il y a quelque chose qui cloche / qui ne va pas |
| **bodlon** | content, *adj*; satisfait, *adj* |
| **boi** (g) | un bonhomme, *m*; un gars, *m*; un mec, *m* / un type, *m* [slang] |
| **bol(a)** (g) | un ventre, *m*; un estomac, *m* |

164

| | |
|---|---|
| *rydw i wedi cael llond bol(a)* | j'en ai marre |
| **bom** (g) | une bombe, *f* |
| **bôn** *(g)* | une base, *f*; un pied, *m* |
| *yn y bôn* | au fond |
| **boneddiges** (b) | une dame, *f* |
| **foneddigesau** (ll) | mesdames, *f pl* / mesdemoiselles, *f pl* [wrth gyfarch] |
| **foneddigion** (ll) | messieurs, *m pl* [wrth gyfarch] |
| **foneddigion** (ll) **a boneddigesau** (ll) | messieurs-dames, *m* / *f pl* [wrth gyfarch] |
| **bord** (b) | une table, *f* |
| **bordhwylio** | faire de la planche à voile, *v*** |
| **bore** (g) | un matin, *m*; une matinée, *f* |
| *Bore da!* | Bonjour! |
| **boreol** | matinal, *adj* |
| **bos** (g) | un chef, *m*; un patron, *m* / une patronne, *f* |
| **botwm** (g) | un bouton, *m* |
| **bowlen** (b) | un bol, *m* |
| **bowlio** | jouer aux boules / au bowling, *v*; lancer (la balle), *v** |
| **bra** (g) | un soutien-gorge, *m* |
| **braf** | beau, bel, *m* / belle, *f adj*; agréable, *adj* |
| *mae'n braf* | il fait beau [tywydd] |
| **braich** (b) | un bras, *m* |
| **braidd** | plutôt; un peu |
| **brân** (b) | un corbeau, *m* (des corbeaux, *pl*) |
| **bras** | gras, *m* / grasse, *f adj*; gros, *m* / grosse, *f adj*; approximatif, *m* / approximative, *f adj* |
| *yn fras* | en gros; approximativement |
| **braslun** (g) | un aperçu, *m*; une esquisse, *f*; un schéma, *m* |
| **braslyfr** (g) | un cahier de brouillon, *m* |
| **braster** (g) | la matière grasse, *f* |
| **brathiad** (g) | une morsure, *f*; une piqûre, *f* |
| **brathu** | mordre, *v*; piquer, *v* [pryf] |
| **brau** | fragile, *adj*; friable, *adj* |
| **braw** (g) | la peur, *f* |
| **brawd** (g) | un frère, *m* |
| **brawdoliaeth** (b) | une fraternité, *f* |
| **brawddeg** (b) | une phrase, *f* |
| **brawychus** | effrayant, *adj* |

| | |
|---|---|
| **brêc** (g) | un frein, *m* |
| **brêcio** | freiner, *v* |
| **brecwast** (g) | un petit déjeuner, *m* |
| **brechdan** (b) | une tartine, *f*; un sandwich, *m* |
| **bregus** | fragile, *adj* |
| **brenin** (g) / **brenhines** (b) | un roi, *m* / une reine, *f* |
| **brest** (b) | un sein, *m*; une poitrine, *f* |
| **bresychen** (b) | un chou, *m* (des choux, *pl*) |
| **bresys** (ll) | des bretelles, *f pl* |
| **breuddwyd** (gb) | un rêve, *m* |
| **breuddwydio** | rêver, *v* |
| **breuddwydiol** | rêveur, *m* / rêveuse, *f adj* |
| **bricyllen** (b) | un abricot, *m* |
| **brifo** | blesser, *v*; faire mal (à), *v*** |
| *mae'n brifo* | ça fait mal |
| *wedi brifo* | blessé, *adj* |
| **brig** (g) | un sommet, *m* |
| **brithyll** (g) | une truite, *f* |
| **briw** (g) | une blessure, *f*; une plaie, *f* |
| **briwgig** (g) | le hachis, *m*; le steak haché, *m* |
| **broets** (g) | une broche, *f* |
| **broga** (g) | une grenouille, *f* |
| **bron** (b) | un sein, *m* |
| **bron** | presque |
| *bod bron â* | manquer de, *v* |
| *bod bron â marw eisiau* | mourir d'envie de, *v***; avoir une envie folle de, *v*** |
| **brown** | brun, *adj*; marron, *adj* (byth yn newid); [gwallt] châtain, *adj* |
| **brwd(frydig)** | enthousiaste, *adj*; passionné, *adj* |
| **brwnt** | sale, *adj*; cruel, *m* / cruelle, *f adj* |
| **brws** (g) | un brosse, *f*; un balai, *m* |
| **Brwsel** | Bruxelles |
| **brwsio** | (se) brosser, *v* |
| **brwydr** (b) | une bataille, *f*; une lutte, *f* |
| **brwydro** | lutter, *v*; se battre, *v* |
| **bryn** (g) | une colline, *f* |
| **brys** (g) | la hâte, *f* |
| **brys** | urgent, *adj*; d'urgence |
| *ar frys* | pressé, *adj*; à la hâte |
| **brysia!** | dépêche-toi! |
| *brysia i wella* | remets-toi vite |
| **brysio** | sc dépêcher, *v* |

| | |
|---|---|
| **brysiwch**! | dépêchez-vous! |
| **buan** | rapide, *adj* |
| *yn fuan* | bientôt; vite; en avance [cloc]; tôt |
| **budr** | sale, *adj* |
| **bugail** (g) **/ bugeiles** (b) | un berger, *m* / une bergère, *f* |
| **burum** (g) | la levure, *f* |
| **busnes** (g) | les affaires, *f pl*; une entreprise, *f* |
| *fy musnes i yw hynny* | ça me regarde |
| **bustach** (g) | un bœuf, *m* |
| **buwch** (b) | une vache, *f* |
| **bwa** (g) | un arc, *m*; une arche, *f* |
| **bwa** (g) **'r arch** | un arc-en-ciel, *m* (des arcs-en-ciel, *pl*) |
| **bwced** (gb) | un seau, *m* (des seaux, *pl*) |
| **bwcl** (g) | une boucle, *f* |
| **bwlch** (g) | un vide, *m*; un blanc, *m* [testun]; une intervalle, *f*; un défilé, *m*; une brèche, *f* |
| **bwletin** (g) | un bulletin, *m* |
| **bwli** (g) | une brute, *f* |
| **bwndel** (g) | un ballot, *m*; un paquet, *m* |
| **bwrdeisdref** (b) | une municipalité, *f* |
| **bwrdd** (g) | une table, *f*; une planche, *f*; un tableau, *m* (des tableaux, *pl*) [ar wal] |
| **bwrdd** (g) **(gweinyddol)** | un conseil, *m*; un comité, *m*; une commission, *f* |
| *(dewch) at y bwrdd* | à table |
| *wrth y bwrdd* | à table |
| *ar fwrdd* | à bord [llong ayb] |
| *bwrdd (g) crchwyn gwely* | une table de chevet / de nuit, *f* |
| *bwrdd (g) gwyddbwyll* | un échiquier, *m* |
| *bwrdd (g) smwddio* | une planche à repasser, *f* |
| **bwriad** (g) | un but, *m*; un objet, *m* |
| *o fwriad* | exprès; à dessein |
| *yn fwriadol* | exprès; à dessein |
| **bwrw** | jeter, *v\**; lancer, *v\**; frapper, *v* |
| *bwrw eira* | neiger, *v\** |
| *bwrw glaw* | pleuvoir, *v\*\** |
| *mae hi'n bwrw (glaw)* | il pleut (o pleuvoir), *v\*\** |
| *roedd hi'n bwrw (glaw)* | il pleuvait (o pleuvoir), *v\*\** |
| **bws** (g) | un autobus, *m*; un car, *m* |
| *ar y / mewn bws* | en autobus; en car |
| **bwth** (g) | une cabine, *f* |
| **bwthyn** (g) | une chaumière, *f* |

| | |
|---|---|
| **bwyd** (g) | la nourriture, *f*; un aliment, *m* |
| *bwyd (g) môr* | des fruits de mer, *m pl* |
| **bwydlen** (b) | une carte, *f* |
| **bwydo** | nourrir, *v*; donner à manger à, *v* |
| **bwystfil** (g) | une bête, *f*; une brute, *f* |
| **bwyta** | manger, *v\**; consommer, *v*; bouffer, *v* |
| **bwyty** (g) | un restaurant, *m*; une crêperie, *f* [crempog] |
| **byclu** | boucler, *v* |
| **bychan** | petit, *adj* |
| **byd** (g) | le monde, *m* |
| **bydysawd** (g) | l'univers, *m* |
| **byddar** | sourd, *adj* |
| **byddin** (b) | une armée, *f* |
| **bygwth** | menacer, *v\** |
| **byji** (g) | une perruche, *f* |
| **bỳlb** (g) | une ampoule, *f*; un bulbe, *m* / un oignon, *m* [blodyn] |
| **byr** | court, *adj*; bref, *m* / brève, *f adj*; de petite taille [person] |
| *bod yn fyr o* | manquer de, *v* |
| **byrbryd** (g) | un casse-croûte, *m* (byth yn newid); un goûter, *m* [ar ôl ysgol] |
| **bys** (g) | un doigt, *m*; une aiguille, *f* [ar oriawr] |
| *bys (g) blaen / yr uwd* | un index, *m* |
| *bys (g) troed* | un orteil, *m*; un doigt de pied, *m* |
| *(ni(d)...) byth* | (ne...) jamais |
| *byth a hefyd / beunydd* | continuellement; sans cesse |
| **byw** | habiter, *v*; vivre, *v\*\**; vivant, *adj*; vif, *m* / vive, *f adj*; en direct [darllediad] |
| **bywiog** | actif, *m* / active, *f adj*; animé, *adj*; vif, *m* / vive, *f adj*; vivant, *adj* |
| **bywoliaeth** (b) | une vie, *f* |
| **bywyd** (g) | une vie, *f* |
| *bywyd (g) gwyllt* | la faune, *f* |

| | |
|---|---|
| **caban** (g) | une cabine, *f* |
| **cabets(i)en** (b) | un chou, *m* (des choux, *pl*) |
| **caboledig** | poli, *adj* |
| **caboli** | polir, *v*; cirer, *v* |
| **cacen** (b) | un gâteau, *m* (des gâteaux, *pl*) |
| **cacennau** (ll) | la pâtisserie, *f* |
| **cacynen** (b) | une guêpe, *f* |
| **cadach** (g) | un chiffon, *m* |
| *cadach (g) poced* | un mouchoir, *m* |
| **cadair** (b) | une chaise, *f* |
| *cadair (b) blyg* | un pliant, *m* |
| *cadair (b) freichiau* | un fauteuil, *m* |
| *cadair (b) olwyn* | un fauteuil roulant, *m* |
| **cadeirydd** (g) / **cadeiryddes** (b) | un président, *m* / une présidente, *f* |
| **cadw** | garder, *v*; ranger, *v\**; réserver, *v*; tenir, *v\*\** |
| *rhoi i gadw* | ranger, *v\** |
| *cadw('n ôl)* | retenir (gw tenir), *v\*\** |
| *cadw-mi-gei (g)* | une tirelire, *f* |
| **cadwyn** (b) | une chaîne, *f* |
| **caddug** (g) | le brouillard, *m* |
| **cae** (g) | un champ, *m* |
| **caead** (g) | un couvercle, *m* |
| **cael** | avoir, *v\*\**; obtenir, (gw tenir) *v\*\**; prendre, *v\*\*; trouver,v* |
| **caer** (b) | un fort, *m*; une citadelle, *f* |
| **caethwas** (g) / **caethferch** (b) | un / une esclave, *m / f* |
| **caffi** (g) | un café, *m*; une buvette, *f* [bach] |
| **cain** | élégant, *adj;* beau, bel, *m* / belle, *f adj* |
| **Calan** (g) **Gaeaf** | la Toussaint, *f* |
| **caled** | dur, *adj* |
| **calendr** (g) | un calendrier, *m* |
| **calon** (b) | un cœur, *m* |
| **calonogi** | encourager, *v\** |
| **call** | sage, *adj*; raisonnable, *adj* |
| *(dim) hanner call* | dingue, *adj*; loufoque, *adj* |
| **cam** (g) | un pas, *m*; une marche, *f*; un tort, *m*; une injustice, *f* [annhegwch] |
| **cam** | courbé, *adj*; tordu, *adj* |
| **camarwain** | tromper, *v* |

| | |
|---|---|
| **cambren** (g) | un cintre, *m*; un portemanteau, *m* (des portemanteaux, *pl*) |
| **camel** (g) | un chameau, *m* (des chameaux, *pl*) |
| **camera** (g) | un appareil-photo, *m* |
| **camgymeriad** (g) | une bêtise, *f*; une erreur, *f*; une faute, *f* |
| *gwneud camgymeriad* | se tromper, *v*; faire une erreur / une faute, *v*** |
| *trwy gamgymeriad* | par erreur |
| **camgymryd** | se tromper, *v* |
| **campfa** (b) | un gymnase, *m* |
| **campwaith** (g) | un chef-d'œuvre, *m* |
| **cân** (b) | une chanson, *f*; un poème, *m* |
| **can** (g) | un bidon, *m* |
| *can* (g) *olew* | une burette, *f* |
| **Canada** (b) | le Canada, *m* |
| *o Ganada* | canadien, *m* / canadienne, *f adj* |
| **Canadaidd** | canadien, *m* / canadienne, *f adj* |
| **canfas** (g) | la toile, *f* |
| **canfed ran** (b) | un centième, *m* |
| **cangarŵ** (g) | un kangourou, *m* |
| **caniad** (g) | un coup de téléphone / de fil, *m* |
| *rhoi caniad* | téléphoner, *v* |
| **caniatâd** (g) | la permission, *f* |
| **canlyn** | suivre, *v*** |
| **canlyniad** (g) | un résultat, *m*; une suite, *f* |
| **canlynol** | suivant, *adj* |
| **cannoedd o...** | des centaines de... , *f pl* |
| **cannwyll** (b) | une bougie, *f* |
| **canol** (g) | un centre, *m* |
| *ar ganol* | au milieu de; en train de |
| *yng nghanol* | au milieu de |
| *canol* (g) *y dref* | le centre-ville, *m* (les centres-villes, *pl*) |
| **canolfan** (b) | un centre, *m* |
| *canolfan (b) adnoddau* | le C.D.I (Centre de Documentation et d'Information), *m* [ysgol] |
| *canolfan (b) chwaraeon* | un centre sportif, *m* |
| *canolfan (b) groeso* | un office de tourisme, *m*; un syndicat d'initiative, *m* |
| *canolfan (b) hamdden* | un centre de loisirs, *m* |
| *canolfan (b) ieuenctid* | une maison des jeunes, *f* |
| *canolfan (b) sglefrio* | une patinoire, *f* |
| *canolfan (b) siopa* | un centre commercial, *m* |
| **canolig** | moyen, *m* / moyenne, *f adj* |

| | |
|---|---|
| **canoloesol** | médiéval, *adj* |
| **canrif** (b) | un siècle, *m* |
| **Canser,** (g) | Cancer, *m* |
| **canslo** | annuler, *v*; déprogrammer, *v* [rhaglen radio / teledu] |
| **cant / can** | cent |
| *hanner cant* | cinquante |
| *(pump) y cant* | (cinq) pour cent |
| **cantîn** (g) | une cantine, *f*; un réfectoire, *m* |
| **cantor** (g) / **cantores** (b) | un chanteur, *m* / une chanteuse, *f* |
| **canu** (g) | le chant, *m* |
| **canu** | chanter, *v*; jouer de, *v* [offeryn]; sonner, *v* [cloch] |
| *canu grwndi* | ronronner, *v* |
| **canŵ** (g) | un canoë, *m* |
| **canŵio** (g) | le canoë, *m* |
| **canŵio** | faire du canoë, *v*\*\* |
| **canwr** (g) / **cantores** (b) | un chanteur, *m* / une chanteuse, *f* |
| **cap** (g) | une casquette, *f*; un bonnet, *m* |
| **Capricorn** | Capricorne, *m* |
| **capten** (g) | un capitaine, *m* |
| **car** (g) | une voiture, *f*; une auto(mobile), *f* |
| *yn y / mewn car* | en voiture; en auto |
| *car (g) llusg* | un traîneau, *m* (des traîneaux, *pl*) |
| **carafan** (b) | une caravane, *f* |
| **carate** (g) | le karaté, *m* |
| **carcharor** (g) | un prisonnier, *m* /une prisonnière, *f* |
| **cardigan** (b) | un cardigan, *m* |
| **caredig** | aimable, *adj*; gentil, *m* / gentille, *f adj* |
| **caredigrwydd** (g) | une gentillesse, *f* |
| **cariad** (g) | un amour, *m* |
| **cariad** (gb) | un chéri, *m* / une chérie, *f*; un petit ami, *m* / une petite amie, *f* |
| *mewn cariad* | amoureux, *m* / amoureuse, *f adj* |
| **cariadus** | amoureux, *m* / amoureuse, *f adj* |
| **cario** | porter, *v*; transporter, *v* |
| **carlamu** | galoper, *v* |
| **carn** (g) | un manche, *m*; un sabot, *m* [anifail] |
| **carnifal** (g) | un carnaval, *m* (des carnavals, *pl*) |
| **carped** (g) | un tapis, *m* |
| **carreg** (b) | une pierre, *f* |
| **cartref** (g) | une maison, *f*; une résidence, *f* |
| **gartref** | à la maison; chez moi / toi [ayb] |

| | |
|---|---|
| **cartŵn** (g) | un dessin animé, *m* [ffilm]; un dessin (humoristique), *m* |
| **caru** | adorer, *v*; aimer, *v* |
| **carw** (g) | un cerf, *m*; un renne, *m* [Llychlyn] |
| **cas** | désagréable, *adj*; vilain, *adj* |
| **cas** (g) | un étui, *m*; un écrin, *m*; une trousse, *f* |
| *cas (g) pensiliau* | un porte-crayon, *m*; une trousse, *f* |
| **casáu** | avoir horreur de, *v\*\**; détester, *v* |
| **casét** (g) | une cassette, *f* |
| *casét (g) fideo* | une vidéo(cassette), *f* |
| **casgliad** (g) | une collection, *f*; une levée, *f* [post]; un jugement, *m* [barn] |
| **casglu** | collectionner, *v*; recueillir, *v*; récolter, *v;* ramasser, *v*; rassembler, *v* |
| *casglu (g) stampiau* | la philatélie, *f* |
| **castell** (g) | un château, *m* (des châteaux, *pl*) |
| **categori** (g) | une catégorie, *f* |
| **cath** (b) | un chat, *m* |
| **cath** (b) **fach** | un chaton, *m* |
| **cath** (b) **fanw** | une chatte, *f* |
| **cau** | fermer, *v* |
| *cau / caea dy geg, ben!* | tais-toi! |
| *ar gau* | fermé, *adj* |
| **cawell** (g) | une cage, *f* |
| **cawg** (g) | un vase, *m* |
| **cawl** (g) | un potage, *m*; une soupe, *f* |
| **cawod** (b) | une averse, *f*; une douche, *f* |
| *cael cawod* | se doucher, *v*; prendre une douche, *v\*\** |
| **cawr** (g) / **cawres** (b) | un géant, *m* / une géante, *f* |
| **caws** (g) | le fromage, *m* |
| **cefn** (g) | le dos, *m*; le fond, *m*; l'arrière, *m* |
| *wysg y cefn* | en arrière |
| *yn y cefn* | au fond |
| **cefnder** (g) / **cyfnither** (b) | un cousin, *m* / une cousine, *f* |
| **cefnfor** (g) | un océan, *m* |
| **cefnogi** | soutenir (gw tenir), *v\*\** supporter, *v* |
| **cefnogwr** (g) / **cefnogwraig** (b) | un / une enthousiaste, *m* / *f*; un / une fana, *m* / *f*; un mordu, *m* / une mordue, *f*; un passionné, *m* / une passionnée, *f* |
| **cefnwr** (g) **de** / **chwith** | un arrière droit / gauche, *m* [pêl-droed] |
| **ceffyl** (g) | un cheval, *m* (des chevaux, *pl*) |
| *mynd ar gefn ceffyl* | monter à cheval, *v*; faire de l'équitation, *v\*\** |

| | |
|---|---|
| **ceffylau** (ll) **bach** | un manège, *m* [ffair] |
| **ceg** (b) | une bouche, *f* |
| *agor eich ceg* | bâiller, *v* |
| **cegin** (b) | une cuisine, *f* |
| **cei** (g) | un quai, *m* |
| **ceidwad** (g) | un gardien, *m* / une gardienne, *f* |
| **ceiliog** (g) | un coq, *m* |
| **ceiriosen** (b) | une cerise, *f* |
| **ceisio** | essayer de, *v** |
| **ceit** (g) | un cerf-volant, *m* (des cerfs-volants, *pl*) |
| **celfyddyd** (b) | l'art, *m* |
| y **celfyddydau** (ll) **cain** | les beaux-arts, *m pl* |
| **celwydd** (g) | un mensonge, *m* |
| **celwyddog** | menteur, *m* / menteuse, *f adj* |
| **cellwair** | plaisanter, *v* |
| **cemeg** (b) | la chimie, *f* |
| **cemegol** | chimique, *adj* |
| **cemegydd** (g) | un / une chimiste, *m* / *f* |
| **cen** (g) | des pellicules, *f pl* |
| **cenedl** (b) | une nation, *f*; un peuple, *m* |
| **cenedlaethol** | national, *adj* |
| **cenfigennus** | jaloux, *m* / jalouse, *f adj* |
| **cenhinen** (b) | un poireau, *m* (des poireaux, *pl*) |
| **cennad** (g) | la permission, *f* |
| **centîm** (g) | un centime, *m* |
| **centimetr** (g) | un centimètre, *m* |
| **cer!** | va! |
| *cer o'ma!* | va-t-en! |
| **cerbyd** (g) | un véhicule, *m*; une voiture, *f* |
| **cerbydran** (b) | un compartiment, *m* [trên] |
| **cerdyn** (g) | une carte, *f* |
| *cerdyn* (g) *adnabyddiaeth* | une carte d'identité, *f* |
| *cerdyn* (g) *credyd* | une carte de crédit, *f*; une Carte Bleue, *f* [= Visa] |
| *cerdyn* (g) *post* | une carte postale, *f* |
| **cerdd** (b) | un poème, *m* |
| **cerdded** | marcher, *v;* aller à pied, *v*** |
| **cerddor** (g) | un musicien, *m* / une musicienne, *f* |
| **cerddorfa** (b) | un orchestre, *m* |
| **cerddoriaeth** (b) | la musique, *f* |
| **cerddwr** (g) / **cerddwraig** (b) | un piéton, *m* / une piétonne, *f* |

| | |
|---|---|
| *i gerddwyr yn unig* | piéton, *m* / piétonne, *f adj*; piétonnier, *m* / piétonnière, *f adj* |
| **cerflun** (g) / **cerfddelw** (b) | une statue, *f* |
| **cês** (g) | une valise, *f* |
| **ceunant** (g) | une gorge, *f* |
| **ci** (g) / **gast** (b) | un chien, *m* / une chienne, *f* |
| *ci* (g) *bach* | un chiot, *m* |
| *ci* (g) *blaidd* | un berger allemand, *m* |
| *ci* (g) *defaid* | un chien de berger, *m* |
| *ci* (g) *poeth* | un hot-dog, *m* (des hot-dogs, *pl*) |
| **cig** (g) | la viande, *f* |
| *cig* (g) *dafad / gwedder* | le mouton, *m* |
| *cig* (g) *eidion* | le bœuf, *m* |
| *cig* (g) *eidion rhost* | le rosbif, *m* |
| *cig* (g) *llo* | le veau, *m* |
| *cig* (g) *moch* | le lard, *m* |
| *cig* (g) *mochyn* | le porc, *m* |
| *cig* (g) *oen* | l'agneau, *m* |
| *cig (g) oer* | la charcuterie, *f* |
| **cigydd** (g) | un boucher, *m* / une bouchère, *f* |
| **cilio** | reculer, *v*; se retirer, *v* |
| **cilo** (g) | un kilo, *m* |
| **cilometr** (g) | un kilomètre, *m* |
| *x cilometr i ffwrdd* | à *x* kilomètres |
| *x cilometr o...* | à *x* kilomètres de... |
| *x cilometr yr awr* | *x* kilomètres à l'heure |
| **cimono** (g) | un kimono, *m* |
| **cimwch** (g) | un homard, *m* |
| **ciniawa** | dîner, *v* |
| **cinio** (g) | un déjeuner, *m* [canol dydd]; un dîner, *m* [nos] |
| *cael cinio* | déjeuner, *v* [canol dydd]; dîner, *v* [nos] |
| **ciosg** (g) | un kiosque, *m* |
| **ciosg** (g) **ffôn** | une cabine téléphonique, *f* |
| **cip** (g) | un aperçu, *m* |
| **cipio** | enlever, *v**; saisir, *v* |
| **cipolwg** (gb) | un aperçu, *m* |
| **cist** (b) | une caisse, *f*; un coffre, *m*; une commode, *f* [â droriau] |
| **ciw** (g) | une queue, *f* |
| **ciwb** (g) **rhew** | un glaçon, *m* |
| **ciwio** | faire la queue, *v*** |
| **claddu** (g) | un enterrement, *m* |

| | |
|---|---|
| **claear** | tiède, *adj* |
| **claf** (g) | un / une malade, *m / f* |
| **clais** (g) | un bleu, *m* (des bleus, *pl*); une meurtrissure, *f* |
| **clarinet** (g) | une clarinette, *f* |
| **clasurol** | classique, *adj* |
| **clawr** (g) | un couvercle, *m* [caead]; une couverture, *f* [llyfr] |
| **clecian** | claquer, *v* |
| **clefyd** (g) | une maladie, *f* |
| **clên** | sympa(thique), *adj* |
| **clip** (g) **papur** | un trombone, *m* |
| **clirio** | débarrasser, *v* [bwrdd]; mettre en ordre, *v*** [ystafell]; s'éclaircir, *v* [tywydd] |
| **cliw** (g) | une définition, *f* [croesair]; un indice, *m* |
| **clo** (g) | une serrure, *f* |
| **cloc** (g) | une horloge, *f* [mawr]; une pendule, *f* [llai] |
| *cloc* (g) *larwm* | un réveil, *m* |
| **cloch** (b) | une cloche, *f*; une clochette, *f* [fach]; une sonnette, *f* [tŷ]; un timbre, *m* [beic] |
| *mae'n un o'r gloch* | il est une heure |
| *cloch (b) iâ* | un glaçon, *m* |
| **clod** (gb) | la gloire, *f* |
| **clogyn** (g) | une cape, *f* |
| **cloi** | fermer à clef, *v* |
| *i gloi* | pour terminer |
| **clorian** (gb) | une balance, *f* |
| **clos** (g) | un pantalon *m*; un slip, *m* |
| *clos (g) pen-glin* | une culotte, *f* |
| **clòs** | lourd, *adj* [tywydd]; serré, *adj* |
| **clown** (g) | un clown, *m*; un pitre, *m* |
| **cludo** | transporter, *v* |
| **clun** (b) | une cuisse, *f*; une hanche, *f* |
| **clust** (b) | une oreille, *f* |
| **clustdlws** (g) | une boucle d'oreille, *f* (des boucles d'oreille, *pl*) |
| **clustffonau** (ll) | un casque, *m* |
| **clustog** (b) | un coussin, *m* |
| **clwb** (g) | un club, *m*; un cercle, *m* |
| *clwb* (g) *cefnogi* | un fan-club, *m* |
| *clwb* (g) *ieuenctid* | un club des jeunes, *m* |
| *clwb* (g) *jiwdo* | un club de judo, *m* |

| | |
|---|---|
| *clwb (g) nos* | une boîte, *f* |
| **clwyd** (b) | une barrière, *f*; une grille, *f* [â barrau]; un perchoir, *m* [adar] |
| **clyfar** | intelligent, *adj*; ingénieux, *m* / ingénieuse, *f adj* |
| **clymu** | nouer, *v*; lier, *v*; attacher, *v* |
| **clywed** | entendre, *v* |
| **cnaf** (g) | un voyou, *m*; un vaurien, *m* / une vaurienne, *f* |
| **cneifio** | tondre, *v* |
| **cneuen** *(b) almon* | une amande, *f* |
| *cneuen (b) bistasio* | une pistache, *f* |
| *cneuen (b) Ffrengig* | une noix, *f* |
| *cneuen (b) goco* | une noix de coco, *f* |
| *cneuen* (b) *gyll* | une noisette, *f* |
| **cnoc cnoc!** | toc toc! |
| **cnoi** | mâcher, *v*; grignoter, *v*; ronger, *v\**; mordre, *v* |
| **Coca-Cola** (g) | un Coca(-Cola), *m* |
| **coch** | rouge, *adj*; roux, *m* / rousse, *f adj* [gwallt] |
| *coch tywyll* | bordeaux, *adj* (byth yn newid) |
| **coco** (g) | le cacao, *m* |
| **côd** (g) **deialu** | un indicatif, *m* |
| **codi** | (se) lever, *v\**; (s')élever, *v\**; (se) soulever, *v\**; ramasser, *v* |
| *codi eto* | (se) relever, *v\** |
| *codi llaw* | faire signe de la main, *v\*\*;* faire bonjour / au revoir de la main, *v\*\** [cyfarch / ffarwelio] |
| **codwch!** | levez-vous! |
| **codwm** (g) | une chute, *f* |
| **coed / o goed** | de bois; en bois |
| **coeden** (b) | un arbre, *m* |
| *coeden* (b) *afalau* | un pommier, *m* |
| *coeden* (b) *Nadolig* | un sapin de Noël, *m* |
| **coedwig** (b) | un bois, *m*; une forêt, *f* |
| **coes** (b) | une jambe, *f*; un manche, *m* [brws, ayb] |
| **coets** (b) | un car, *m* |
| *mewn coets* | en car |
| **cof** (g) | une mémoire, *f*; un souvenir, *m* |
| **cofgolofn** (b) | un monument, *m* |
| **cofio** | se rappeler, *v\**; se souvenir, (gw venir), *v\*\** |

| | |
|---|---|
| *cofion cu / annwyl* | affectueusement [ar ddiwedd llythyr] |
| *cofion gorau* | Amitiés [ar ddiwedd llythyr] |
| **cofleidio** | s'embrasser, *v* |
| **cofrestr** (g) | un registre, *m*; un cahier d'appel, *m* |
| **cofrestriad** (g) | un appel, *m*; un enregistrement, *m* |
| **cofrestru** | enregistrer, *v* |
| **cofrodd** (b) | un souvenir, *m* |
| **coffi** (g) | un café, *m* |
| *coffi* (g) *â hufen* | un (café)crème, *m* |
| **coginio** (g) | la cuisine, *f* |
| **coginio** | (faire) cuire (gw conduire), *v\*\**; faire la cuisine, *v\*\** |
| *wedi'i goginio* | cuit, *adj* |
| **cogydd** (g) / **cogyddes** (b) | un cuisinier, *m* / une cuisinière, *f* |
| *prif gogydd* (g) | un chef de cuisine, *m* |
| **coleg** (g) | un collège, *m* |
| **colio** | piquer, *v* |
| **colofn** (b) | une colonne, *f* |
| **colur** (g) | le fard, *m*; le maquillage, *m* |
| *rhoi colur* | se maquiller, *v* |
| **coluro** | se maquiller, *v* |
| **colyn** (g) | une piqûre, *f* |
| *ar goll* | disparu, *adj*; perdu, *adj* |
| *mynd ar goll* | se perdre, *v* |
| **colledig** | perdu, *adj* |
| **colli** | perdre, *v*; manquer, *v*; rater, *v* [methu] |
| *cael eich colli gan* | manquer à, *v* |
| *mae e'n gweld fy ngholli* | je lui manque |
| *colli pwysau* | maigrir, *v* |
| *colli twrn* | passer un tour, *v* |
| *colli tymer* | se fâcher, *v*; se mettre en colère, *v\*\** |
| **comic** (g) | une B.D., *f*; un magazine de bandes dessinées, *m* |
| **concwest** (b) | une conquête, *f* |
| **condemnio** | condamner, *v* |
| **copa** (g) | un sommet, *m* |
| **copi** (g) | une copie, *f* |
| **copïo** | copier, *v*; imiter, *v*; recopier, *v* |
| **côr** (g) | une chorale, *f*; un chœur, *m* |
| **corcyn** (g) | un bouchon, *m* |
| **corff** (g) | un corps, *m* |
| **corgimwch** (g) | une langoustine, *f* |
| **coridor** (g) | un couloir, *m* |

| | | |
|---|---|---|
| | **corn** (g) | un cor, *m* [offeryn]; une corne, *f* [anifail]; un klaxon, *m* [car] |
| | *corn (g) melys* | le maïs doux, *m* |
| | **cornel** (gb) | un coin, *m* |
| | **corrach** (g) / **coraches** (b) | un nain, *m* / une naine, *f* |
| | **corryn** (g) | une araignée, *f* |
| | **Corsica** (b) | la Corse, *f* |
| | **cortyn** (g) | une corde, *f* |
| | **cost** (b) | le coût, *m* |
| | **costau** (ll) | des frais, *m pl*; des dépenses, *f pl* |
| | **costio** | coûter, *v* |
| *yn* | *costio x ffranc* | à *x* francs |
| | **costus** | coûteux, *m* / coûteuse, *f adj* |
| | **côt / cot** (b) | un manteau, *m* (des manteaux, *pl*) |
| | *côt / cot (b) fawr / uchaf* | un pardessus, *m* |
| | *côt / cot (b) law* | un imperméable, *m* |
| | **cotwm** (g) | le coton, *m* |
| *wedi'i wneud o* | *gotwm* | de / en coton |
| | **cownter** (g) | un comptoir, *m*; un guichet, *m* |
| | **crac** | furieux, *m* / furieuse, *f adj* |
| | **crafangu** | griffer, *v*; (s')agripper, *v* |
| | **crafion** (ll) | des épluchures, *f pl* |
| | **crafu** | (se) gratter, *v* |
| | **craff** | astucieux, *m* / astucieuse, *f adj*; perspicace, *adj*; pénétrant, *adj* |
| | **craffter** (g) | l'astuce, *f*; la perspicacité, *f* |
| | **cragen** (b) | une coquille, *f*; un coquillage, *m* |
| | *cragen (b) las* | une moule, *f* |
| | **craig** (b) | un rocher, *m*; une roche, *f* |
| | **credu** | croire, *v*** |
| | **crefydd** (b) | la religion, *f* |
| | **crefyddol** | religieux, *m* / religieuse, *f adj* |
| | **crefft** (b) | un métier, *m*; l'art, *m* |
| | *crefft (b), cynllunio (g) a thechnoleg (b)* | les travaux manuels, *m pl*; l'E.M.T, (Education Manuelle, et Technique), *f* [addysg] |
| | *crefftau (ll)'r cartref* | le bricolage, *m* |
| | **creision** (ll) | des chips, *m pl* |
| | **crempogen** (b) | une crêpe, *f* |
| | **creu** | créer, *v* |
| | **creulon** | cruel, *m* / cruelle, *f adj* |
| | **crib** (gb) | un peigne, *m* |
| | **cribin** (gb) | un râteau, *m* (des râteaux, *pl*) |

| | |
|---|---|
| **criced** (g) | le cricket, *m* |
| **crio** | pleurer, *v* |
| **cripio** | griffer, *v* |
| **Crist** (g) | le Christ, *m* |
| **Cristnogol** | chrétien, *m* / chrétienne, *f adj* |
| **croen** (g) | une peau, *f* (des peaux, *pl*); une pelure, *f*; un zeste, *m* [oren, ayb] |
| *bod yn groen gŵydd* | avoir la chair de poule, *v*** |
| **croes** (b) | une croix, *f* |
| **croes** | de mauvaise humeur; grognon, *m* / grognonne, *f adj* |
| *y Groes (b) Goch* | la Croix-Rouge, *f* |
| **croesair** (g) | les mots croisés, *m pl* |
| **croesawu** | accueillir, *v*; souhaiter la bienvenue, *v*; recevoir, *v*** |
| **croesawydd** (g) / **croesawferch** (b) | un / une réceptionniste, *m / f* |
| **croesfan** (b) **(i gerddwyr)** | un passage clouté, *m* |
| *croesfan (b) danddaear(ol)* | un passage souterrain, *m* |
| **croesffordd** (b) | un carrefour, *m* |
| **croesi** | traverser, *v* |
| **croeso** (g) | un accueil, *m* |
| **croeso** | de rien |
| **croeso!** | soyez le bienvenu! / la bienvenue! [ayb] |
| *croeso (i chi)* | bienvenue à vous |
| **crwban** (g) | une tortue, *f* |
| **crwbi** (g) | une bosse, *f* |
| **crwydr** (g) | une randonnée, *f* |
| **crwydryn** (g) | un clochard, *m* |
| **crybwyll** | mentionner, *v* |
| **cryf** | fort, *adj* |
| *yn gryf* | fortement |
| **cryndod** (g) | un frisson, *m*; un tremblement, *m* |
| **crynodeb** (gb) | un résumé, *m* |
| **crynu** | trembler, *v* |
| **crys** (g) | une chemise, *f*; un maillot, *m* [chwaraeon] |
| *crys (g) chwys* | un sweat(shirt), *m* |
| *crys (g) nos* | une chemise de nuit, *f* |
| *crys (g) Ti* | un tee-shirt, *m* |
| **cucumer** (g) | un concombre, *m* |
| **cudd** | secret, *m* / secrète, *f adj* |
| **cuddio** | cacher, *v* |

| | |
|---|---|
| **cuddwisgo** | se déguiser, *v* |
| **cul** | étroit, *adj* |
| **culfor** (g) | un détroit, *m* |
| **curiad** (g) | un battement, *m*; un pouls, *m* [y galon] |
| **curo** | battre, *v\*\**; frapper, *v* |
| **cusan** (gb) | un baiser, *m*; une bise, *f*; un bisou, *m* |
| *cusanau* (ll) *mawr* | grosses bises [ar ddiwedd llythyr] |
| **cusanu** | s'embrasser, *v* |
| **cwbl** (g) | le tout, *m* |
| *dyna'r cwbl* | voilà tout; c'est tout |
| *yn gwbl* | tout à fait; complètement |
| **cwcw** (b) | un coucou, *m* |
| **cwch** (g) | un bateau, *m* (des bateaux, *pl*); un bateau-mouche, *m* [ar y Seine ym Mharis] |
| *cwch* (g) *bach* | une barque, *f*; un canot, *m* |
| *cwch* (g) *modur* | un canot automobile, *m*; une vedette, *f* |
| **cwdyn** (g) | un sachet, *m* |
| *cwdyn* (g) *cysgu* | un sac de couchage, *m* |
| *cwdyn* (g) *teithio* | un sac à dos, *m* |
| **cweryl** (g) | une dispute, *f*; une querelle, *f* |
| **cweryla** | se disputer, *v*; se quereller, *v* |
| **cwestiwn** (g) | une question, *f* |
| **cwis** (g) | un jeu-concours, *m*; un jeu-test, *m*; un jeu de questions-réponses, *m* |
| **cwlwm** (g) | un nœud, *m* |
| *cwlwm* (g) *dolen* | un nœud, *m*; une rosette, *f* |
| **cwm** (g) | un vallon, *m* |
| **cwmni** (g) | une compagnie, *f*; une entreprise, *f*; une société, *f* |
| **cwmpawd** (g) | une boussole, *f* |
| **cwmwl** (g) | un nuage, *m* |
| **cwningen** (b) | un lapin, *m* |
| **cwpan** (gb) | une tasse, *f*; une coupe, *f* |
| **cwpanaid** (gb) | une tasse, *f* |
| **cwpon** (g) | un bon, *m* |
| **cwpwrdd** (g) | un placard, *m* |
| *cwpwrdd* (g) *dillad* | une armoire, *f*; une garde-robe, *f* |
| *cwpwrdd* (g) *llyfrau* | une bibliothèque, *f* |
| **cwrlid** (g) | un couvre-lit, *m* |
| **cwrs** (g) | un cours, *m*; un plat, *m* [bwyd] |
| *cwrs* (g) *hyfforddi* | un stage, *m* |
| *ar gwrs* | en stage |
| **cwrt** (g) | une cour, *f*; un court, *m* [tennis] |

180

| | |
|---|---|
| cwrt (g) *tennis* | un tennis, *m*; un terrain de tennis, *m* |
| **cwrtais** | poli, *adj* |
| *yn gwrtais* | poliment |
| **cwrw** (g) | une bière, *f* |
| *cwrw* (g) *casgen* | une bière pression, *f* |
| **cwsg** (g) | un sommeil, *m*; un dodo, *m* [gair plentyn] |
| **cwsmer** (g) | un client, *m* / une cliente, *f* |
| **cwsmeriaid** (ll) | une clientèle, *f*; des clients / clientes, *m* / *f pl* |
| **cwt** (g) | une cabane, *f*; une hutte, *f* |
| *cwt* (g) *ci* | une niche, *f* |
| *cwt* (g) *cwningen* | une cabane à lapins, *f* |
| *cwt* (g) *ieir* | un poulailler, *m* |
| *cwt* (g) *mochyn* | une porcherie, *f* |
| **cwymp** (g) | une chute, *f* |
| **cwympo** | tomber, *v* |
| *gadael i gwympo* | laisser tomber, *v*; lâcher, *v* |
| **cŵyro** | cirer, *v*; polir, *v* |
| **cychwyn** | commencer, *v\**; démarrer, *v* [car, ayb] |
| *cychwyn yn dda* | bien démarrer, *v* [car, ayb]; partir du bon pied, *v\*\** |
| *(man (g)) cychwyn (g)* | un (point de) départ, *m* |
| **cydbwysedd** (g) | un équilibre, *m* |
| **cydio yn** | tenir, *v\*\**; saisir, *v* |
| **cydio'n dyn yn** | serrer, *v* |
| **cydnabod** (gb) | une connaissance, *f* |
| **cydnabod** | reconnaître, *v\*\** |
| **cydradd** | égal, *adj* |
| **cydraddoldeb** (g) | l'égalité, *f* |
| **cydweithiwr** (g) / **cydweithwraig** (b) | un / une collègue, *m* / *f* |
| **cyd-weld** | être d'accord, *v\*\**; s'entendre, *v* |
| **cydwybodol** | consciencieux, *m* / consciencieuse, *f adj* |
| **cyfaill** (g) / **cyfeilles** (b) | un ami, *m* / une amie, *f*; un / une camarade, *m* / *f*; un copain, *m* / une copine, *f* |
| *yn y cyfamser* | entre-temps; pendant ce temps |
| **cyfan** (g) | le tout, *m* |
| **cyfan** | complet, *m* / complète, *f adj*; entier, *m* / entière, *f adj* |
| *dyna'r cyfan* | voilà tout; c'est tout |
| *yn gyfan gwbl* | absolument; complètement; tout à fait |
| **cyfandir** (g) | un continent, *m* |

| | |
|---|---|
| **cyfansoddwr** (g) / | un compositeur, *m* / |
|   **cyfansoddwraig** (b) | une compositrice, *f* |
| **cyfanswm** (g) | un total, *m* (des totaux, *pl*); un montant, *m* |
| **cyfarch** | saluer, *v* |
| **cyfarchion** (ll) | des salutations, *f pl* |
| **cyfaredd** (b) | la charme, *f*; le ravissement, *m* |
| **cyfareddol** | ravissant, *adj*; charmant, *adj* |
| **cyfarfod** (g) | une rencontre, *f*; une réunion, *f*; |
| | une séance, *f* |
| *(man (g))* *cyfarfod (g)* | un rendez-vous, *m* |
| **cyfarfod** | (se) rencontrer, *v*; se retrouver, *v*; faire la |
| | connaissance de, *v\*\**; |
| **cyfarpar** (g) | un appareil, *m*; l'équipement, *m*; |
| | un matériel, *m* |
| **cyfartal** | égal, *adj* |
| **cyfartaledd** (g) | une moyenne, *f*; une proportion, *f* |
| *ar gyfartaledd* | en moyenne |
| **cyfarwydd** | familier, *m* / familière, *f adj* |
| **cyfarwyddwr** (g) / | un directeur, *m* / une directrice, *f*; |
|   **cyfarwyddwraig** (b) | un réalisateur, *m* / une réalisatrice, *f* |
| | [teledu, ayb] |
| **cyfarwyddyd** (g) | une instruction, *f* |
| **cyfateb** | correspondre, *v* |
| **cyfatebol** | correspondant, *adj* |
| **cyfathrebu** | communiquer, *v* |
| **cyfeillgar** | amical, *adj* |
| **cyfeillgarwch** (g) | une amitié, *f* |
| **cyfeiriad** (g) | une adresse, *f*; un sens, *m* |
| **cyfeirio at** | faire allusion à, *v*; se rapporter à, *v* |
| **cyfeiriwr** (g) / | un navigateur, *m* / une |
|   **cyfeirwraig** (b) | navigatrice, *f* |
| **cyfeirlyfr** (g) | un ouvrage de référence, *m* |
| **cyfenw** (g) | le nom (de famille), *m* |
| *ar gyfer [<**cyfer**]* | pour |
| **cyferbyn** | en face; opposé |
| *gyferbyn â* | en face de; face à |
| **cyfieithydd** (g) | un traducteur, *m* / une traductrice, *f*; |
| | un / une interprète, *m* / *f* |
| **cyflawni** | accomplir, *v* |
| **cyfle** (g) | une occasion, *f*; une chance, *f* |
| **cyfleus** | commode, *adj* |
| **cyflog** (gb) | une paie, *f*; un salaire, *m* |

| | |
|---|---|
| gŵr (g) **cyflog /** | un employé, *m* / une employée, *f* |
| merch (b) **gyflog** | |
| **cyflogi** | employer, *v\** |
| **cyflwr** (g) | une condition, *f*; un état, *m* |
| **cyflwyno (eich hunan)** | (se) présenter, *v* |
| **cyflym** | rapide, *adj* |
| *yn gyflym* | vite; rapidement |
| **cyflymder** (g) | une vitesse, *f* |
| **cyfnewid** (g) | un échange, *m* |
| **cyfnewid** | échanger, *v\**; faire un échange, *v\*\** |
| **cyfnither** (b) **/ cefnder** (g) | une cousine, *f* / un cousin, *m* |
| **cyfnod** (g) | une époque, *f*; une période, *f* |
| **cyfoes** | contemporain, *adj*; moderne, *adj* |
| *materion* (ll) *cyfoes* | les actualités, *f pl* [newyddion]; l'éducation / instruction civique, *f* [addysg] |
| **cyfoethog** | riche, *adj* |
| **cyfogi** | vomir, *v* |
| **cyfradd** (b) | un taux, *m* |
| *cyfradd (b) gyfnewid* | un cours de change, *m* [arian]; un taux de change, *m* |
| *cyfradd (b) llog* | un taux d'intérêt, *m* |
| **cyfrannu** | contribuer, *v* |
| **cyfres** (b) | une série, *f*; une suite, *f* |
| **cyfrif** | compter, *v* |
| *(bwrw) cyfrif* | calculer, *v* |
| **cyfrifiadur** (g) | un ordinateur, *m* |
| **cyfrifiannell** (b) | une calculatrice, *f* |
| **cyfrinach** (b) | un secret, *m* |
| **cyfrinachol** | secret, *m* / secrète, *f adj* |
| **cyfrwy** (g) | une selle, *f* |
| **cyfrwys** | malin, *m* / maligne, *f adj*; rusé, *adj* |
| **cyfrwystra** (g) | l'astuce, *f* |
| **cyfundrefn** (b) | un système, *m* |
| **cyfweliad** (g) | une interview, *f* |
| **cyf-weld** | interviewer, *v* |
| y **cyffiniau** (ll) | les environs, *m pl* |
| **cyfforddus** | confortable, *adj*; bien, *adj* |
| *yn gyfforddus* | confortablement; à l'aise |
| **cyffredin** | ordinaire, *adj*; commun, *adj* |
| **cyffredin(ol)** | général, *adj* |
| *yn gyffredinol* | en général; généralement |
| **cyffro** (g) | une agitation, *f*; une excitation, *f* |

**183**

| | | |
|---|---|---|
| | cyffroi | exciter, *v*; passionner, *v* |
| | cyffrous | passionnant, *adj*; sensationnel, *m* / sensationnelle, *f adj*; excitant, *adj* |
| | cyffur (g) | une drogue, *f* |
| *yn / wedi cymryd* | *cyffur(iau)* | drogué, *adj* |
| | cyffwrdd | toucher, *v* |
| | cyngerdd (gb) | un concert, *m* |
| | cynghorydd (g) | un conseiller, *m* / une conseillère, *f* |
| | cynghrair (b) | une alliance, *f*; une ligue, *f* |
| | cyngor (g) | un conseil, *m* |
| | cyhoeddi | annoncer, *v*\*; déclarer, *v*; publier, *v* |
| | cyhoeddiad (g) | une annonce, *f*; une publication, *f* |
| | cyhoeddus | public, *m* / publique, *f adj* |
| | cyhoeddusrwydd (g) | la publicité, *f* |
| *(sy'n rhoi)* | *cyhoeddusrwydd* | publicitaire, *adj* |
| y | cyhydedd (g) | l'équateur, *m* |
| | cyhyr (g) | un muscle, *m* |
| | cyhyrog | musclé, *adj* |
| | cylch (g) | un anneau, *m* (des anneaux, *pl*); un cerceau, *m* (des cerceaux, *pl*); un cercle, *m*; un rond, *m* |
| | *cylch (g) allweddi* | un porte-clefs, *m* (byth yn newid) |
| | *cylch (g) meithrin* | une garderie, *f* |
| | cylchdaith (b) | un circuit, *m*; un tour, *m* |
| | cylchfan (gb) | un rond-point, *m* |
| | cylchgrawn (g) | un magazine, *m*; une revue, *f* |
| | cylchrediad (g) | un tirage, *m*; une circulation, *f* |
| | cyllell (b) | un couteau, *m* (des couteaux, *pl*) |
| | *cyllell (b) boced* | un canif, *m* |
| | cymaint (o) | tant (de) |
| | cymdeithas (b) | une société, *f* |
| | cymedrol | modéré, *adj*; moyen, *m* / moyenne, *f adj* |
| | cymeriad (g) | un caractère, *m*; un original, *m*; un personnage, *m* [drama] |
| | cymhariaeth (b) | une comparaison, *f* |
| | cymharu â | comparer à, *v* |
| | cymhleth | complexe, *adj*; compliqué, *adj* |
| | cymhwyso | adapter, *v*; appliquer, *v* |
| | cymhwyster (g) | une compétence, *f*; une aptitude, *f* |
| | cymorth (g) | l'aide, *f*; le secours, *m* |
| | *cymorth (g) cyntaf* | les premiers secours / soins, *m pl* |
| *pecyn (g)* | *cymorth cyntaf* | une trousse de secours / d'urgence, *f* |
| | Cymraeg (b) | le gallois, *m* [yr iaith] |

| | |
|---|---|
| **Cymraeg / Cymreig** | gallois, *adj* |
| **Cymreigaidd** | gallois, *adj* |
| **Cymro** (g) / **Cymraes** (b) | un Gallois, *m* / une Galloise, *f* |
| **Cymru** (b) | le Pays de Galles, *m* |
| **cymryd** | accepter, *v*; prendre, *v*\*\* |
| *cymryd yn ôl* | reprendre (gw prendre), *v*\*\* |
| **cymuned** (b) | une communauté, *f* |
| y **Gymuned** (b) | la Communauté Économique |
| **Economaidd Ewropeaidd** | Européenne, *f* |
| **cymwynas** (b) | un service, *m*; une faveur, *f* |
| **cymwys** | approprié, *adj*; convenable, *adj* |
| **cymydog** (g) / | un voisin, *m* / une voisine, *f* |
| **cymdoges** (b) | |
| **cymylog** | nuageux, *m* / nuageuse, *f adj*; |
| | couvert, *adj* |
| *mae'n gymylog* | il fait gris |
| **cymysg** | mixte, *adj*; assorti, *adj* |
| **cymysglyd** | brouillé, *adj*; embrouillé, *adj*; |
| | confus, *adj* |
| **cymysgu** | mélanger, *v*\* |
| *cymysgu cardiau* | battre les cartes, *v*\*\* |
| **cyn** | avant (de) |
| **cyn-** | ancien, *m* / ancienne, *f adj* |
| **cyn ... â / ag** | aussi ... que |
| *cyn bo hir* | bientôt; avant peu |
| **cynaeafu** | récolter, *v*; moissonner, *v* [ŷd, ayb] |
| **cyndad** (g) | un ancêtre, *m* |
| **cynddeiriog** | furieux, *m* / furieuse, *f adj* |
| **cynfas** (gb) | la toile, *f*; un drap, *m* |
| **cynffon** (b) | une queue, *f* |
| **cynhesu** | chauffer, *v*; (se) réchauffer, *v* |
| **cynhwysion** (ll) | des ingrédients, *m pl* [coginio] |
| **cynhyrchiol** | productif, *m* / productive, *f adj* |
| **cynhyrchu** | fabriquer, *v*; produire (gw conduire), *v*\*\* |
| **cynhyrfu** | exciter, *v*; troubler, *v*; (s')agiter, *v* |
| *paid / peidiwch â chynhyrfu!* | calme-toi! / calmez-vous! |
| **cynhyrfus** | agité, *adj*; énervé, *adj*; excité, *adj*; |
| | excitant, *adj*; passionnant, *adj* |
| **cynifer** (o) | tant (de) |
| **cynilo** | faire des économies, *v*\*\*; mettre de côté, |
| | *v*\*\* |
| **cynllun** (g) | un plan, *m*; un projet, *m* |
| **cynllunio** | planifier, *v*; faire des projets, *v*\*\* |

| | |
|---|---|
| **cynllunydd** (g) **trefol** | un / une urbaniste, *m / f* |
| **cynnal** | soutenir (gw tenir), *v\*\**; supporter, *v* |
| *yn gynnar* | en avance; de bonne heure; tôt |
| **cynnau** | allumer, *v* |
| **cynnes** | chaud, *adj* |
| *mae'n gynnes* | il fait chaud [tywydd] |
| *rydw i'n gynnes* | j'ai chaud |
| **cynnig** (g) | une offre, *f*; une proposition, *f*; une suggestion, *f* |
| **cynnig** | offrir, *v\*\**; proposer, *v*; suggérer, *v\** |
| *cynnig (eich hunan)* | (se) présenter, *v* |
| **cynnil** | économe, *adj* |
| **cynnwrf** (g) | une agitation, *f*; un chahut, *m* |
| *creu cynnwrf* | faire du chahut, *v\*\** |
| **cynnwys** (g) | le contenu, *m* |
| **cynnwys** | contenir (gw tenir), *v\*\** |
| *mae'n cynnwys* | il / elle contient |
| *wedi'i gynnwys* | compris, *adj* |
| *yn cynnwys* | comportant; y compris |
| **cynnydd** (g) | le progrès, *m*; une augmentation, *f* |
| **cynnyrch** (g) | un produit, *m* |
| **cynrychioli** | représenter, *v*; figurer, *v* |
| **cynrychiolydd** (g) | un représentant, *m* / une représentante, *f* |
| **cynrhonyn** (g) | un ver, *m* |
| **cyntaf** | premier, *m* / première, *f adj* |
| *yn y lle cyntaf* | d'abord; premièrement |
| **cyntedd** (g) | un vestibule, *m*; une entrée, *f* |
| **cyntun** (g) | une sieste, *f*; un somme, *m* |
| **cypreswydden** (b) | un cyprès, *m* |
| **cyrens** (ll) **coch** | des groseilles, *f pl* |
| *cyrens (ll) duon* | des cassis, *m pl* |
| **cyrliog** | bouclé, *adj*; frisé, *adj* |
| **cyrn** (ll) **beic** | un guidon, *m* |
| **cyrraedd** | arriver, *v* |
| *o fewn cyrraedd* | accessible, *adj* |
| **cyrten** (g) | un rideau, *m* (des rideaux, *pl*) |
| **cysglyd** | endormi, *adj* |
| *bod yn / teimlo'n gysglyd* | avoir sommeil, *v\*\** |
| **cysgod** (g) | un abri, *m* [lloches]; une ombre, *f* |
| **cysgodi** | (s')abriter, *v* [llochesu]; ombrager, *v\** |
| **cysgodlun** (g) | une silhouette, *f* |
| **cysgu** | dormir, *v\*\** |
| *yn cysgu* | endormi, *adj* |

| | |
|---|---|
| *sach (b)* gysgu | un sac de couchage, *m* |
| *yn methu* cysgu | insomniaque, *adj* |
| *mynd i* gysgu | s'endormir (gw dormir), *v*** |
| **cysodydd** (g) | un compositeur, *m* / une compositrice, *f* |
| **cystadleuaeth** (b) | un concours, *m*; une compétition, *f* |
| **cystadleuydd** (g) | un concurrent, *m* / une concurrente, *f* |
| **cysurus** | confortable, *adj* |
| **cysylltiad** (g) | un lien, *m*; un rapport, *m*; une correspondance, *f* [trên] |
| **cysylltu** | joindre, (gw éteindre), *v***; (re)lier, *v*; associer, *v* |
| **cytbwys** | équilibré, *adj* |
| **cytew** (g) | une pâte, *f* |
| **cytgan** (gb) | un refrain, *m* |
| **cytled** (g) | une côtelette, *f* |
| **cytser** (g) | une constellation, *f* |
| *cytser (g) yr Afr (b)* | Capricorne, *m* |
| *cytser (g) y Cariwr Dŵr (g)* | Verseau, *m* |
| *cytser (g) y Cranc (g)* | Cancer, *m* |
| *cytser (g) y Fantol (b)* | Balance, *f* |
| *cytser (g) y Forwyn (b) / y Wyryf (b)* | Vierge, *f* |
| *cytser (g) y Gefeilliaid (ll)* | Gémeaux, *m pl* |
| *cytser (g) yr Hwrdd (g)* | Bélier, m |
| *cytser (g) y Llew (g)* | Lion, *m* |
| *cytser (g) y Pysgod (ll)* | Poissons, *m pl* |
| *cytser (g) y Saethydd (g)* | Sagittaire, *m* |
| *cytser (g) y Sgorpion (g)* | Scorpion, *m* |
| *cytser (g) y Tarw (g)* | Taureau, *m* |
| **cytuno** | être d'accord, *v***; s'entendre, *v* |
| **cyw** (g) | un oisillon, *m*; un poussin, *m*; un poulet, *m* [iâr] |
| **cyw** (g) **iâr** | un poulet, *m* |
| **cywilydd** (g) | la honte, *f* |
| *bod â* chywilydd | avoir honte, *v*** |
| **cywilyddio** | avoir honte, *v*** |
| **cywir** | bon, *m* / bonne *f adj*; correct, *adj*; juste, *adj*; vrai, *adj*; exact, *adj* |
| *yn* gywir iawn | amicalement [ar ddiwedd llythyr] |
| **cywiro** | corriger, *v** |

| | |
|---|---|
| **chi** | vous |
| **chwaer** (b) | une sœur, *f* |
| **chwaeth** (b) | un goût, *m* |
| **chwaith** | non plus |
| *na finne chwaith* | (ni) moi non plus |
| **chwalu** | (se) disperser, *v*; s'écrouler, *v* |
| **chwant** (g) | un appétit, *m*; un désir, *m* |
| *chwant (g) bwyd* | un appétit, *m*; la faim, *f* |
| **chwarae** | jouer, *v*; jouer à, *v* [gêm]; jouer de, *v* [offeryn] |
| *chwarae bowls* | jouer aux boules, *v* |
| *chwarae piano* | jouer du piano, *v* |
| **chwaraeon** (ll) | le sport, *m* |
| *chwaraeon (ll) dŵr* | les sports nautiques, *m pl* |
| *yn hoff o / yn ymwneud â chwaraeon* | sportif, *m* / sportive, *f adj* |
| **chwaraewr** (g) / **chwaraewraig** (b) | un joueur, *m* / une joueuse, *f* |
| **chwaraeydd** (g) **recordiau** | un électrophone, *m* |
| **chwarter** (g) | un quart, *m*; un trimestre, *m* [blwyddyn] |
| *chwarter (g) awr* | un quart d'heure, *m* |
| *chwarter i* | moins le quart |
| *chwarter wedi* | et quart |
| **chwe(ch)** | six |
| *chwe deg* | soixante |
| *un deg chwech* | seize |
| **chweched** | sixième, *adj* |
| **chwedl** (b) | une légende, *f* |
| **chwedlonol** | légendaire, *adj* |
| **Chwefror** (g) | février, *m* |
| **chwerthin** | rire, *v\*\**; rigoler, *v*; se marrer, *v* |
| **chwerthinllyd** | ridicule, *adj* |
| **chwerw** | amer, *m* / amère, *f adj* |
| **chwifio** | (s')agiter, *v*; flotter, *v* [yn y gwynt] |
| **chwilair** (g) | un tracmots, *m* |
| **chwilfrydedd** (g) | une curiosité, *f* |
| **chwilfrydig** | curieux, *m* / curieuse, *f adj* |
| **chwilio** | fouiller, *v* |
| *chwilio am* | chercher, *v* |
| **chwilota** | fouiller, *v* |
| **chwistrell** (b) | une bombe, *f* |
| **chwistrellu** | injecter, *v* [pigiad]; arroser, *v*; faire des pulvérisations, *v\*\** |

| | |
|---|---|
| **chwith** (g) | la gauche, *f* |
| *(yn defnyddio) llaw chwith* | gaucher, *m* / gauchère, *f adj* |
| *ar y chwith* | à gauche |
| *i'r chwith* | à gauche |
| *o chwith* | à l'envers |
| *tu (gb) chwith* | un envers, *m*; une pile, *f* [darn arian] |
| *tu chwith allan* | à l'envers |
| **chwydu** | vomir, *v* |
| **chwydd** (g) | une enflure, *f*; une bosse, *f* |
| **chwyddwydr** (g) | une loupe, *f* |
| **chwynnyn** (g) | une mauvaise herbe, *f* |
| **chwythu** | souffler, *v* |

| | |
|---|---|
| **da** | bon, *m* / bonne *f adj*; bien, *adj*; sage, *adj*; fort, *adj* [am wneud rhywbeth] |
| *da i ddim* | nul, *m* / nulle, *f adj* |
| *da iawn!* | bravo!; très bien! |
| *mae e'n dda mewn mathemateg* | il est fort en maths |
| *yn dda* | bien |
| **dacw** | voilà |
| **dad** (g) | un papa, *m* |
| **da-da** (g) | un bonbon, *m* |
| **dadbacio** | défaire (gw faire), *v*** |
| **dadl** (b) | un débat, *m*; une dispute, *f* |
| **dadlau** | discuter, *v*; se disputer, *v* |
| **dadlwytho** | décharger, *v*\*; débarquer, *v* |
| **dadmer** | (se) dégeler, *v*\*; (faire) fondre, *v*** |
| **daear** (b) | la terre, *f*; le sol, *m* |
| **daeargryn** (gb) | un tremblement de terre, *m* |
| **daearol** | terrestre, *adj* |
| **daearyddiaeth** (b) | la géographie, *f* |
| **dafad** (b) | un mouton, *m*; une brebis, *f* |
| **daffodil** (g) | une jonquille, *f* |
| **dangos** | montrer, *v*; indiquer, *v*; passer, *v* [rhaglen] |
| **dal** | attraper, *v*; tenir, *v*\*\*; retenir (gw tenir), *v*\*\*; contenir (gw tenir), *v*\*\*; supporter, *v* |
| **dal (ymlaen)** | continuer, *v* |
| **dall** | aveugle, *adj* |
| **damwain** (b) | un accident, *m* |
| *trwy ddamwain* | par hasard |
| *(o)* **dan** | sous; au dessous de |
| **Danaidd** | danois, *adj* |
| **dant** (g) | une dent, *f* |
| **danteithiol** | délicieux, *m* / délicieuse, *f adj* |
| **darbodus** | économe, *adj* |
| **darfod** | finir, *v*; (se) terminer, *v*; expirer, *v* |
| **darganfod** | découvrir, *v*\*\*; trouver, *v* |
| **darganfyddiad** (g) | une découverte, *f* |
| **dar(i)o!** | mince!; zut! |
| **darlun** (g) | un portrait, *m*; un tableau, *m* (des tableaux, *pl*) |
| **darluniadwy** | pittoresque, *adj* |
| **darlunio** | illustrer, *v* |

| | |
|---|---|
| **darllediad** (g) | une émission, *f* |
| **darllen** | lire, *v*** |
| **darllen** (g) | la lecture, *f* |
| **darllenwr** (g) / | un lecteur, *m* / une lectrice, *f* |
|   **darllenwraig** (b) | |
| **darn** (g) | un morceau, *m* (des morceaux, *pl*) |
| *darn (g) arian* | une pièce (de monnaie), *f* |
| *darn (g) chwarae* | un jeton, *m* [gêm fwrdd] |
| **dartiau** (ll) | les fléchettes, *f pl* |
| **datgelu** | déclarer, *v*; révéler, *v** [tollau] |
| **datod** | défaire (gw faire), *v***; délier, *v* |
| **datrys** | débrouiller, *v*; déchiffrer, *v*; résoudre, *v* |
| **dathliad** (g) | une fête, *f* |
| **dathlu** | fêter, *v*; célébrer, *v* |
| **dau / dwy** | deux |
| *un deg dau / dwy* | douze |
| *dau / dwy ar bymtheg* | dix-sept |
| *dau ddeg* | vingt |
| **dawns** (b) | un bal, *m*; une danse, *f* |
| **dawnsio** (g) | la danse, *f* |
| **dawnsio** | danser, *v* |
| *dawnsio tap* | faire des claquettes, *v*** |
| **dawnsiwr** (g) / | un danseur, *m* / une danseuse, *f* |
|   **dawnswraig** (b) | |
| **dawnsiwr** (g) **bale** | un danseur de ballet, *m* |
| **dawswraig** (b) **fale** | une danseuse de ballet, *f*; une ballerine, *f* |
| **dawnus** | doué, *adj* |
| **de** (b) | la droite, *f* |
| *(yn defnyddio) llaw* **dde** | droitier, *m* / droitière, *f adj* |
| *ar y* **dde** | à droite |
| *i'r* **dde** | à droite |
| **y de** (g) | le sud, *m* |
| **De** (g) **Ffrainc** | le Midi, *m* |
| **y de-ddwyrain** (g) | le sud-est, *m* |
| **y de-orllewin** (g) | le sud-ouest, *m* |
| **deall** | comprendre, *v*** |
| **dealltwriaeth** (b) | un entendement, *m*; une entente, *f* |
| **deallus** | intelligent, *adj* |
| **deallusol** | intellectuel, *m* / intellectuelle, *f adj* |
| **dechrau** (g) | un début, *m*; un commencement, *m* |
| **dechrau** | commencer, *v**; se mettre à, *v*** |
| *ar y* **dechrau** | au début; au commencement |

| | |
|---|---|
| dechrau'n dda | bien démarrer, *v*; partir du bon pied, *v*\*\* |
| *i* ddechrau | d'abord; premièrement |
| **defnydd** (g) | un tissu, *m* [dillad]; un usage, *m* |
| **defnyddio** | employer, *v*\*; se servir de, *v*; utiliser, *v* |
| *mae'n cael ei (d)defnyddio fel ...* | il / elle sert de |
| **defnyddiol** | utile, *adj* |
| **defnyddiwr** (g) / | un usager, *m* / une usagère, *f*; |
| **defnyddwraig** (b) | un consommateur, *m* / |
| | une consommatrice, *f*; un abonné, *m* / |
| | une abonnée, *f* [nwy, ayb] |
| **defod** (b) | une cérémonie, *f*; une coutume, *f* |
| **deffro** | (se) réveiller, *v* |
| **deg / deng** | dix |
| **deg ar hugain** | trente |
| **dehongli** | déchiffrer, *v*; interpréter, *v*\* |
| **dehonglydd** (g) | un / une interprète, *m* / *f* |
| **deiet** (g) | un régime, *m* |
| *bod ar ddeiet* | être au régime, *v*\*\* |
| *mynd ar ddeiet* | suivre un régime, *v*\*\* |
| **deilen** (b) | une feuille, *f* |
| **deiliad** (g) | un sujet, *m* |
| **deintio** | grignoter, *v*; ronger, *v*\* |
| **deintydd** (g) | un / une dentiste, *m* / *f* |
| **del** | joli, *adj*; mignon, *m* / mignonne, *f adj* |
| **delfrydol** | idéal, *adj* |
| **delio â** | s'occuper de, *v* |
| **deniadol** | attirant, *adj*: attrayant, *adj* |
| *bod yn ddeniadol* | plaire à, *v* |
| *(yng ngolwg rhywun)* | |
| **Denmarc** (b) | le Danemark, *m* |
| *o Ddenmarc* | danois, *m* |
| **denu** | attirer, *v* |
| **derbyn** | accepter, *v*; recevoir, *v*\*\*; toucher, *v* [arian / cyflog] |
| **derbyniad** (g) | un accueil, *m*; une réception, *f* |
| **derbyniadau** (ll) | des recettes, *f pl* |
| **derbynneb** (b) | un reçu, *m* |
| **derbynnydd** (g) **(ffôn)** | un récepteur, *m* |
| **derwen** (b) | un chêne, *m* |
| **desg** (b) | un bureau, *m* (des bureaux, *pl*); un pupitre, *m* |
| **dethol** | choisi, *adj*; d'élite, *adj* |
| **detholiad** (g) | un extrait, *m*; une sélection, *f* |

| | |
|---|---|
| **deuddeg / deuddeng** | douze |
| **deugain** | quarante |
| **deunaw** | dix-huit |
| **dewch!** | allez!; allons!; voyons! |
| **dewin** (g) / **dewines** (b) | un sorcier, *m* / une sorcière, *f* |
| **dewis** | choisir, *v*; sélectionner [tîm, ayb] |
| **dewis** (g) | un choix, *m*; une sélection, *f* |
| *o* **ddewis** | de préférence |
| **dewisedig** | choisi, *adj* |
| **dewr** | courageux, *m* / courageuse, *f adj* |
| **dewrder** (g) | le courage, *m* |
| **di / ti** | tu; te; toi |
| **diagram** (g) | un diagramme, *m*; un schéma, *m* |
| **diamedr** (g) | un diamètre, *m* |
| **dianc** | (s')échapper, *v* |
| **diarffordd** | isolé, *adj* |
| **dibennu** | finir, *v*; (se) terminer, *v* |
| **dibynnu** | dépendre, *v* |
| *mae (hynny)'n* **dibynnu** | cela / ça dépend |
| **diddanu** | amuser, *v*; divertir, *v* |
| **diddordeb** (g) | un intérêt, *m* |
| **diddori** | intéresser, *v*; passionner, *v* |
| **diddorol** | intéressant, *adj* |
| **diddymu** | annuler, *v* |
| **dieithr** | inconnu, *adj*: étrange, *adj* |
| **dieithryn** (g) / **merch ddieithr** (b) | un étranger, *m* / une étrangère, *f* |
| **difetha** | abîmer, *v*; gâcher, *v*; gâter, *v* [plentyn]; gaspiller, *v* |
| **diflannu** | disparaître (gw connaître), *v*\*\* |
| **diflas** | ennuyeux, *m* / ennuyeuse, *f adj*; barbant, *adj* |
| **di-flas** | insipide, *adj*; fade, *adj* |
| **diflasu** | ennuyer, *v*\* |
| *bod wedi* **diflasu** | s'ennuyer, *v*\* |
| **difreintiedig** | défavorisé, *adj* |
| **difrifol** | grave, *adj*; sérieux, *m* / sérieuse, *f adj*; solennel, *m* / solennelle, *f adj* |
| **difrod** (g) | le(s) dégât(s), *m* (*pl*); le(s) dommage(s), *m* (*pl*) |
| **difyr** | amusant, *adj*; intéressant, *adj* |
| **difyrru** | amuser, *v*; divertir, *v* |

| | |
|---|---|
| **difyrrwch** (g) | un amusement, *m*; une distraction, *f* |
| **diffaith** | désolé, *adj* [lle];bon / propre à rien, *adj* |
| **diffodd** | éteindre, *v*** |
| dyn / **diffoddwr** (g) **tân** | un (sapeur-)pompier, *m* |
| **diffrwyth** | engourdi, *adj*; paralysé, *adj*; stérile, *adj* |
| **diffyg** (g) | un défaut, *m*; un manque, *m* |
| **dig** | coléreux, *m* / coléreuse, *f adj*; irrité, *adj*; en colère |
| **digalon** | découragé, *adj*; déprimé, *adj*; triste, *adj* |
| **digalondid** (g) | un découragement, *m* |
| **digon** | assez |
| *rydw i wedi cael digon* | j'en ai marre |
| *dyna ddigon* | ça va |
| *dyna ddigon!* | çà suffit! |
| digon o | assez de |
| *does dim digon o ...* | il manque ... |
| **digrif** | comique, *adj*; drôle, *adj*; amusant, *adj*; marrant, *adj*; rigolo, *m* / rigolote, *f adj* |
| **digriflun** (g) | une caricature, *f* |
| **digywilydd** | impoli, *adj*; insolent, *adj*; mal élevé, *adj* |
| **di-gwsg** | insomniaque, *adj*; sans sommeil |
| **digwydd** | arriver, *v*;  se passer, *v*; avoir lieu, *v*** |
| **digwyddiad** (g) | un incident, *m*; un événement, *m* |
| **dihangfa** (b) | une évasion, *f* |
| **di-haint** | stérile, *adj* |
| **dihuno** | (se) réveiller, *v* |
| **dileu** | barrer, *v*; biffer, *v*; éffacer, *v**; éliminer, *v*; rayer, *v** |
| **dillad** (ll) | des vêtements, *m pl*; des habits, *m pl* |
| *dillad (ll) isaf* | des sous-vêtements, *m pl* |
| **dilyn** | suivre, *v*** |
| **dilys** | authentique, *adj*; valable, *adj* |
| **dim** (g) | un zéro, *m* |
| **dim** | nul, *m* / nulle, *f adj*; pas; rien |
| **dim ...** | ne pas ... ; défense de ... [gwahardd] |
| *i'r dim* | exactement |
| *dim cymaint â hynny* | pas tellement |
| *dim llawer* | pas grand-chose; pas beaucoup; peu |
| *dim o gwbl* | pas du tout |
| *dim ond* | seulement; ne ... que |
| *dim ots* | ce n'est pas grave; ça ne fait rien; tant pis |

| | |
|---|---|
| *dim ots gen i* | cela / ça m'est égal; je m'en moque |
| *dim ots (pa) beth* | n'importe quoi |
| *dim ots pa ...* | n'importe quel ... |
| *dim un* | aucun, *adj* |
| *dim yn arbennig* | pas tellement |
| *dim yn ddrwg* | pas mal |
| *dim ysmygu* | défense de fumer; non-fumeur, *m* / non-fumeuse, *f adj* |
| *am ddim* | gratuit, *adj* |
| **dinas** (b) | une cité, *f*; une ville, *f* |
| **dinesydd** (g) | un citoyen, *m* / une citoyenne, *f* |
| **dingi** (g) | un canot, *f*; un dériveur, *m* |
| **diod** (b) | une boisson, *f* |
| *cymryd diod* | prendre un pot / un verre, *v*** |
| *diod (b) lemwn* | une citronnade , *f* |
| *diod (b) siocled* | un chocolat, *m* |
| **dioddef** | souffrir (gw ouvrir), *v***; supporter, *v* |
| *'fedra' i ddim dioddef hwnna* | j'ai horreur de ça; je déteste ça |
| **dioddefydd** (g) / **dioddefwraig** (b) | une victime, *f* |
| **diog** | paresseux, *m* / paresseuse, *f adj*; fainéant, *adj* |
| **diogel** | hors de / sans danger; en sûreté; sûr, *adj* |
| **diogelwch** (g) | la sécurité, *f* |
| *diogelwch (g) ar y ffordd* | la prévention routière, *f* |
| **diolch** | merci; remercier, *v* |
| *diolch i* | grâce à |
| **diosg** | ôter, *v* |
| **dirgel** | secret, *m* / secrète, *f adj* |
| *yn ddirfawr* | énormément |
| **dirgelwch** (g) | un mystère, *m*; un secret, *m* |
| **dis** (g) | un dé, *m* |
| **disg** (b) | un disque, *m* |
| *disg (b) gyfrifiadur* | une disquette, *f* |
| **disglair** | brillant, *adj* |
| **disgleirio** | briller, *v* |
| **disgo** (g) | une discothèque, *f* |
| **disgrifiad** (g) | une description, *f*; un signalement, *m* |
| **disgrifio** | décrire (gw écrire), *v*** |
| **disgybl** (g) | un / une élève, *m* / *f* |
| *disgybl (g) (mewn) lycée (ysgol)* | un lycéen, *m* / une lycéenne, *f* |

| | | |
|---|---|---|
| | *disgybl (g) preswyl* | un / une interne, *m / f* |
| | *disgybl (g) sy'n aros yn yr ysgol i ginio* | un / une demi-pensionnaire, *m / f* |
| | **disgyn** | descendre, *v*; (laisser) tomber, *v*; lâcher, *v* |
| | **disodli** | remplacer, *v\**; supplanter, *v* |
| | **distaw** | tranquille, *adj*; calme, *adj*; silencieux, *m* / silencieuse, *f adj* |
| *bydd ddistaw!* | | tais-toi! |
| | **distawrwydd** (g) | un silence, *m* |
| | **diswyddo** | renvoyer, *v\** |
| | **di-waith** | au chômage |
| *person (g) di-waith* | | un chômeur, *m* / une chômeuse, *f* |
| | **diwedd** (g) | un bout, *m*; une fin, *f* |
| *ar ddiwedd* | | au bout de; à la fin de |
| *o'r diwedd* | | enfin |
| *yn y diwedd* | | finalement |
| | **diweddar** | récent, *adj* |
| | **diweddaraf** | dernier, *m* / dernière, *f adj*; le plus récent, *adj* |
| | **diweithdra** (g) | le chômage, *m* |
| | **diwethaf** | dernier, *m* / dernière, *f adj* |
| | **diwrnod** (g) | un jour, *m*; une journée, *f* |
| *diwrnod (g) ffair* | | un jour férié, *m* |
| *diwrnod (g) o wyliau* | | un jour de congé, *m* |
| *y diwrnod (g) cyn / cynt* | | la veille, *f* |
| | **diwyd** | travailleur, *m* / travailleuse, *f adj*; assidu, *adj* |
| | **diysgog** | fixe, *adj* |
| | **do** | oui |
| | **doctor** (g) | un docteur, *m* / une doctoresse, *f*; un médecin, *m* / une femme médecin, *f* |
| *lle'r doctor* | | chez le médecin |
| | **dod** | arriver, *v*; venir, *v\*\** |
| *dod â (rhywbeth)* | | apporter, *v* |
| *dod â (rhywun)* | | amener, *v\** |
| *dod â ... allan / mas* | | (faire) sortir, *v\*\** |
| *dod â ... i fyny / lan* | | (faire) monter, *v\*\** |
| *dod â ... i lawr* | | (faire) descendre, *v* |
| *dod â ... i lawr eto* | | redescendre, *v* |
| *dod â ... i mewn* | | rentrer, *v* |
| *dod â ... yn ôl* | | rapporter, *v*; ramener, *v\** |

| | |
|---|---|
| *dod allan / mas* | sortir, *v*** |
| *dod ar draws* | tomber sur, *v* |
| *dod gyda* | accompagner, *v* |
| *dod i ben* | (se) terminer, *v* |
| *dod i lawr* | descendre, *v* |
| *dod i lawr eto* | redescendre, *v* |
| *dod i mewn* | entrer, *v* |
| *dod i fyny / lan* | monter, *v* |
| *dod ymlaen* | s'avancer, *v**; se débrouiller, *v*; s'entendre, *v* |
| *dod yn* | devenir, *v*** |
| *dod yn nes* | (s') approcher, *v* |
| *dod yn ôl* | revenir, *v*** |
| **dodrefnyn** (g) | un meuble, *m* |
| **doe / ddoe** | hier |
| **doeth** | sage, *adj* |
| **dôl** (b) | une prairie, *f*; un pré, *m* |
| **dol(i)** (b) | une poupée, *f* |
| **dolen** (b) | une anse, *f* [cwpan]; un lien, *m* |
| **dolffin** (g) | un dauphin, *m* |
| **dolur** (g) | une douleur, *f* |
| *mae gen i ddolur yn ...* | j'ai mal à ... |
| **dolurio** | faire mal à , *v*** |
| **domino** (g) | un domino, *m* |
| **doniol** | amusant, *adj*; comique, *adj*; drôle, *adj*; marrant, *adj*; rigolo, *m* / rigolote, *f adj* |
| **dos!** | va! |
| *dos o'ma!* | va-t-en! |
| **dosbarth** (g) | une classe, *f*; un cours, *m*; une catégorie, *f* |
| *yn y dosbarth* | en classe |
| **dosbarthu** | distribuer, *v* |
| **Dover** | Douvres |
| **draenog** (g) | un hérisson, *m* |
| **drafftiau** (ll) | les dames, *f pl* |
| **drama** (b) | une pièce, *f*; le théâtre, *m* |
| **drannoeth** | le lendemain, *m* |
| **drennydd** | après-demain |
| **drewi (o)** | puer, *v* |
| **dringo** | grimper, *v*; escalader, *v*; monter, *v* |
| **dringo** (g) | l'escalade, *f*; l'alpinisme, *m* |
| **drôr** (g) | un tiroir, *m* |

| | |
|---|---|
| **dros** | (par-)dessus |
| *dros dro* | temporaire, *adj* |
| **drud** | cher, *m* / chère, *f adj*; coûteux, *m* / coûteuse, *f adj* |
| **drwg** (g) | le mal, *m* (les maux, *pl*) |
| **drwg** | mauvais, *adj*; méchant, *adj*; vilain, *adj* |
| *drwg ei hwyliau* | coléreux, *m* / coléreuse, *f adj* |
| *bod yn ddrwg gan* | regretter, *v* |
| *mae'n ddrwg gen i!* | excusez-moi! |
| *mae'n ddrwg iawn gen i* | je suis désolé |
| **drwgdybio** | se méfier de, *v* |
| **drwgdybus** | méfiant, *adj* |
| **drwm** (g) | un tambour, *m* |
| **drws** (g) | une porte, *f* |
| *drwy'r amser* | tout le temps |
| *drwy'r dydd* | toute la journée |
| **drych** (g) | un miroir, *m*; une glace, *f* |
| **drychiolaeth** (b) | un fantôme, *m* |
| **drygionus** | méchant, *adj*; vilain, *adj*; malin, *m* / maligne, *f adj* |
| **drymiau** (ll) | la batterie, *f* |
| **drymiwr** (g) | un batteur, *m*; un tambour, *m* |
| **drysu** | troubler, *v*; confondre, *v* |
| *wedi drysu* | confus, *adj* |
| **du** | noir, *adj* |
| **dug** (g) / **duges** (b) | un duc, *m* / une duchesse, *f* |
| **dull** (g) | une façon, *f*; une méthode, *f*; un moyen, *m*; une manière, *f* |
| **duw** (g) (**duwiau**, ll) | un dieu, *m* (des dieux, *pl*) |
| **duw(cs) annwyl**! | mon dieu! |
| **dwbl** | double, *adj* |
| **dweud** | dire, *v**\*\**; raconter, *v* [hanes] |
| **dwfn** | profond, *adj* |
| **dwl** | idiot, *adj*; imbécile, *adj*; terne, *adj* [lliw]; sombre, *adj*; gris, *adj* [tywydd] |
| *gwneud pethau dwl* | faire des bêtises, *v\*\** |
| **dwlu ar** | adorer, *v* |
| **dwsin** (g) | une douzaine, *f* |
| **dwster** (g) | un chiffon, *m* |
| **dwyieithog** | bilingue, *adj* |
| **dwyn** | amener, *v\**; apporter, *v*; voler, *v* |
| *y* **dwyrain** (g) | l'est, *m* |

| | |
|---|---|
| y **Dwyrain** (g) **Canol** | le Moyen-Orient, *m* |
| **dwys** | profond, *adj*; solennel, *m* / solennelle, *f adj* |
| **dy** | ton [o flaen enw gwrywaidd unigol ac o flaen llafariad]; ta [o flaen enw benywaidd unigol]; tes [o flaen enw lluosog] |
| *dy hun* | toi-même |
| **dychmygol** | imaginaire, *adj* |
| **dychmygu** | imaginer, *v* |
| **dychryn** (g) | une peur, *f* |
| **dychrynllyd** | terrible, *adj*; effrayant, *adj*; horrible, *adj* |
| **dychweliad** (g) | un retour, *m* |
| **dychwelyd** | revenir, *v\*\**; retourner, *v*; rendre, *v* |
| *dychwelyd adref* | rentrer, *v* |
| **dydd** (g) | un jour, *m*; une journée, *f* |
| y *dydd* | par jour |
| *dydd (g) Calan* | le jour de l'An, *m* |
| *dydd (g) Gwener* | vendredi, *m* |
| *dydd (g) gŵyl* | une fête, *f*; un jour férié, *m* |
| *dydd (g) Iau* | jeudi, *m* |
| *dydd (g) Llun* | lundi, *m* |
| *dydd (g) Mawrth* | mardi, *m* |
| *dydd (g) Mawrth Ynyd* | Mardi gras, *m* |
| *dydd (g) Mercher* | mercredi, *m* |
| *Dydd (g) Nadolig* | le jour de Noël, *m* |
| *dydd (g) Sadwrn* | samedi, *m* |
| *dydd (g) Sul* | dimanche, *m* |
| **dyddiad** (g) | une date, *f* |
| **dyddiad** (g) **geni** | une date de naissance, *f* |
| **dyddiadur** (g) | un agenda, *m*; un journal, *m* (des journaux, *pl*) |
| **dyddiol** | quotidien, *m* / quotidienne, *f adj* |
| **dyfais** (b) | un engin, *m* |
| **dyfalu** | deviner, *v* |
| **dyfeisio** | inventer, *v* |
| **dyfodiad** (g) | une arrivée, *f* |
| **dyfodol** (g) | un avenir, *m* |
| **dyfrhau** | arroser, *v* |
| **dyfyniad** (g) | une citation, *f* |
| **dyffryn** (g) | une vallée, *f*; un vallon, *m* [bach] |
| **dylanwadu** (ar) | influencer, *v\** |

| | |
|---|---|
| **dylunydd** (g) | un dessinateur, *m* / une dessinatrice, *f* |
| *dylwn i* | je devrais (o devoir), *v*** |
| *dylyfu gên* | bâiller, *v* |
| **dyma** | voici |
| **dymchwel(yd)** | verser, *v*; renverser, *v* |
| **dymuno** | vouloir, *v***; avoir envie de, *v***; désirer, *v*; souhaiter, *v* |
| **dymunol** | agréable, *adj*; charmant, *adj* |
| **dyn** (g) | un homme, *m*; un bonhomme, *m*; un mec, *m* / un type, *m* [slang] |
| *dyn (g) camera* | un caméraman, *m* |
| *dyn (g) eira* | un bonhomme de neige, *m* |
| *(cyfleusterau (ll))* **dynion** (ll) | messieurs, *m pl* |
| *dyn (g) sbwriel / lludw* | un éboueur, *m* |
| *dyn (g) y tu ôl i'r bar* | un barman, *m* |
| **dyna** | quel, *m* / quelle, *f adj*; voilà |
| *dyna biti / drueni!* | (quel) dommage! |
| *dyna'r cwbl / cyfan* | voilà tout; c'est tout |
| *dyna ddigon* | ça suffit; ça va |
| *dyna fe / fo / ni* | ça y est |
| **dynamig** | dynamique, *adj* |
| **dynamo** (g) | une dynamo, *f* |
| **dynes** (b) | une dame, *f*; une femme, *f* |
| **dyngarîs** (ll) | une salopette, *f* |
| **dyngarol** | humanitaire, *adj* |
| **dynodi** | signifier, *v*; indiquer, *v* |
| **dynol** | humain, *adj* |
| **dynwared** | imiter, *v* |
| **dysg** (b) | la science, *f*; le savoir, *m* |
| **dysgl** (b) | un plat, *m* |
| **dysgu** | apprendre, *v***; enseigner, *v* |
| *dysgu ar y cof* | mémoriser, *v* |
| **dyweddi** (gb) | un fiancé, *m* / une fiancée, *f* |
| **dŵr** (g) | l'eau, *f* (les eaux, *pl*) |
| *dŵr (g) croyw* | l'eau douce, *f* |

| | |
|---|---|
| **eang** | large, *adj*; vaste, *adj* |
| **Ebrill** (g) | avril, *m* |
| **ecoleg** (b) | l'écologie, *f* |
| **economaidd** | économique, *adj* |
| **echdoe** | avant-hier |
| **echnos** | avant-hier soir |
| **edau** (b) | le fil, *m* |
| **edifarhau** | regretter, *v*; se repentir de, *v* |
| **edrych** | regarder, *v* |
| *edrych am* | chercher, *v* |
| *edrych ar* | regarder, *v* |
| *edrych ar ôl* | soigner, *v*; s'occuper de, *v* |
| *edrych yn* | avoir l'air, *v*** |
| *edrych yn debyg i* | ressembler à, *v* |
| *ef / fo / fe / o / e* | il; elle; lui; le; la; l' |
| **efallai** | peut-être |
| **efelychu** | imiter, *v* |
| **efo** | avec; par |
| **egluro** | expliquer, *v* |
| **eglwys** (b) | une église, *f* |
| *eglwys (b) gadeiriol* | une cathédrale, *f* |
| **egni** (g) | une énergie, *f* |
| **egnïol** | énergique, *adj* |
| **egwyl** (b) | un entracte, *m*; une mi-temps, *f* [pêl-droed, ayb]; une récréation, *f* |
| **enghraifft** (b) | un exemple, *m* |
| **ei ... e(f)o / hi** | son [o flaen enw gwrywaidd unigol ac o flaen llafariad]; sa [o flaen enw benywaidd unigol]; ses [o flaen enw lluosog] |
| **eich** | votre [o flaen enw unigol]; vos [o flaen enw lluosog] |
| *eich hun(ain)* | vous-même(s) |
| yr **Eidal** (b) | l'Italie, *f* |
| *o'r Eidal* | italien, *m* / italienne, *f adj* |
| **Eidalaidd / Eidaleg** | italien, *m* / italienne, *f adj* |
| **Eidaleg** (b) | l'italien, *m* [yr iaith] |
| **eiddigeddus** | jaloux, *m* / jalouse, *f adj*; envieux, *m* / envieuse, *f adj* |
| **eiddo** (g) | la propriété, *f*; les biens, *m pl*; les affaires, *f pl* |
| **eiliad** (gb) | une seconde, *f*; un instant, *m*; un moment, *m* |
| **eillio** | se raser, *v* |
| **ein** | notre [o flaen enw unigol]; nos [o flaen enw lluosog] |

| | |
|---|---|
| **eira** (g) | la neige, *f* |
| **eirinen** (b) | une prune, *f* |
| *eirinen (b) wlanog* | une pêche, *f* |
| *bod* **eisiau** | vouloir, *v***; avoir envie de, *v***; désirer, *v* |
| *bod bron â marw eisiau* | mourir d'envie de, *v***; avoir une envie folle de, *v*** |
| *bod eisiau bwyd* | avoir faim, *v*** |
| *gweld eich eisiau* | manquer à, *v* |
| *mae e(f)o / hi eisiau* | il / elle veut (o vouloir), *v*** |
| *rydw i eisiau* | je veux (o vouloir), *v*** |
| **eisoes** | déjà |
| **eistedd** | s'asseoir, *v*** |
| *yn eistedd / ar ei eistedd* | assis, *adj* |
| **eitem** (b) | un article, *m*; un point, *m* |
| **eitha** | assez |
| *ag eithrio* | sauf |
| **eliffant** (g) | un éléphant, *m* |
| **elusen** (b) | une charité, *f* |
| **elwa (ar)** | profiter de, *v* |
| **embaras** (g) | la gêne, *f*; la confusion, *f* |
| *yn achosi embaras* | gênant, *adj* |
| *yn llawn embaras* | confus, *adj* |
| **enaid** (g) | une âme, *f* |
| **enfawr** | énorme, *adj* |
| **enfys** (b) | un arc-en-ciel, *m* (des arcs-en-ciel, *pl*) |
| **enillydd** (g) | un gagnant, *m* / une gagnante, *f* |
| **ennill** | gagner, *v* |
| **enw** (g) | un nom, *m*; une marque, *f* [gwneuthurwr] |
| *eich enw yw / ydy* | s'appeler, *v** |
| *o'r enw* | nommé, *adj*; intitulé, *adj* |
| *enw (g) cyntaf / bedydd* | un prénom, *m* |
| **enwebu** | proposer, *v* |
| *yn* **enwedig** | surtout; particulièrement |
| **enwi** | nommer, *v* |
| **enwog** | célèbre, *adj* |
| **eog** (g) | un saumon, *m* |
| **er** | depuis; dès; bien que |
| *er enghraifft* | par exemple |
| *er gwaethaf* | malgré; en dépit de |
| *er hynny* | quand même; tout de même |
| *er mwyn* | afin de; pour |
| **erbyn** | avant; pas plus tard que |
| *yn erbyn* | contre |
| **erfinen** (b) | un navet, *m* |
| **erfyn (ar)** | prier, *v*; supplier, *v* |

| | | |
|---|---|---|
| **ergyd** (gb) | | un coup, *m* |
| **erioed** | | jamais |
| **ers** | | dès; depuis |
| *ers hynny* | | depuis |
| *ers blwyddyn* | | depuis un an |
| *ers talwm* | | autrefois; il y a longtemps |
| **erthygl** (b) | | un article, *m* |
| **eryr** (g) | | un aigle, *m* |
| *(fe / mi) es i* | | je suis allé(e) (o aller), *v*** |
| **esbonio** | | expliquer, *v* |
| **esgid** (b) | | une chaussure, *f*; un soulier, *m* |
| *esgidiau (ll) bale* | | des ballerines, *f pl*; des chaussons (de danse), *f pl* |
| *esgidiau (ll) eira* | | des raquettes, *f pl* |
| *esgidiau (ll) rholio* | | des patins à roulettes, *m pl* |
| *esgidiau (ll) sglefrio* | | des patins, *m pl* |
| *esgidiau (ll) tennis* | | des tennis, *m pl* |
| *esgidiau (ll) uchel* | | des bottes, *f pl* |
| *esgidiau (ll) ymarfer* | | des baskets, *m pl*; des chaussures de sport, *f pl*; des tennis, *m pl* |
| *esgidiau (ll) ysgafn (fflat)* | | des ballerines, *f pl* |
| **esgusodi** | | excuser, *v* |
| *esgusodwch fi / esgusoda fi* | | pardon |
| *esgusodwch fi!* | | excusez-moi! |
| **esgyn** | | monter, *v* |
| **esgyniad** (g) | | une ascension, *f*; un décollage, *m* [awyren] |
| **esmwyth** | | confortable, *adj*; lisse, *adj* |
| **estron(ol)** | | étranger, *m* / étrangère, *f adj* |
| **estrys** (gb) | | une autruche, *f* |
| **estyllen** (b) | | une planche, *f* |
| **eto** | | encore |
| **eu** | | leur(s) |
| **euraid** | | doré, *adj*; d'or |
| **euthum** | | je suis allé(e) (o aller), *v*** |
| **ewch!** | | allez! |
| *ewch yn syth yn eich blaen* | | allez tout droit |
| **ewin** (gb) | | un ongle, *m* |
| **Ewrop** (b) | | l'Europe, *f* |
| **Ewropeaidd** | | européen, *m* / européenne, *f adj* |
| **ewrosiec** (b) | | un eurochèque, *m* |
| **ewyn** (g) | | une écume, *f*; une mousse, *f* |
| *ewyn (g) ymolchi* | | un bain moussant, *m* |
| **ewythr** (g) | | un oncle, *m* |

| | |
|---|---|
| **faint o?** | combien de? |
| *faint o'r gloch yw / ydy hi?* | quelle heure est-il? |
| *faint yw / ydy dy oed di?* | quel âge as-tu? |
| **fan** (b) | une camionnette, *f* |
| *(yn y) fan (a)cw / co [<**man**]* | là-bas |
| *draw fan'na* | là-bas |
| *(yn) fan'na* | là |
| **fanila** (g) | la vanille, *f* |
| **fe / e** | il; elle; lui; le, la, l' |
| **fel** | comme |
| *(yn union) fel* | ainsi que |
| *fel arall* | autrement |
| *fel arfer* | en général; généralement; (comme) d'habitude; normalement |
| **felly** | donc; ainsi; alors |
| **fesul tipyn** | peu à peu |
| **fi / i** | je; me; moi |
| *fi sy'ma* | c'est moi |
| **ficer** (g) | un pasteur, *m* |
| **fideo** (g) | une vidéo, *f* |
| **finegr** (g) | le vinaigre, *m* |
| **Firgo** | Vierge, *f* |
| **fo / o** | il; elle; lui; le, la, l' |
| **fy** | mon [o flaen enw gwrywaidd unigol ac o flaen llafariad]; ma [o flaen enw benywaidd unigol]; mes [o flaen enw lluosog] |
| *fy rhai i* | les miens, *m pl* / les miennes, *f pl* |
| *fy un i* | le mien, *m* / la mienne, *f* |
| *i fyny* | en haut; en l'air |
| *i fyny'r grisiau* | en haut; à l'étage |

| | |
|---|---|
| **ffa** (ll) | des fèves, *f pl* |
| *ffa (ll) Ffrengig* | des haricots verts, *m pl* |
| *ffa (ll) pob* | des haricots blancs à la sauce<br>  tomate, *m pl* |
| **ffäen** (b) / **ffeuen** (b) | une fève, *f*; un haricot, *m* |
| **ffair** (b) | une foire, *f*; une fête foraine, *f* |
| *diwrnod (g) ffair* | un jour férié, *m* |
| **ffals** | faux, *m* / fausse, *f adj*; perfide, *adj* |
| **ffan** (b) | un ventilateur, *m*; un éventail, *m* [llaw] |
| **ffan** (gb) | un / une enthousiaste, *m* / *f*; un / une<br>  fana, *m* / *f*; un mordu, *m* / une mordue,<br>  *f*; un passionné, *m* / une passionnée, *f* |
| **ffansïo** | avoir envie de, *v***; aimer, *v*;<br>  trouver pas mal du tout, *v* |
| *wyt ti'n ffansïo...?* | ça te dit (de) ...? |
| **ffantastig** | fantastique, *adj*; génial, *adj* |
| **ffarm** (b) | une ferme, *f* |
| **ffarmwr** (g) / **ffarmwraig** (b) | un fermier, *m* / une fermière, *f* |
| **ffarwél** (gb) | un adieu, *m* (des adieux, *pl*) |
| **ffasiwn** *(g)* | la mode, *f* |
| *yn y ffasiwn* | à la mode |
| **ffasiynol** | chic, *adj* (byth yn newid); à la mode;<br>  en vogue |
| **ffatri** (b) | une fabrique, *f*; une usine, *f* |
| **ffawd** (b) | le sort, *m* |
| **ffedog** (b) | un tablier, *m* |
| **ffefryn** (g) | un favori, *m* / une favorite, *f*;<br>  un chouchou, *m* |
| **ffeil** (b) | un dossier, *m*; une lime, *f* |
| **ffeirio** | échanger, *v** |
| **ffelt** (g) | le feutre, *m* |
| **ffenestr** (b) | une fenêtre, *f* |
| *ffenestr (b) siop* | une vitrine, *f* |
| **ffensio** (g) | l'escrime, *f* |
| **ffêr** (b) | une cheville, *f* |
| **fferen** (b) | un bonbon, *m* |
| **fferins** (ll) | la confiserie, *f*; des sucreries, *f pl*;<br>  des bonbons, *m pl* |
| **fferm** (b) | une ferme, *f* |
| **ffermwr** (g) /<br>  **ffermwraig** (b) | un fermier, *m* / une fermière, *f* |
| **fferyllfa** (b) | une pharmacie, *f* |

| | |
|---|---|
| **ffiaidd** | dégoutant, *adj*; odieux, *m* / odieuse, *f* *adj*; choquant, *adj*; infect, *adj* |
| **ffidil** (b) | un violon, *m* |
| **ffieiddio** | détester, *v* |
| **ffilm** (b) | un film, *m*; une pellicule, *f* [i gamera] |
| *gwneud ffilm* | tourner un film, *v* |
| *ffilm (b) antur* | un film d'aventure, *m* |
| *ffilm (b) arswyd* | un film d'épouvante / d'horreur, *m* |
| *ffilm (b) ddogfen* | un (film) documentaire, *m* |
| *ffilm (b) gowboi* | un western, *m* |
| *ffilm (b) serch* | un film d'amour, *m* |
| **ffilmio** | tourner un film, *v* |
| **ffin** (b) | une frontière, *f* |
| **ffiol** (b) | un vase, *m* |
| **ffiseg** (b) | la physique, *f* |
| **ffisegwr** (g) / **ffisegwraig** (g) | un physicien, *m* / une physicienne, *f* |
| **ffisig** (g) | un médicament, *m* |
| **ffit** | en forme; en bonne santé |
| *bod yn ffit iawn* | être en pleine forme, *v*** |
| **fflachlamp** (b) | une lampe de poche, *f* |
| **fflag** (b) | un drapeau, *m* (des drapeaux, *pl*) |
| **fflasg** (b) | un thermos, *m* |
| **fflat** (b) | un appartement, *m* |
| *bloc (g) o fflatiau* | un immeuble, *m* |
| **fflat** | plat; à plat / crevé, *adj* [teiar]; éventé, *adj* [diod]; abattu, *adj* [teimlo'n isel] |
| **fflat** (g) **smwddio** | un fer à repasser, *m* |
| **ffliw** (g) | la grippe, *f* |
| **ffliwt** (b) | une flûte, *f* |
| **fflôt** (g) | un flotteur, *m* |
| **fflworoleuol** | fluo(rescent), *adj* |
| **ffodus** | qui a de la chance; veinard, *adj* |
| *bod yn ffodus* | avoir de la chance, *v*** |
| *yn ffodus* | heureusement |
| **ffôl** | bête, *adj*; idiot, *adj* |
| **ffon** (b) | une canne, *f*; un baton, *m* |
| *ffon (b) hoci* | une crosse, *f* |
| **ffôn** (g) | un téléphone, *m* |
| *ar y ffôn* | au téléphone |
| *caban (g) ffôn* | une cabine téléphonique, *f* |
| **ffônio / ffonio** | téléphoner, *v* |

| | |
|---|---|
| **fforc(en)** (b) | une fourchette, *f* |
| **fforch** (b) | une fourche, *f* |
| **ffordd** (b) | une route, *f;* une rue, *f;* un chemin, *m*; une voie, *f;* une façon, *f;* une méthode, *f;* une manière, *f* |
| *ar ei [ayb] ffordd* | en route |
| *ar y ffordd* | en route |
| *y ffordd yma / hyn / hon* | par ici |
| *y ffordd yna / acw* | par là |
| *ffordd (b) fawr* | une route, *f* |
| *ffordd (b) i lawr* | une descente, *f* |
| **fforiwr** (g) / **fforwraig** (b) | un explorateur, *m* / une exploratrice, *f* |
| **ffotograff** (g) | une photo(graphie), *f* |
| **ffotograffiaeth** (b) | la photographie, *f* |
| **ffotograffydd** (g) | un / une photographe, *m* / *f* |
| **ffowlyn** (g) | un poulet, *m*; une volaille, *f* |
| **ffrae** (b) | une dispute, *f;* une querelle, *f* |
| **ffraeo** | se disputer, *v*; se quereller, *v*; se brouiller, *v* |
| **Ffrainc** (b) | la France, *f* |
| **ffrâm** (g) | un cadre, *m*; une charpente, *f* |
| **ffranc** (b) | un franc, *m* |
| **Ffrancwr** (g) / **Ffrances** (b) | un Français, *m* / une Française, *f* |
| **Ffrangeg** (b) | le français, *m* [yr iaith] |
| *yn siarad Ffrangeg* | francophone, *adj* |
| **Ffrangeg / Ffrengig** | français, *adj* |
| **ffres** | frais, *m* / fraîche, *f adj* |
| **ffreutur** (g) | un réfectoire, *m* |
| **ffrind** (g) | un ami, *m* / une amie, *f;* un / une camarade, *m* / *f*; un copain, *m* / une copine, *f* |
| *ffrind (g) llythyru* | un correspondant, *m* / une correspondante, *f* |
| **ffroenuchel** | arrogant, *adj*; hautain, *adj* |
| **ffrog** (b) | une robe, *f* |
| **ffrwydriad** (g) | une explosion, *f* |
| **ffrwydro** | éclater, *v*; exploser, *v*; sauter, *v* |
| **ffrwyth** (g) | un fruit, *m* |
| **ffug** | faux, *m* / fausse, *f adj* |
| **ffurf** (b) | une forme, *f* |
| **ffurfio** | façonner, *v*; former, *v* |

| | |
|---|---|
| **ffurflen** (b) | un formulaire, *m*; une formule, *f*; une fiche, *f* |
| *ffurflen (b) archeb* | un bon de commande, *m* |
| *ffurflen (b) noddi / nawdd* | un formulaire de patronage, *m* |
| **ffŵl** (g) | un / une imbécile, *m / f* |
| *actio'r / chwarae'r ffŵl* | faire l'imbécile / le pitre, *v*** |
| **ffwlbri** (g) | la bêtise, *f* |
| **ffwndrus** | confus, *adj* |
| **ffwr** (g) | la fourrure, *f* |
| *i* **ffwrdd** | au loin; loin; absent, *adj* |
| *rhai metrau i ffwrdd* | à quelques mètres |
| *(i) ffwrdd â chi* | allez-vous-en!; filez! |
| **ffwrn** (b) | un four, *m*; une cuisinière, *f* |
| *yn y ffwrn* | au four |
| **ffwrn** (b) **ficrodon** | un four à micro-ondes, *m* |
| **ffyddlon** | fidèle, *adj* |
| **ffynidwydden** (b) | un sapin, *m* |
| **ffyrnig** | féroce, *adj* |

| | |
|---|---|
| **gad / gadewch i ni weld** | voyons |
| **gadael** | quitter, *v*; laisser, *v*; permetre (gw mettre), *v**\*\*** |
| *gadael i gwympo* | lâcher, *v*; laisser tomber, *v* |
| *gadael llong* | débarquer, *v* |
| y **gaeaf** (g) | l'hiver, *m* |
| *yn y gaeaf* | en hiver |
| **gafael (yn)** | prendre, *v*\*\*; tenir, *v*\*\* |
| **gafael yn dyn yn** | serrer, *v* |
| **gafaelgar** | passionnant, *adj*; tenace, *adj* |
| **gafr** (b) | une chèvre, *f* |
| **gair** (g) | un mot, *m*; une parole, *f* |
| **galw** | appeler, *v*\* |
| **galwad** (g) | un appel, *m* |
| *galwad (g) ffôn* | un coup de téléphone, *m* |
| *gall* | il / elle peut (o pouvoir), *v*\*\* |
| *gallaf* | je peux (o pouvoir), *v*\*\* |
| **gallu** | pouvoir, *v*\*\* |
| *mae e(f)o / hi'n gallu* | il / elle peut (o pouvoir), *v*\*\* |
| *rydw i'n gallu* | je peux (o pouvoir), *v*\*\* |
| **gallu** (g) | le pouvoir, *m* |
| **galluog** | capable, *adj*: doué, *adj*; intelligent, *adj* |
| **gan** | de; de la part de; par; car; puisque |
| *gan mwyaf* | principalement |
| *bod* gan | avoir, *v*\*\* |
| *mae ganddo e(f)o* | il a (o avoir), *v*\*\* |
| *mae ganddi hi* | elle a (o avoir), *v*\*\* |
| *mae ganddyn nhw* | ils / elles ont (o avoir), *v*\*\* |
| **gardd** (b) | un jardin, *m* |
| **garddio** | faire du jardinage, *v*\*\* |
| **garddio** (g) | le jardinage, *m* |
| **garddwrn** (gb) | un poignet, *m* |
| **garej** (b) | un garage, *m* |
| *garej (b) betrol* | une station-service, *f* |
| **garlleg** (g) | l'ail, *m* |
| **gartref** | à la maison; chez moi / toi [ayb] |
| **garw** | gros, *m* / grosse, *f adj*; grossier, *m* / grossière, *f adj*; rude, *adj*; sévère, *adj* |
| *yn arw* | énormément; fortement |
| *bod yn arw gan* | regretter, *v* |
| *mae'n arw gen i!* | excusez-moi! |
| *mae'n arw iawn gen i* | je suis désolé |
| **gast** (b) **/ ci** (g) | une chienne, *f* / un chien, *m* |

209

| | |
|---|---|
| **gât** (b) | une barrière, *f*; une grille, *f* [â barrau]; une porte, *f* |
| **gefeillio** (g) | un jumelage, *m* [tref, ayb] |
| **gefeillio** | jumeler, *v\** |
| **gefell** (g) / **gefeilles** (b) | un jumeau, *m* / une jumelle, *f* (des jumeaux, *m pl* / des jumelles, *f pl*) |
| **geid** (b) | une éclaireuse, *f* |
| **geirfa** (b) | un vocabulaire, *m* |
| **geiriadur** (g) | un dico / dictionnaire, *m* |
| **gellygen** (b) | une poire, *f* |
| **gêm** (b) | un jeu, *m* (des jeux, *pl*); une partie, *f*; un match, *m* |
| *gêm (b) bêl-droed* | un match de foot, *m* |
| *gêm (b) bwnio peli* | un flipper, *m* |
| *gêm (b) fideo* | un jeu vidéo, *m* |
| *gêm (b) fwrdd* | un jeu de société, *m* |
| y **Gêmau** (ll) **Olympaidd** | les Jeux Olympiques, *m pl* |
| **Gemini** | Gémeaux, *m pl* |
| *mae gen i* | j'ai (o avoir), *v\*\** |
| *mae gen ti* | tu as (o avoir), *v\*\** |
| *roedd gen i* | j'avais (o avoir), *v\*\** |
| **gên** (b) | un menton, *m* |
| **genedigaeth** (b) | une naissance, *f* |
| *bod yn enedigol o* | être originaire de, *v\*\** |
| **geneteg** (b) | la génétique, *f* |
| **geneth** (b) | une fille, *f* |
| **geni** (g) | une naissance, *f* |
| *cael eich geni* | naître, *v\*\** |
| *cefais / ces fy ngeni* | je suis né(e) (o naître), *v\*\** |
| *mae gennych chi* | vous avez (o avoir), *v\*\** |
| *mae gennym ni* | nous avons (o avoir) *v\*\** |
| **ger** | près de |
| **gêr** (gb) | une vitesse, *f* |
| **gerfydd** | par |
| **gerllaw** | près (de); tout près |
| **giât** (b) | une barrière, *f*; une grille, *f* [â barrau]; une porte, *f* |
| *at ei gilydd* | en tout |
| *gyda'i [ayb] gilydd* | ensemble |
| **gitâr** (gb) | une guitare, *f* |
| **glân** | propre, *adj*; net, *m* / nette, *f adj* |
| **glan** (b) | un bord, *m*; une berge, *f*; une rive, *f* |
| *ar lan y môr* | au bord de la mer |

| | |
|---|---|
| **glanhau** | nettoyer, *v*\*; laver, *v* |
| *glanhau â hwfer* | passer l'aspirateur, *v* |
| **glanheuwraig** (b) | une femme de ménage, *f* |
| **glanio** | atterrir, *v* [awyren]; débarquer, *v* [llong] |
| **glas** | bleu, *adj* |
| *glas tywyll* | bleu marine, *adj* (byth yn newid) |
| **glaswellt** (g) | l'herbe, *f*; le gazon, *m* |
| **glaw** (g) | la pluie, *f* |
| *glaw (g) asid* | la pluie acide, *f* |
| **glawio** | pleuvoir, *v*\*\* |
| *mae hi'n glawio* | il pleut (o pleuvoir), *v*\*\* |
| *roedd hi'n glawio* | il pleuvait (o pleuvoir), *v*\*\* |
| **glin** (gb) | un genou, *m* (des genoux, *pl*) |
| **glôb** (g) | un globe, *m* |
| **glud** (g) | la colle, *f* |
| **glynu** | coller, *v*; s'accrocher, *v* |
| **go** | assez |
| *go lew* | passable, *adj*; comme ci comme ça; pas mal; assez bien |
| *tipyn / nifer go lew o* | pas mal de; un assez grand nombre de |
| **gobaith** (g) | l'espoir, *m* |
| **gobeithio** | espérer, *v*\* |
| **gobennydd** (g) | un oreiller, *m* |
| **godidog** | magnifique, *adj*; splendide, *adj* |
| **goddef** | supporter, *v*; tolérer, *v*\* |
| **goddefgar** | tolérant, *adj* |
| **goddrych** (g) | un sujet, *m* |
| **gofal** (g) | le soin, *m*; l'attention, *f* |
| *cymer(wch) ofal!* | fais (faites) attention! |
| **gofalu** | faire attention, *v*\*\* |
| *gofalu am* | garder, *v*; soigner, *v*; s'occuper de, *v* |
| **gofalus** | prudent, *adj*; soigneux, *m* / soigneuse, *f adj*; attentif, *m* / attentive, *f adj* |
| *yn ofalus* | prudemment; attentivement |
| *bod yn ofalus* | soigneusement; faire attention, *v*\*\* |
| **gofalwr** (g) / **gofalwraig** (b) | un / une concierge, *m / f*; un gardien, *m* / une gardienne, *f* |
| **gofidio** | s'inquiéter, *v*\* |
| **gofidus** | désolé, *adj*; inquiet, *m* / inquiète, *f adj*; anxieux, *m* / anxieuse; *f adj* |
| **gofod** (g) | un espace, *m* |
| **gofodwr** (g) / **gofodwraig** (b) | un / une spationaute, *m / f*; un / une astronaute, *m / f* |

| | |
|---|---|
| **gofyn** | demander, *v*; inviter, *v*; prier, *v* |
| *gofyn am* | demander, *v* |
| *gofyn cwestiwn* | poser une question, *v* |
| **y gogledd** (g) | le nord, *m* |
| *y gogledd-ddwyrain* (g) | le nord-est, *m* |
| *y gogledd-orllewin* (g) | le nord-ouest, *m* |
| **gogoniant** (g) | la gloire, *f*; la splendeur, *f* |
| **gohebu** (g) | le reportage, *m* |
| **gohiriad** (g) | une remise, *f* (à plus tard) |
| **gohirio** | remettre (gw mettre), *v\*\**; différer, *v\** |
| **gôl** (b) | un but, *m* |
| **gôl-geidwad** (g) | un gardien de but, *m* |
| **golau** | clair, *adj*; blond, *adj* |
| **golau** (g) | un éclairage, *m*; une lumière, *f* |
| *golau (g) blaen* | un phare, *m* [car, ayb] |
| **golch** (g) / **golchi** (g) | la lessive, *f* |
| **golchi** | laver, *v*; faire la lessive, *v\*\** [dillad] |
| *golchi('r) llestri* | faire la vaisselle, *v\*\** |
| **goleuadau** (ll) **traffig** | des feux, *m pl* (de signalisation) |
| **goleudy** (g) | un phare, *m* |
| **goleuni** (g) | une lumière, *f* |
| **goleuo** | allumer, *v*; s'éclairer, *v* |
| **golwg** (gb) | un air, *m*; une apparence, *f*; une expression, *f* [ar wyneb] |
| **golwg** (g) | la vue, *f* |
| **golwyth** (g) | une côtelette, *f* |
| **golygfa** (b) | un spectacle, *m*; une vue, *f*; une scène, *f* [theatr] |
| **golygu** | vouloir dire, *v\*\**; signifier, *v*; éditer, *v* |
| *mae hynny'n golygu* | cela veut dire |
| **gollwng** | déposer, *v*; lâcher, *v*; laisser tomber, *v* |
| *gollwng gwynt o* | dégonfler, *v* |
| *gollwng i lawr* | baisser, *v*; abaisser, *v* |
| **gonest** | honnête, *adj*; franc, *m* / franche, *f adj* |
| *a bod yn onest* | à vrai dire; franchement |
| *o'r gorau* | d'accord |
| *y ... gorau* | le meilleur ... , *adj* |
| *gorau oll / i gyd* | tant mieux |
| *gorau'n y byd* | tant mieux |
| *orau* | le mieux |
| **gorchudd** (g) | une couverture, *f* |
| **gorchuddio** | couvrir (gw ouvrir), *v\*\** ; recouvrir (gw ouvrir), *v\*\** |

212

| | |
|---|---|
| **gorchymyn** (g) | un ordre, *m*; un commandement, *m*; un mandat, *m* |
| **gor-ddweud** | exagérer, *v*\* |
| **gorfod** | devoir, *v*\*\* |
| *gorfodi i* | obliger à / de, *v*\*; forcer à, *v*\* |
| **gorfodol** | obligatoire, *adj* |
| **gorfoledd** (g) | la joie, *f* |
| **gorffen** | finir, *v*; (se) terminer, *v* |
| *wedi gorffen* | fini, *adj*; terminé, *adj* |
| *wedi'i orffen* | fini, *adj* |
| **Gorffennaf** (g) | juillet, *m* |
| y **gorffennol** (g) | le passé, *m* |
| **gorffwyll** | fou, fol *m*, / folle *f adj* |
| **gorffwys**(o) | se reposer, *v* |
| **gorila** (g) | un gorille, *m* |
| **gorliwio** | exagérer, *v*\* |
| y **gorllewin** (g) | l'ouest, *m* |
| **gormod** (o) | trop (de) |
| **gornest** (b) | un concours, *m*; un combat, *m* [bocsio, ayb] |
| **goroeswr** (g) / **goroeswraig** (b) | un survivant, *m* / une survivante, *f* |
| **gorsaf** (b) | une gare, *f*; une station, *f* |
| *gorsaf (b) betrol* | une station-service, *f* |
| *gorsaf (b) drenau* | une station de métro, *f* [tanddaear(ol)] |
| *gorsaf (b) fysiau* | une gare routière, *f* |
| *gorsaf (b) heddlu* | une gendarmerie, *f*; un poste / commissariat de police, *m* |
| *gorsaf (b) ofod* | une station spatiale, *f* |
| **goruchwylio** | surveiller, *v* |
| **goruchwyliwr** (g) / **goruchwylwraig** (b) | un surveillant, *m* / une surveillante, *f*; un contrôleur, *m* / une contrôleuse, *f* |
| **goruwchnaturiol** | surnaturel, *m* / surnaturelle, *f adj* |
| **gorwedd** | se coucher, *v*; s'allonger, *v*\* |
| **gorymdaith** (b) | un défilé, *m*; un cortège, *m* |
| **gosod** | mettre, *v*\*\*; poser, *v*; afficher, *v*; louer, *v* [tŷ, ayb] |
| *gosod allan* | étaler, *v* |
| *gosod y bwrdd* | mettre la table / le couvert, *v*\*\* |
| **gostwng** | baisser, *v*; réduire (gw conduire), *v*\*\* |
| **gostyngiad** (g) | une réduction, *f* |
| **gostyngol** | réduit, *adj* |
| **gradd** (b) | un degré, *m*; une licence, *f* [addysg] |

213

| | |
|---|---|
| **graddol** | graduel, *m* / graduelle, *f adj* |
| *yn raddol* | graduellement; peu à peu |
| **graff** (g) | un graphique, *m* |
| **gram** (g) | un gramme, *m* |
| **gramadeg** (g) | une grammaire, *f* |
| **gratio** | râper, *v* |
| **grawnfwyd** (g) | une céréale, *f* |
| **grawnffrwyth** (g) | un pamplemousse, *m* |
| **grawnwin** (ll) | le raisin, *m* |
| **greddfol** | instinctif, *m* / instinctive, *f adj* |
| *yn reddfol* | instinctivement |
| **grefi** (g) | une sauce, *f* (au jus de viande) |
| **grêt** | chic, *adj* (byth yn newid); chouette, *adj*; extra, *adj* (byth yn newid); fantastique, *adj*; formidable, *adj*; génial, *adj*; super, *adj* |
| **grid** (g) | une grille, *f* |
| **gris** (g) | une marche, *f*; un degré, *m* |
| **grisiau** (ll) | un escalier, *m* |
| *i fyny'r grisiau* | en haut; à l'étage |
| *i lawr y grisiau* | en bas; en-dessous |
| *grisiau (ll) symudol* | un escalier mécanique / roulant, *m* |
| (Gwlad) **Groeg** (b) | la Grèce, *f* |
| *o Wlad Groeg* | grec, *m* / grecque, *f adj* |
| **Groegaidd** | grec, *m* / grecque, *f adj* |
| **grudd** (gb) | une joue, *f* |
| **grwgnachlyd** | grognon, *m* / grognonne, *f adj* |
| **grŵn** (g) | un ronron, *m* |
| **grwnan** | ronronner, *v* |
| **grŵp** (g) | un groupe, *m*; une bande, *f* |
| *grŵp (g) ysgol* | un groupe scolaire, *m* |
| **grym** (g) | un pouvoir, *m* |
| **gwacáu** | vider, *v* |
| **gwadn** (b) | une plante, *f* [troed]; une semelle, *f* [esgid] |
| **gwaed** | le sang, *m* |
| **gwael** | médiocre, *adj*; inférieur, *adj*; malade, *adj*; mauvais, *adj*; minable, *adj*; moche, *adj* |
| *yn wael* | mal |
| **gwaelod** (g) | le fond, *m*; le bas, *m* |
| *ar waelod* | au fond de; en bas de; au bout de |
| **gwaetha'r modd!** | hélas!; malheureusement |

| | |
|---|---|
| **gwag** | vide, *adj*; creux, *m* / creuse, *f adj* |
| **gwagio / gwagu** | vider, *v* |
| *ar* wahân i | à part; sauf |
| **gwahaniaeth** (g) | une différence, *f* |
| **gwahanol** | différent, *adj* |
| *yn* wahanol | autrement; différemment |
| **gwahanu** | séparer, *v* |
| **gwahardd** | interdire, *v*; défendre, *v* |
| **gwaharddiad** (g) | une interdiction, *f*; une défense, *f* |
| **gwaharddedig** | interdit, *adj*; défendu, *adj* |
| **gwahodd** | inviter, *v* |
| **gwahoddiad** (g) | une invitation, *f*; une carte d'invitation, *f* [cerdyn] |
| **gwaith** (g) | un travail, *m* (des travaux, *pl*); une œuvre, *f*; un boulot, *m*; une tâche, *f*; un métier, *m*; un emploi, *m*; une fabrique, *f* |
| **gwaith** (b) | une fois, *f* |
| *ambell* waith | quelquefois; des fois |
| *llawer* gwaith | bien des fois |
| *sawl* gwaith | bien des fois; combien de fois |
| gwaith *(g) cartref* | des devoirs, *m pl* |
| gwaith *(g) D.I.Y.* | le bricolage, *m* |
| *gwneud* gwaith D.I.Y. | faire du bricolage, *v*** |
| gwaith *(g) tŷ* | le ménage, *m* |
| *gwneud* gwaith *(g) tŷ* | faire le ménage, *v*** |
| **gwalch** (g) | un diablotin, *m*; un lutin, *m* |
| **gwall** (g) | une faute, *f*; une erreur, *f* |
| **gwallgof** | fou, fol, *m*, / folle, *f adj* |
| **gwallt** (g) | les cheveux, *m pl* |
| *un (gb) sy'n trin* gwallt | un coiffeur, *m* / une coiffeuse, *f* |
| gwallt *(g) gosod* | une perruque, *f* |
| **gwan** | faible, *adj*; débile, *adj* |
| *y* **gwanwyn** (g) | le printemps, *m* |
| *yn y* gwanwyn | au printemps |
| **gwarchod** | garder, *v*; surveiller, *v* |
| **gwarchodfa** (b) | une réserve, *f* |
| *gwarchodfa (b) natur* | une réserve (naturelle), *f* |
| **gwaredu** | éliminer, *v* |
| *cael* gwared o / â | se debarrasser de, *v* |
| **gwariant** (g) | des dépenses, *f pl* |
| **gwario** | dépenser, *v* [arian / pres]; passer, *v* [amser] |

| | |
|---|---|
| **gwarthus** | choquant, *adj*; honteux, *m* / honteuse, *f adj* |
| **gwas** (g) | un serviteur, *m*; un gars, *m* |
| **gwas** (g) / **morwyn** (b) | un / une domestique, *m* / *f* |
| *gwas (g) ffarm* | un ouvrier agricole, *m* |
| *gwas (g) sifil* | un fonctionnaire, *m* |
| **gwasanaeth** (g) | un service, *m* |
| **gwasanaethu** | servir (gw partir), *v*** |
| **gwasg** (gb) | une taille, *f* |
| *y wasg* (b) | la presse, *f* |
| **gwasgod** (b) | un gilet, *m* |
| **gwasgu** | presser, *v*; serrer, *v*; appuyer, *v** [botwm] |
| **gwastad** | plat, *adj*; uni, *adj*; égal, *adj* |
| *(yn) wastad* | continuellement; toujours |
| **gwastraff** (g) | un gaspillage, *m*; une perte, *f* [amser]; les déchets, *m pl* |
| **gwastraffu** | gaspiller, *v*; perdre, *v* |
| **gwastraffus** | gaspilleur, *m* / gaspilleuse, *f adj*; dépensier, *m* / dépensière, *f adj* |
| **gwau** (g) | le tricot, *m* |
| **gwau** | tricoter, *v* |
| **gwawdlun** (g) | une caricature, *f* |
| **gwaywffon** (b) | un javelot, *m* |
| **gwdihŵ** (g) | un hibou, *m* (des hiboux, *pl*); une chouette, *f* |
| **gwddf** (g) / **gwddw** (g) | un cou, *m*; une gorge, *f* |
| *â gwddf isel* | décolleté, *adj* [gwisg] |
| *(y) gweddill (g)* | le reste, *m*; les autres, *m pl* |
| **gwedd ïo** | prier, *v* |
| **gweddol** | passable, *adj*; comme ci comme ça; assez bien |
| *yn weddol* | moyennement; passablement; assez bien |
| **gweddu i** | aller à, *v*** |
| **gweddw** | veuf, *m* / veuve, *f adj* |
| **gwefr** (b) | un frisson, *m* |
| **gwefreiddiol** | passionnant, *adj*; sensationnel, *m* / sensationnelle, *f adj* |
| **gwefus** (b) | une lèvre, *f* |
| **gweiddi** | crier, *v* |
| **gweini** | servir (gw partir), *v*** |
| **gweinidog** (g) | un ministre, *m* |
| *y Prif* **Weinidog** (g) | le Premier ministre, *m* |

| | |
|---|---|
| **gweinydd** (g) / **gweinyddes** (b) | un garçon, *m*; un serveur, *m* / une serveuse, *f* |
| **gweithdy** (g) | un atelier, *m* |
| **gweithgar** | travailleur, *m* / travailleuse, *f adj* |
| **gweithgaredd** (b) | une activité, *f* |
| *gweithgareddau (ll) hamdden* | les loisirs, *m pl* |
| **gweithio** | travailler, *v*; marcher, *v*; fonctionner, *v* |
| *gweithio'n galed* | piocher, *v*; bûcher, *v* [ysgol] |
| **gweithiwr** (g) / **gweithwraig** (b) | un employé, *m* / une employée, *f*; un ouvrier, *m* / une ouvrière, *f* |
| **gweld** | voir, *v**\** |
| *gweld eich eisiau* | manquer à, *v* |
| *gweld eto* | revoir (gw voir), *v**\** |
| *cawn weld* | on verra (o voir), *v**\** |
| *wela'i di / chi (cyn hir)* | à bientôt |
| **gwely** (g) | un lit, *m* |
| *mynd i'r gwely* | se coucher, *v* |
| *gwely (g) aer* | un matelas pneumatique, *m* |
| *gwely (g) bync* | un lit superposé, *m*; une couchette, *f* [ar long neu drên] |
| *gwely (g) cynfas / plygu* | un lit de camp, *m* |
| **gwell** | meilleur, *adj*; supérieur, *adj* |
| *yn well* | mieux |
| *bod yn well gan* | préférer, *v**\** |
| *wyt ti / ydych chi'n well?* | ça va mieux? |
| **gwella** | se remettre, *v*; améliorer, *v* |
| **gwên** (b) | un sourire, *m* |
| **gwenith** (g) | le blé, *m* |
| **gwennol** (b) | une hirondelle, *f*; une navette, *f* |
| *rhedeg gwasanaeth gwennol* | faire la navette, *v**\** |
| **gwenu** | sourire (gw rire), *v**\** |
| **gwenynen** | une abeille, *f* |
| *gwenynen (b) feirch* | une guêpe, *f* |
| **gwerin** | folklorique, *adj* |
| **gweriniaeth** (b) | une république, *f* |
| **gwers** (b) | une leçon, *f*; un cours, *m* [dosbarth] |
| **gwersyll** (g) | un camp, *m*; un campement, *m* |
| *gwersyll (g) gwyliau* | un camp de vacances, *m*; une colonie de vacances, *f* |
| **gwersylla** | camper, *v*; faire du camping, *v**\** |
| **gwerth** (g) | une valeur, *f* |
| *ar werth* | en vente |

| | |
|---|---|
| **gwerthfawr** | de (grande) valeur; précieux, *m* / précieuse, *f adj* |
| **gwerthfawrogi** | apprécier, *v* |
| **gwerthfawrogiad** (g) | une appréciation, *f* |
| **gwerthiant** (g) | une vente, *f* |
| **gwerthu** | vendre, *v* |
| *wedi'i werthu* | vendu, *adj* |
| **gwerthwr** (g) / **gwerthwraig** (b) | un vendeur, *m* / une vendeuse, *f* |
| **gwesty** (g) | un hôtel, *m* |
| **gwestywr** (g) / **gwestywraig** (b) | un hôtelier, *m* / une hôtelière, *f* |
| **gweu** (g) | le tricot, *m* |
| **gweu** | tricoter, *v* |
| **gwialen** (b) | une baguette, *f*; une canne, *f* |
| *gwialen (b) bysgota* | une canne à pêche, *f* |
| **gwibdaith** (b) | une excursion, *f*; une sortie, *f* |
| **gwibio** | voleter, *v\**; voltiger, *v\** |
| *gwibio heibio* | filer, *v* |
| **gwifren** (b) | un fil (métallique), *m* |
| **gwin** (g) | un vin, *m* |
| **gwinllan** (b) | une vigne, *f* |
| **gwinwydden** (b) | une vigne, *f* |
| **gwir** | vrai, *adj*; véritable, *adj*; réel, *m* / réelle, *f adj*; authentique, *adj* |
| *a dweud y gwir* | à vrai dire |
| *yn wir* | en effet; en fait; vraiment |
| **gwir(ionedd)** (g) | une vérité, *f* |
| **gwirfoddolwr** (g) / **gwirfoddolwraig** (b) | un / une volontaire, *m* / *f* |
| **gwirio** | vérifier, *v* |
| **gwirion** | bête, *adj*; idiot, *adj*; imbécile, *adj*; ridicule, *adj* |
| *bod yn wirion* | faire l'imbécile, *v\*\** |
| *gwneud pethau gwirion* | faire des bêtises, *v\*\** |
| *mewn gwirionedd* | en effet; en fait |
| **gwirioneddol** | véritable, *adj*; vrai, *adj* |
| *yn wirioneddol* | vraiment; vachement [slang] |
| **gwisg** (b) | un costume, *m*; une robe, *f*; des vêtements, *m pl* |
| *gwisg (b) nofio* | un maillot de bain, *m* |
| **gwisgo** | porter, *v* |
| *gwisgo amdanoch* | s'habiller, *v* |

| | |
|---|---|
| **gwlad** (b) | un pays, *m*; la campagne, *f* |
| *ym mherfedd(ion) y wlad* | en pleine campagne |
| *yng nghefn gwlad / yn y wlad* | à la campagne |
| *gwlad (b) ddatblygedig* | un pays avancé, *m* |
| *Gwlad (b) Belg* | la Belgique, *f* |
| *o Wlad Belg* | belge, *adj* |
| *Gwlad (b) Pwyl* | la Pologne, *f* |
| *o Wlad Pwyl* | polonais, *adj* |
| **gwladwriaeth** (b) | un état, *m* |
| **gwlân** (g) | la laine, *f* |
| *wedi'i wneud o wlân* | de / en laine |
| *gwlân (g) cotwm* | le coton hydrophile, *m* |
| **gwlanen** (b) | la flanelle, *f* |
| *gwlanen (b) ymolchi* | un gant de toilette, *m* |
| **gwlyb** | mouillé, *adj*; humide, *adj*; trempé, *adj* [diferol] |
| **gwlychu** | (se) mouiller, *v* |
| **gwn** (g) | un fusil, *m* |
| **gŵn** (g) | une robe, *f*; une toge, *f* |
| **gŵn** (g) **llofft / tŷ** | un peignoir, *m*; une robe de chambre, *f* |
| *bod a wnelo* [<**gwnelo**] *â* | concerner, *v*; regarder, *v* |
| **gwneud** | fabriquer, *v*; faire, *v*\*\* |
| **gwneuthuriad** (g) | une fabrication, *f*; une marque, *f* |
| **gwneuthurydd** (g) | un fabricant, *m* / une fabricante, *f* |
| *gwneuthurydd (g) ffilmiau* | un / une cinéaste, *m* / *f* |
| **gwnïo** | coudre, *v* \*\* |
| *(gwaith (g)) gwnïo (g)* | la couture, *f* |
| *bocs (g) gwnïo* | une boîte à couture, *f* |
| **gwobr** (b) | un prix, *m* |
| **gŵr** (g) | un homme, *m*; un mari, *m* [priod] |
| *gŵr (g) a gwraig (b)* | des époux, *m pl* |
| *gŵr (g) bonheddig* | un monsieur, *m* (des messieurs, *pl*) |
| *gŵr (g) busnes* | un homme d'affaires, *m* |
| **gwrach** (b) | une sorcière, *f* |
| **gwraig** (b) | une dame, *f*; une femme, *f* |
| *gwraig (b) fusnes* | une femme d'affaires, *f* |
| *gwraig (b) tŷ* | une ménagère, *f* |
| **gwrandawyr** (ll) | des auditeurs, *m pl* |
| **gwrando (ar)** | écouter, *v* |
| **gwregys** (g) | une ceinture, *f* |
| *gwregys (g) diogelwch* | une ceinture de sauvetage, *f* |
| **gwreiddiol** | original, *adj* |
| *bod yn wreiddiol o* | être originaire de, *v*\*\* |

| | |
|---|---|
| **gwres** (g) | la chaleur, *f*; une fièvre, *f* |
| *bod â gwres* | avoir de la fièvre, *v*\*\*; avoir de la température, *v*\*\* |
| *â gwres ganddo / ganddi* | fiévreux, *m* / fiévreuse, *f adj* |
| *gwres (g) canolog* | le chauffage central, *m* |
| **gwresog** | chaud, *adj*; chaleureux, *m* / chaleureuse, *f adj* |
| **gwresogi** | chauffer, *v* |
| **gwrthdystiad** (g) | une protestation, *f*; une manif(estation), *f* |
| **gwrth-heintiol** | antiseptique, *adj* |
| **gwrthod** | refuser, *v* |
| **gwrthrych** (g) | un objet, *m* |
| **gwrthryfel** (g) | une révolte, *f*; une mutinerie, *f* |
| *y gwrthwyneb* (g) | le contraire, *m*; l'opposé, *m*; l'inverse, *m* |
| *i'r gwrthwyneb* | au contraire |
| **gwrthwynebol** | opposé, *adj*; hostile, *adj* |
| **gwrych** (g) | une haie, *f* |
| **gwthio** | pousser, *v* |
| **gwybedyn** (g) | une mouche, *f* |
| **gwybod** | connaître, *v*\*\*; savoir, *v*\*\* |
| *rhoi gwybod* | informer, *v*; aviser, *v* |
| **gwybodaeth** (b) | la science, *f*; le savoir, *m*; la connaissance, *f*; les renseignements, *m pl* |
| **gwych** | magnifique, *adj*; chic, *adj* (byth yn newid); chouette, *adj*; extra, *adj* (byth yn newid); formidable, *adj*; génial, *adj*; merveilleux, *m* / merveilleuse, *f adj*; super, *adj* |
| **gwydr** (g) | le verre, *m*; un miroir, *m* |
| *gwydryn (g)* | un verre, *m* |
| **gwydraid** (g) | un verre, *m* |
| **gwyddbwyll** (b) | les échecs, *m pl* |
| *chwarae gwyddbwyll* | jouer aux échecs, *v* |
| **gŵydd** (b) | une oie, *f* |
| *bod yn groen gŵydd* | avoir la chair de poule, *v*\*\* |
| **Gwyddeleg** (b) | l'irlandais, *m* [yr iaith] |
| **Gwyddeleg / Gwyddelig** | irlandais, *adj* |
| **gwyddonol** | scientifique, *adj* |
| **gwyddonydd** (g) / **gwyddonwraig** (b) | un / une scientifique, *m* / *f* |
| **gwyddoniaeth** (b) | les sciences, *f pl* |
| **gŵyl** (b) | une fête, *f* |

| | |
|---|---|
| *gŵyl (g) banc* | un jour férié, *m* |
| **gwylan** (b) | une mouette, *f* |
| **gwyliau** (ll) | un congé, *m*; des vacances, *f pl* |
| *ar wyliau* | en vacances |
| *gwyliau (ll) blynyddol* | la fermeture annuelle, *f* [cwmni, ffatri, ayb] |
| *gwyliau'r haf (ll)* | les grandes vacances, *f pl* |
| **gwylio** | observer, *v*; regarder, *v* |
| **gwyliwr** (g) / **gwylwraig** (b) | un spectateur, *m* / une spectatrice, *f*; un téléspectateur, *m* / une téléspectatrice, *f* [teledu] |
| **gwyllt** | sauvage, *adj* |
| **gwylltio** | irriter, *v*; (se) fâcher, *v* |
| **gwyn** (g) / **gwen** (b) | blanc, *m* / blanche, *f adj* |
| **gwynt** (g) | un vent, *m*; une odeur, *f* |
| **gwyntyll** (b) | un éventail, *m* |
| **gwyntog** | de grand vent [diwrnod]; en plein vent [lle] |
| *mae'n wyntog* | il fait du vent |
| **gwyrdd** | vert, *adj* |
| **gwyro** | (se) pencher, *v* |
| *i gyd* | tout, *m* / toute, *f* / tous, *m pl* / toutes, *f pl* *adj*; en tout |
| **gyda / gydag** | avec; par; à |
| *gyda llaw* | à propos |
| *gyda'i [ayb] gilydd* | ensemble |
| gyda'r nos | le soir |
| **gyferbyn** | (d')en face; ci-contre |
| *gyferbyn â* | en face de; face à |
| **gymnasteg** (b) | la gymnastique, *f* |
| **gynt** | autrefois |
| **gyr** (g) | un troupeau, *m* (des troupeaux, *pl*) |
| **gyrru** | envoyer, *v***; conduire, *v*** |
| **gyrrwr** (g) **gyrwraig** (b) | un conducteur, *m* / une conductrice, *f*; un chauffeur, *m* / une chauffeuse, *f* [swyddogol] |
| *gyrrwr (g) tacsi* | un chauffeur de taxi, *m* |

| | |
|---|---|
| **haearn** (g) | le fer, *m* |
| *wedi'i wneud o haearn* | de / en fer |
| **haearn** (g) smwddio | un fer à repasser, *m* |
| **hael** | généreux, *m* / généreuse, *f adj* |
| **haen(en)** (b) | une couche, *f* |
| *yr haen (b) osôn* | la couche d'ozone, *f* |
| *yr* **haf** (g) | l'été, *m* |
| *yn yr haf* | en été |
| **haid** (b) | un vol, *m* [adar]; un essaim, *m* [gwenyn]; une troupe, *f* [plant] |
| **halen** (g) | le sel, *m* |
| **hallt** | salé, *adj* |
| **ham** (g) | le jambon, *m* |
| **hambwrdd** (g) | un plateau, *m* (des plateaux, *pl*) |
| **hambyrgyr** (g) | le hamburger, *m* |
| **hamdden** (g) | le loisir, *m* |
| **hamddenol** | peu fatigant, *adj*; mesuré, *adj*; relaxe, *adj* |
| **hamster** (g) | un hamster, *m* |
| **hances** (b) | un mouchoir, *m* |
| **hanes** (g) | l'histoire, *f* |
| **hanesyddol** | historique, *adj* |
| **hanner** (g) | une moitié, *f*; un demi, *m* / une demie, *f*; une mi-temps, *f* [chwaraeon] |
| *hanner (g) awr* | une demi-heure, *f* |
| *hanner awr wedi deuddeg* | midi et demi [dydd]; minuit et demi [nos] |
| *hanner awr wedi un* | une heure et demie |
| *hanner brawd (g)* | un demi-frère, *m* |
| *hanner chwaer (b)* | une demi-sœur, *f* |
| *hanner diwrnod (g)* | une demi-journée, *f* |
| *hanner dydd (g)* | midi, *m* |
| *hanner nos (g)* | minuit, *m* |
| **hapus** | heureux, *m* / heureuse, *f adj*; content, *adj* |
| **hapusrwydd** (g) | le bonheur, *m* |
| **hardd** | beau, bel, *m* / belle, *f adj* |
| *ar hast* | pressé, *adj*; à la hâte |
| **haul** (g) | le soleil, *m* |
| *â lliw haul* | bronzé, *adj* |
| *eli (g) lliw haul* | un lait solaire, *m*; une crème solaire, *f* |
| *llosg (g) haul* | un coup de soleil, *m* |
| **hawdd** | facile, *adj* |
| *yn hawdd* | facilement |

| | |
|---|---|
| *hawdd mynd ato / ati* | accessible, *adj* |
| **hawddgar** | aimable, *adj*; sympa(thique), *adj* |
| **hawl** (b) | le droit, *m* |
| **heb** | sans |
| *heb os / amheuaeth* | sans (aucun) doute; pas de doute |
| **heblaw (am)** | sauf; à part |
| **hedfan** | voler, *v* |
| *hedfan dros* | survoler, *v* |
| **heddiw** | aujourd'hui |
| **heddwch** (g) | la paix, *f*; la tranquillité, *f* |
| **heddychlon** | paisible, *adj*; tranquille, *adj* |
| **hefyd** | aussi; également |
| **hei!** | ohé! |
| **heia!** | salut! |
| **heini** | agile, *adj*; en forme |
| **hel** | collectionner, *v*; cueillir, *v*; ramasser, *v*; rassembler, *v*; recueillir, *v*; récolter, *v* |
| **hela** (g) | la chasse, *f* |
| **hela** | chasser, *v* |
| **helfa** (b) | une chasse, *f* |
| **helmed** (b) | un casque, *m* |
| **helo!** | bonjour!; salut! |
| **help** (g) | l'aide, *f*; le secours, *m* |
| **help!** | au secours! |
| *help* (g) *llaw* | un coup de main, *m* |
| **helpa dy hun(an)** | sers-toi |
| **helpu** | aider, *v* |
| **helpu eich hun(an)** | se servir (gw partir), *v*** |
| **hen** | vieux, vieil, *m* / vieille, *f adj*; âgé, *adj*; ancien, *m* / ancienne, *f adj* |
| **hen-daid** (g) / **hen dad-cu** (g) | un arrière-grand-père, *m* |
| **hen-nain** (b) / **hen fam-gu** (b) | une arrière-grand-mère, *f* |
| **heno** | ce soir |
| **het** (b) | un chapeau, *m* (des chapeaux, *pl*) |
| **heulog** | ensoleillé, *adj* |
| *cyfnod* (g) *heulog* | une éclaircie, *f* |
| *mae'n heulog* | il fait du soleil |
| **heulol** | solaire, *adj* |
| **hi** | elle; il; lui; la, le, l' |
| **hidia befo** | ne t'en fais pas |
| **Hindŵaidd** | hindou, *adj* |

| | |
|---|---|
| **hinsawdd** (b) | un climat, *m* |
| **hipopotamws** (g) | un hippopotame, *m* |
| **hir** | long, *m* / longue, *f adj* |
| *gweddol hir* | mi-long, *m* / mi-longue, *f adj* |
| *hir oes i ...!* | vive ... ! |
| **hirgrwn** | ovale, *adj* |
| **hirsgwâr** | rectangulaire, *adj* |
| **hobi** (g) | un passe-temps (favori), *m* |
| **hoci** (g) | le hockey, *m* |
| **hoelen** (b) | un clou, *m* |
| **hofranlong** (b) / **hofrenfad** (g) | un aéroglisseur, *m* |
| **hofrennydd** (g) | un hélicoptère, *m* |
| **hoff** | favori, *m* / favorite, *f adj*; préféré, *adj* |
| **hoffi** | aimer, *v*; apprécier, *v*; vouloir, *v*** |
| *rydw i'n hoffi hwnna* | ça me plaît (o plaire), *v* |
| **hoffus** | aimable, *adj*; gentil, *m* / gentille, *f adj*; sympathique, *adj*; agréable, *adj* |
| *(fe / mi) hoffwn i* | je voudrais (o vouloir), *v***; j'aimerais (o aimer, *v*) |
| **hogwr** (g) **pensil** | un taille-crayon, *m* |
| **hogyn** (g) / **hogan** (b) | un garçon, *m*; un gars, *m* / une fille, *f* |
| **holiad** (g) | une interro(gation), *f* |
| **holiadur** (g) | un questionnaire, *m* |
| **holwyddoreg** (b) | le catéchisme, *m* [addysg grefyddol] |
| **holl** | entier, *m* / entière, *f adj*; tout, *m* / toute, *f* / tous, *m pl* / toutes, *f pl adj* |
| **hollol** | complet, *m* / complète, *f adj*; total, *adj*; absolu, *adj* |
| *yn hollol* | absolument; complètement |
| **hon** | celle-ci / celui - ci |
| *yr hon* | celle / celui; laquelle / lequel |
| *y(r) ... hon* | ce / cet / cette ... ; ce / cet / cette ... -ci |
| **honno / honna** | celle(-là); celui-là; ça |
| *y(r) ... honno* | ce / cet / cette ... ; ce / cet / cette ... -là |
| **horosgop** (g) | un horoscope, *m* |
| **hosan** (b) | une chaussette, *f*; un bas, *m* |
| **hostel** (b) | un foyer, *m* |
| *hostel (b) ieuenctid* | une auberge de jeunesse, *f* |
| **hud** (g) | la magie, *f* |
| **hudol(us)** | magique, *adj* |
| **hudolus** | passionnant, *adj*; enchanteur, *m* / enchanteresse, *f adj* |

224

| | |
|---|---|
| **hufen** (g) | la crème, *f* |
| *hufen iâ* (g) | une glace, *f* |
| **hufenfa** (b) | une laiterie, *f* |
| **hun** | propre, *adj* |
| *fy hun* | moi-même |
| *ein hunain* | nous-mêmes |
| **hunanol** | égoïste, *adj* |
| **hunan-bortread** (g) | un autoportrait, *m* |
| **hunllef** (b) | un cauchemar, *m* |
| **hurio** | louer, *v* |
| **hurt** | bête, *adj*; idiot, *adj*; imbécile, *adj* |
| **hwfer** (g) | un aspirateur, *m* |
| **hwfro** | passer l'aspirateur, *v* |
| **hŵligan** (g) | un voyou, *m* |
| **hwn** | celui-ci / celle-ci |
| *yr hwn* | celui / celle; lequel / laquelle |
| *y(r) ... hwn* | ce / cet / cette ...; ce / cet / cette ...-ci |
| **Hwngaraidd** | hongrois, *adj* |
| **Hwngari** (b) | la Hongrie, *f* |
| *o Hwngari* | hongrois, *adj* |
| **hwnnw / hwnna** | celui(-là); celle (-là); ça |
| *y(r) ... hwnnw* | ce / cet / cette ...; ce / cet / cette ...-là |
| **hwrdd** (g) | un bélier, *m* |
| **hwy** | ils / elles; eux / elles; les |
| **hwyaden** (b) | un canard, *m* |
| **hwyl** (b) | une humeur, *f*; une rigolade, *f*; une voile, *f* [llong] |
| *cael hwyl* | s'amuser, *v*; rigoler, *v*; se marrer, *v* |
| **hwyl!** | salut! |
| **hwyl fawr** | au revoir |
| **hwylbren** (g) | un mât, *m* |
| **hwylfwrdd** (g) | une planche à voile, *f* |
| *mewn* **hwyliau da / drwg** | de bonne / mauvaise humeur |
| **hwylio** (g) | la voile, *f* |
| *(mynd i) hwylio* | faire de la voile, *v*** |
| *hwylio ar dywod* | faire du char à voile, *v*** |
| **hwyr** (g) | le soir, *m* |
| *yn hwyr* | en retard; tard |
| **hwyrach** | peut-être |
| *yn hwyrach* | plus tard |
| **hyd** (g) | une longueur, *f* |
| *ar ei hyd* | allongé, *adj*; étendu, *adj* |
| *o hyd* | continuellement; encore; toujours |

| | |
|---|---|
| *dod o / cael hyd i* | trouver, *v* |
| *dod o / cael hyd i (eto)* | retrouver, *v* |
| *hyd at* | jusqu'à |
| *hyd yn oed* | même |
| **hyder** (g) | la confiance, *f* |
| **hyderus** | confiant, *adj* |
| (mis) **Hydref** (g) | octobre, *m* |
| yr **hydref** (g) | l'automne, *m* |
| *yn yr hydref* | en automne |
| **hyfryd** | agréable, *adj*; charmant, *adj*; délicieux, *m* / délicieuse, *f adj* |
| **hyfrydwch** (g) | le délice, *m*; le charme, *m* |
| **hyfforddiant** (g) | l'entraînement, *m*; l'instruction, *f*; ·la formation, *f* |
| **hyfforddwr** (g) / **hyfforddwraig** (b) | un moniteur, *m* / une monitrice, *f;* un entraîneur, *m* / une entraîneuse, *f* |
| **hylif** (g) | un liquide, *m* |
| **hylô (ar y ffôn)** | allô |
| **hyll** | laid, *adj*; moche, *adj*; vilain, *adj* |
| **hyn** | ceci |
| *o hyn allan* | désormais |
| *yr hyn* | ce que / ce qui |
| *y(r) ... hyn* | ces ... ; ces ... -ci |
| **hynafiad** (g) | un ancêtre, *m* |
| **hynafol** | antique, *adj*; ancien, *m* / ancienne, *f adj* |
| **hynny / hynna** | cela; ça |
| *y(r) ... hynny* | ces ...; ces ... là |
| *hynny yw / ydy* | c'est-à-dire |
| **hynod** | remarquable, *adj*; étrange, *adj*; extraordinaire, *adj;* singulier, *m* / singulière, *f adj* |
| *yn hynod o* | remarquablement; vachement [slang] |
| **hyrddio** | lancer, *v** |
| **hysbyseb** (b) | une annonce, *f*; [papur]; une pub(licité), *f*; une réclame, *f* |
| *hysbyseb (b) deledu* | une pub(licité) télévisée, *f* |
| *hysbysebol* | publicitaire, *adj* |
| **hysbysebu** | faire de la publicité, *v*** |
| **hysbysfwrdd** (g) | un panneau d'affichage, *m* |
| **hysbysu** | informer, *v*; aviser, *v* |
| *yn hytrach* | plutôt |

| | |
|---|---|
| i | à; en; pour |
| **i** / **fi** | je; me; moi |
| *i fyny* | en haut; en l'air |
| *i fyny'r grisiau* | en haut; à l'étage |
| *i ffwrdd* | au loin; loin; absent, *adj* |
| *rhoi metrau i ffwrdd* | à quelques mètres |
| *i ffwrdd a chi* | allez-vous-en!; filez! |
| *i gyd* | tout, *m* / toute, *f* / tous, *m pl* / toutes, *f pl adj*; en tout |
| *i lawr* | en bas; à / par terrre; verticalement [croesair] |
| *i lawr â* | à bas |
| *i lawr y grisiau / sta(e)r* | en bas; en-dessous |
| *i mewn* | à l'intérieur; dedans |
| *i mewn i* | dans; en |
| *i mewn yn fann'a / yn hwnna* [ayb] | là-dedans |
| **iâ** (g) | la glace, *f* |
| **iach** | sain, *adj*; en bonne santé; salubre, *adj* |
| **iaith** (b) | une langue, *f*; un langage, *m* |
| *iaith* (b) *dramor* | une langue étrangère, *f* |
| **iâr** (b) | une poule, *f* |
| *iâr* (b) *fach yr haf* | un papillon, *m* |
| **iard** (b) | une cour, *f* |
| **iarll** (g) / **iarlles** (b) | un comte, *m* / une comtesse, *f* |
| **ias** (b) | un frisson, *m* |
| **iawn** | bon, *m* / bonne, *f adj*; bien, *adj*; juste, *adj*; exact, *adj*; pas mal; d'accord [cytuno] |
| *hapus iawn* | très content |
| *(rydw i'n) iawn* | ça va |
| *bod yn iawn* | avoir raison, *v*** |
| *mae popeth yn iawn* | ça va |
| *yn iawn* | bien |
| **Iddewig** | juif, *m* / juive, *f adj* |
| **ie** | oui |
| **iechyd** (g) | la santé, *f* |
| *yr* **ifainc** (ll) | les jeunes, *m pl* |
| **ifanc** | jeune, *adj* |
| **ifori** (g) | l'ivoire, *m* |
| *yr* **ig** (g) | le hoquet, *m* |
| **igian** | hoqueter, *v**; sangloter, *v* [crio] |

| | |
|---|---|
| **ildio** | céder, *v*\*; renoncer, *v*\* |
| yr **India** (b) | l'Inde, *f* |
| *o'r India* | indien, *m* / indienne, *f adj* |
| **Indiaidd** | indien, *m* / indienne, *f adj* |
| *India (b)'r Gorllewin* | les Antilles, *f pl* |
| *o India'r Gorllewin* | antillais, *adj* |
| **india**-**corn** (g) | le maïs, *m* |
| **injan** (b) | un moteur, *m*; une machine, *f* |
| **iogwrt** (g) | un yaourt, *m* |
| **Ionawr** (g) | janvier, *m* |
| **iro** | graisser, *v* |
| **israddol** | inférieur, *adj* |
| **is**-**deitl** (g) | un sous-titre, *m* |
| **isel** | bas, *m* / basse, *f adj*; déprimé, *adj* |
| *yn isel* | bas |
| **Iseldiraidd / Iseldirol** | hollandais, *adj*; néerlandais, *adj* |
| yr *Iseldiroedd (ll)* | la Hollande, *f*; les Pays-Bas, *m pl* |
| *o'r Iseldiroedd* | hollandais, *adj*; néerlandais, *adj* |
| **islawr** (g) | un sous-sol, *m* |
| **isod** | ci-dessous |
| *mewn italig* | en italique |
| **Iwerddon** (b) | l'Irlande, *f* |
| *o Iwerddon* | irlandais, *adj* |
| *Gogledd (g) Iwerddon* | l'Irlande du Nord, *f* |
| *Gweriniaeth (b) Iwerddon* | la République d' Irlande, *f* |
| **iwnifform** (b) | un uniforme, *m* |

| | |
|---|---|
| **jam** (g) | une confiture, *f* |
| **Jamaica** (b) | la Jamaïque, *f* |
| *o Jamaica* | jamaïcain, *adj* |
| **Jamaicaidd** | jamaïcain, *adj* |
| **Japan** (b) | le Japon, *m* |
| *o Japan* | japonais, *adj* |
| **Japaneaidd** | japonais, *adj* |
| **jar** (g) | un pot, *m*; un bocal, *m* (des bocaux, *pl*) |
| **jerbil** (g) | une gerbille, *f* |
| **jîns** (ll) | un blue-jean, *m*; un jean, *m* |
| **jiraff** (g) | une girafe, *f* |
| **jiwdo** (g) | le judo, *m* |
| **jôc** (b) | une plaisanterie, *f*; une blague, *f* |
| **jocan / jocio** | plaisanter, *v*; rigoler, *v* |
| **jogio** (g) | le footing, *m*; le jogging, *m* |
| *siwt* (b) *jogio* | un jogging, *m* |
| **jwg** (g) | un pichet, *m*; une cruche, *f* |

| | |
|---|---|
| **lab(ordy)** (g) | un labo(ratoire), *m* |
| *labordy (g) iaith* | un laboratoire de langues, *m* |
| **label** (g) | une étiquette, *f*; une vignette, *f* [gwneuthurwr] |
| **lafant** (g) | la lavande, *f* |
| **lamp** (b) | une lampe, *f* |
| **lan** | en haut; en l'air |
| *lan sta(e)r / lan (l)lofft* | en haut; à l'étage |
| *lapio* | envelopper, *v*; emballer, *v* [parsel] |
| **la(w)nsio** | lancer, *v\**; mettre en action / vigueur, *v\*\** |
| **lawnt** (b) | un gazon, *m*; une pelouse, *f* |
| *i lawr* | en bas; à / par terre; verticalement [croesair] |
| *i lawr â* | à bas |
| *i lawr y grisiau / sta(e)r* | en bas; en-dessous |
| **lefel** (b) | un niveau, *m* (des niveaux, *pl*) |
| **lemwn, lemon** (g) | un citron, *m* |
| **lemwnêd** (g) | une limonade, *f* |
| **lens** (b) | un verre, *m*; une lentille, *f*; un objectif, *m* [camera] |
| **lensys** (ll) **cyffwrdd** | des verres de contact, *m pl* |
| **Leo** | Lion, *m* |
| **les** (g) | la dentelle, *f* |
| **letysen** (b) | une laitue, *f* |
| **Libra** | Balance, *f* |
| **lifft** (g) | un ascenseur, *m* |
| **lindys** (g) | une chenille, *f* |
| **liotard** (g) | un body, *m*; un justaucorps, *m* |
| **lipstic** (g) | un rouge à lèvres, *m* |
| **litr** (g) | un litre, *m* |
| **lodes** (b) | une fille, *f* |
| **lolfa** (b) | un salon, *m* |
| **lolipop** (g) | une sucette, *f* |
| **lôn** (b) | une route, *f*; une voie, *f* |
| **loncian** (g) | le footing, *m*; le jogging, *m* |
| *siwt* (b) *loncian* | un jogging, *m* |
| **lori** (b) | un camion, *m* |
| **losin** (g) | un bonbon, *m* |
| **loteri** (g) | une loterie, *f* |
| **lwc** (b) | la fortune, *f*; la chance, *f* |
| **Lwcsembwrg** (b) | le Luxembourg, *m* |
| *o Lwcsembwrg* | luxembourgeois, *adj* |
| *Lwcsembwrgaidd* | luxembourgeois, *adj* |
| **lwcus** | qui a de la chance; veinard, *adj* |
| *bod yn lwcus* | avoir de la chance, *v\*\** |

| | |
|---|---|
| **llac** | lâche, *adj*; détendu, *adj*; ample, *adj* [dillad]; mou, mol, *m* / molle *f adj* |
| **llachar** | vif, *m* / vive, *f adj*; éclatant, *adj* |
| **lladmerydd** (g) | un / une interprète, *m* / *f* |
| **lladrad** (g) | un vol, *m* |
| **lladrata** | cambrioler, *v*; voler, *v* |
| **lladd** | tuer, *v* |
| **lladd-dŷ** (g) | un abbatoir, *m* |
| **llaes** | long, *m* / longue, *f adj* |
| **llaeth** (g) | le lait, *m* |
| *llaeth (g) powdwr* | le lait en poudre, *m* |
| **llafariad** (b) | une voyelle, *f* |
| **llai** | plus petit, *adj*; moins |
| *llai o* | moins de |
| *llai na* | moins de [rhif] |
| *mae e(f)o'n llai ... na* | il est moins ... que |
| **llais** (g) | une voix, *f* |
| **llaith** | humide, *adj*; moite, *adj* |
| **llam** (g) | un saut, *m* |
| **llamu (dros)** | sauter, *v* |
| **llanast** (g) | un désordre, *m* |
| **llaw** (b) | une main, *f* |
| *(yn defnyddio) llaw chwith* | gaucher, *m* / gauchère, *f adj* |
| *(yn defnyddio) llaw dde* | droitier, *m* / droitière, *f adj* |
| *ar y llaw arall* | par contre |
| *efo / â llaw* | à la main |
| *yn ei [ayb] law* | à la main |
| **llawdriniaeth** (b) | une opération, *f* |
| **llawen** | joyeux, *m* / joyeuse, *f adj* |
| **llawenydd** (g) | la joie, *f* |
| **llawer** | beaucoup; grand-chose |
| *llawer iawn o* | énormément de |
| *llawer o* | beaucoup de |
| *llawer o bobl* | beaucoup de monde |
| **llawes** (b) | une manche, *f* |
| **llawfeddyg** (g) | un chirurgien, *m* / une chirurgienne, *f adj* |
| **llawn** | plein, *adj*; complet, *m* / complète, *f adj* |
| **llawr** (g) | le sol, *m*; la terre, *f*; le plancher, *m*; un étage, *m* |
| *ar y llawr / ar lawr* | par terre |
| *i lawr* | en bas; à / par terrre; verticalement [croesair] |

| | |
|---|---|
| *i lawr â* | à bas |
| *i lawr y grisiau / sta(e)r* | en bas; en-dessous |
| *llawr (g) gwaelod* | un rez-de-chaussée, *m* |
| *ar y llawr gwaelod* | au rez-de-chaussée |
| *llawr (g) isaf* | un sous-sol, *m* |
| **llawryf** (g) | un laurier, *m* |
| **llawysgrifen** (b) | une écriture, *f* |
| **lle** | où |
| **lle** (g) | un endroit, *m*; un lieu, *m* (des lieux, *pl*); un emplacement, *m*; une place, *f*; un espace, *m*; |
| *lle (g) tân* | une cheminée, *f*; un foyer, *m* |
| *cymryd lle* | remplacer, *v** |
| *rhoi yn lle* | remplacer, *v** |
| *mae rhywbeth o'i le* | il y a quelque chose qui cloche / qui ne va pas |
| *yn lle* | au lieu de; à la place de [person] |
| *yn y lle iawn* | au bon endroit |
| **llecyn** (g) | un endroit, *m*; un lieu, *m* (des lieux, *pl*) |
| *llecyn (g) gwyrdd* | un espace vert, *m* |
| **lledr** (g) | le cuir, *m* |
| *wedi'i wneud o ledr* | de / en cuir |
| **llefrith** (g) | le lait, *m* |
| *llefrith (g) powdwr* | le lait en poudre, *m* |
| **lleian** (b) | une religieuse, *f* |
| **lleidr** (g) / **lladrones** (b) | un voleur, *m* / une voleuse, *f* |
| **lleihad** (g) | une réduction, *f* |
| **y lleill** (ll) | les autres, *m pl* |
| **llen** (b) | un rideau, *m* (des rideaux, *pl*) |
| **llenwi** | remplir, *v* |
| *llenwch y tanc* | faites le plein [car, ayb] |
| **lleol** | local, *adj* |
| **lleoli** | placer, *v**; situer, *v* |
| *bod wedi'i leoli* | se situer, *v*; se trouver, *v* |
| **llesg** | faible, *adj*; débile, *adj* |
| **llestr** (g) | un pot, *m* |
| **llestri** (ll) | la vaisselle, *f* |
| **lletwad** (b) | une louche, *f* |
| **llet(ch)with** | maladroit, *adj*; gauche, *adj* |
| **llety** (g) | un logement, *m*; une pension, *f* |
| *llety (g) a phob pryd bwyd* | la pension complète, *f* |
| **lletya** | loger, *v** |
| **llethr** (b) | une pente, *f*; une côte, *f* |

| | |
|---|---|
| **lleuad** (gb) | une lune, *f* |
| **llew** (g) **/ llewes** (b) | un lion, *m* / une lionne, *f* |
| **lliain** (g) | une serviette, *f* [sychu]; une toile, *f* |
| *lliain* (g) *bwrdd* | une nappe, *f* |
| *lliain* (g) *sychu llestri* | un torchon, *m* |
| **llif** (b) | une scie, *f* |
| **llif** (g) | un courant, *m* |
| **llifio** | scier, *v* |
| **llinell** (b) | une ligne, *f*; un trait, *m*; un vers, *m* [cân / cerdd]; un rang, *m* |
| **llinyn** (g) | une corde, *f*; une ficelle, *f* |
| **llipa** | mou, mol, *m* / molle *f adj*; flasque, *adj* |
| **llithro** | glisser, *v* |
| **lliw** (g) | une couleur, *f* |
| *lliw* (g) *haul* | le bronzage, *m* |
| â *lliw haul* | bronzé, *adj* |
| **lliwio** | colorer, *v*; colorier, *v* |
| **llo** (g) | un veau, *m* (des veaux, *pl*) |
| **lloches** (b) | un abri, *m*; un asile, *m* |
| **llochesu** | (s')abriter, *v* |
| **Lloegr** (b) | l'Angleterre, *f* |
| **llofnod** (g) | une signature, *f*; un autographe, *m* |
| **llofruddiaeth** (b) | un meurtre, *m* |
| **llofft** (b) | une chambre, *f* |
| *lan* (l)*lofft* | en haut; à l'étage |
| **llogi** | louer, *v* |
| **llong** (b) | un navire, *m*; un bateau, *m* (des bateaux, *pl*) |
| *ar y llong* | par le / en bateau |
| *llong* (b) *ofod* | un engin spatial, *m*; un astronef, *m* |
| **llongwr** (g) | un marin, *m*; un matelot, *m* |
| **llon** | joyeux, *m* / joyeuse, *f adj*; rieur, *m* / rieuse, *f adj* |
| **llongyfarch** | féliciter, *v* |
| **llongyfarchiadau** (ll) | des félicitations, *f pl* |
| *llongyfarchiadau!* | bravo!; félicitations! |
| **llonydd** | tranquille, *adj*; calme, *adj*; immobile, *adj* |
| **llonyddwch** (g) | une tranquillité, *f*; un calme, *m*; une immobilité, *f* |
| **llosg** (g) | une brûlure, *f* |
| *llosg* (g) *haul* | un coup de soleil, *m* |
| **llosgi** | brûler, *v* |

| | |
|---|---|
| **llowcio** | bouffer, *v* |
| **lluchio** | jeter, *v\** |
| **lludw** | la cendre, *f*; les cendres, *f pl* |
| **llugoer** | tiède, *adj* |
| **llun** (g) | une image, *f*; un dessin, *m*; une peinture, *f* [wedi'i beintio]; un portrait, *m*; un tableau, *m* (des tableaux, *pl*); une photo(graphie), *f* |
| *tynnu llun* | dessiner, *v* |
| *tynnu llun(iau)* | photographier, *v*; prendre en photo, *v\*\** |
| *llun (g) agos* | le gros plan, *m* [ffilm] |
| **Llundain** | Londres |
| **llunio** | construire, *v\*\**; créer, *v*; fabriquer, *v*; façonner, *v*; former, *v* |
| **lluosog** (g) | le pluriel, *m* |
| **lluos(og)i** | multiplier, *v* |
| **llusgo** | tirer, *v*; traîner, *v* |
| **llwch** (g) | la poussière, *f*; la cendre, *f* |
| **llwnc** (g) | une gorge, *f*; un gosier, *m* |
| **llwy** (b) | une cuiller / cuillère, *f* |
| *llwy (b) de* | une cuiller à thé / à café, *f* |
| *llwy (b) gawl / bwdin* | une cuillère à soupe, *f* |
| **llwyaid** (b) | une cuillerée, *f* |
| **llwybr** (g) | un sentier, *m*; un chemin, *m*; une allée, *f* [gardd]; une voie, *f* |
| **llwyd** | gris, *adj* |
| **llwyddiannus** | couronné de succès; qui a du succès; réussi, *adj* |
| **llwyddiant** (g) | un succès, *m*; une réussite, *f* |
| **llwyddo** | réussir, *v* |
| *llwyddo mewn arholiad* | être reçu à un examen, *v\*\** |
| **llwynog** (g) | un renard, *m* |
| **llwyr** | complet, *m* / complète, *f adj*; total, *adj*; absolu, *adj* |
| *yn llwyr* | complètement; tout à fait |
| **llwytho** | charger, *v\** |
| **llydan** | large, *adj* |
| **Llydaw** (b) | la Bretagne, *f* |
| *o Lydaw* | breton, *m* / bretonne, *f adj* |
| *Llydaweg* (b) | le breton, *m* [yr iaith] |
| *Llydaweg / Llydewig* | breton, *m* / bretonne, *f adj* |
| **llyfn** | lisse, *adj* |
| **llyfr** (g) | un livre, *m* |

| | |
|---|---|
| *llyfr (g) banc* | un livret de banque, *m* |
| *llyfr (g) ffôn* | un annuaire (des téléphones), *m* |
| *llyfr (g) nodiadau* | un calepin, *m*; un carnet, *m* |
| *llyfr (g) siec* | un chéquier, *m*; un carnet de chèques, *m* |
| *llyfr (g) ysgrifennu / ysgol* | un cahier, *m* |
| **llyfrgell** (b) | une bibliothèque, *f* |
| **llyfryn** (g) | une brochure, *f* |
| *llyfryn (g) stampiau* | un carnet de timbres, *m* |
| **llyfu** | lécher, *v\** |
| **llyffant** (g) | un crapaud, *m* [du dafadennog]; une grenouille, *f* [melyn] |
| **llygad** (gb) | un œil, *m* (des yeux, *pl*) |
| *cadw llygad ar* | surveiller, *v* |
| **llygoden** (b) | une souris, *f* |
| *llygoden (b) fawr* | un rat, *m* |
| **llygredig** | pollué, *adj* |
| **llygredd** (g) | la pollution, *f* |
| **llygrol** | polluant, *adj* |
| **llym** | sévère, *adj* |
| **llymaid** (g) | une boisson, *f* |
| **llyn** (g) | un lac, *m* |
| **llyncu** | avaler, *v* |
| **llys** (gb) | une cour, *f* |
| **llysfam** (b) | une belle-mère, *f* |
| **llysfwytäol** | végétarien, *m* / végétarienne, *f adj* |
| **llysgenhadaeth** (b) | une ambassade, *f* |
| **llysiau** (ll) | des légumes, *m pl* |
| *llysiau (ll) (heb eu coginio)* | des crudités, *f pl* [cwrs cyntaf pryd bwyd] |
| **llysiau** (ll) **cymysg** | une macédoine de légumes, *f* |
| **llystad** (g) | un beau-père, *m* |
| **llythyr** (g) | une lettre, *f* |
| **llythyrau / llythyron** (ll) | le courrier, *m* |
| **llythyren** (b) | une lettre, *f* |
| *llythyron (ll) o'r galon* | le courrier du cœur, *m* [cylchgrawn, ayb] |
| **llythyru** | correspondre, *v* |
| **llyw** (g) | une commande, *f*; une barre, *f*; un volant, *m* [car] |
| **llywio** | gouverner, *v*; diriger, *v\** |
| **llywiwr** (g) | un navigateur, *m* |
| **llywodraeth** (b) | un gouvernement, *m* |
| **llywydd** (g) | un président, *m* / une présidente, *f* |

| | |
|---|---|
| **mab** (g) | un fils, *m* |
| **macrell** (gb) | un maquereau, *m* (des maquereaux, *pl*) |
| **machlud** | se coucher, *v* |
| *machlud (g) haul* | un coucher de soleil, *m* |
| **madarchen** (b) | un champignon, *m* |
| **maddau** | pardonner, *v* |
| **mae (yna)** | il y a |
| *mae e(f)o / hi* | il / elle est (o être), *v*** |
| *mae'n* | c'est (o être), *v*** |
| **maen nhw** | ils / elles sont (o être), *v*** |
| *maen nhw'n mynd* | ils / elles vont (o aller), *v*** |
| **maer** (g) / **maeres** (b) | un maire, *m* / une mairesse, *f* |
| **maes** (g) | un champ, *m* |
| *maes (g) awyr* | un aéroport, *m* |
| *maes (g) carafannau* | un camping pour caravanes, *m*; un caravaning, *m* |
| *maes (g) chwarae(on)* | un terrain de jeu / de sport, *m* |
| *maes (g) parcio* | un parking, *m* |
| *maes (g) pebyll* | un (terrain de) camping, *m* |
| *maes (g) rasio ceffylau* | un champ de courses, *m*; un hippodrome, *m* |
| **maestref** (b) | une banlieue, *f* |
| **maeth** (g) | la nourriture, *f* |
| **mafon** (ll) **duon** | des mûres, *f pl* |
| **mafonen** (b) | une framboise, *f* |
| **mai** | que |
| **Mai** (g) | mai, *m* |
| **main** | svelte, *adj*; mince, *adj*; aigu, *m* / aiguë, *f adj* [llais] |
| **mainc** (b) | un banc, *m* |
| **maint** (g) | une pointure, *f* [esgidiau, menig, ayb]; une taille, *f* |
| **maleisus** | méchant, *adj*; malveillant, *adj*; malin, *m* / maligne, *f adj* |
| **malw(od)en** (b) | un escargot, *m*; une limace, *f* |
| **mam** (b) | une mère, *f*; une maman, *f* |
| **mam-gu** (b) | une grand-mère, *f* |
| **mam-yng-nghyfraith** (b) | une belle-mère, *f* |
| **man** (b) | un endroit, *m*; un emplacement, *m*; un lieu, *m* (des lieux, *pl*) |
| *yn y fan a'r lle* | sur place; sur le coup |
| *yn y man iawn* | au bon endroit |
| **mân** | minuscule, *adj* |
| **maneg** (b) | un gant, *m* |

| | |
|---|---|
| *maneg (b) focsio* | un gant de boxe, *m* |
| **mango** (g) | une mangue, *f* |
| **mantais** (b) | un avantage, *m* |
| **manteisio (ar)** | profiter de, *v* |
| **mantell** (b) | une cape, *f* |
| **manylyn** (g) | un détail, *m* |
| **map** (g) | une carte, *f*; un plan, *m* |
| **marblen** (b) | une bille, *f* |
| **marc** (g) | une note, *f*; un point, *m*; une marque, *f* |
| **marcio** | noter, *v*; marquer, *v* |
| **marchnad** (b) | un marché, *m* |
| *marchnad* (b) *rad* | un marché aux puces, *m* |
| **marchog** (g) | un chevalier, *m* |
| **marchogaeth** (g) | l'équitation, *f* |
| **marchogaeth** | faire de l'équitation, *v\*\**; monter à cheval, *v* |
| **mardon** (g) | des pellicules, *f pl* |
| **marmalêd** (g) | une confiture d'oranges, *f* |
| **marw** | mourir, *v\*\** |
| *marw* | mort, *adj* |
| *wedi marw* | mort, *adj*; crevé, *adj* [anifail] |
| **marwolaeth** (b) | la mort, *f* |
| **masiwn** (g) | un maçon, *m* |
| **masnachwr** (g) / **masnachwraig** (b) | un marchand, *m* / une marchande, *f*; un commerçant, *m* / une commerçante, *f* |
| **matres** (gb) | un matelas, *m* |
| **matsien** (b) | une allumette, *f* |
| **math** (g) | un genre, *m*; une sorte, *f*; une espèce, *f*; une variété, *f* |
| *o'r fath* | semblable, *adj* |
| *yr un fath* | pareil, *m* / pareille, *f adj* |
| *gwneud yr un fath* | faire pareil / de même, *v\*\** |
| **mathemateg** (b) | les mathématiques / maths, *f pl* |
| **mawr** | grand, *adj*; gros, *m* / grosse, *f adj* |
| *yn fawr (iawn)* | beaucoup |
| **mawredd!** | mon dieu! |
| **Mawrth** (g) | mars, *m* |
| **mecaneg** (b) | la mécanique, *f* |
| **mecanic** (g) | un mécanicien, *m* / une mécanicienne, *f* |
| **medal** (b) | une médaille, *f* |
| **Medi** (g) | septembre, *m* |
| **medru** | savoir, *v\*\** |
| **meddal** | doux, *m* / douce, *f adj*; mou, mol, *m* / molle *f adj* |

| | |
|---|---|
| **meddu (ar)** | posséder, *v\** |
| **meddwl** | penser, *v*; croire, *v\*\**; trouver, *v*; réfléchir, *v*; avoir l'intention, *v\*\**; vouloir dire, *v\*\** |
| **meddwl am** | penser à, *v* |
| **meddwl** (g) | l'esprit, *m* |
| *â'r meddwl ymhell* | distrait, *adj* |
| **meddwol** | alcoolisé, *adj* |
| **meddyg** (g) | un médecin, *m* / une femme médecin, *f*; un docteur, *m* / une doctoresse, *f* |
| *meddyg (g) teulu* | un / une généraliste, *m* / *f* |
| **meddygfa** (b) | un cabinet médical, *m* |
| *i'r / yn y feddygfa* | chez le médecin |
| **meddyginiaeth** (b) | un médicament, *m*; un remède, *m* |
| **meddygol** | médical, *adj* |
| **mefusen** (b) | une fraise, *f* |
| **Mehefin** (g) | juin, *m* |
| **meic(roffon)** (g) | un micro, *m* |
| **meicrob** (g) / **microb** (g) | un microbe, *m* |
| **meipen** (b) | un navet, *m* |
| **meirioli** | dégeler, *v\**; (faire) fondre, *v\*\** |
| **meistr** (g) / **meistres** (b) | un maître, *m* / une maîtresse, *f* |
| **meithrin** | nourrir, *v*; élever, *v\** |
| **mêl** (g) | le miel, *m* |
| **melfed** (g) | le velours, *m* |
| *wedi'i wneud o felfed* | de / en velours |
| **melyn** | jaune, *adj* |
| **melys** | sucré, *adj*; doux, *m* / douce, *f adj*; agréable, *adj* |
| *pethau (ll) melys* | des sucreries, *f pl* |
| **melysion** (ll) | des sucreries, *f pl*; la confiserie, *f* |
| **mellten** (b) | un éclair, *m* |
| **menter** (b) | un risque, *m*; une entreprise, *f* |
| **mentrus** | aventureux, *m* / aventureuse, *f adj*; audacieux, *m* / audacieuse, *f adj* |
| *person (g) mentrus* | un casse-cou, *m* |
| *menyn (g)* | le beurre, *m* |
| *â menyn arno / arni* | beurré, *adj* |
| **menyw** (b) | une dame, *f*; une femme, *f* |
| **merch** (b) | une fille, *f* |
| *(cyfleusterau(ll)) merched (ll)* | dames, *f pl* |
| **merlota** (g) | la randonnée équestre, *f* |
| **mesur** | mesurer, *v* |
| **mesur(iad)** (g) | une mesure, *f* |

| | | |
|---|---|---|
| | **mesurydd** (g) **parcio** | un parcmètre, *m* |
| | **metr** (g) | un mètre, *m* |
| | **methiant** (g) | un échec, *m*; une panne, *f*; une faillite, *f* |
| | **methu** | rater, *v*; échouer, *v*; manquer, *v*; se tromper, *v* |
| | *methu arholiad* | échouer à un examen, *v* |
| | *methu twrn* | passer un tour, *v* |
| | **mewn** | dans; en; à |
| | *i mewn* | à l'intérieur; dedans |
| | *i mewn i* | dans; en |
| | *i mewn yn fan'na /* *yn hwnna [ayb]* | là-dedans |
| *tu (gb)* | *mewn* | l'intérieur, *m*; le dedans, *m* |
| *tu* | *mewn iddo [ayb]* | dedans; au-dedans; à l'intérieur |
| | **mi** | moi |
| | **miaw** | miaou |
| | **migwrn** (g) | une cheville, *f* |
| | **mil** (b) | mille, *m* |
| | *mil o filiynau* | un milliard, *m* |
| | **milfeddyg** (g) | un / une vétérinaire, *m / f* |
| | *miloedd (ll) o* | des milliers de, *m pl* |
| | **milwr** (g) | un soldat, *m* |
| | **milltir** (b) | un mille, *m* |
| | **min** (g) | un fil, *m*; un bord, *m*; une lèvre, *f* |
| | *min (g) nos* | le soir, *m* |
| | **minlliw** (g) | un rouge à lèvres, *m* |
| | **mintys** (g) | la menthe, *f* |
| | **minws** | moins |
| | **mis** (g) | un mois, *m* |
| | **Miss** | Mademoiselle, *f*; Mlle., *f* |
| | **mm!** | miam! |
| | **moch(ynn)aidd** | sale, *adj* |
| | **mochyn** (g) | un cochon, *m*; un porc, *m* |
| | *mochyn (g) coed* | une pomme de pin, *f* |
| | *mochyn (g) cwta* | un cobaye, *m*; un cochon d'Inde, *m* |
| | **model** (g) | un modèle, *m* |
| *gwneud (g)* | *modelau* | le modélisme, *m* |
| | **modern** | moderne, *adj* |
| | **modfedd** (b) | un pouce, *m* |
| | **modrwy** (b) | une bague, *f*; un anneau, *m* (des anneaux, *pl*) |
| | **modryb** (b) | une tante, *f* |
| | **modd** (g) | un moyen, *m* |
| | **moddion** (g) | un médicament, *m* |

| | |
|---|---|
| **moel** | dénudé, *adj*; dépouillé, *adj*; chauve, *adj* [pen] |
| **moeth(usrwydd)** (g) | un luxe, *m* |
| **moethus** | de luxe; luxueux, *m* / luxueuse, *f adj* |
| **mold** (g) | un moule, *m* |
| **moment** (b) | un moment, *m* |
| **moped** (g) | une mobylette, *f*; un vélomoteur, *m* |
| **mor** | tellement; si |
| *mor ... â / ag* | aussi ... que |
| **môr** (g) | une mer, *f*; un océan, *m* |
| *Môr (g) y Canoldir* | la (mer) Méditcrranée, *f* |
| *Môr (g) Iwerydd* | l'(océan) Atlantique, *m* |
| *y Môr (g) Tawel* | le (l'océan) Pacifique, *m* |
| *Môr (g) Udd* | la Manche, *f* |
| **mordaith** (b) | une croisière, *f* |
| *mordwywr (g) / mordwywraig (b)* | un navigateur, *m* / une navigatrice, *f* |
| **morfil** (g) | une baleine, *f* |
| **morgrugyn** (g) | une fourmi, *f* |
| **morlo** (g) | un phoque, *m* |
| **Morocaidd** | marocain, *adj* |
| **Moroco** (b) | le Maroc, *m* |
| *o Foroco* | marocain, *adj* |
| **moronen** (b) | une carotte, *f* |
| **morthwyl** (g) | un marteau, *m* (des marteaux, *pl*) |
| **morwr** (g) | un marin, *m*; un matelot, *m* |
| **morwrol** | nautique, *adj* |
| **morwyn** (b) | une (jeune) fille, *f*; une vierge, *f*; une domestique, *f*; une bonne, *f* |
| **mosg** (g) | une mosquée, *f* |
| **mosgito** (g) | un moustique, *m* |
| **Moslemaidd** | musulman, *adj* |
| **motobeic** (g) | une moto(cyclette), *f*; un vélomoteur, *m* [bach] |
| *ar gefn motobeic* | à / en moto(cyclette) |
| **motobeiciwr** (g) / **motobeicwraig** (b) | un motard, *m* / une motarde, *f* |
| **Mr.** | Monsieur, *m*; M., *m* |
| **Mrs.** | Madame, *f*; Mme., *f* |
| **mud** | muet, *m* / muette, *f adj* |
| **mudferwi** | mijoter, *v* |
| **mudo** (g) | un déménagement, *m* |
| **mudo** | déménager, *v** |
| **munud** (gb) | une minute, *f* |

| | |
|---|---|
| **mur** (g) | un mur, *m*; une muraille, *f* |
| **mwd** (g) | la boue, *f* |
| **mwg** (g) | la fumée, *f* |
| **mwgwd** (g) | un masque, *m* |
| **mwnci** (g) | un singe, *m* |
| **mwstard** (g) | la moutarde, *f* |
| **mwstas(h)** (g) | une moustache, *f* |
| **mwswg(l)** (g) | la mousse, *f* |
| **mwy** | plus grand, *adj*; plus |
| *mwy neu lai* | plus ou moins; à peu près |
| *mwy ... na* | plus ... que |
| *mwy na* | plus de [gyda rhifolion] |
| **mwyar** (ll) **duon** | des mûres, *f pl* |
| **mwyn** | doux, *m* / douce, *f adj* |
| *yn fwyn* | doucement |
| **mwynha dy hun!** | amuse-toi! |
| *mwynha dy / mwynhewch eich ymweliad* | bon séjour! |
| *mwynha'r / mwynhewch y bwyd!* | bon appétit! |
| **mwynhau** | aimer, *v*; trouver agréable, *v*; goûter, *v* |
| *mwynhau eich hun* | s'amuser, *v* |
| **mw(y)nol** | minéral, *adj* |
| **mwytho** | caresser, *v* |
| **myfyriwr** (g) / **myfyrwraig** (b) | un étudiant, *m* / une étudiante, *f* |
| **mygu** | fumer, *v*; étouffer, *v* |
| **mynach** (g) | un moine, *m*; un religieux, *m* |
| **mynd** | aller, *v\*\**; circuler, *v*; rouler, *v* |
| *mae e(f)o / hi'n mynd* | il / elle va (o aller), *v\*\** |
| *rydw i'n mynd* | je vais (o aller), *v\*\** |
| *mynd (heibio'n fuan)* | filer, *v* |
| *mynd (i ffwrdd)* | partir, *v\*\** |
| *mynd (ymlaen) i* | passer à, *v* |
| *mynd â* | conduire, *v*; emmener, *v\** [rhywun]; emporter, *v* [rhywbeth] |
| *mynd â ... allan / mas* | (faire) sortir, *v\*\** |
| *mynd â ... i ffwrdd* | éloigner, *v*; enlever, *v\** |
| *mynd â ... i lawr* | descendre, *v* |
| *mynd â ... i lawr eto* | redescendre, *v* |
| *mynd â ... i mewn* | rentrer, *v* |
| *mynd â ... lan / i fyny* | (faire) monter, *v\*\** |
| *mynd â ... lan / i fyny (yn ôl)* | remonter, *v* |
| *mynd â ... yn ôl* | rapporter, *v*; ramener, *v\** |

| | |
|---|---|
| *mynd â'r ci am dro* | promener le chien, *v** |
| *mynd allan / mas* | sortir, *v*** |
| *mynd am dro* | faire une balade, *v***; se balader, *v*; faire une promenade, *v*** |
| *mynd am dro / reid(en)* | se promener, *v**; faire un tour, *v*** |
| *mynd am ddiod* | prendre un pot, *v*** |
| *mynd ar gefn beic* | faire du cyclisme, *v***; faire du vélo, *v*** |
| *mynd ar gefn ceffyl* | monter à cheval, *v*; faire de l'équitation, *v*** |
| *mynd ar [fws ayb]* | monter, *v* |
| *mynd ar (fwrdd)* | embarquer, *v* |
| *mynd ar daith gyfnewid* | faire un échange, *v*** |
| *mynd ar dân* | prendre feu, *v*** |
| *mynd ar ddeiet* | suivre un régime, *v*** |
| *mynd ar goll* | se perdre, *v* |
| *mynd ar nerfau rhywun* | énerver, *v* |
| *mynd ati i* | se mettre à, *v*** |
| *mynd gyda* | accompagner, *v* |
| *mynd i* | se présenter à, *v*; se rendre à, *v* |
| *(sydd) yn mynd i* | à destination de [trên, ayb] |
| *mynd i bysgota* | aller à la pêche, *v*** |
| *mynd i ffwrdd* | s'en aller, *v*** |
| *mynd i gysgu* | s'endormir (gw dormir), *v*** |
| *mynd i mewn* | entrer, *v* |
| *mynd i lawr* | descendre, *v* |
| *mynd i lawr eto* | redescendre, *v* |
| *mynd i siopa* | faire des courses / achats, *v*** |
| *mynd i'r gwely* | se coucher, *v* |
| *mynd lan / i fyny* | monter, *v* |
| *mynd wysg y cefn* | reculer, *v* |
| *mynd ymlaen* | avancer, *v**; s'avancer, *v** |
| *mynd yn ôl* | retourner, *v* |
| *mynd yn ôl (i fyny / lan)* | remonter, *v* |
| **mynedfa** (b) | une entrée, *f*; une porte, *f* |
| **mynediad** (g) | un accès, *m* |
| **mynegi** | déclarer, *v*; exprimer, *v* |
| **mynegiant** (g) | une expression, *f* |
| **mynwent** (b) | une cimetière, *f* |
| **mynydd** (g) | une montagne, *f* |
| **mynydda** (g) | l'alpinisme, *m* |
| **mynyddig** | montagneux, *m* / montagneuse, *f adj* |
| **mynyddwr** (g) / **mynyddwraig** (b) | un / une alpiniste, *m* / *f* |

| | |
|---|---|
| **na** | non; ni; que |
| **Nadolig** (g) | Noël, *m* |
| *Nadolig Llawen* | Joyeux Noël |
| **nai** (g) **/ nith** (b) | un neveu, *m* (des neveux, *pl*) / une nièce, *f* |
| **naid** (b) | un saut, *m* |
| *naid (b) bolyn* | le saut à la perche, *m* |
| *naill ai ... neu* | ou ... ou; soit ... soit |
| **nain** (b) | une grand-mère, *f* |
| **natur** (b) | la nature, *f* |
| **naturiol** | naturel, *m* / naturelle, *f adj* |
| *yn naturiol* | naturellement |
| **naw** | neuf |
| *naw deg* | quatre-vingt-dix |
| *un deg naw* | dix-neuf |
| **nawdd** (g) | le patronage, *m* |
| **nawr** | maintenant |
| **neb** | personne |
| **nef(oedd)** (b) | un ciel, *m* (des cieux, *pl*) |
| **negesydd** (g) | un coursier, *m* / une coursière, *f*; un messager, *m* / une messagère, *f* |
| **neidio (dros)** | sauter, *v* |
| **neidr** (b) | un serpent, *m* |
| *o'r* **neilltu** | à part |
| **neilltuol** | particulier, *m* / particulière, *f adj*; spécial, *adj* |
| *yn neilltuol* | spécialement; particulièrement |
| **neis** | agréable, *adj*; chouettc, *adj*; gentil, *m* / gentille, *f adj*; sympa(thique), *adj* |
| **neithiwr** | hier soir |
| **nen-grafwr** (g) | un gratte-ciel, *m* |
| **nenfwd** (g) | le plafond, *m* |
| **nerf** (g) | un nerf, *m* |
| *mae'n mynd ar fy* **nerfau** *i* | ça m'énerve |
| **nerfol** | nerveux, *m* / nerveuse, *f adj* |
| **nerfus** | nerveux, *m* / nerveuse, *f adj*; inquiet, *m* / inquiète, *f adj*; intimidé, *adj* |
| **nerth** (g) | la force, *f*; la puissance, *f* |
| *yn nes ymlaen* | plus tard |
| **nesa at** | à côté de |
| **nesaf** | prochain, *adj*; voisin, *adj* [tŷ, ayb] |
| **neu** | ou (bien) |

| | |
|---|---|
| **neuadd** (b) | une salle, *f* |
| *neuadd (b) breswyl* | une cité universitaire, *f* |
| *neuadd (b) chwaraeon* | une salle de sports, *f* |
| *neuadd (b) y dref* | l'hôtel de ville, *m*; la mairie, *f* |
| **newid** (g) | un changement, *m*; la monnaie, *f* [arian] |
| **newid** | changer, *v**; toucher, *v* [siec] |
| *newid lle* | changer de place, *v** |
| **newydd** | nouveau, nouvel, *m* / nouvelle, *f adj* |
| *newydd sbon* | neuf, *m* / neuve, *f adj* |
| *bod newydd (wneud ...)* | venir de (faire ...), *v*** |
| *mae hi newydd gyrraedd* | elle vient d'arriver |
| **newyddbeth** (g) | une nouveauté, *f* |
| **newydd-deb** (g) | la nouveauté, *f* |
| **newyddiadurwr** (g) / **newyddiadurwraig** (b) | un / une journaliste, *m* / *f* |
| **newyddion** (ll) | les actualités, *f pl*; les informations, *f pl* |
| **newyn** (g) | la faim, *f* |
| **nhw** | ils / elles; eux / elles; les |
| *nhw'u dau / dwy* | tous les deux / toutes les deux |
| **ni** | nous |
| *ni chaniateir* | il est interdit de; défense de |
| *ni(d) ...* | ne ... pas |
| *ni(d) ... byth / erioed* | ne ... jamais |
| *ni(d) ... (d)dim* | ne ... pas |
| *ni(d) ... (d)dim byd* | ne ... rien |
| *ni(d) ... ((d)dim) mwy / mwyach / rhagor* | ne ... plus |
| *ni(d) ... ((d)dim) ond* | ne ... que |
| *ni(d) ... na ... na* | ne ... ni ... ni |
| *ni(d) ... neb* | ne ... personne |
| *ni(d) ... unrhyw beth* | ne ... rien |
| **nicer** (g) | un slip, *m*; une culotte, *f* |
| **nid** | pas |
| **nifer** (gb) | une quantité, *f*; un nombre, *m* |
| *nifer (o)* | plusieurs |
| **niferus** | nombreux, *m* / nombreuse, *f adj* |
| **nionyn** (g) | un oignon, *m* |
| **nith** (b) / **nai** (g) | une nièce, *f* / un neveu, *m* (des neveux, *pl*) |
| **niwl** (g) | le brouillard, *m*; la brume, *f* |
| **niwlog** | brumeux, *m* / brumeuse, *f adj* |
| *mae'n niwlog* | il fait du brouillard |

| | |
|---|---|
| **niwsans** (g) | un casse-pieds, *m* [person] (byth yn newid); un ennui, *m*; un embêtement, *m* |
| **nod** (gb) | un but, *m*; un objet, *m* |
| **nodi** | noter, *v* |
| **nodiadur** (g) | un calepin, *m*; un carnet, *m* |
| **nodwedd** (b) | un trait, *m* |
| **nodweddiadol** | typique, *adj* |
| **nodwydd** (b) | une aiguille, *f* |
| **nodyn** (g) | une note, *f* |
| **noddi** | sponsoriser, *v;* parrainer, *v* |
| **nofel** (b) | un roman, *m* |
| **nofio** | nager, *v** |
| **nofio** (g) | la natation, *f* |
| **normal** | normal, *adj* |
| **Normanaidd** | normand, *adj* |
| **Normandi** (b) | la Normandie, *f* |
| **Norwy** | la Norvège, *f* |
| *o Norwy* | norvégien, *m* / norvégiennne, *f adj* |
| **Norwyaidd** | norvégien, *m* / norvégiennne, *f adj* |
| **nos** (b) | la nuit, *f* |
| *gyda'r nos* | le soir |
| *min (g) nos* | le soir, *m* |
| *nos da* | bonne nuit |
| **nosol** | nocturne, *adj* |
| **noson** (b) | une nuit, *f*; un soir, *m*; une soirée, *f* [o adloniant] |
| *y noson (b) / noswaith (b) cyn / gynt* | la veille, *f* |
| **noswaith** (b) | un soir, *m*; une soirée, *f* |
| *noswaith dda* | bonsoir |
| **nwdlau** (ll) | des nouilles, *f pl* |
| **nwy** (g) | le gaz, *m* |
| **nwyd** (g) | la passion, *f* |
| **nwydus** | passionné, *adj* |
| **nwyddau** (ll) | des marchandises, *f pl* |
| **nwyol** | gazeux, *m* / gazeuse, *f adj* |
| **nyrs** (b) | un infirmier, *m* / une infirmière, *f* |
| **nyten** (b) | un écrou, *m* |
| **nyth** (g) | un nid, *m* |

245

| | |
|---|---|
| **o** | de / d' |
| *(wedi'i wneud) o* | en |
| *o ... ymlaen* | à partir de; dès |
| *o amgylch* | autour (de) |
| *o bell* | de loin |
| *o bell ffordd* | de très loin |
| *o bryd i'w gilydd* | de temps en temps |
| *o dan* | sous; au-dessous de |
| *o flaen* | devant |
| *o gwmpas* | autour (de) |
| *o hyd* | continuellement; encore; toujours |
| *o hyn allan / ymlaen* | désormais |
| *o leiaf* | au moins |
| *o na!* | mince! |
| *o'r diwedd* | enfin |
| *o'r enw* | nommé, *adj*; intitulé, *adj* |
| **ocsigen** (g) | l'oxygène, *m* |
| **ocsiwn** (b) | une vente aux enchères, *f* |
| **ochr** (b) | un côté, *m*; une face, *f* [disg] |
| *ar un ochr* | d'un côté; à part |
| **od** | bizarre, *adj*; singulier, *m* / singulière, *f adj*; farfelu, *adj* |
| **odli** | rimer, *v* |
| **oddeutu** | à peu près; approximativement |
| *oddi tanodd /* *oddi tano [ayb]* | (en) dessous |
| *oddi wrth* | de / d' |
| **oed** (g) | un âge, *m*; un rendez-vous, *m* [cyfarfod] |
| *bod yn ... oed* | avoir ... ans, *v*** |
| *beth / faint yw / ydy dy oed di?* | quel âge as-tu? |
| *rydw i'n ddeuddeg oed* | j'ai douze ans |
| **oedi** | traîner, *v*; tarder, *v*; différer, *v** |
| **oediad** (g) | un retard, *m*; un délai, *m* |
| **oedran** (g) | un âge, *m* |
| **oedrannus** | âgé, *adj*; vieux, vieil, *m* / vieille, *f adj* |
| **oen** (g) | un agneau, *m* (des agneaux, *pl*) |
| **oer** | froid, *adj* |
| *mae'n oer* | il fait froid [tywydd] |
| *rydw i'n oer* | j'ai froid |
| **oergell** (b) | un réfrigérateur, *m*; un frigo, *m* |
| **oeri** | refroidir, *v* |
| **oes** (b) | un âge, *m*; une époque, *f*; une vie, *f* |

| | | |
|---|---|---|
| | **oes** | oui |
| | **ofn** (g) | la peur, *f* |
| *bod ag* | *ofn* | avoir peur (de), *v\*\** |
| | **ofnadwy** | affreux, *m* / affreuse, *f adj*; horrible, *adj* |
| | **ofni** | avoir peur (de), *v\*\** |
| | **ofnus** | timide, *adj* |
| | **oferôl** (gb) | une blouse, *f*; une salopette, *f*; une combinaison, *f* |
| | **offeiriad** (g) | un curé, *m*; un prêtre, *m*; un pasteur, *m* |
| | **offer** (ll) | l'équipement, *m*; un matériel, *m* |
| | **offeren** (b) | une messe, *f* |
| | **offeryn** (g) | un instrument, *m* |
| | *offerynnau (ll) taro* | la batterie, *f* |
| | **ogof** (b) | une caverne, *f*; une grotte, *f* |
| | **ogofa** (g) | la spéléologie, *f* |
| *yn* | *ogystal* | aussi; en plus |
| | **oherwydd** | à cause de; car; parce que |
| *ar* | *ôl* | après; en retard |
| *bod ar* | *ôl* | rester, *v*; être en retard, *v\*\** [hwyr] |
| *tu* | *ôl* | en arrière |
| *tu* | *ôl i* | derrière |
| *yn* | *ôl* | il y a; selon |
| *yn* | *ôl (eto)* | de retour |
| | *ôl (g) troed* | une empreinte (de pas), *f* |
| | **olaf** | dernier, *m* / dernière, *f adj*; final, *adj* |
| *yn* | *olaf* | en dernier; pour terminer |
| | **olew** (g) | l'huile, *f* |
| | **olewydden** (b) | un olivier, *m* |
| | **olif** (b) | une olive, *f* |
| | **olwyn** (b) | une roue, *f*; un volant, *m* [llyw car] |
| | **omled** (b) | une omelette, *f* |
| | **ond** | mais; sauf |
| *dim* | *ond* | seulement; ne ... que |
| | *on'd oes?/on'd wyt ti[ayb]?* | n'est-ce pas?; hein? |
| | *onid e?* | n'est-ce pas?; hein? |
| | **opera** (b) | un opéra, *m* |
| *tŷ (g)* | *opera* | un opéra, *m* |
| | *opera (b) sebon* | un feuilleton, *m* |
| | **oren** (gb) | une orange, *f* |
| | **organ** (b) | un orgue, *m* |
| | **oriau** (ll) **brig** | les heures de pointe, *f pl* |
| | **oriawr** (b) | une montre, *f* |

| | |
|---|---|
| **oriel** (b) | une galerie, *f* |
| *oriel (b) gelfyddyd /* | une galerie d'art, *f* |
| *ddarluniau* | |
| **os** | si |
| *heb os* | sans (aucun) doute; pas de doute |
| *os gweli di'n /* | s'il te / vous plaît (s.v.p.) |
| *os gwelwch chi'n dda* | |
| *os na (d)* | sinon |
| **osgoi** | éviter, *v* |
| *(does) dim* **ots** | ce n'est pas grave; ça ne fait rien; tant pis |
| *(does) dim ots gen i* | cela / ça m'est égal; je m'en moque |
| *dim ots (pa) beth* | n'importe quoi |
| *dim ots pa ...* | n'importe quel ... |

| | |
|---|---|
| **pa** | quel, *m* / quelle, *f adj* |
| *pa mor aml?* | combien de fois?; tous les combiens? |
| *pa rai?* | lesquels?' / lesquelles? |
| *pa un? / p'run? / p'un?* | lequel?; laquelle? |
| y **Pab** (g) | le pape, *m* |
| **pabell** (b) | une tente, *f* |
| **pabi** (g) | un pavot, *m*; un coquelicot, *m* [gwyllt] |
| **pacio** | emballer, *v*; faire sa valise, *v\*\** [cês] |
| **padell** (b) **ffrio** | une poêle, *f* |
| **paent** (g) | la peinture, *f* |
| **paentiad** (g) | une peinture, *f* |
| **pafin** (g) | un trottoir, *m* |
| **pais** (b) | un jupon, *m* |
| **paith** (g) | une prairie, *f* |
| **pâl** (b) | une pelle, *f* |
| **palas** (g) | un palais, *m* |
| **palmant** (g) | un trottoir, *m* |
| **palmwydden** (b) | un palmier, *m* |
| *palmwydden (b) goco* | un cocotier, *m* |
| **pam** | pourquoi |
| *pam lai* | pourquoi pas |
| **pamffled** (g) | une brochure, *f*; un dépliant, *m* |
| **pan** | quand |
| **panel** (g) | un panneau, *m* (des panneaux, *pl*) |
| **panther** (g) | une panthère, *f* |
| **papur** (g) | le papier, *m* |
| *wedi'i wneud o bapur* | de / en papier |
| *dalen (b) / darn (g) o bapur* | une feuille, *f* |
| *papur (g) newydd* | un journal, *m* (des journaux, *pl*) |
| *papur (g) lapio* | le papier d'emballage, *m* |
| *papur (g) toiled* | le papier toilette / hygiénique, *m* |
| *papur (g) wal* | le papier peint, *m* |
| *papur (g) ysgrifennu* | le papier à lettres, *m* |
| **pâr** (g) | une paire, *f* |
| *pâr (g) o deits* | un collant, *m* |
| *pâr (g) o jîns* | un jean, *m* |
| *pâr (g) priod* | des époux, *m pl* |
| **para** | durer, *v*; continuer, *v* |
| **parasiwtio** (g) | le parachutisme, *m* |
| **paratoi** | préparer, *v* |
| **parc** (g) | un jardin public, *m*; un parc, *m* |
| *parc (g) carafannau* | un camping pour caravanes, *m*; un caravaning, *m* |
| *parc (g) difyrion / pleserau* | un parc d'attractions, *m* |

| | | |
|---|---|---|
| | *parc (g) natur* | une réserve (naturelle), *f* |
| | **parcio** | garer, *v*; stationner, *v* |
| | **parcio** (g) | le stationnement, *m* |
| | **parhad** (g) | une suite, *f* |
| | **parhaol** | continuel, *m* / continuelle, *f adj*; permanent, *adj*; perpétuel, *m* / perpétuelle, *f adj* |
| | **parhau** | continuer, *v*; durer, *v* |
| *i'w barhau* | | à suivre |
| | **parod** | prêt, *adj* |
| *arian (g) parod* | | l'argent liquide, *m* |
| *yn barod* | | déjà |
| *gwneud eich hun yn barod* | | se préparer, *v*; s'apprêter, *v* |
| | **parot** (g) | un perroquet, *m* |
| | **parsel** (g) | un paquet, *m*; un colis, *m* |
| | **parti** (g) | une fête, *f*; une boum, *f*; une soirée, *f* [gyda'r nos]; un groupe, *m* |
| | *parti (g) ysgol* | un groupe scolaire, *m* |
| | **partner** (g) / **partneres** (b) | un / une partenaire, *m* / *f* |
| | **pasbort** (g) | un passeport, *m* |
| *y* | **Pasg** (g) | Pâques, *m* |
| | **pasio** | passer, *v* |
| | *pasio arholiad* | être reçu à un examen, *v*** |
| | **pâst** (g) | une pâte, *f* |
| | *pâst (g) dannedd* | un dentifrice, *m* |
| | **pasta** (g) | les pâtes, *f pl* |
| | **pastai** (b) | une tourte, *f* |
| | *pastai (b) afalau* | une tourte aux pommes, *f* |
| | *pastai (b) bugail* | un hachis parmentier, *m* |
| | **patrwm** (g) | un modèle, *m*; un dessin, *m*; un patron, *m* [gweu] |
| | **pawb** | tout le monde; chacun(e) |
| | **pawen** (b) | une patte, *f* |
| | **pecyn** (g) | un paquet, *m*; une trousse, *f* |
| | **pedwar / pedair** | quatre |
| *un deg* | *pedwar / pedair* | quatorze |
| | *pedwar / pedair ar bymtheg* | dix-neuf |
| | *pedwar / pedair ar ddeg* | quatorze |
| | *pedwar deg* | quarante |
| | **pedwerydd / pedwaredd** | quatrième, *adj* |
| | **pefriol** | pétillant, *adj* |
| | **peidio** | cesser, *v* |
| | *peidiwch â / ag ...* | défense de ...; ne pas ... |
| | *peidiwch â sôn* | de rien; je vous en prie |

| | |
|---|---|
| **peilot** (g) | un pilote, *m* / une femme pilote, *f* |
| **peintio** (g) | la peinture, *f* |
| *wedi'i* beintio | peint, *adj* |
| **peintiwr** (g) / | un / une peintre, *m* / *f* |
| **peintwraig** (b) | |
| **peiriannydd** (g) | un ingénieur, *m* / une femme ingénieur, *f* |
| **peiriant** (g) | un engin, *m*; une machine, *f*; un moteur, *m* |
| *peiriant (g) golchi* | une machine à laver, *f* [dillad]; un lave-vaisselle, *m* [llestri] |
| *peiriant (g) torri* *glaswellt / porfa* | une tondeuse, *f* |
| **peirianwaith** (g) | la mécanique, *f* |
| **pêl** (b) | une balle, *f* fach]; un ballon, *m* [fawr]; une boule, *f* |
| ***pêl (b) droed*** | un ballon de foot, *m* |
| *pêl-droed (g)* | le foot(ball), *m* |
| *pêl-droed (g) bwrdd* | le babyfoot, *m* |
| *pêl-fasged (g)* | le basket, *m* |
| *chwaraewr (g) / pêl-fasged* *chwaraewraig (b)* | un basketteur, *m* / une basketteuse, *f* |
| *pêl-foli (g)* | le volley, *m* |
| *pêl-rwyd (g)* | le netball, *m* |
| **pelen** (b) | une boule, *f*; une pelote, *f*; un globe, *m* |
| **pelydryn** (g) | un rayon, *m* |
| **pell** | lointain, *adj* |
| *o bell* | de loin |
| *o bell ffordd* | de très loin |
| **pellter** | la distance, *f* |
| **pen** (g) | un bout, *m*; une tête, *f* |
| *ar ben* | en haut de; en tête de; au sommet de |
| *ar ben hynny* | en plus |
| *ar ei [ayb] ben ei hun(an)* | seul, *adj*; solitaire, *adj* |
| *bod â chur pen / phen tost* | avoir mal à la tête, *v*** |
| *mae gen i gur pen / ben tost* | j'ai mal à la tête |
| *dod i ben* | (se) terminer, *v* |
| *yn y pen draw* | en fin de compte; à l'extrémité; à l'autre bout |
| *pen (g) ffelt* | un feutre, *m* |
| *pen (g) pwysleisio* | un surligneur, *m* |
| *pen (g) ysgrifennu* | un stylo, *m* |
| **penbleth** (gb) | un casse-tête, *m* |
| **penblwydd** (g) | un anniversaire, *m* |

| | |
|---|---|
| *penblwydd hapus* | bon anniversaire |
| **pencampwr** (g) / **pencampwraig** (b) | un champion, *m* / une championne, *f* |
| **pencampwriaeth** (b) | un championnat, *m* |
| **penchwiban** | étourdi, *adj* |
| **pendant** | précis, *adj*; catégorique, *adj*; certain, *adj* |
| *yn bendant* | décidément; certainement |
| **penderfynu** | décider de, *v*; se décider à, *v* |
| **penderfyniad** (g) | une décision, *f* |
| **penelin** (gb) | un coude, *m* |
| **penfeddw** | pris de vertige(s) |
| *teimlo'n benfeddw* | avoir le vertige, *v*** |
| **penfeddwdod** (g) | le vertige, *m* |
| **penglog** (b) | un crâne, *m* |
| **pengwin** (g) | un pingouin, *m* |
| **pen-(g)lin** (g) | un genou, *m* (des genoux, *pl*) |
| **pennaeth** (g) | un chef, *m*; un directeur, *m* / une directrice, *f* |
| **pennaf** | en chef; principal, *adj* |
| *yn bennaf* | principalement |
| **pennawd** (g) | un titre, *m*; une légende, *f* |
| **pennill** (g) | une strophe, *f* |
| **pennod** | un chapître, *m* |
| **penodi** | nommer, *v* |
| **pen-ôl** (g) | le derrière, *m*; le postérieur, *m* |
| **pensil** (g) | un crayon, *m* |
| **penstiff** | têtu, *adj* |
| **y Pentecost** (g) | la Pentecôte, *f* |
| **pentref** (g) | un village, *m* |
| **pentwr** (g) | un tas, *m*; une pile, *f* |
| **penwythnos** (g) | un week-end, *m* |
| **penysgafn** | pris de vertige(s) |
| *teimlo'n benysgafn* | avoir le vertige, *v*** |
| **penysgafnder** (g) | le vertige, *m* |
| **peraroglus** | parfumé, *adj* |
| *bod yn berchen (ar)* | posséder, *v** |
| **perchennog** (g) | un / une propriétaire, *m* / *f*; un patron, *m* / une patronne, *f* [gwesty, ayb] |
| **peren** (b) | une poire, *f* |
| **perffaith** | parfait, *adj* |
| **perfformiad** (g) | une représentation, *f* [drama]; une séance, *f*; un spectacle, *m*; une interprétation, *f* |
| **perfformiwr** (g) / **perfformwraig** (b) | un / une artiste, *m* / *f*; un / une interprète, *m* / *f* |

| | |
|---|---|
| **peri** | causer, *v*; provoquer, *v*; occasionner, *v* |
| **perlysiau** (ll) | des épices, *f pl*; des herbes, *f pl* |
| **persawr** (g) | un parfum, *m* |
| **persli** (g) | le persil, *m* |
| **person** (g) | une personne, *f*; un personnage, *m* [enwog]; un pasteur, *m* [eglwys] |
| **personol** | personnel, *m* / personnelle, *f adj* |
| **perswadio** | persuader, *v* |
| **pert** | joli, *adj*; mignon, *m* / mignonne, *f adj* |
| **perth** (b) | une haie, *f* |
| **perthyn i** | appartenir à (gw tenir), *v***; faire partie de, *v***; être parent, *v*** [teulu] |
| *mae hwnna'n perthyn i mi* | cela m'appartient |
| **perthynas** (gb) | un parent, *m* / une parente, *f*; un rapport, *m* |
| **perygl** (g) | un danger, *m*; un risque, *m* |
| **peryglus** | dangereux, *m* / dangereuse, *f adj* |
| **peswch / pesychu** | tousser, *v* |
| **petrol** (g) | l'essence, *f* |
| *petrol dwy seren* | l'essence ordinaire, *f* |
| *petrol pedair seren* | le şuper, *m* |
| **petruso** | hésiter, *v* |
| **peth** (g) | une chose, *f*; un objet, *m*; un machin, *m*; un truc, *m* |
| **pethau** (ll) | les affaires, *f pl* |
| **pethma** (g) / **pethne** (g) | un machin, *m*; un truc, *m* |
| **piano** (gb) | un piano, *m* |
| *chwarae piano* | jouer du piano, *v* |
| *fi biau hwnna* | cela m'appartient |
| **pibell** (b) | un tuyau, *m* (des tuyaux, *pl*); une conduite, *f*; une pipe, *f* |
| **picnic** (g) | un pique-nique, *m* |
| **pig** (b) | un bec, *m* |
| **pigiad** (g) | une piqûre, *f* |
| *rhoi pigiad i* | piquer, *v* |
| **pigo** | picorer, *v*; piquer, *v*; choisir, *v* |
| **pil** (g) | une pelure, *f*; une écorce, *f*; un zeste, *m* [oren, ayb] |
| **pili pala** (gb) | un papillon, *m* |
| **pilio** | peler, *v** |
| **pilion** (ll) | des épluchures, *f pl* |
| **pilsen** (b) | une pilule, *f* |
| **pin** (g) | une épingle, *f* |
| *pin (g) cau / dwbl* | une épingle de sûreté, *f* |

| | |
|---|---|
| **pinc** | rose, *adj* |
| **pinsio** | pincer, *v** |
| **pinsiaid** (g) | une pincée, *f* |
| **pinwydden** (b) | un pin, *m* |
| **Pisces** | Poissons, *m pl* |
| **piti** (g) | la pitié, *f* |
| *dyna biti* | (quel) dommage! |
| **pitw** | minuscule, *adj* |
| **piwis** | grognon, *m* / grognonne, *f adj* |
| **plac** (g) | une plaque, *f*; une plaquette, *f* [ar ddrws, ayb] |
| **planed** (b) | une planète, *f* |
| **planhigyn** (g) | une plante, *f* |
| *planhigyn (g) wy* | une aubergine, *f* |
| **plastig** | plastique, *adj* |
| **plastr** (g) | le plâtre, *m*; un sparadrap, *m* [ar glwyf] |
| **plasty** (g) | un chateau, *m* (des chateaux, *pl*) |
| **plât** (g) | une assiette, *f*; une plaque, *f* |
| **platfform** (g) | un quai, *m* |
| **plentyn** (g) | un / une enfant, *m* / *f* |
| **plentyndod** (g) | une enfance, *f* |
| **pleser** (g) | un plaisir, *m* |
| **pleser** | je vous en prie |
| **plesio** | plaire à, *v*; faire plaisir à, *v*** |
| **plicio** | peler, *v** |
| **plisgyn** (g) | une coquille, *f*; une cosse, *f* [pys] |
| **plismon** (g) | un agent de police, *m*; un policier, *m*; un gendarme, *m* [arfog]; un flic, *m* [slang] |
| **plismones** (b) | une femme policier / agent, *f* |
| **ploryn** (g) | un bouton, *m* |
| **plwg** (g) | une prise (de courant), *f* [trydan]; une bonde, *f* [sinc] |
| **plws** | plus |
| **plwyf** (g) | une paroisse, *f* |
| **plygu** | plier, *v*; courber, *v*; baisser, *v* [pen] |
| **plymio** | plonger, *v** |
| **plymio** (g) | la plongée, *f* |
| *plymio (g) tanfor / tanddwr* | la plongée sous-marine, *f* |
| **pob** | chaque; tout, *m* / toute, *f* / tous, *m pl* / toutes, *f pl adj* |
| *pob lwc / hwyl* | bonne chance; bon courage! |
| *pob un* | chacun(e) |
| **pobl** (b) | des gens, *m pl*; un peuple, *m* |
| **pobl** | on [yn gyffredinol] |

| | |
|---|---|
| *pobl (b) ifainc* | les jeunes, *m pl* |
| **poblogaeth** (b) | une population, *f* |
| **poblogaidd** | populaire, *adj* |
| *ym mhobman* | partout |
| **pobydd** (g) | un boulanger, *m* / une boulangère, *f* |
| **poced** (b) | une poche, *f* |
| **poen** (g) | une douleur, *f*; un bobo, *m* [gair plentyn] |
| *mae gen i boen yn ...* | j'ai mal à ... |
| **poeni** | (s')inquiéter, *v**; embêter, *v*; irriter, *v*; troubler, *v* |
| *paid â phoeni* | ne t'inquiète pas; ne t'en fais pas |
| **poenus** | douloureux, *m* / douloureuse, *f adj*; pénible, *adj*; embêtant, *adj*; énervant, *adj*; irritant, *adj* |
| **poeri** | cracher, *v* |
| **poeth** | chaud, *adj* |
| *mae'n boeth* | il fait chaud [tywydd] |
| *rydw i'n boeth* | j'ai chaud |
| **poethi** | (s')échauffer, *v*; chauffer, *v* |
| **pôl** (g) **piniwn** | un sondage, *m* |
| **polyn** (g) | une perche, *f*; un poteau, (des poteaux, *pl*) |
| **pont** (b) | un pont, *m* |
| **pop** (g) **oren** | un Orangina, *m* |
| **popty** (g) | un four, *m*; une cuisinière, *f* |
| *yn y popty* | au four |
| *popty (g) (meicrodon)* | un four à micro-ondes, *m* |
| **porc** (g) | le porc, *m* |
| **porciwpîn** (g) | un porc-épic, *m* |
| **porffor** | violet, *m* / violette, *f adj*; pourpre, *adj* |
| *porffor golau* | mauve / lilas, *adj* (byth yn newid) |
| **porslen** (g) | la porcelaine, *f* |
| **Portiwgal** (b) | le Portugal, *m* |
| *o Bortiwgal* | portugais, *adj* |
| *Portiwgeaidd* | portugais, *adj* |
| **portread** (g) | un portrait, *m*; une représentation, *f* |
| **porth** (g) | un porche, *m* |
| **porthladd** (g) | un port, *m* |
| **pos** (g) | un casse-tête, *m* (byth yn newid); une devinette, *f* |
| *pos (g) chwilio am eiriau* | un tracmots, *m* |
| **posibilrwydd** (g) | une possibilité, *f* |
| **posibl** | possible, *adj* |
| **y post** (g) | la poste, *f*; le courrier, *m* |

| | |
|---|---|
| **post(yn)** (g) | un poteau, (des poteaux, *pl*) |
| **poster** (g) | une affiche, *f*; un poster, *m* |
| **postmon** (g) / | un facteur, *m* / une factrice, *f* |
|   **postmones** (b) | |
| **pot** (g) | un pot, *m* |
| **potel** (b) | une bouteille, *f* |
| *potel (b) ddŵr poeth* | unc bouillotte, *f* |
| **potes** (g) | un potage, *m* |
| **praidd** (g) | un troupeau, *m* (des troupeaux, *pl*) |
| **prawf** (g) | une preuve, *f*; une épreuve, *f*; une interro(gation), *f* |
| *prawf (g) adnabyddiaeth* | une pièce d'identité, *f* [cerdyn, ayb] |
| **preifat** | privé, *adj* |
| **pren** (g) | le bois, *m* |
| *wedi'i wneud o bren* | de / en bois |
| *pren (g) mesur* | une règle, *f* |
| **pres** (g) | l'argent, *m*; le cuivre (jaune), *m* [metel] |
| *pres (g) poced* | l'argent de poche, *m* |
| **pridd** (g) | le sol, *m*; la terre, *f* |
| **prif** | en chef; principal, *adj*; premier, *m* / première, *f adj* |
| **prifathro** (g) / | un directeur, *m* / une directrice, *f* |
|   **prifathrawes** (b) | |
| **prifddinas** (b) | une capitale, *f* |
| y **Prif Weinidog** (g) | le Premier ministre, *m* |
| **prifysgol** (b) | une université, *f* |
| **priffordd** (b) | une route nationale, *f*; une grand-route, *f* |
| **prin** | rare, *adj*; peu abondant |
| *prin* | à peine |
| *prin byth* | presque jamais; rarement |
| *bod yn brin o* | être à court de, *v\*\**; manquer de, *v* |
| **prinder** (g) | un manque, *m*; une insuffisance, *f* |
| *mae prinder ...* | il manque ... |
| **priod** | marié, *adj* |
| *pâr (g) priod* | des époux, *m pl* |
| **priodas** (b) | un mariage, *m* |
| **priodi** | (se) marier, *v* |
| *wedi priodi* | marié, *adj* |
| **priodol** | approprié, *adj*; convenable, *adj* |
| **pris** (g) | un prix, *m* |
| **prisiau** (ll) | le tarif, *m*; des prix, *m pl* |
| **problem** (b) | une difficulté, *f*; un problème, *m* |
| **profi** | prouver, *v*; goûter, *v* |
| **profiad** (g) | une expérience, *f* |

| | |
|---|---|
| **proffesiynol** | professionnel, *m* / professionnelle, *f adj* |
| **proffwyd** (g) **/** | un prophète, *m* / une prophétesse, *f* |
| **proffwydes** (b) | |
| **proffwydo** | prophétiser, *v* |
| **prosesydd** (g) **geiriau** | une machine à traitement de textes, *f* |
| **prosiect / project** (g) | un projet, *m* |
| **protein** (g) | la protéine, *f* |
| **pryd** (g) | un repas, *m* [bwyd] |
| **pryd** | quand |
| *ar hyn o bryd* | en ce moment |
| *mae'n hen bryd ...* | il est grand temps de ... |
| *mewn pryd* | à temps |
| *mewn union bryd* | juste à temps |
| *o bryd i'w gilydd* | de temps en temps |
| *(ar) yr un pryd* | à la fois; en même temps |
| **Prydain** (b) **Fawr** | la Grande-Bretagne, *f* |
| **Prydeinig** | britannique, *adj* |
| **pryder** (g) | l'anxiété, *f* |
| **pryderus** | anxieux, *m* / anxieuse, *f adj*; inquiet, *m* / inquiète, *f adj* |
| **prydferth** | beau, bel, *m* / belle, *f adj* |
| **pryf** (g) | un insecte, *m* |
| *pry(f)* (g) *copyn* | une araignée, *f* |
| *pry(f)* (g) *genwair* | un ver de terre, *m* |
| **prynhawn** (g) | un après-midi, *m* |
| **prynu** | acheter, *v*\* |
| **prysur** | occupé, *adj*; affairé, *adj* |
| *mae'n brysur* | il y a du monde |
| **prysurdeb** (g) | une activité, *f* |
| **pum**, **pump** | cinq |
| *pum deg* | cinquante |
| *un deg pump* | quinze |
| **pumed** | cinquième, *adj* |
| **punt** (b) | une livre, *f* |
| **pupur** (g) | le poivre, *m*; un poivron, *m* [llysieuyn] |
| **pur** | pur, *adj* |
| **purfa** (b) | une raffinerie, *f* |
| **pwdin** (g) | un dessert, *m* |
| **pŵdl** (g) | un caniche, *m* |
| **pŵl** (g) | le billard américain, *m* |
| **pwll** (g) | une flaque, *f*; une mare, *f*; un étang, *m* |
| *pwll* (g) *glo* | une houillère, *f*; une mine de charbon, *f* |
| *pwll* (g) *nofio* | une piscine, *f* |
| *pwll* (g) *nofio dan do* | une piscine couverte, *f* |

| | |
|---|---|
| **pwmp** (g) | une pompe, *f* |
| **pwnc** (g) | un sujet, *m* |
| *pwnc (g) ysgol* | une matière, *f* |
| **pwrpas** (g) | un but, *m*; un objet, *m* |
| **pwrs** (g) | un porte-monnaie, *m* |
| **pwy** | qui |
| *pwy sy'na?* | c'est qui?; qui est-ce? |
| *pwy ydy e(f)o?* | c'est qui?; qui est-ce? |
| **Gwlad** (b) **Pwyl** | la Pologne, *f* |
| *o Wlad Pwyl* | polonais, *adj* |
| *Pwylaidd* | polonais, *adj* |
| **pwynt** (g) | un point, *m* |
| *pwyntio at* | indiquer, *v*; montrer du doigt, *v* |
| **pwys** (g) | une livre, *f*; l'importance, *f* |
| *ar bwys* | près de |
| *dydy e(f)o ddim o bwys* | ce n'est pas grave; ça ne fait rien |
| **pwysau** (g) | un poids, *m*; une pression, *f* |
| **pwysedd** (g) | une pression, *f* |
| **pwysig** | important, *adj* |
| **pwysigrwydd** (g) | l'importance, *f* |
| **pwysleisio** | appuyer sur, *v**; souligner, *v*; accentuer, *v* |
| **pwyso** | peser, *v**; (s') appuyer, *v**; faire pression, *v*** |
| **pyjama(s)** (g ll) | un pyjama, *m* |
| **pymtheg** | quinze |
| *tua phymtheg* | une quinzaine, *f* |
| **pyped** (g) | une marionnette, *f* |
| **pys** (ll) | des pois, *m pl* |
| *pys (ll) gleision* | des petits pois, *m pl* |
| **pysgodyn** (g) | un poisson, *m* |
| *pysgodyn (g) aur* | un poisson rouge, *m* |
| **pysgota** (g) | la pêche, *f* |
| *mynd i bysgota* | aller à la pêche, *v*** |
| **pysgotwr** (g) / **pysgotwraig** (b) | un pêcheur, *m* / une pêcheuse, *f* |
| **pythefnos** (gb) | quinze jours, *m pl*; une quinzaine, *f* |

| | |
|---|---|
| **raced** (gb) | une raquette, *f* |
| **radio** (gb) | la radio, *f* |
| **radis** (g) | un radis, *m* |
| **raffl** (b) | une tombola, *f* |
| **rafftio** (g) | le rafting, *m* |
| **ralïwr** (g) / **ralïwraig** (b) | un pilote de rallye, *m* / une femme pilote de rallye, *f* |
| **ras** (b) | une course, *f* |
| **realistig** | réaliste, *adj* |
| **record** (gb) | un disque, *m*; un record, *m* |
| **recorder** (g) | une flûte à bec, *f* |
| **recordiad** (g) | un enregistrement, *m* |
| **recordio** | enregistrer, *v* |
| *recordydd (g) fideo* | un magnétoscope, *m* |
| *recordydd (g) tâp* | un magnétophone, *m* |
| **reid(en)** (b) | une promenade, *f* |
| *reid (b) ar gefn beic* | une promenade / une balade à bicyclette, *f*; un tour en vélo, *m* |
| **reis** (g) | le riz, *m* |
| **reit** | assez |
| **reslo** (g) | le catch, *m*; la lutte, *f* |
| **reslo** | lutter, *v* |
| **rihyrsal** (g) | une répétition, *f* |
| **riwler** (g) | une règle, *f* |
| **robin** (g) **goch** | un rouge-gorge, *m* |
| **robot** (g) | un robot, *m* |
| **roced** (b) | une fusée, *f* |
| **roedd (yna)** | il y avait |
| *roeddwn i* | j'étais (o être), *v*\*\* |
| **ruban** (g) | un ruban, *m* |
| **rŵan** | maintenant |
| **rwber** (g) | le caoutchouc, *m* |
| *wedi'i wneud o rwber* | de / en caoutchouc, *m* |
| **rwm** (g) | le rhum, *m* |
| **Rwsia** (b) | la Russie, *f* |
| *o Rwsia* | russe, *adj* |
| *Rwsiaidd* | russe, *adj* |
| **rwyt ti** | tu es (o être), *v*\*\* |
| **rydw i** | je suis (o être), *v*\*\* |
| **rydych chi** | vous êtes (o être), *v*\*\* |

| | |
|---|---|
| **rydyn ni** | nous sommes *(o être)*, *v*** |
| **rygbi** (g) | le rugby, *m* |
| **rysáit** (b) | une recette, *f* |

| | | |
|---|---|---|
| **rhaca** (gb) | | un râteau, *m* (des râteaux, *pl*) |
| **rhacsyn** (g) | | un chiffon, *m* |
| **rhad** | | bon marché; peu cher, *m* / peu chère, *f adj* |
| *yn rhad* | | à bon marché; à bas prix |
| **rhaeadr** (b) | | une cascade, *f*; une chute d'eau, *f* |
| **rhaff** (g) | | une corde, *f* |
| *rhag ofn* | | de peur de; au cas où; à tout hasard |
| *rhagfarn (b)* | | un préjugé, *m*; les préjugés, *m pl*; la prévention, *f* |
| **Rhagfyr** (g) | | décembre, *m* |
| **rhaglen** (b) | | une émission, *f*; un programme, *m* |
| *rhaglen (b) ddogfen* | | un documentaire, *m* |
| *rhaglen (b) gyfrifiadur(ol)* | | un programme informatique, *m* |
| **rhaglennu** | | programmer, *v* [cyfrifiaduron] |
| **rhaglennydd** (g) | | un informaticien, *m* / une informaticienne, *f* [cyfrifiaduron] |
| **rhagolygon** (ll) | | des prévisions, *f pl*; la météo, *f* [y tywydd] |
| **rhagweld** | | prévoir, *v* |
| **rhai** | | certains; des; quelques, *adj* |
| *y rhai* | | ceux / celles; lesquels / lesquelles |
| *y rhai acw* | | ceux-là / celles-là |
| *rhai metrau i ffwrdd* | | à quelques mètres |
| *rhai pobl* | | certains |
| *bod rhaid* | | devoir, *v*\*\* |
| *bu raid* | | il a fallu (o falloir), *v*\*\* |
| *bu raid i mi* | | j'ai dû (o devoir), *v*\*\* |
| *(mae'n) rhaid* | | il faut (o falloir), *v*\*\* |
| *rhaid ei fod / bod* | | il / elle doit (o devoir), *v*\*\* |
| *rhaid i mi / fy mod* | | je dois (o devoir), *v*\*\* |
| *rhaid iddo / iddi* | | il / elle doit (o devoir), *v*\*\* |
| *rhaid iddynt / eu bod* | | ils / elles doivent (o devoir), *v*\*\* |
| **y rhain** | | ceux-ci / celles-ci |
| **rhamantus** | | romantique, *adj* |
| **rhan** (b) | | une partie, *f*; une part, *f*; un rôle, *m* [drama] |
| *bod yn rhan o* | | faire partie de, *v*\*\* |
| *cymryd rhan yn / mewn* | | participer à, *v*; prendre part à, *v*\*\* |
| *o'm rhan i* | | en ce qui me concerne |
| *y rhan (b) fwyaf* | | la plupart, *f* |
| **rhanbarth** (g) | | une région, *f* |

| | | |
|---|---|---|
| **rhannu** | | diviser, *v*; partager, *v**  |
| **rhaw** (b) | | une bêche, *f*; une pelle, *f* |
| **rhedeg** | | courir, *v*** |
| *rhedeg i ffwrdd* | | se sauver, *v* |
| *rhedeg gwasanaeth gwennol* | | faire la navette, *v*** |
| **rhedwr** (g) / **rhedwraig** (b) | | un coureur, *m* / une coureuse, *f* |
| **rheng** (b) | | un rang, *m*; une rangée, *f*; une ligne, *f*; une file, *f* |
| *rheng (b) dacsis* | | une station de taxis, *f* |
| **rheilffordd** (b) | | un chemin de fer, *m* |
| *rheilffordd (b) halio* | | un funiculaire, *m* |
| **rheinoseros** (g) | | un rhinocéros, *m* |
| y **rheiny** / **rheina** | | ceux-là; celles-là |
| **rheithgor** (g) | | un jury, *m* |
| **rhentu** | | louer, *v* |
| **rheol** (b) | | une règle, *f*; un règlement, *m* |
| **rheolaidd** | | régulier, *m* / régulière, *f adj* |
| yn *rheolaidd* | | régulièrement |
| **rheolau** (ll)**'r ffordd fawr** | | le code de la route, *m* |
| **rheoli** | | gouverner, *v*; dominer, *v*; diriger, *v** |
| **rheolwr** (g) / **rheolwraig** (b) | | un directeur, *m* / une directrice, *f*; un gérant, *m* / une gérante, *f*; un patron, *m* / une patronne, *f* |
| **rhes** (b) | | un rang, *m*; une rangée, *f*; une ligne, *f*; une file, *f* |
| **rhesel** (b) | | un râtelier, *m* |
| *rhesel (b) gotiau* | | un portemanteau, *m* (des portemanteaux, *pl*) |
| **rhesin** (ll) | | des raisins secs, *m pl* |
| **rhestr** (b) | | une liste, *f* |
| *rhestr (b) brisiau* | | un tarif, *m* |
| *rhestr (b) siopa* | | une liste de(s) courses, *f* |
| **rheswm** (g) | | une raison, *f* |
| **rhesymegol** | | logique, *adj* |
| **rhesymol** | | raisonnable, *adj*; modéré, *adj* |
| **rhew** (g) | | la glace, *f* |
| **rhewgell** (b) | | un congélateur, *m* |
| **rhewi** | | geler, *v** |
| **rhieni** (ll) | | des parents, *m pl* |
| **rhif** (g) | | un nombre, *m*; un chiffre, *m*; un numéro, *m* |

| | |
|---|---|
| *rhif (g) cofrestru* | un numéro d'immatriculation, *m* |
| **rhifol** (g) | un chiffre, *m* |
| *rhifolion (ll) Rhufeinig* | des chiffres romains, *m pl* |
| **rhifyddeg** (b) | le calcul, *m* |
| **rhifyn** (g) | un numéro, *m* |
| **rhisgl** (g) | une écorce, *f* |
| **rhodfa** (b) | une allée, *f*; une avenue, *f* |
| **rhoi** | donner, *v*; offrir, *v*** [anrheg]; mettre, *v*** |
| *rhoi ... amdanoch* | mettre, *v*** |
| *rhoi (i lawr)* | poser, *v*; deposer, *v* |
| *rhoi ymlaen* | avancer, *v**; allumer, *v* [golau] |
| *rhoi'n ôl* | remettre (gw mettre), *v***; rendre, *v* |
| **rholio** | rouler, *v* |
| **rhost** | rôti, *adj* |
| **rhosyn** (g) | une rose, *f* |
| **rhuban** (g) | un ruban, *m* |
| **Rhufain** | Rome |
| *o Rufain* | romain, *adj* |
| **Rhufeinig** | romain, *adj* |
| **rhuthro** | se précipiter, *v* |
| **rhwbiwr** (g) | une gomme, *f* |
| **rhwng** | entre |
| **rhwyd** (b) | un filet, *m* |
| **rhwydwaith** (g) | un réseau, *m* (des réseaux, *pl*) |
| **rhwydd** | facile, *adj* |
| **rhwyf** (b) | une rame, *f*; un aviron, *m* |
| **rhwyfo** | faire aller à la rame / à l'aviron, *v***; ramer, *v*; faire de l'aviron, *v*** |
| **rhwygo** | déchirer, *v* |
| **rhwymiad** (g) | une reliure, *f* |
| **rhwymo** | lier, *v*; relier, *v* [llyfrau] |
| **rhwymyn** (g) | un pansement, *m* [ar friw] |
| **rhy** | trop |
| **rhybuddio** | prévenir (gw venir), *v***; avertir, *v* |
| **rhydd** | libre, *adj*; détaché, *adj* |
| **rhyddid** (g) | la liberté, *f* |
| **rhyfedd** | étrange, *adj*; bizarre, *adj*; curieux, *m* / curieuse, *f adj*; drôle, *adj* |
| **rhyfeddod** (g) | l'étonnement, *m*; une merveille, *f* |
| **rhyfeddu** | s'étonner, *v* |
| **rhyfel** (gb) | une guerre, *f* |

| | |
|---|---|
| **rhythmig** | rythmé, *adj* |
| **rhyw** | quelque, *adj*; quelconque, *adj* |
| *rhyw ddiwrnod / ddydd* | un de ces jours; un jour ou l'autre |
| **rhywbeth** | quelque chose |
| **rhywfaint** (g) | une quantité, *f* |
| *rhywle (neu'i gilydd)* | quelque part |
| *rhywle arall* | ailleurs; autre part |
| **rhywogaeth** (b) | une espèce, *f* |
| **rhywun** (g) | quelqu'un; on |
| *rhywun (g) arall* | quelqu'un d'autre |

| | |
|---|---|
| **sach** (b) | un sac, *m* |
| *sach (b) deithio* | un sac à dos, *m* |
| *sach (b) gysgu* | un sac de couchage, *m* |
| **Saesneg** (b) | l'anglais, *m* [yr iaith] |
| **Saesneg** | anglais, *adj* |
| **saeth** (b) | une flèche, *f* |
| **saethu** | tirer, *v* |
| **saethyddiaeth** (b) | le tir à l'arc, *m* |
| **safle** (g) | un emplacement, *m*; une position, *f*; une place, *f* |
| *safle (g) adeiladu* | un chantier, *m* |
| **safon** (b) | la norme, *f*; un niveau, *m* (des niveaux, *pl*); un critère, *m* |
| **Sagitariws** | Sagittaire, *m* |
| **saib** (b) | une pause, *f* |
| **sain** (b) | un son, *m* |
| *effeithiau (ll) sain* | le bruitage, *m* |
| **Sais** (g) / **Saesnes** (b) | un Anglais, *m* / une Anglaise, *f* |
| **saith** | sept |
| *un deg saith* | dix-sept |
| *saith deg* | soixante-dix |
| **sâl** | malade, *adj*; souffrant, *adj*; médiocre, *adj*; inférieur, *adj*; mauvais, *adj* |
| *yn sâl* | mal |
| *teimlo'n sâl* | se sentir malade / souffrant, *v\*\**; avoir mal au cœur, *v\*\** [taflu i fyny] |
| **salad** (g) | une salade, *f* |
| *salad (g) (o) ffrwythau* | une macédoine de fruits, *f* |
| **salw** | laid, *adj*; moche, *adj*; vilain, *adj* |
| **salwch** (g) | une maladie, *f* |
| *salwch (g) môr* | le mal de mer, *m* |
| **samwn** (g) | un saumon, *m* |
| **sanau** (ll) | des chaussettes, *f pl* [byr]; des bas, *m pl* [merched] |
| **sanctaidd** | saint, *adj*; sacré, *adj* |
| **Santa Clôs** (g) | le père Noël, *m* |
| **sardîn** (g) | une sardine, *f* |
| **sarff** (b) | un serpent, *m* |
| **sawl (un)** | plusieurs |
| **sawl** | combien de |
| *sawl gwaith?* | combien de fois? |
| **saws** (g) | une sauce, *f* |
| *saws (g) afalau* | une compote de pommes, *f* |

| | |
|---|---|
| **Sbaen** (b) | l'Espagne, *f* |
| *o Sbaen* | espagnol, *adj* |
| **Sbaeneg** (b) | l'espagnol, *m* [yr iaith] |
| **Sbaeneg / Sbaenaidd** | espagnol, *adj* |
| **sbaniel** (g) | un épagneul, *m* |
| **sbatiwla** (b) | une spatule, *f* |
| **sbectol** (b) | des lunettes, *f pl* |
| *sbectol (b) haul* | des lunettes de soleil, *f pl* |
| **sbeisys** (ll) | des épices, *f pl* |
| **sbinaits** (g) | des épinards, *m pl* |
| **sboncen** (b) | le squash, *m* |
| **sbwng** (g) | une éponge, *f* |
| **sebon** (g) | un savon, *m* |
| **sebra** (g) | un zèbre, *m* |
| **sedd** (b) | un siège, *m*; une place, *f*; une selle, *f* [beic] |
| **sefwch!** | levez-vous! |
| **sefydlog** | établi, *adj*; fixe, *adj* |
| **sefydlu** | établir, *v*; fonder, *v* |
| **sefyll** | être / se mettre / se tenir debout, *v\*\** |
| *yn sefyll* | debout |
| *sefyll arholiad* | passer un examen, *v* |
| **sefyllfa** (b) | une situation, *f* |
| **sefyllian** | traîner, *v* |
| **segur** | fainéant, *adj* [diog]; désœuvré, *adj*; au repos |
| **sengl** | célibataire, *adj*; simple, *adj* [tocyn]; pour une personne [gwely] |
| **seiciatrydd** (g) | un / une psychiatre, *m / f* |
| **seiclo** (g) | le cyclisme, *m* |
| *lôn (b) seiclo* | une piste cyclable, *f* |
| **seidr** (g) | le cidre, *m* |
| **seimllyd** | gras, *m* / grasse, *f adj* |
| **seinio** | sonner, *v* |
| **Seisnig** | anglais, *adj* |
| **sêl** (b) **/ sêls** (ll) | des soldes, *m pl* |
| **Seland Newydd** (b) | la Nouvelle-Zélande, *f* |
| *o Seland Newydd* | néo-zélandais, *adj* |
| **seler** (b) | une cave, *f* |
| **selsgi** (g) | un hot-dog, *m* |
| **selsigen** (b) | une saucisse, *f* [i'w choginio]; un saucisson, *m* [fawr, sych, o deip salami] |
| **serch** (g) | l'amour, *m* |

| | |
|---|---|
| *serch hynny* | quand même; tout de même |
| **serchog / serchus** | affectueux, *m* / affectueuse, *fadj*; agréable, *adj*; aimable, *adj* |
| **seremoni** (b) | une cérémonie, *f* |
| **seren** (b) | une étoile, *f*; une vedette, *f* [ffilm]; une star, *f* [ffilm] |
| **sero** (g) | un zéro, *m* |
| **serth** | raide, *adj*; escarpé, *adj* |
| **sesiwn** (g) | une séance, *f* |
| **set** (b) | une série, *f*; une collection, *f*; un service, *m* [llestri] |
| *set (b) deledu* | un poste de TV, *m*; un téléviseur, *m* |
| *set (b) radio* | un poste de radio, *m*; une radio, *f* |
| **setlo** | régler, *v*; résoudre, *v*; calmer, *v* |
| **sgarff** (g) | une écharpe, *f*; un cache-nez, *m* [mawr]; un foulard, *m* [tenau] |
| **sgerbwd** (g) | un squelette, *m* |
| **sgert** (b) | une jupe, *f* |
| *sgert (b) fini* | une mini-jupe, *f* |
| **sgêt** (b) | un patin, *m* |
| **sgïo** | faire du ski, *v*** |
| **sgïo** (g) | le ski, *m* |
| *sgïo (g) dŵr* | le ski nautique, *m* |
| *llain (b) / llethr (b) sgïo* | une piste, *f* |
| *siwt (b) sgïo* | une combinaison de ski, *f* |
| *tref (b) wyliau sgïo* | une station de ski, *f* |
| **sglefrio** | patiner, *v*; faire du patinage / du patin à glace, *v*** |
| **sglefrio** (g) | le patinage, *m* |
| *sglefrio (g) ffigyrau* | le patinage artistique, *m* |
| **sglefrolio** | faire du patin à roulettes, *v*** |
| **sgleinio** | polir, *v*; cirer, *v* |
| *â sglein arno / arni* | poli, *adj* |
| *rhoi sglein ar* | polir, *v*; cirer, *v* |
| **sglodion** (ll) | des (pommes) frites, *f pl* |
| **sgôr** (g) | le score, *m*; la marque *f*; les points, *m pl* |
| **sgorio** | marquer, *v* |
| **Sgorpio** | Scorpion, *m* |
| **sgowt** (g) | un éclaireur, *m* |
| **sgrialu** | faire de la planche à roulettes, *v*** |
| *bwrdd (g) sgrialu* | une planche à roulettes, *f* |
| **sgrîn** (b) | un écran, *m* |

| | |
|---|---|
| **sgriwio** | visser, *v* |
| **sgwâr** | carré, *adj* |
| **sgwâr** (g) | un carré, *m*; une case, *f*; une place, *f* [mewn tref] |
| **sgwarog** | à carreaux |
| **sgwrs** (b) | une conversation, *f* |
| **sgwrsio** | bavarder, *v*; causer, *v* |
| **sgŵter** (g) | un scooter, *m*; une trottinette, *f* [plentyn] |
| **siaced** (b) | une veste, *f*; un veston, *m*; un blouson, *m* [ysgafn] |
| *siaced (b) achub bywyd* | un gilet de sauvetage, *m* |
| **siafio** | se raser, *v* |
| **sialots** (ll) | des échalotes, *f pl* |
| **siampaen** (g) | le champagne, *m* |
| **siampŵ** (g) | un shampooing, *m* |
| **sianel** (b) | un détroit, *m*; un chenal *m*, (des chenaux, *pl*); une chaîne, *f* [teledu] |
| *y Sianel* (b) | la Manche, *f* |
| **siâp** (g) | une forme, *f* |
| **siarad** | parler, *v* |
| **siaradus** | bavard, *adj* |
| **siarc** (g) | un requin, *m* |
| **siawns** (b) | le hasard, *m*; la chance, *f*; une occasion, *f* |
| *ar siawns* | par hasard |
| **sibrwd** | chuchoter, *v* |
| **sibwn(s)** (ll) | des échalotes, *f pl* |
| **sicrhau** | assurer, *v*; obtenir, (gw tenir) *v*** |
| **sidan** (g) | la soie, *f* |
| *wedi'i wneud o sidan* | de / en soie |
| **siec** (b) | un chèque, *m* |
| *siec (b) deithio* | un chèque de voyage, *m* |
| **sifft** (b) | une equipe, *f* [gweithwyr]; un poste, *m* [gwaith] |
| *sifft (b) nos* | une équipe de nuit, *f*; un poste de nuit, *m* |
| **sigarét** (b) | une cigarette, *f* |
| **siglen** (b) | une balançoire, *f* |
| **siglo** | bercer, *v**; balancer, *v** |
| **silff** (b) | une étagère, *f*; une planche, *f*; un rayon, *m* |
| **sillafu** | épeler, *v** |
| *cael ei sillafu* | s'écrire, *v*** |
| **simnai** (b) | une cheminée, *f* |

| | |
|---|---|
| **simpansî** (g) | un chimpanzé, *m* |
| **sinc** (b) | un évier, *m* |
| **sinema** (b) | un ciné(ma), *m* |
| **sioc** (gb) | un choc, *m*; un heurt, *m* |
| **siocled** (g) | un chocolat, *m* |
| **sioe** (b) | un spectacle, *m*; une exposition, *f* |
| *sioe (b) ffasiwn* | un défilé de mode, *m* |
| **Siôn Corn** (g) | le père Noël, *m* |
| **sionc** | agile, *adj*; vif, *m* / vive, *f adj* |
| **siop** (b) | une boutique, *f*; un magasin, *m* |
| *dyn (g) / dynes (b) siop* | un vendeur, *m* / une vendeuse, *f* |
| *siop (b) bapur newydd* | une maison de la presse, *f* |
| *siop (b) bapur ysgrifennu* | une papeterie, *f* |
| *siop (b) bysgod* | une poissonnerie, *f* |
| *siop (b) emau* | une bijouterie, *f* |
| *siop (b) faco* | un tabac, *m* |
| *siop (b) fara* | une boulangerie, *f* |
| *siop (b) fawr / adrannol* | un grand magasin, *m* |
| *siop (b) fenthyg fideo* | une vidéothèque, *f* |
| *siop (b) flodau* | une boutique de fleuriste, *f* |
| *siop (b) fwyd / y groser* | une épicerie, *f* |
| *siop (b) fferins / felysion* | une confiserie, *f* |
| *siop (b) fferyllydd* | une pharmacie, *f* |
| *siop (b) gacennau* | une pâtisserie, *f* |
| *siop (b) gig* | une boucherie, *f* |
| *siop (b) gig oer* | une charcuterie, *f* |
| *a bwydydd parod* | |
| *siop (b) laeth* | une crémerie, *f* |
| *siop (b) lyfrau* | une librairie, *f* |
| *siop (b) nwyddau haearn* | une quincaillerie, *f*; une droguerie, *f* |
| *siop (b) trin gwallt* | un salon de coiffure, *m* |
| *(mynd i) siopa* | faire des achats, *v***; faire des courses, *v***; faire les magasins, *v*** |
| **siopwr** (g) / **siopwraig** (b) | un marchand, *m* / une marchande, *f*; un commerçant, *m* / une commerçante, *f* |
| **siorts** (ll) | un short, *m* |
| *siorts (ll) beicio* | un caleçon cycliste, *m* |
| *siorts (ll) Bermiwda* | un bermuda, *m* |
| **siriol** | joyeux, *m* / joyeuse, *f*; rieur, *m* / rieuse, *f adj* |
| **siswrn** (g) | des ciseaux, *m pl* |
| **siwgr** (g) | le sucre, *m* |
| *gyda / efo / â siwgr* | sucré, *adj* |

| | |
|---|---|
| **siwmper** (b) | un pull, *m*; un tricot, *m*; un chandail, *m* |
| **siwr** | sûr, *adj*; certain, *adj* |
| *siwr iawn* | bien sûr; naturellement |
| **siwrnai** (b) | un voyage, *m*; un trajet, *m* |
| *siwrnai dda i ti / chi!* | bon voyage! |
| **siwt** (b) | un costume, *m*; un complet, *m* [dyn] un tailleur, *m* [dynes] |
| *siwt (b) jogio / loncian* | un jogging, *m* |
| *siwt (b) sgïo* | une combinaison de ski, *f* |
| **siwtio** | aller à, *v\*\**; convenir à (gw venir), *v\*\** |
| **sled** (b) | une luge, *f* [fach]; un traîneau, *m* (des traîneaux, *pl*) |
| **sleisen** (b) | une tranche, *f* |
| *sleisen (b) gron* | une rondelle, *f* |
| **slipan** (b) **/ sliper** (b) | une pantoufle, *f*; un chausson, *m* |
| **slogan** (g) | un slogan, *m*; une devise, *f* |
| **smala** | drôle, *adj*; marrant, *adj*; rigolo, *m* / rigolote, *f adj* |
| **smocio** | fumer, *v* |
| **smociwr** (g) / **smocwraig** (b) | un fumeur, *m* / une fumeuse, *f* |
| **smotiau** (ll) | des pois, *m pl*; des taches, *f pl* |
| *â smotiau arno / arni* | à pois |
| **smwddio** | repasser, *v* |
| *fflat (g) / haearn (g) smwddio* | un fer à repasser, *m* |
| **snwcer** (g) | le snooker, *m* |
| **soced** (b) **drydan** | une prise (de courant), *f* |
| **soddgrwth** (g) | un violoncelle, *m* |
| **soffa** (b) | un canapé, *m* |
| **sôn** (am) | parler (de), *v*; mentionner, *v*; faire mention de, *v\*\** |
| **sosban** (b) | une casserole, *f* |
| **soser** (b) | une soucoupe, *f* |
| **stad** (b) | une propriété, *f*; une domaine, *f* |
| *stad (b) dai* | un lotissement, *m*; une cité, *f* |
| **stadiwm** (b) | un stade, *m* |
| **staff** (g) | un personnel, *m* |
| *staff (g) golygyddol* | une rédaction, *f* |
| **stamp** (g) | un timbre, *m* |
| **stampio** | timbrer, *v*; composter, *v* [â dyddiad] |
| **stecen** (b) | un bifteck, *m*; un steak, *m* |
| **steil** (g) | un style, *m*; un look, *m*; une coiffure, *f* [gwallt] |

| | |
|---|---|
| **stêm** (g) | la vapeur, *f*; la buée, *f* |
| **stemar** (b) | un (bateau à) vapeur, *m* |
| **stereo** (g) | une chaîne stéréo, *f* |
| **sticer** (g) | un autocollant, *m* |
| **sticio** | coller, *v* |
| **stiff** | raide, *adj*; élevé, *adj* [prisiau] |
| **stiw** (g) | un ragoût, *m* [cig]; une compote, *f* [ffrwythau] |
| **stôl** (b) | un tabouret, *m* |
| *stôl (b) blygu* | un pliant, *m* |
| **stondinwr** (g) / **stondinwraig** (b) | un marchand, *m* / une marchande, *f* |
| **stop** (g) | un arrêt, *m* |
| **stopio** | (s')arrêter, *v*; cesser, *v* |
| **stori** (b) | une histoire, *f*; un conte, *m* |
| *stori (b) ddarluniau / mewn darluniau* | un roman-photo, *m* |
| *stori (b) dditectif* | un roman policier, *m* |
| *stori (b) gyfres* | un feuilleton, *m* |
| **storm** (b) | un orage, *m*; une tempête, *f* |
| **streic** (b) | une grève, *f* |
| **streipen** (b) | un rayure, *m* |
| **streipiog** | à rayures; rayé, *adj* |
| **stribed** (g) | une bande, *f* |
| *stribed (g) cartŵn* | une bande dessinée, *f*; une B.D., *f* |
| **strôc** (b) | un trait, *m*; une attaque (d'apoplexie), *f* |
| **stryd** (b) | une rue, *f* |
| *stryd (b) fawr* | une grand-rue, *f* |
| *stryd (b) lydan* | un boulevard, *m* |
| *stryd (b) unffordd* | un sens unique, *m* |
| **stumog** (b) | un estomac, *m*; un ventre, *m* |
| *wedi'i stwffio* | farci, *adj* |
| **sudd** (g) | le jus, *m* |
| *sudd (g) oren / ffrwythau* | un jus d'orange / de fruit, *m* |
| *sudd (g) lemwn ffres* | un citron pressé, *m* |
| **sugno** | sucer, *v** |
| **sugnydd** (g) **llwch** | un aspirateur, *m* |
| y **Sulgwyn** (g) | la Pentecôte, *f* |
| **sut** | comment |
| *sut bynnag* | de toute façon |
| *sut mae?* | ça va?; comment ça va? |
| *sut mae pethau'n mynd?* | ça va? |
| *sut un yw / ydy ...?* | comment est ...? |

271

| | |
|---|---|
| *sut un yw e / ydy e(f)o?* | c'est comment? |
| *sut wyt ti / ydych chi?* | ça va? |
| *sut (yd)ych chi?* | comment allez-vous? |
| **sw** (g) | un zoo, *m*; un jardin zoologique, *m* |
| **swêd** (g) | le daim, *m* [esgidiau, ayb]; |
| | le suède, *m* [menig] |
| **Swedaidd** | suédois, *adj* |
| **Sweden** (b) | la Suède, *f* |
| *o Sweden* | suédois, *adj* |
| **swigen** (b) | une bulle, *f*; une ampoule, *f*; [ar y croen] |
| *swigen (b) siarad* | une bulle, *f* [mewn comic / cartŵn] |
| **swil** | timide, *adj*; réservé, *adj* |
| **Swisaidd / Swistirol** | suisse, *adj* |
| **y Swistir** (g) | la Suisse, *f* |
| *o'r Swistir* | suisse, *adj* |
| **swn** (g) | un bruit, *m*; un son, *m* |
| **swnllyd** | bruyant, *adj* |
| **swper** (g) | un souper, *m* |
| **sws** (gb) | un bisou, *m*; une bise, *f*; un baiser, *m* |
| **swsus** (ll) **mawr** | grosses bises [ar ddiwedd llythyr] |
| **swydd** (b) | un emploi, *m*; un poste, *m*; une situation, *f*; un métier, *m*; un boulot, *m* |
| **swyddfa** (b) | un bureau, *m* (des bureaux, *pl*) |
| *swyddfa (b) bost* | un bureau de poste, *m*; une poste, *f* |
| *swyddfa (b) docynnau* | un guichet, *m* |
| *swyddfa (b) dwristiaeth* | un office de tourisme, *m*; un syndicat d'initiative, *m* |
| *swyddfa (b) eiddo coll* | le bureau des objets trouvés, *m* |
| *swyddfa (b) gadael bagiau* | la consigne, *f* |
| *swyddfa (b) gofalwr* | une loge de concierge, *f* |
| *swyddfa (b) heddlu* | un poste / commissariat de police, *m*; une gendarmerie, *f* |
| *swyddfa (b) hysbysrwydd* | un bureau de renseignements, *m* |
| *swyddfa (b)'r prifathro / brifathrawes* | le bureau du principal / de la directrice, *m* |
| *(rhestr (b)) swyddi (ll) ar gael / gwag* | des offres d'emploi, *f pl* |
| **sych** | sec, *m* / sèche, *f adj* |
| **syched** (g) | la soif, *f* |
| *bod â syched / yn sychedig* | avoir soif, *v*** |
| **sychu** | sécher, *v**; essuyer, *v** |
| **sychwr** (g) **gwallt** | un sèche-cheveux, *m*; un séchoir à cheveux, *m* |
| **sydyn** | soudain, *adj*; subit, *adj* |

| | |
|---|---|
| *yn* *sydyn* | soudain; tout à coup; tout d'un coup |
| **sydd** | qui |
| **sylwebaeth** (b) | un commentaire, *m*; un reportage, *m* |
| **sylweddoli** | se rendre compte, *v* |
| **sylwedydd** (g) | un observateur, *m* / une observatrice, *f* |
| **sylwi (ar)** | observer, *v*; remarquer, *v* |
| **sym** (b) | un calcul, *m* |
| **symbol** (g) | un symbole, *m* |
| **symbylu** | inspirer, *v* |
| **syml** | simple, *adj* |
| **symud** | bouger, *v\**; remuer, *v*; (se) déplacer, *v\**; circuler, *v*; déménager, *v\** [tŷ] |
| *symud ymlaen* | (faire) avancer, *v\*\** |
| *symud ymlaen i* | passer à, *v* |
| *symud yn ôl / nôl* | (faire) reculer, *v\*\** |
| **symudiad** (g) | un mouvement, *m*; un geste, *m* |
| **syndod** (g) | l'étonnement, *m*; la surprise, *f* |
| **syniad** (g) | une idée, *f* |
| **synnu** | (s')étonner, *v* |
| **synnwyr** (g) | un sens, *m* |
| **synth(eseisydd)** (g) | un synthétiseur, *m* |
| **synthetig** | synthétique, *adj* |
| **Syr** (g) | Monsieur, *m* |
| **syrcas** (b) | un cirque, *m* |
| **syrffio** (g) | le surf, *m* |
| **syrpreis** (g) | une surprise, *f* |
| **syrthio** | tomber, *v* |
| **system** (b) | un système, *m* |
| *system (b) awyru / dymheru* | une climatisation, *f* |
| *system (b) hi-fi* | une chaîne hi-fi, *f* |
| *yn* *syth* | directement |
| *yn* *syth (bin)* | aussitôt; immédiatement; tout de suite; d'emblée |
| *yn* *syth ymlaen* | tout droit |
| **sythu** | (se) redresser, *v* |

| | | |
|---|---|---|
| | *ta waeth* | tant pis |
| | **tabled** (b) | un comprimé, *m* |
| | **taclus** | en ordre; (bien) rangé, *adj*; propre, *adj* |
| | **tacluso** | ranger, *v**; mettre de l'ordre à / dans, *v*** |
| | **tacsi** (g) | un taxi, *m* |
| | **Tachwedd** (g) | novembre, *m* |
| | **tad** (g) | un père, *m*; un papa, *m* |
| | **tad-cu** (g) | un grand-père, *m* |
| | *tad-cu (g) a mam-gu (b)* | des grands-parents, *m pl* |
| | **tad-yng-nghyfraith** (g) | un beau-père, *m* |
| | **taenu** | étaler, *v* |
| | **tafarn** (gb) | une auberge, *f*; un pub, *m*; un bistro(t), *m* |
| | **tafell** (b) | une tranche, *f* |
| | *tafell (b) o fara (menyn) / o fara (menyn) â jam* | une tartine, *f* |
| | **taflen** (b) | un dépliant, *m* |
| | **taflu** | jeter, *v**; lancer, *v** |
| | *taflu i fyny* | vomir, *v*; jeter / lancer en l'air, *v** |
| | *taflu'n ôl* | renvoyer, *v**; rejeter, *v**; relancer, *v** |
| | **tafod** (gb) | une langue, *f* |
| | **tafodiaith** (b) | un dialecte, *m*; un patois, *m* |
| | **tagfa** (b) **draffig** | un bouchon, *m*; un embouteillage, *m* |
| | **taid** (g) | un grand-père, *m* |
| | *taid (g) a nain (b)* | des grands-parents, *m pl* |
| | **tail** (g) | la crotte, *f*; le fumier, *m* |
| | **tair / tri** | trois |
| | **taith** (b) | un voyage, *m*; un trajet, *m*; un parcours, *m*; un itinéraire, *m* |
| | *taith (b) adre(f) / yn ôl* | un retour, *m* |
| | *taith (b) gerdded* | une randonnée, *f* |
| | *taith (b) gyfnewid* | un échange, *m* |
| *mynd ar* | *daith gyfnewid* | faire un échange, *v*** |
| | **tal** | grand, *adj*; de haute taille |
| | **tâl** (g) | un salaire, *m*; une paie, *f* |
| | **talcen** (g) | un front, *m*; un pignon, *m* [tŷ] |
| | **taldra** (g) | une hauteur, *f*; une taille, *f* |
| | **talentog** | doué, *adj* |
| | **taliad** (g) | un paiement, *m* |
| | **talu** (am) | payer, *v** |
| *man (g)* | *talu* | une caisse, *f* |
| | *talu sylw* | faire attention, *v***; prêter attention, *v* |
| *ers* | *talwm* | autrefois; il y a longtemps |
| | **tan** | jusqu'à |
| *o* | *dan* | sous; au-dessous de |

| | |
|---|---|
| **tân** (g) | un feu, *m* (des feux, *pl*); un incendie, *m* [mawr] |
| *mynd ar* dân | prendre feu, *v\*\** |
| *tân (g) gwyllt* | un feu d'artifice, *m* |
| **tanc** (g) | un char, *m* [milwrol]; un réservoir, *m* |
| **tanddaer(ol)** | souterrain, *adj* |
| *trên (g) tanddaearol* | le métro, *m* |
| **tanddwr / tanfor** | sous-marin, *adj* |
| **tanio** | tirer, *v* [gwn]; tourner, *v* [injan]; allumer, *v* [sigaret] |
| **tanlinellu** | souligner, *v* |
| **tanysgrifiad** (g) | un abonnement, *m*; une cotisation, *f* |
| **tap** (g) | un robinet, *m* |
| **tâp** (g) | une bande, *f*; une cassette, *f* |
| **(gwaith (g))** **tapestri** (g) | une tapisserie, *f* |
| **taran** (b) | un tonnerre, *m* |
| **taro** | frapper, *v*; battre, *v\*\**; taper, *v*; sonner, *v* [cloch] |
| *taro ar* | tomber sur, *v* |
| **tarten** (b) | une tarte, *f* |
| **tarw** (g) | un taureau, *m* (des taureaux, *pl*) |
| **tasg** (b) | une tâche, *f* |
| **ta-ta** | au revoir |
| **tatws** (ll) | des pomme de terres, *f pl* |
| **taw!** | chut! |
| **tawedog** | taciturne, *adj*; muet, *m* / muette, *f adj*; silencieux, *m* / silencieuse, *f adj* |
| **tawel** | calme, *adj*; paisible, *adj*; silencieux, *m* / silencieuse, *f adj*; tranquille, *adj* |
| *yn* dawel | doucement; tranquillement |
| **tawelwch** (g) | une tranquillité, *f*; un calme, *m*; un silence, *m* |
| **Tawrws** | Taureau, *m* |
| **te** (g) | un thé, *m* |
| *te-parti (g)* | un thé, *m* |
| *te (g) prynhawn* | un goûter, *m* |
| *cael* te | goûter, *v* |
| **tebot** (g) | une théière, *f* |
| **tebyg** | pareil, *m* / pareille, *f adj*; semblable, *adj*; ressemblant, *adj* |
| *bod / edrych yn* debyg i | ressembler à, *v* |
| **teclyn** (g) | un ustensile, *m* |
| **techneg** (b) | une technique, *f* |
| **technoleg** (b) | la technologie, *f* |
| **tedi bêr** (g) | un nounours, *m* |
| **teg** | juste, *adj*; beau, bel, *m* / belle, *f adj* |

| | |
|---|---|
| **tegan** (g) | un jouet, *m* |
| *tegan (g) meddal* | une peluche, *f* |
| **tegell** (g) | une bouilloire, *f* |
| **tei** (g) | une cravate, *f* |
| *tei (g) bô* | un nœud papillon, *m* |
| **teiar** (g) | un pneu, *m* |
| **teigr** (g) | un tigre, *m* |
| **teimlad** (g) | un sentiment, *m* |
| **teimlo** | (se) sentir, *v* |
| **teip** (g) | un type, *m*; un genre, *m* |
| **teipio** | taper, *v* |
| **teirieithog** | trilingue, *adj* |
| **teisen** (b) | un gâteau, *m* (des gâteaux, *pl*) |
| **teisennau** (ll) | la pâtisserie, *f* |
| **teitl** (g) | un titre, *m* |
| *yn dwyn y teitl* | intitulé, *adj* |
| **teithio** | voyager, *v** |
| *sach (b) deithio* | un sac à dos, *m* |
| **teithiwr** (g) / | un voyageur, *m* / une voyageuse, *f*; |
|   **teithwraig** (b) |   un passager, *m* / une passagère, *f* |
| **teithlyfr** (g) | un guide, *m* |
| **teledu** (g) | la télé(vision), *f* |
| **telisgop** (g) | un télescope, *m*; une lunette, *f* |
| **telyn** (b) | une harpe, *f* |
| **temtasiwn** (gb) | une tentation, *f* |
| **tenau** | maigre, *adj*; mince, *adj* |
| **teneuo** | maigrir, *v* |
| **tennis** (g) | le tennis, *m* |
| *tennis (g) bwrdd* | le ping-pong, *m* |
| **tennyn** (g) | une laisse, *f* |
| *cadw ar dennyn* | tenir en laisse, *v*** |
| **teras** (g) | une terrasse, *f* |
| **terfynol** | final, *adj* |
| **terfysg** (g) | une émeute, *f*; un chahut, *m* |
| **testun** (g) | un sujet, *m*; un texte, *m* |
| **teulu** (g) | une famille, *f* |
| *gyda'r / fel teulu* | en famille |
| **tew** | épais, *m* / épaisse, *f adj*; gras, *m* / grasse, *f adj*; gros, *m* / grosse, *f adj* |
| **tewch!** | chut! |
| *tewch / peidiwch â dweud!* | ça alors! |
| **teyrnas** (b) | un royaume, *m* |
| *y Deyrnas (b) Unedig / Gyfun* | le Royaume - Uni, *m* |
| **teyrnasiad** (g) | un règne, *m* |
| **ti / di** | tu; te; toi |
| *dweud 'ti'wrth* | tutoyer, *v** |

| | |
|---|---|
| **ticed** (gb) | un billet, *m*; un ticket, *m* |
| **ticio** | cocher, *v*; marquer, *v* |
| **til** (g) | une caisse, *f* |
| **tîm** (g) | une équipe, *f* |
| **tip** (g) | un pourboire, *m* |
| **tipyn** (g) | un peu, *m*; beaucoup |
| *tipyn go lew o* | pas mal (de); un assez grand nombre (de) |
| **tir** (g) | un terrain, *m*; la terre, *f* |
| **tirlun** (g) | un paysage, *m* |
| **tisian** | éternuer, *v* |
| **tiwb** (g) | un tube, *m* |
| **tiwlip** (g) | une tulipe, *f* |
| **tlawd** | pauvre, *adj* |
| **tlodi** (g) | la pauvreté, *f* |
| **tlodion** (ll) | des pauvres, *m pl* |
| **tlws** (g) | une coupe, *f* |
| **tlws** | joli, *adj* |
| **to** (g) | un toit, *m* |
| **toc** | tout à l'heure; bientôt |
| **tocio** | tailler, *v*; tondre, *v* |
| **tocyn** (g) | un billet, *m*; un ticket, *m* |
| *tocyn (g) dwyffordd* | un aller-retour, *m* |
| *tocyn (g) tymor* | un abonnement, *m* |
| *tocyn (g) unffordd* | un aller simple, *m* |
| **tocynnwr** (g) / **tocynwraig** (b) | un contrôleur, *m* / une contrôleuse, *f* |
| **toddi** | (faire) fondre, *v*\*\* |
| **toes** (g) | une pâte, *f* |
| **toiled** (g) | les toilettes, *f pl*; les cabinets, *m pl;* les water(s), *m pl* |
| **toll** (b) | un péage, *m* |
| **tom** (b) | la crotte, *f* |
| **tomato** (g) | une tomate, *f* |
| **ton** (b) | une vague, *f* |
| **tonnog** | ondulé, *adj* |
| **topyn** (g) | un bouchon, *m* |
| **torheulo** (g) | le bronzage, *m* |
| **torheulo** | (se) bronzer, *v*; prendre un bain de soleil, *v*\*\* |
| **toriad** (g) | une coupure, *f*; une panne, *f* [car]; une réduction [lleihad], *f* |
| *toriad (g) yn y cyflenwad trydan* | une panne d'électricité, *f* |
| **torri** | casser, *v*; briser, *v*; battre, *v*\*\* [record]; couper, *v*; tondre, *v* [glaswellt, ayb]; tailler, *v* |

277

| | |
|---|---|
| *wedi* torri | cassé, *adj*; brisé, *adj* |
| *wedi'i* dorri | coupé, *adj* |
| torri allan | découper, *v*; tailler, *v* |
| torri i lawr | tomber en panne, *v* |
| *wedi* torri i lawr | en panne |
| torri i mewn | cambrioler, *v* [tŷ, adeilad] |
| **torth** (b) | un pain, *m* |
| *torth (b)* Ffrengig | une baguette, *f*; une ficelle, *f* |
| **tost** (g) | le pain grillé, *m* |
| *tôst (g)* Ffrengig | une biscotte, *f* |
| **tost** | malade, *adj* |
| *teimlo'n* dost | se sentir malade / souffrant, *v**\*** |
| **trac** (g) | un circuit, *m*; une piste, *f*; une voie, *f* |
| **tractor** (g) | un tracteur, *m* |
| **tracwisg** (b) | un jogging, *m*; un survêtement, *m* |
| **traeth** (g) | une plage, *f* |
| **trafnidiaeth** (b) | la circulation, *f* |
| **trafod** | discuter, *v* |
| **trafodaeth** (b) | un débat, *m* |
| **trafferthus** | embêtant, *adj*; gênant, *adj* |
| **traffig** (g) | la circulation, *f* |
| *tagfa (b)* draffig | un bouchon, *m*; un embouteillage, *m* |
| **traffordd** (b) | une autoroute, *f* |
| **tragwyddol** | éternel, *m* / éternelle, *f adj*; perpétuel, *m* / perpétuelle, *f adj* |
| **trallod** (g) | l'angoisse, *f*; la détresse, *f* |
| **tramor** | étranger, *m* / étrangère, *f adj* |
| *(mewn gwlad)* dramor | à l'étranger |
| **tramorwr** (g) / **tramorwraig** (b) | un étranger, *m* / une étrangère, *f* |
| **trawiadol** | frappant, *adj*; saisissant, *adj* |
| *ar* draws | à travers; horizontalement [croesair] |
| **tref** (b) | une ville, *f* |
| *yn y / i'r* dref | en ville |
| *tref (b) wyliau ar lan y môr* | une station balnéaire, *f* |
| *tref (b) wyliau sgïo* | une station de ski, *f* |
| **trefn** (b) | un ordre, *m* |
| *cael* trefn ar | régler, *v\**; mettre de l'ordre à / dans, *v\*\** |
| *yn nhrefn yr wyddor* | par ordre alphabétique |
| **trefnu** | arranger, *v\**; organiser, *v* |
| **trefnus** | en ordre; (bien) rangé, *adj*; propre, *adj* |
| **trefnydd** (g) | un organisateur, *m* / une organisatrice, *f* |
| **trempyn** (g) | un clochard, *m* |
| **trên** (g) | un train, *m* |
| *ar y* trên | en train; par le train |

278

| | |
|---|---|
| *trên (g) tanddaearol* | un métro, *m* |
| **treth** (b) | une taxe, *f*; un impôt, *m* |
| **treuliau** (ll) | des frais, *m pl* |
| **treulio** | passer, *v* [amser]; (s')user, *v* [dillad, ayb] |
| **tri / tair** | trois |
| *tri / tair ar ddeg* | treize |
| *un deg tri / tair* | treize |
| *tri deg* | trente |
| **trigain** | soixante |
| **trigolyn** (g) | un habitant, *m* / une habitante, *f* |
| **trin** | traiter, *v* |
| **trio** | essayer (de), *v\** |
| **trip** (g) | une excursion, *f*; une sortie, *f*; un tour, *m* |
| **trist** | triste, *adj* |
| **tro** (g) | une promenade, *f*; une randonnée, *f*; une balade, *f*; un tour, *m*; une fois, *f* [adeg] |
| *mynd am dro* | faire une balade, *v\*\**; se balader; faire une promenade, *v\*\** |
| *mynd â'r ci am dro* | promencr le chien, *v\** |
| *tro (g) ar gefn beic* | une promenade / une balade à bicyclette, *f* |
| *tro (g) yn y ffordd* | un tournant, *m*; un virage, *m* |
| *am y tro* | pour l'instant / le moment |
| *wnaiff hynny mo'r tro* | ça ne va pas |
| *fe wnaiff y tro* | ça va aller; ça ira |
| *eich tro chi i ddweud gair!* | à vous la parole! |
| *dy dro di (yw e / ydy o)* | à toi |
| *pob un yn ei dro* | à tour de rôle |
| *un tro roedd ...* | il y avait une fois ... [dechrau stori] |
| **trobwll** (g) | un tourbillon, *m* |
| **trochi** | plonger, *v\** |
| **troed** (b) | un pied, *m*; une patte, *f* [anifail] |
| *troed-rolio* | faire du patin à roulettes, *v\*\** |
| **troellog** | sinueux, *m* / sinueuse, *f adj*; en colimaçon [grisiau] |
| **trofa** (b) | un virage, *m* |
| **troi** | tourner, *v*; remuer, *v* [te, ayb] |
| *troi (drosodd)* | retourner, *v* |
| *troi i ffwrdd* | éteindre, *v\*\** [golau, ayb] |
| *troi ymlaen* | allumer, *v* [golau, ayb] |
| *troi yn* | devenir, *v\*\** |
| **troli** (g) | un chariot, *m* |
| **trombôn** (g) | un trombone, *m* |
| **trôns** (ll) | un slip, *m*; un caleçon, *m* |
| **tros** | (par-)dessus |

| | |
|---|---|
| **troseddwr** (g) / **troseddwraig** (b) | un / une coupable, *m / f*; un criminel, *m* / une criminelle, *f* |
| **trosglwyddo** | livrer, *v*; transmettre, *(gw mettre)*, *v\*\**; communiquer, *v* |
| **troswisg** (b) | une blouse, *f*; une combinaison, *f*; une salopette, *f* |
| **trowynt** (g) | une tornade, *f*; un tourbillon (de vent), *m* |
| **truan** | pauvre, *adj* |
| **truenus** | malheureux, *m* / malheureuse, *f adj*; minable, *adj*; misérable, *adj* |
| **trwchus** | épais, *m* / épaisse, *f adj* |
| **trwm** | lourd, *adj*; profond, *adj* [cwsg] |
| **trwmped** / **trymped** (g) | une trompette, *f* |
| **trwnc** (g) | une trompe, *f* |
| **tr(y/o)wser** (g) | un pantalon, *m* |
| **trwsg(w)l** | maladroit, *adj*; gauche, *adj* |
| **trwsiadus** | élégant, *adj*; chic, *adj* (byth yn newid) |
| **trwsio** | réparer, *v*; raccommoder, *v* |
| *i'w drwsio* | H.S. (hors service) |
| **tr(y/o)wsus** (g) | un pantalon, *m* |
| *tr(y/o)wsus (g) byr / bach / cwta* | un short, *m* |
| **trwy** | par; à travers |
| **trwydded** (b) | un permis, *m* |
| **trwydded** (b) **yrru** | un permis de conduire, *m* |
| **trwyn** (g) | un nez, *m* |
| **trybini** (g) | la détresse, *f*; des ennuis, *m pl* |
| **trychfil** (g) | un insecte, *m* |
| **trychineb** (gb) | une catastrophe, *f* |
| **trychinebus** | catastrophique, *adj* |
| **trydan** (g) | l'électricité, *f* |
| **trydanol** | électrique, *adj*; électroménager, *m* / électroménagère, *f adj* [offer yn y cartref] |
| **trydanydd** (g) | un électricien, *m* / une électricienne, *f* |
| **trydydd** / **trydedd** | troisième, *adj* |
| *y Trydydd Byd (b)* | le tiers monde, *m* |
| **tryncs** (ll) | un maillot de bain, *m*; un slip de bain, *m* |
| **trysor** (g) | un trésor, *m* |
| **trywel** (g) | un déplantoir, *m* |
| **trywydd** (g) | une piste, *f* |
| **Tsieina** (b) | la Chine, *f* |
| *o Tsieina* | chinois, *adj* |
| *Tsieineaidd* | chinois, *adj* |
| **tu** (gb) | un côté, *m*; une face, *f* |
| *tu (gb) allan* | l'extérieur, *m*; le dehors, *m* |

| | |
|---|---|
| *tu allan* | (au) dehors; à l'extérieur |
| *tu (gb) blaen* | l'avant, *m*; le devant, *m*; la tête, *f*; le bout, *m*; la pointe, *f*; la face, *f* [darn arian] |
| *tu (gb) chwith* | un envers, *m*; une pile, *f* [darn arian] |
| *tu chwith allan* | à l'envers |
| *tu hwnt (i)* | au-delà (de) |
| *tu (gb) mewn* | l'intérieur, *m*; le dedans, *m* |
| *tu mewn* | dedans; à l'intérieur |
| *tu ôl* | en arrière |
| *tu ôl i* | derrière |
| **tua** | à peu près; approximativement; environ; vers |
| *tuag at* | vers [symud]; envers [teimlad] |
| *tuag yn ôl* | en arrière |
| **tudalen** (gb) | une page, *f* |
| *tudalen (gb) broblemau* | le courrier du cœur, *m* [cylchgrawn, ayb] |
| **tun** (g) | une boîte, *f*; l'étain, *m* [metel] |
| *tun (g) cacen* | un moule, *m* |
| **tusw** (g) | un bouquet, *m* |
| **twlc** (g) **moch(yn)** | une porcherie, *f* |
| **twll** (g) | un trou, *m*; une crevaison, *f* [mewn teiar] |
| **twnnel** (g) | un tunnel, *m* |
| **twp** | bête, *adj*; idiot, *adj*; imbécile, *adj* |
| *bod yn dwp* | faire l'imbécile, *v\*\** |
| *gwneud pethau twp* | faire des bêtises, *v\*\** |
| **twp(s)yn** (g) / **twp(s)en** (b) | un / une imbécile, *m* / *f* |
| **twr** (g) | un tas, *m* |
| **tŵr** (g) | une tour, *f* |
| **Twrcaidd / Tyrcaidd** | turc, *m* / turque, *f adj* |
| **twrci** (g) | un dindon, *m* / une dinde, *f* |
| **Twrci** (b) | la Turquie, *f* |
| *o Dwrci* | turc, *m* / turque, *f adj* |
| **twrch** (g) **daear** | une taupe, *f* |
| **twristaidd** | touristique, *adj* |
| **twristiaeth** (b) | le tourisme, *m* |
| **twristiaid** (ll) | des touristes, *m pl*; des vacanciers, *m pl* |
| **twrn** (g) | un tour, *m* |
| *colli / methu twrn* | passer un tour, *v* |
| **twrnamaint** (g) | un tournoi, *m* |
| **twyllo** | tromper, *v*; tricher, *v* |
| **twym** | chaud, *adj* |
| *mae'n dwym* | il fait chaud [tywydd] |
| *rydw i'n dwym* | j'ai chaud |
| **twymo** | chauffer, *v*; (se) réchauffer, *v* |

| | |
|---|---|
| **twymyn** (b) | une fièvre, *f* |
| **tŷ** (g) | une maison, *f* |
| *tŷ (g) bwyta* | un restaurant, *m* |
| *yn nhŷ / i dŷ (rhywun)* | chez |
| *yn fy nhŷ i / i'm tŷ i* | chez moi |
| **tyb** (b) | un avis, *m*; une opinion, *f* |
| *yn fy nhyb i* | à mon avis |
| **tybaco** (g) | le tabac, *m* |
| **tybed** | je me demande |
| *meddwl tybed ...* | se demander, *v* |
| **tyfiant** (g) | une croissance, *f* |
| **tyfu** | grandir, *v*; pousser, *v*; cultiver, *v* |
| **tynged** (b) | le sort, *m* |
| **tyllu** | trouer, *v*; percer, *v\**; composter, *v* [tocyn] |
| **tylluan** (b) | un hibou, *m* (des hiboux, *pl*); une chouette, *f* [wen] |
| **tymer** (b) | une humeur, *f* |
| *colli tymer* | se fâcher, *v*; se mettre en colère, *v\*\** |
| *mewn tymer ddrwg* | en colère |
| **tymheredd** (g) | une température, *f* |
| **tymor** (g) | une saison, *f*; un trimestre, *m* [ysgol] |
| **tyn** | raide, *adj*; serré, *adj*; trop juste / étroit, *adj* [dillad] |
| **tynhau** | serrer, *v* |
| **tynnu** | tirer, *v*; traîner, *v*; ôter [ dillad] |
| *tynnu allan* | sortir, *v\*\**; retirer, *v*; arracher, *v* |
| *tynnu coes* | faire marcher, *v\*\**; taquiner, *v* |
| *tynnu i ffwrdd* | enlever, *v\** |
| *tynnu llun (ar bapur)* | dessiner, *v* |
| *tynnu llun(iau)* | photographier, *v*; prendre en photo, *v\*\** |
| **tyrfa** (b) | une foule, *f* |
| **tystysgrif** (b) | un certificat, *m*; un brevet, *m* |
| **tywallt** | verser, *v* |
| **tywel** (g) | une serviette, *f* |
| **tywod** (g) | le sable, *m* |
| **tywydd** (g) | le temps, *m* |
| *mae'n dywydd drwg* | il fait mauvais temps |
| *dyma / am dywydd ofnadwy!* | quel temps de chien! |
| **tywyll** | foncé, *adj* [lliw]; noir, *adj*; obscur, *adj*; sombre, *adj* |
| **tywynnu** | briller, *v* |
| **tywysogaeth** (b) | une principauté, *f* |
| **tywysydd** (g) | un guide, *m* |

| | |
|---|---|
| **theatr** (b) | un théâtre, *m* |
| **thermomedr** (g) | un thermomètre, *m* |
| **thermos** (b) | un thermos, *m* |
| **thermostat** (g) | un thermostat, *m* |

| | |
|---|---|
| **uchaf** | supérieur, *adj*; le plus haut / élevé, *adj* |
| **uchder** (g) | une altitude, *f*; une hauteur, *f* |
| **uchel** | haut, *adj*; élevé, *adj* |
| *(siarad) yn* **uchel** / *â llais uchel* | à haute voix |
| **uchod** | ci-dessus |
| **uffern** (b) | un enfer, *m* |
| **ugain** | vingt |
| **un** | un [gwrywaidd]; une [benywaidd]; seul [unig], *adj* |
| *x ffranc yr* **un** | x francs la pièce |
| *pob* **un** | chacun(e) |
| *un deg* **un** | onze |
| *yr* **un** | même |
| *yr* **un** | celui / celle |
| *un ar bymtheg* | seize |
| *un deg saith* | dix-sept |
| *mae'n* **un** *o'r gloch* | il est une heure |
| *yr* **un** *fath* | pareil, *m* / pareille, *f adj* |
| *gwneud yr* **un** *fath* | faire pareil / de même, *v*** |
| *ar yr* **un** *pryd* | à la fois; en même temps |
| **unarddeg** | onze |
| **undeb** (g) | une union, *f* |
| **undeb** (g) **llafur** | un syndicat ouvrier, *m* |
| *yr* **Undeb** (g) **Sofietaidd (1922–1989)** | l'Union Soviétique, *f* |
| **undod** (g) | une unité, *f* |
| **undonog** | monotone, *adj* |
| **uned** (b) | une unité, *f* |
| **unig** | isolé, *adj*; seul, *adj*; solitaire, *adj*; unique, *adj* |
| *yn* **unig** | seulement; uniquement; tout seul |
| *unig blentyn (g)* | un enfant unique, *m* |
| *unig fab (g)* | un fils unique, *m* |
| *unig ferch (b)* | une fille unique, *f* |
| **unigryw** | unique, *adj* |
| **union** | exact, *adj*; précis, *adj* |
| *ar ei* **union** | directement |
| *yn* **union** | exactement |
| **union(gyrchol)** | direct, *adj* |
| *yn* **union**(*gyrchol*) | directement |
| **unioni** | (se) redresser, *v* |
| **unol** | uni, *adj* |

| | |
|---|---|
| yr **Unol Daleithiau** (ll) | les États-Unis, *m pl* |
| *unrhyw ...* | n'importe quel |
| *unrhyw beth* | n'importe quoi |
| **unwaith** | une fois, *f* |
| *ar unwaith* | aussitôt; immédiatement; tout de suite; d'emblée |
| **urddas** (gb) | la dignité, *f* |
| **urddasol** | digne, *adj* |
| **ust!** | chut! |
| **utgorn** (g) | une trompette, *f* |
| **uwch** | plus haut / élevé, *adj*; supérieur, *adj* |
| **uwchben** | au-dessus; en haut; dessus; ci-dessus |
| **uwchdaflunydd** (g) | un rétroprojecteur, *m* |
| **uwchfarchnad** (b) | un supermarché, *m* |
| **uwchlaw** | dessus; ci-dessus |

| | |
|---|---|
| **waffl** (b) | une gaufre, *f* |
| **wal** (b) | un mur, *m*; une muraille, *f* |
| **waled** (b) | un portefeuille, *m* |
| **Walkman** (g) | un baladeur, *m*; un walkman, *m* |
| **wats(h)** (b) | une montre, *f* |
| **wedyn** | après; ensuite |
| **weithiau** | des fois; parfois; quelquefois |
| **wel** | alors |
| **wel!** | eh bien! |
| **wel! wel!** | ça alors! |
| **wel...** | ben... |
| *wela'i di / chi (cyn hir)* | à bientôt |
| *wela'i di / chi yfory* | à demain |
| **whiw!** | ouf! |
| **wig** (b) | une perruque, *f* |
| **winwnsyn** (g) | un oignon, *m* |
| **Wrdw** (b) | l'ourdou, *m* |
| **wrth** | près de; à côté de |
| *wrth gwrs* | bien sûr; naturellement; évidemment |
| *wrth ymyl* | à côté de |
| *wrthi yn* | en train de |
| **wy** (g) | un œuf, *m* |
| **wylo** | pleurer, *v* |
| **wyneb** (g) | un visage, *m*; une figure, *f*; une face, *f* [darn arian] ; une surface, *f* |
| *(â'i) wyneb i waered* | sens dessus dessous |
| *yn wynebu* | face à |
| **ŵyr** (g) / **ŵyres** (b) | un petit-fils, *m* / une petite-fille, *f* |
| **wyrion** (ll) a **wyresau** (ll) | des petits-enfants, *m pl* |
| **wyth** | huit |
| *wyth deg* | quatre-vingts |
| *un deg wyth* | dix-huit |
| **wythnos** (b) | une semaine, *f* |
| *yr wythnos / bob wythnos* | par semaine |

| | |
|---|---|
| **y / yr** | le; la; l'; les |
| **y...** | euh |
| **y?** | hein? |
| **ŷch** (g) | un bœuf, *m* |
| **ych-a-fi!** | beurk! |
| **ychwanegol** | supplémentaire, *adj* |
| **ychwanegu** | ajouter, *v* |
| **ychydig** (g) | un peu, *m* |
| *ychydig fetrau i ffwrdd* | à quelques mètres |
| **ŷd** (g) | le blé, *m* |
| **ydw** [ayb] | oui |
| **yfed** | boire, *v*** |
| **yfory** | demain |
| **ynganu** | prononcer, *v** |
| **ynghylch** | au sujet de |
| **ynglŷn â** | à propos de; au sujet de |
| **yma** | ici |
| **y(r) ... yma** | ce / cet / cette / ces ...; ce / cet / cette / ces ... -ci |
| **ymadael** | partir, *v***; s'en aller, *v*** |
| **ymadawiad** (g) | un départ, *m* |
| **ymarfer** | s'entraîner, *v*; (s')exercer, *v**; pratiquer, *v*; répéter, *v** [drama, ayb] |
| *ymarfer (g) aerobig* | l'aérobique, *f* |
| *ymarfer (g) corff* | l'E.P.S (Éducation Physique et Sportive), *f* |
| **ymarfer(iad)** (g) | un exercice, *m* |
| **ymarferol** | pratique, *adj* |
| **ymateb** | réagir, *v*; répondre, *v* |
| **ymateb** (g) | une réaction, *f*; une réponse, *f* |
| **ymbarél** (g) | un parapluie, *m* |
| *ymbarél (g) haul* | une ombrelle, *f*; un parasol, *m* |
| **ymchwil** (b) | la recherche, *f* |
| **ymddangos** | apparaître (gw connaître), *v***; paraître, *v***; sembler, *v* |
| *ymddangos yn* | avoir l'air, *v*** |
| **ymddangosiad** (g) | une apparence, *f* |
| **ymddiddori (mewn, yn)** | s'intéresser (à), *v* |
| **ymddiried (yn)** | confier à, *v*; faire confiance à, *v*** |
| **ymddiriedaeth** (b) | une confiance, *f* |
| **ymddygiad** (g) | une conduite, *f*; un comportement, *m* |
| **ymdopi** | se débrouiller, *v* |

| | |
|---|---|
| **ymdrech** (b) | un effort, *m* |
| **ymdrochi** | se baigner, *v* |
| **ymennydd** (g) | un cerveau, *m* (des cerveaux, *pl*) |
| **ymenyddol** | intellectuel, *m* / intellectuelle, *f adj* |
| **ymgartrefu** | s'installer, *v*; se fixer, *v*; s'établir, *v* |
| **ymgeisydd** (g) | un candidat, *m* / une candidate, *f* |
| **ymgom** (gb) | une conversation, *f* |
| **ymgomio** | bavarder, *v*; causer, *v* |
| **ymgynghori â** | consulter, *v* |
| **ymhell** | loin |
| **ymhen** | en |
| **ymhlith** | parmi |
| **ymholiadau** (ll) | des renseignements, *m pl* |
| *ymlaciol* | reposant, *adj*; relaxant, *adj*; relaxe, *adj* |
| *wedi ymlacio* | détendu, *adj*; relaxé, *adj*; relaxe, *adj* |
| *wedi ymlâdd* | claqué, *adj*; crevé, *adj* |
| *ymlaen llaw* | d'avance; en avance |
| *mynd ymlaen* | s'avancer, *v** |
| *rhoi ymlaen* | avancer, *v**; allumer, *v* |
| **ymlid** | chasser, *v*; poursuivre (gw suivre), *v*** |
| **ymolchi** | se laver, *v* |
| *cyfleusterau (ll) ymolchi* | un bloc sanitaire, *m* |
| *bag (g) ymolchi* | une trousse de toilette, *f* |
| **ymosod** (ar) | attaquer, *v* |
| **ymosodol** | agressif, *m* / agressive, *f adj* |
| **ymroi i** | se mettre à, *v*** |
| **ymryson** (g) | une lutte, *f*; un combat, *m* |
| **ymsythu** | se redresser, *v* |
| **ymuno** (â) | (se) joindre, (gw éteindre), *v***; entrer à / dans, *v* |
| **ymweld â** | visiter, *v*; rendre visite à, *v* [rhywun] |
| **ymweliad** (g) | une visite, *f*; un séjour, *m* [i aros] |
| **ymwelwyr** (ll) | des vacanciers, *m pl*; des visiteurs, *m pl*; des touristes, *m pl* |
| **ymwneud â** | s'agir de, *v*; concerner, *v* |
| **ymyl** (g) | un bord, *m* |
| *yn ymyl* | près (de); tout près |
| **ymysg** | parmi |
| **yn** | à; dans; en |
| **yna** | là; ensuite; puis |
| **y(r) ... yna** | ce / cet / cette / ces ...; ce / cet / cette / ces ...-là |

| | |
|---|---|
| **ynni** (g) | une énergie, *f* |
| **yno** | là; y |
| **ynte?** | hein?; n'est-ce pas? |
| **ynys** (b) | une île, *f* |
| **Ynys** (b) **Cyprus** | Chypre, *f* |
| **Ynysoedd** (ll) **Môr Udd /** | les îles anglo-normandes, *f pl* |
| **y Sianel** | |
| **ysbienddrych** (g) | une lunette, *f*; des jumelles, *f pl* |
| **ysbïo** (g) | l'espionnage, *m* |
| **ysblander** (g) | une splendeur, *f* |
| **ysbryd** (g) | un esprit, *m*; un fantôme, *m* |
| **ysbrydoli** | inspirer, *v* |
| **ysbyty** (g) | un hôpital, *m* (des hôpitaux, *pl*) |
| **ysgafn** | léger, *m* / légère, *f adj* |
| *ysgaru* | divorcer, *v** |
| **ysgol** (b) | une école, *f*; une échelle, *f* [dringo] |
| *bachgen (g) / merch (b) ysgol* | un écolier, *m* / une écolière, *f* |
| *... ysgol* | scolaire, *adj* [yn gysylltiedig â'r ysgol] |
| *ysgol (b) breswyl* | un internat, *m* |
| *ysgol (b) feithrin* | une école maternelle, *f* |
| *ysgol (b) gyfun* | un C.E.S.(Collège d'Enseignement Secondaire), *m* |
| *ysgol (b) gynradd* | une école primaire, *f* |
| *ysgol (b) nos* | une école du soir, *f* |
| *ysgol (b) uwchradd* | un collège, *m*; un C.E.S.(Collège d'Enseignement Secondaire), *m*; un lycée, *m* |
| **ysgolfeistr** (g) / **ysgolfeistres** (b) | un maître, *m* / une maîtresse, *f* |
| **ysgraff** (b) | une péniche, *f* |
| **ysgraffinio** | rayer, *v** |
| **ysgrifen** (b) | une écriture, *f* |
| **ysgrifennu** | écrire, *v*** |
| *ysgrifennu at* | correspondre avec, *v* |
| *cael ei ysgrifennu* | s'écrire, *v*** |
| **ysgrifennydd** (g) / **ysgrifenyddes** (b) | un / une secrétaire, *m* / *f* |
| **ysgubell** (b) | un balai, *m* |
| **ysgubo** | balayer, *v** |
| **ysgubor** (b) | une grange, *f* |
| **(y)sgwn i** | je me demande |

| | |
|---|---|
| **ysgwyd** | secouer, *v*; agiter, *v*; trembler, *v*; remuer, *v* |
| *ysgwyd llaw* | (se) serrer la main, *v* |
| **ysgwydd** (b) | une épaule, *f* |
| (yr) **ysgyfaint** (ll) | les poumons, *m pl* |
| **ysgyfarnog** / **sgwarnog** (g) | un lièvre, *m* |
| **ysgytiad** (g) | une secousse, *f*; un choc, *m* |
| **ysgytwol** | choquant, *adj* |
| **ysmala** | drôle, *adj*; marrant, *adj*; rigolo, *m* / rigolote, *f adj* |
| **ysmygu** | fumer, *v* |
| **ysmygwr** (g) / **ysmygwraig** (b) | un fumeur, *m* / une fumeuse, *f* |
| **ystafell** (b) | une pièce, *f*; une salle, *f* |
| *ystafell (b) aros* | une salle d'attente, *f* |
| *ystafell (b) athrawon* | une salle des professeurs, *f* |
| *ystafell (b) chwaraeon* | une salle de jeux, *f* |
| *ystafell (b) do / yn y to* | une mansarde, *f* |
| *ystafell (b) ddosbarth* | une salle de classe, *f*; une classe, *f* |
| *ystafell (b) fwyta* | une salle à manger, *f* |
| *ystafell (b) fyw* | une salle de séjour, *f* |
| *ystafell (b) gotiau* | un vestiaire, *m* |
| *ystafell (b) gysgu* | un dortoir, *m* [i nifer] |
| *ystafell (b) newid* | un vestiaire, *m* |
| *ystafell (b) wely* | une chambre, *f* |
| *ystafell (b) wisgo* | une cabine d'essayage, *f* |
| *ystafell (b) ymolchi* | une salle de bains, *f* |
| **ystlum** (g) | une chauve-souris, *f* |
| *yn ystod* | pendant |
| **ystyfnig** | obstiné, *adj*; têtu, *adj* |
| **ystyr** (g) | un sens, *m*; une signification, *f* |
| *ystyr hynny yw / ydy* | cela veut dire |
| **ystyried** | considérer, *v**; réfléchir, *v* |

# YMARFERION DEFNYDDIO GEIRIADUR

# ALLEZ-Y!

## 1 Cwis cyffredinol

1 Beth mae 'un pompier' yn ei wneud?

2 O ba wlad mae 'un Anglais' yn dod?

3 Pryd mae 'les grandes vacances'?

4 Beth fyddech chi'n ei roi mewn 'machine à laver'?

5 Pwy ydy 'le père Noël'?

6 Pa fath o gacen ydy 'une religieuse'?

7 Beth ydy 'le Rhin'?

8 Ym mha dymor mae 'la Toussaint'?

9 Beth mae 'le boucher' yn ei werthu?

10 Beth fyddech chi'n ei fwyta mewn 'crêperie'?

11 Rhwng pa ddwy wlad mae 'la Manche'?

12 Beth ydy 'l'emmental'?

13 Beth fyddech chi'n ei gadw yn eich 'tirelire'?

14 Beth ydy ystyr y llythrennau 'T.G.V.'?

15 Pa fath o orsaf ydy 'une station–service'?

16 Beth ydy symbol yr arwydd 'Balance'?

## 2 Trefn yr wyddor

Edrychwch yn ofalus ar y gair 'cent'. Mae pob llythyren ynddo yn dilyn trefn yr wyddor.

abcdefghijklmnopqrstuvwxyz
  c e      n    t

• Aildrefnwch y grwpiau canlynol o lythrennau yn nhrefn yr wyddor. Bydd gennych wyth gair Ffrangeg.

| | |
|---|---|
| slif | scéca |
| nted | huco |
| pcsih | ifn |
| rotm | otfr |

• Gwnewch restr o'r geiriau Ffrangeg yn nhrefn yr wyddor. Chwiliwch amdanyn nhw yn y geiriadur. Nodwch wrth ochr pob gair beth yw ei ystyr.

• Rhowch y geiriau canlynol yn nhrefn yr wyddor.

1  jeudi; jardin; jupe; journal; juillet
2  sourire; stylo; sable; shampooing; seize
3  prochain; prénom; prudent; pratique; printemps
4  mars; marier; marron; marchand; mardi

## 3 Grisiau geiriau

Cewch ddod i lawr y grisiau geiriau trwy ddefnyddio <u>dwy</u> lythyren olaf y gair cyntaf i ddechrau'r gair nesaf.

e.e.  jard<u>in</u>
          inqui<u>et</u>
                étoi<u>le</u>
                    <u>le</u> _____?

Neu gellwch ddefnyddio <u>tair</u> llythyren olaf y gair.

e.e.  som<u>met</u>
          met<u>tre</u>
                tremblem<u>ent</u>
                    <u>ent</u> _____?

• Ewch gyn belled ag y medrwch i lawr y grisiau hyn, heb ddefnyddio unrhyw air fwy nag unwaith.

**Ceisiwch adeiladu ...**

**eich grisiau ...**

**eich hun**

## 4 Camsillafu

• Edrychwch yn ofalus ar y geiriau hyn.

Mae <u>pedwar</u> camgymeriad yn y rhestr.

Chwiliwch yn y geiriadur am y ffurfiau cywir a nodwch eu hystyron.

| | |
|---|---|
| 1 | tarif |
| 2 | toujour |
| 3 | tranquille |
| 4 | tonnerre |
| 5 | tuayu |
| 6 | trottior |
| 7 | truc |
| 8 | trésor |
| 9 | terre |
| 10 | terain |

## 5 Enw, ansoddair neu ferf?

Yn y brawddegau isod, mae un gair wedi'i danlinellu.

• Ticiwch y bocs priodol i ddangos beth ydy'r gair –ai **enw,** ai **ansoddair,** ai **berf**?

| | | enw | ansoddair | berf |
|---|---|---|---|---|
| 1 | Le professeur <u>ferme</u> la porte. | | | |
| 2 | Le dîner est <u>prêt.</u> | | | |
| 3 | Le <u>train</u> part à dix heures | | | |
| 4 | Vouz posez beaucoup de <u>questions</u>. | | | |
| 5 | C'est <u>affreux</u>. | | | |
| 6 | Quelle <u>bonne</u> idée! | | | |
| 7 | Est–ce qu'il y a un <u>restaurant</u> près d'ici? | | | |
| 8 | Je <u>vais</u> au théâtre ce soir. | | | |
| 9 | Le bébé commence à <u>pleurer</u>. | | | |
| 10 | Asseyez–vous mes <u>enfants</u>. | | | |

## 6 Enwau: Un enw – dau ystyr

Mae gan rai enwau Ffrangeg:
un ystyr **os yn wrywaidd**,

🌡 un / le + enw = un ystyr,
ac ystyr gwahanol **os yn fenywaidd**.

🌡 une / la + yr un
enw = ystyr gwahanol

Mae'r parau hyn o frawddegau yn dangos dau ystyr i:
**livre, moule, poste, manche, tour**

• Chwiliwch amdanyn nhw yn y geiriadur.
Yna llenwch y bylchau gyda: **un, une, le,** neu **la**

1 Elle a acheté ____ **livre** de pommes.
Je vais acheter ____ **livre** de cuisine pour ma mère.

2____ **manche** gauche de ce pull est trop courte.
Elle prend le couteau par ____**manche**

3 Il a trouvé ____ **moule** sous le rocher.
Va chercher ____ **moule** pour faire la tarte.

4____ **tour** Eiffel se situe à Paris.
____ **Tour** de France est une compétition de cyclisme.

5____ **poste** de police est au coin de la rue.
On peut acheter des timbres à ____ **poste**

# 7 Enwau: Gwrywaidd / Benywaidd

Defnyddiwch eich geiriadur i ddod o hyd i ffurfiau
*gwrywaidd* yr enwau hyn:

| gwrywaidd | benywaidd |
|-----------|-----------|
|           | une directrice |
|           | une étrangère |
|           | une cousine |
|           | une vendeuse |
|           | une chienne |
|           | une duchesse |
|           | une mécanicienne |
|           | une chatte |

Yma, mae cysylltiad agos rhwng ffurf
yr enwau *gwrywaidd*
a ffurf yr enwau **benywaidd**.

Bryd arall, does dim cysylltiad amlwg.
Mae ffurf yr enw **benywaidd**
yn gwbl wahanol i ffurf yr enw
*gwrywaidd*.

Rhowch yr enwau canlynol mewn
parau *gwrywaidd / benywaidd:*

**Byddwch yn ofalus!**
**Mae un enw yn ffitio ddwywaith.**

| | |
|---|---|
| roi | fille |
| coq | neveu |
| beau-père | frère |
| tante | belle-mère |
| taureau | fils |
| reine | vache |
| sœur | nièce |
| poule | garçon |
| oncle | |

# 8 Enwau: Unigol a lluosog

Rhowch ffurfiau *lluosog* yr enwau
hyn.

| unigol | lluosog |
|--------|---------|
| un oiseau | |
| un an | |
| un genou | |
| une femme | |
| un journal | |
| un œil | |
| une rue | |
| un travail | |
| un monsieur | |
| un lit | |

# 9 Ansoddeiriau

Edrychwch yn y geiriadur
am **ansoddeiriau** yn dechrau â **f** neu **g**
i gwblhau'r brawddegau hyn.

Defnyddiwch **ansoddair** gwahanol
ym mhob brawddeg.

Cofiwch fod yr ansoddair yn cytuno
â'r enw sy'n cael ei ddisgrifio bob tro.

1       Le **livre** est \_\_\_\_

2       La **maison** est \_\_\_\_

3       L'**école** est \_\_\_\_

4       Les **cours** sont \_\_\_\_

5       Mon **frère** est \_\_\_\_

6       Les **profs** sont \_\_\_\_

7       **Je** suis \_\_\_\_

8       Les **filles** sont \_\_\_\_

9       Les **garçons** sont \_\_\_\_

10      Les **vacances** sont \_\_\_\_

# 10 Ansoddeiriau: Gwrywaidd / Benywaidd

Defnyddiwch y geiriadur i chwilio am
ffurfiau *benywaidd* yr ansoddeiriau
hyn.

| *gwrywaidd* | *benywaidd* |
|---|---|
| blanc | |
| turc | |
| vif | |
| long | |
| grec | |
| gentil | |
| mou | |
| bon | |
| malin | |

| *gwrywaidd* | *benywaidd* |
|---|---|
| cher | |
| bas | |
| rêveur | |
| inquiet | |
| jaloux | |
| favori | |
| muet | |
| vieux | |
| ancien | |

Nawr, aildrefnwch bob un **yn nhrefn
yr wyddor.**

## 11 Berfau: Yr Amser Presennol

## Defnyddiwch y tabl berfau i'ch helpu.

Dychmygwch mai chi sy'n siarad. Llenwch y bylchau gydag **amser presennol** y ferf bob tro. Cofiwch roi ffurf gywir y ferf.

1 [*boire*]: Je <u>bois</u> du café

2 [*aller*]: Je ____ à l'école ce matin

3 [*être*]: Je ____ en cinquième

4 [*dire*]: Je ____ 'salut' aux copains

5 [*finir*]: Je ____ les devoirs

6 [*dormir*]:Je ____ en classe

7 [*faire*]: Je ____ du vélo cet après–midi

8 [*prendre*]: Je ____ la première rue à gauche

9 [*avoir*]: J' ____ froid

10 [*revenir*]: Je ____ à la maison

Yna soniwch am eich ffrindiau ('ils' neu 'elles'), gan ddefnyddio'r un brawddegau.

**e.e.**

1 [*boire*]: Ils/ Elles <u>boivent</u> du café

297

## 12 Berfau: Yr Amser Perffaith

**Yn y tabl berfau, sylwch yn arbennig ar y rhangymeriad gorffennol:**

e.e.[*boire*]     j'ai <u>bu</u>
   [*dire*]      j'ai <u>dit</u>
   [*vouloir*]  j'ai <u>voulu</u>

Gwnewch restr o **rangymeriadau gorffennol** y berfau canlynol:

*ouvrir; voir; comprendre; être; courir; écrire; mettre; croire; avoir.*

Llenwch y bylchau yn y brawddegau canlynol gyda'r **rhangymeriadau gorffennol** cywir.
Mae un ar gyfer pob brawddeg.

**1** Vous avez _____ la porte.

**2** On a _____ peur.

**3** Il a _____ une lettre.

**4** Nous avons _____ la question.

**5** Ils ont _____ malades.

**6** En retard! J'ai _____ à l'école.

**7** Elle a _____ le pain sur la table.

**8** Elles ont _____ le film hier.

**9** Tu as _____ ses histoires?

298

# 13 Geiriau Croes

Chwiliwch am y **geiriau croes** eu hystyr i'r rhain:
Ticiwch i ddangos beth ydy pob pâr
— ai **enw**, ai **ansoddair,** ai **berf?**

1 ouvrir
2 froid
3 léger
4 un jour
5 malheureux
6 le nord
7 dernier
8 un bruit
9 rire
10 accepter

| geiriau croes | enw | ansoddair | berf |
|---|---|---|---|
| | | | |
| | | | |
| | | | |
| | | | |
| | | | |
| | | | |
| | | | |
| | | | |
| | | | |
| | | | |

# 14 Un gair — dau ystyr

## Mae rhai geiriau Ffrangeg â mwy nag un ystyr iddyn nhw.

Cyfieithwch y brawddegau canlynol er mwyn cael gweld hyn yn glir.

1  Maman fait la <u>cuisine</u> chez nous.
   Nous prenons le petit déjeuner
   dans la <u>cuisine.</u>
2  Ma grand–mère <u>porte</u> un chapeau
   quand elle va à l'église.
   Le facteur <u>porte</u> les lettres dans un
   grand sac.
3  Le <u>vol</u> de Paris à New York dure
   2h 45m en Concorde.
   Le <u>vol</u> de mon chéquier est un
   grand inconvénient.
4  Au supermarché, il <u>pousse</u> le
   chariot avec son père.
   Les fleurs <u>poussent</u> déjà dans le
   jardin.
5  Le <u>garçon</u> nous donne le menu.
   Il y a des <u>garçons</u> et des filles dans
   cette classe.
6  En automne, les <u>feuilles</u> tombent.
   Le professeur distribue les <u>feuilles,</u>
   et puis les élèves travaillent,
7  Après le petit déjeuner je lis le
   <u>journal.</u>
   Elle écrit son <u>journal</u> avant de se
   coucher.

## 15 Cwis y llythrennau cyntaf

1. Pa <u>enw</u> yn dechrau gyda 'r' sy'n golygu '<u>derbynneb</u>'? *Ydy o/e'n wrywaidd neu'n fenywaidd?*

2. Pa <u>ansoddair</u> yn dechrau gyda 'd' sy'n golygu '<u>addfwyn</u>'? *Beth ydy'r ffurf fenywaidd?*

3. Pa <u>ferf</u> yn dechrau gyda 'c' sy'n golygu '<u>canu</u>'? *Mae pedwar gair arall, sy'n gysylltiedig â'r gair hwn, wedi eu rhestru. Nodwch nhw a'u hystyron.*

4. Pa <u>ansoddair</u> yn dechrau gyda 'm' sy'n golygu 'brown'? *Beth sy'n arbennig amdano?*

5. Pa <u>enw</u> yn dechrau gyda 'j' sy'n golygu '<u>gêm</u>'? *Beth ydy'r ffurf luosog?*

6. Pa <u>ferf</u> yn dechrau gyda 'p' sy'n golygu '<u>cymryd</u>'? *Sut fyddech chi'n dweud 'rydw i'n cymryd' a 'rydyn ni'n cymryd' yn Ffrangeg?*

# CYFARWYDDIADAU I'R DOSBARTH

Coleg Sir Gâr
Canolfan Dysgu
Ammanford
Learning Centre

# En classe

à deux
**à toi, à vous** de ...
**à toi, à vous** maintenant
**à ton, à votre** tour
à tour de rôle
**ajoute, ajoutez** ...
allez chercher le magnétophone
**allume, allumez** l'ordinateur / le
projecteur
**apporte, apportez** moi ...
**apprends, apprenez** par cœur
**appuie, appuyez** sur 'pause'
**arrange, arrangez** les questions en ordre

**assieds–toi, asseyez–vous**
**as–tu, avez–vous** bien compris?
attention à la prononciation de ...
avant de commencer
avec un(e) ami(e) / partenaire

ça s'écrit comment?
**cache, cachez** la page
c'est à quelle page?
c'est à qui le tour?
c'est quel numéro?
chacun à son tour
**chante, chantez**
**cherche, cherchez**
**choisis, choisissez** la bonne légende
ci-dessous
ci-dessus
**classe, classez** les photos par groupes

**coche, cochez** d'un trait
**coche, cochez** la bonne case
**colorie, coloriez** les étiquettes
**commence, commencez**
comment ça s'écrit?
comment dit–on ... en français?
**complète, complétez** ...
**compose, composez** des phrases selon le
modèle
**consulte, consultez** le dictionnaire
**corrige, corrigez** les erreurs

# Yn y dosbarth

mewn parau
cyfle **i ti, chi** ... ; **ti, chi** sydd i ...
**dy** dro **di, eich** tro **chi** rwan/nawr
yn **dy** dro, yn **eich** tro
pob un yn ei dro
**ychwanega, ychwanegwch**
ewch i (n)ôl/mo(f)yn y recordydd tâp
**tro, trowch** y cyfrifiadur / y taflunydd
ymlaen
**tyrd / dere, dewch â** ... i mi ·
**dysga, dysgwch** ar y cof
**gwasga, gwasgwch** 'pause'
**rho, rhowch** y cwestiynau yn y drefn
iawn
**eistedda, eisteddwch**
**wyt ti, ydych chi** wedi deall yn iawn
rhaid bod yn ofalus wrth ynganu ...
cyn dechrau
gyda ffrind/phartner

sut mae ei sillafu o/e?
**cuddia , cuddiwch** y tudalen
ar ba dudalen mae o/e?
tro pwy ydy o/yw e?
pa rif ydy o /yw e?
pob un yn ei dro
**cân/cana, canwch**
**chwilia, chwiliwch** am
**dewis/a, dewiswch** y pennawd cywir
isod
uchod
**trefna, trefnwch** y lluniau mewn
grwpiau
**ticia, ticiwch**
**ticia, ticiwch** y bocs cywir
**lliwia, lliwiwch** y labeli
**dechreua, dechreuwch**
sut mae ei sillafu o/e?
sut mae dweud ... yn Ffrangeg?
**cwblha, cwblhewch** ...
**llunia, lluniwch** frawddegau gan ddilyn
y patrwm
**edrych/a, edrychwch** yn y geiriadur
**cywira, cywirwch** y gwallau

302

| Français | Cymraeg |
|---|---|
| d'abord | yn gyntaf |
| d'après toi, **vous** | yn **dy** farn **di**, yn **eich** barn **chi** |
| **décide, décidez** qui parle | **penderfyna, penderfynwch** pwy sy'n siarad |
| **décris ta, décrivez votre** maison | **disgrifia dy** dŷ, **disgrifiwch eich** tŷ |
| **demande, demandez** les réponses | **gofyn/na, gofynnwch** am yr atebion |
| **dessine, dessinez** ... | **tyn/na, tynnwch** lun ... |
| **dessine, dessinez** une affiche | **dylunia, dyluniwch** boster |
| **devine, devinez** de qui / quoi on parle | **dyfala, dyfalwch** pwy / beth sy dan sylw |
| **dis, dites** pourquoi | **dywed/a, dywedwch** pam |
| **discute, discutez** | **trafod/a, trafodwch** |
| **distribue, distribuez** les livres | **rho, rhowch** y llyfrau allan |
| **donne ton, donnez votre** avis | **mynega dy** farn, **mynegwch eich** barn |
| **dresse, dressez** une liste | **gwna, gwnewch** restr |
| | |
| **écoute, écoutez** bien | **gwrando/-da, gwrandewch** yn astud |
| **écoute, écoutez** –le/–la/–les | **gwrando/-da, gwrandewch** arno/arni/arnyn nhw |
| | |
| **écris, écrivez** les légendes qui manquent | **ysgrifenna, ysgrifennwch** y penawdau sy ar goll |
| | |
| en équipes / groupes | mewn timau / grwpiau |
| en quel ordre | ym mha drefn |
| **enregistre, enregistrez** la conversation sur cassette | **recordia, recordiwch** y sgwrs ar gasét |
| **essaie, essayez** de répondre | **ceisia, ceisiwch** ateb |
| **essuie, essuyez** le tableau | **glanha, glanhewch** y bwrdd du |
| **es–tu** prêt(e), **êtes–vous** prêt(e)(s)? | **wyt ti'n, ydych chi'n** barod? |
| **éteins, éteignez** l'ordinateur / le projecteur | **tro, trowch** y cyfrifiadur/y taflunydd i ffwrdd |
| **explique, expliquez** | **eglura, eglurwch** |
| | |
| **fais, faites** marcher le magnétophone | **tro, trowch** y recordydd tâp ymlaen |
| **fais, faites** une liste | **gwna, gwnewch** restr |
| **fais, faites** une pub | **llunia, lluniwch** hysbyseb |
| **fais, faites** voir **ton, votre** travail | **gad, gadewch** i mi weld **dy** waith, **eich** gwaith |
| **ferme, fermez** le livre | **cau/caea, caewch** y llyfr |
| | |
| il faut ... | rhaid ... |
| il y a combien de ... ? | faint o / sawl ... sy 'na? |
| il y a une erreur dans chaque phrase | mae gwall ym mhob brawddeg |
| **imagine, imaginez** ... | **dychmyga, dychmygwch** |
| **indique, indiquez** par une croix | **dangos/a, dangoswch** â chroes |
| **inscris, inscrivez** le numéro | **ysgrifenna, ysgrifennwch** y rhif |
| **interroge, interrogez** | **hola, holwch** ... |
| **invente, inventez** un jeu | **dyfeisia, dyfeisiwch** gêm |

| | |
|---|---|
| joue, jouez | chwarae/a, chwaraewch; actia, actiwch |
| lis, lisez attentivement / à haute voix | darllen/a, darllenwch yn ofalus / yn uchel |
| lis, lisez les bulles / les conseils | darllen/a, darllenwch y swigod siarad / y cynghorion |
| mélange, mélangez les cartes | cymysga, cymysgwch y cardiau |
| mets, mettez les ... dans le bon ordre | rho, rhowch y ... yn y drefn iawn |
| mettez–vous en groupes | trefnwch eich hunain mewn grwpiau |
| mime, mimez la phrase | meimia, meimiwch y frawddeg |
| montre, montrez ... | dangos/a, dangoswch ... |
| note, notez les détails | noda, nodwch y manylion |
| note, notez les mots/ les réponses | ysgrifenna, ysgrifennwch y geiriau / yr atebion |
| n'oublie, n'oubliez pas | paid, peidiwch ag anghofio; cofia, cofiwch |
| observe, observez | sylwa,sylwch (ar) |
| on va faire un jeu | rydyn ni'n, rydych chi'n mynd i chwarae gêm |
| ouvre, ouvrez le livre | agor/a, agorwch y llyfr |
| peux–tu, pouvez–vous ... ? | elli di, ellwch chi ... ? |
| place, placez ... | rho, rhowch ... |
| plie, pliez la feuille | plyg/a, plygwch y ddalen |
| pose, posez des questions à ... | gofyn/na, gofynnwch gwestiynau i ... |
| pour t'aider, vous aider | i'th, i'ch helpu |
| pour trouver les réponses | i ddod o hyd i'r atebion |
| prends, prenez des notes | gwna, gwnewch nodiadau |
| prends, prenez la parole | siarad/a, siaradwch |
| prends, prenez la place de ... | cymer/a, cymerwch le ... |
| prépare, préparez ... | paratô/-toa, paratowch ... |
| présente–le/–la/–les | cyflwyna fo,fe / hi / nhw |
| présentez–le/–la/–les | cyflwynwch o,e / hi / nhw |
| que disent–ils/elles? | beth maen nhw'n ei ddweud? |
| qu'est–ce que ça veut dire? | beth mae hynny'n ei olygu/feddwl? |
| qu'est–ce que c'est? | beth ydy o/yw e? |
| qu'est–ce qu'il y a? | beth sy'n bod? |
| quel est le meilleur? | pa un ydy'r/yw'r gorau? |
| quelle question veux–tu, voulez–vous poser? | pa gwestiwn wyt ti, ydych chi am ei ofyn? |
| quelles sont les bonnes réponses? | pa rai ydy'r/yw'r atebion cywir? |
| qui parle? | pwy sy'n siarad? |
| qui veut commencer? | pwy sydd am ddechrau? |

raconte, racontez
range, rangez le magnétophone

recopie, recopiez les phrases
rectifie, rectifiez les erreurs
rédige, rédigez un rapport
regarde, regardez les images
relie, reliez les mots

relis, relisez
remets, remettez les ... dans le bon ordre
remplis, remplissez les blancs
répète, répétez

réponds, répondez
retourne à ta, retournez à votre(vos) place(s)
retrouve, retrouvez ...
révise, révisez

sais–tu, savez–vous quoi dire?

sans regarder la page
selon le modèle
selon **toi, vous**
si **tu veux, vous voulez**
**suis, suivez** les instructions

tour à tour
**tourne, tournez** à la page ...
**traduis, traduisez** ...
**travaille, travaillez** avec un(e) partenaire
**trouve, trouvez** ...
**tu as, vous avez** fini?
**tu comprends, vous comprenez**?
**tu dois, vous devez** deviner
**tu peux, vous pouvez** ...

**utilise, utilisez** la grille pour **t'**aider, **vous** aider

**va, allez** chercher le magnétophone

**vérifie tes, vérifiez vos** réponses avec un(e) ami(e)
**viens, venez** ici
voici quelques phrases pour **t'**aider, **vous** aider
vous avez fini?
vous comprenez?
vous devez deviner
vous pouvez ...
vrai ou faux?

---

dywed/a, dywedwch hanes ...
cadw/a, cadwch y recordydd tâp
rho, rhowch y recordydd tâp i gadw
copïa, copïwch y brawddegau
cywira, cywirwch y gwallau
ysgrifenna, ysgrifennwch adroddiad
edrych/a, edrychwch ar y lluniau
cysyllta, cysylltwch y geiriau cywir â'i gilydd
darllen/a, darllenwch eto
rho, rhowch y ... yn y drefn iawn
llenwa, llenwch y bylchau
dywed/a, dywedwch eto; ailadrodd/a, ailadroddwch
ateb/a, atebwch
dos/cer, ewch yn ôl i'th, i'ch sedd(au)

ceisia, ceisiwch ddod o hyd i ...
adolyga, adolygwch

wyt ti'n, ydych chi'n gwybod beth i'w ddweud?
heb edrych ar y tudalen
yn ôl y patrwm
yn **dy** farn **di**, yn **eich** barn **chi**
os **mynni di**, mynnwch chi
dilyn/a, dilynwch y cyfarwyddiadau

pob un yn ei dro
tro, trowch i dudalen ...
cyfieitha, cyfieithwch ...
gweithia, gweithiwch gyda phartner
ceisia, ceisiwch gael/ddod o hyd i ...
wyt ti, ydych chi wedi gorffen?
wyt ti'n , ydych chi'n deall?
rhaid i ti, rhaid i chi ddyfalu
gelli, gellwch ...

defnyddia, defnyddiwch y grid i'**th**, i'**ch** helpu

dos/cer, ewch i (n)ôl / mo(f)yn y recordydd tâp

gwiria dy, gwiriwch eich atebion gyda ffrind
tyrd/dere, dewch (y)ma
dyma rai brawddegau i'**th**, i'**ch** helpu

ydych chi wedi gorffen?
ydych chi'n deall?
rhaid i chi ddyfalu
gellwch
gwir neu anwir?

| Berfau Rheolaidd -er. | | | | |
|---|---|---|---|---|
| BERFENW | PRESENNOL | PERFFAITH | AMHERFFAITH | DYFODOL |
| **jouer** | je joue | j'ai joué | je jouais | je jouerai |
| *chwarae* | tu joues | tu as joué | tu jouais | tu joueras |
| | il joue | il a joué | il jouait | il jouera |
| jouant | elle joue | elle a joué | elle jouait | elle jouera |
| | nous jouons | nous avons joué | nous jouions | nous jouerons |
| joue! | vous jouez | vous avez joué | vous jouiez | vous jouerez |
| jouons! | ils jouent | ils ont joué | ils jouaient | ils joueront |
| jouez! | elles jouent | elles ont joué | elles jouaient | elles joueront |

| | | | | | | | |
|---|---|---|---|---|---|---|---|
| **aider** | **déjeuner** | **entrer** | **marcher** | **pleurer** | **regarder** | **sauter** | **traverser** |
| **aimer** | **désirer** | **fumer** | **monter** | **porter** | **rentrer** | **sonner** | **trouver** |
| **arriver** | **dessiner** | **gagner** | **montrer** | **poser** | **réparer** | **tomber** | **visiter** |
| **adorer** | **détester** | **habiter** | **oublier** | **pousser** | **réserver** | **toucher** | **voler** |
| **chercher** | **donner** | **inviter** | **parler** | **quitter** | **rester** | **tourner** | |
| **compter** | **durer** | **laver** | **penser** | **raconter** | **rouler** | **travailler** | |
| **danser** | **écouter** | **louer** | | | | | |

| Berfau Rheolaidd -ir. | | | | |
|---|---|---|---|---|
| BERFENW | PRESENNOL | PERFFAITH | AMHERFFAITH | DYFODOL |
| **finir** | je finis | j'ai fini | je finissais | je finirai |
| *gorffen* | tu finis | tu as fini | tu finissais | tu finiras |
| | il finit | il a fini | il finissait | il finira |
| finissant | elle finit | elle a fini | elle finissait | elle finira |
| | nous finissons | nous avons fini | nous finissions | nous finirons |
| finis! | vous finissez | vous avez fini | vous finissiez | vous finirez |
| finissons! | ils finissent | ils ont fini | ils finissaient | ils finiront |
| finissez! | elles finissent | elles ont fini | elles finissaient | elles finiront |

**agrandir / applaudir / atterrir / bâtir / choisir / grandir / remplir / rougir**

| Berfau Rheolaidd -re. | | | | |
|---|---|---|---|---|
| BERFENW | PRESENNOL | PERFFAITH | AMHERFFAITH | DYFODOL |
| **attendre** | j'attends | j'ai attendu | j'attendais | j' attendrai |
| *disgwyl* | tu attends | tu as attendu | tu attendais | tu attendras |
| | il attend | il a attendu | il attendait | il attendra |
| attendant | elle attend | elle a attendu | elle attendait | elle attendra |
| | nous attendons | nous avons attendu | nous attendions | nous attendrons |
| attends! | vous attendez | vous avez attendu | vous attendiez | vous attendrez |
| attendons! | ils attendent | ils ont attendu | ils attendaient | ils attendront |
| attendez! | elles attendent | elles ont attendu | elles attendaient | elles attendront |

**descendre / entendre / rendre / répondre / vendre**

| Berfau Atblygol, ee -se laver | | | | |
|---|---|---|---|---|
| BERFENW | PRESENNOL | PERFFAITH | AMHERFFAITH | DYFODOL |
| **se laver** | je me lave | je me suis lavé(e) | je me lavais | je me laverai |
| *ymolchi* | tu te laves | tu t'es lavé(e) | tu te lavais | tu te laveras |
| | il se lave | il s'est lavé | il se lavait | il se lavera |
| se lavant | elle se lave | elle s'est lavée | elle se lavait | elle se lavera |
| | nous nous lavons | nous nous sommes lavé(e)s | nous nous lavions | nous nous laverons |
| lave-toi! | vous vous lavez | vous vous êtes lavé(e)(s) | vous vous laviez | vous vous laverez |
| lavons-nous! | ils se lavent | ils se sont lavés | ils se lavaient | ils se laveront |
| lavez-vous! | elles se lavent | elles se sont lavées | elles se lavaient | elles se laveront |

| | | | | |
|---|---|---|---|---|
| **s'amuser** | **se coucher** | **se déshabiller** | **s'habiller** | **se peigner** | **se réveiller** |
| **s'arrêter** | **se débrouiller** | **se disputer** | **s'intéresser** | **se raser** | **se sauver** |
| **se baigner** | **se dépêcher** | **se fâcher** | **s'occuper (de)** | **se reposer** | **se trouver** |
| **se brosser** | | | | | |

# Tablau Berfau — Les Verbes

| Berfau Afreolaidd -er (v*) | | | | |
|---|---|---|---|---|
| **BERFENW** | PRESENNOL | PERFFAITH | AMHERFFAITH | DYFODOL |
| **acheter** | j' achète | j'ai acheté | j' achetais | j' achèterai |
| *prynu* | tu achètes | tu as acheté | tu achetais | tu achèteras |
| achetant | il/elle achète | il/elle a acheté | il/elle achetait | il/elle achètera |
| achète! | nous achetons | nous avons acheté | nous achetions | nous achèterons |
| achetons! | vous achetez | vous avez acheté | vous achetiez | vous achèterez |
| achetez! | ils/elles achètent | ils/elles ont acheté | ils/elles achetaient | ils/elles achèteront |

| | | | | |
|---|---|---|---|---|
| **amener** | **emmener** | **geler** | **mener** | **relever** |
| **dégeler** | **enlever** | **lever** | **peler** | **se relever** |
| **se dégeler** | **épeler** | **se lever** | **ramener** | **soulever** |

| | | | | |
|---|---|---|---|---|
| **appeler** | j' appelle | j'ai appelé | j' appelais | j' appellerai |
| *galw* | tu appelles | tu as appelé | tu appelais | tu appelleras |
| appelant | il/elle appelle | il/elle a appelé | il/elle appelait | il/elle appellera |
| appelle! | nous appelons | nous avons appelé | nous appelions | nous appellerons |
| appelons! | vous appelez | vous avez appelé | vous appeliez | vous appellerez |
| appelez! | ils/elles appellent | ils/elles ont appelé | ils/elles appelaient | ils/elles appelleront |

**s'appeler / rappeler / se rappeler**

| | | | | |
|---|---|---|---|---|
| **commencer** | je commence | j'ai commencé | je commençais | je commencerai |
| *dechrau* | tu commences | tu as commencé | tu commençais | tu commenceras |
| commençant | il/elle commence | il/elle a commencé | il/elle commençait | il/elle commencera |
| commence! | nous commençons | nous avons commencé | nous commencions | nous commencerons |
| commençons! | vous commencez | vous avez commencé | vous commenciez | vous commencerez |
| commencez! | ils/elles commencent | ils/elles ont commencé | ils/elles commençaient | ils/elles commenceront |

| | | | | | | |
|---|---|---|---|---|---|---|
| **annoncer** | **s'avancer** | **effacer** | **influencer** | **menacer** | **remplacer** | **tracer** |
| **avancer** | **divorcer** | **s'exercer** | **lancer** | **recommencer** | **renoncer** | |

| | | | | |
|---|---|---|---|---|
| **espérer** | j' espère | j'ai espéré | j'espérais | j'espérerai |
| *gobeithio* | tu espères | tu as espéré | tu espérais | tu espéreras |
| espérant | il/elle espère | il/elle a espéré | il/elle espérait | il/elle espérera |
| espère! | nous espérons | nous avons espéré | nous espérions | nous espérerons |
| espérons! | vous espérez | vous avez espéré | vous espériez | vous espérerez |
| espérez! | ils/elles espèrent | ils/elles ont espéré | ils/elles espéraient | ils/elles espéreront |

| | | | | | | |
|---|---|---|---|---|---|---|
| **céder** | **différer** | **s'inquiéter** | **préférer** | **protéger** | **répéter** | **sécher** |
| **considérer** | **exagérer** | **lécher** | **posséder** | **régler** | **révéler** | **suggérer** |

| | | | | |
|---|---|---|---|---|
| **jeter** | je jette | j'ai jeté | je jetais | je jetterai |
| *taflu* | tu jettes | tu as jeté | tu jetais | tu jetteras |
| jetant | il/elle jette | il/elle a jeté | il/elle jetait | il/elle jettera |
| jette! | nous jetons | nous avons jeté | nous jetions | nous jetterons |
| jetons! | vous jetez | vous avez jeté | vous jetiez | vous jetterez |
| jetez! | ils/elles jettent | ils/elles ont jeté | ils/elles jetaient | ils/elles jetteront |

**hoqueter / rejeter / voleter**

| **BERFENW** | PRESENNOL | PERFFAITH | AMHERFFAITH | DYFODOL |
|---|---|---|---|---|
| **manger** | je mange | j'ai mangé | je mangeais | je mangerai |
| *bwyta* | tu manges | tu as mangé | tu mangeais | tu mangeras |
| mangeant | il/elle mange | il/elle a mangé | il/elle mangeait | il/elle mangera |
| mange! | nous mangeons | nous avons mangé | nous mangions | nous mangerons |
| mangeons! | vous mangez | vous avez mangé | vous mangiez | vous mangerez |
| mangez! | ils/elles mangent | ils/elles ont mangé | ils/elles mangeaient | ils/ellesmangeront |

| | | | | |
|---|---|---|---|---|
| **allonger** | **décharger** | **juger** | **nager** | **ronger** |
| **arranger** | **échanger** | **loger** | **partager** | **voltiger** |
| **changer** | **encourager** | **mélanger** | **ranger** | **voyager** |

# Tablau Berfau — Les Verbes

| payer | je paie | j'ai payé | je payais | je paierai |
|---|---|---|---|---|
| *talu* | tu paies | tu as payé | tu payais | tu paieras |
| payant | il/elle paie | il/elle a payé | il/elle payait | il/elle paiera |
| paie! | nous payons | nous avons payé | nous payions | nous paierons |
| payons! | vous payez | vous avez payé | vous payiez | vous paierez |
| payez! | ils/elles paient | ils/elles ont payé | ils/elles payaient | ils/elles paieront |

| appuyer | employer | s'ennuyer | essuyer | renvoyer |
|---|---|---|---|---|
| balayer | ennuyer | essayer | nettoyer | tutoyer |

| Berfau Afreolaidd (v**) | | | | |
|---|---|---|---|---|
| **BERFENW** | **PRESENNOL** | **PERFFAITH** | **AMHERFFAITH** | **DYFODOL** |
| aller | je vais | je suis allé(e) | j'allais | j'irai |
| *mynd* | tu vas | tu es allé(e) | tu allais | tu iras |
| allant | il/elle va | il est allé | il/elle allait | il/elle ira |
| | | elle est allée | | |
| va! | nous allons | nous sommes allé(e)s | nous allions | nous irons |
| allons! | vous allez | vous êtes allé(e)(s) | vous alliez | vous irez |
| allez! | ils/elles vont | ils sont allés | ils/elles allaient | ils/elles iront |
| **s'en aller** | | elles sont allées | | |

**apprendre** *dysgu* (gweler **prendre**)

| s'asseoir | je m'assieds | je me suis assis(e) | je m'asseyais | je m'assiérai |
|---|---|---|---|---|
| *eistedd* | tu t'assieds | tu t'es assis(e) | tu t'asseyais | tu t'assiéras |
| s'asseyant | il s'assied | il s'est assis | il s'asseyait | il s'assiéra |
| | elle s'assied | elle s'est assise | elle s'asseyait | elle s'assiéra |
| assieds-toi! | nous nous asseyons | nous nous sommes assis(e)s | nous nous asseyions | nousnousassiérons |
| asseyons- | vous vous asseyez | vous vous êtes assis(e)(s) | vous vous asseyiez | vous vous assiérez |
| nous! | ils s'asseyent | ils se sont assis | ils s'asseyaient | ils s'assiéront |
| asseyez-vous! | elles s'asseyent | elles se sont assises | elles s'asseyaient | elles s'assiéront |
| avoir | j'ai | j'ai eu | j'avais | j'aurai |
| *cael* | tu as | tu as eu | tu avais | tu auras |
| ayant | il/elle a | il/elle a eu | il/elle avait | il/elle aura |
| aie! | nous avons | nous avons eu | nous avions | nous aurons |
| ayons! | vous avez | vous avez eu | vous aviez | vous aurez |
| ayez! | ils/elles ont | ils/elles ont eu | ils/elles avaient | ils/elles auront |
| battre | je bats | j'ai battu | je battais | je battrai |
| *taro* | tu bats | tu as battu | tu battais | tu battras |
| battant | il/elle bat | il/elle a battu | il/elle battait | il/elle battra |
| bats! | nous battons | nous avons battu | nous battions | nous battrons |
| battons! | vous battez | vous avez battu | vous battiez | vous battrez |
| battez! | ils/elles battent | ils/elles ont battu | ils/elles battaient | ils/elles battront |
| boire | je bois | j'ai bu | je buvais | je boirai |
| *yfed* | tu bois | tu as bu | tu buvais | tu boiras |
| buvant | il/elle boit | il/elle a bu | il/elle buvait | il/elle boira |
| bois! | nous buvons | nous avons bu | nous buvions | nous boirons |
| buvons! | vous buvez | vous avez bu | vous buviez | vous boirez |
| buvez! | ils/elles boivent | ils/elles ont bu | ils/elles buvaient | ils/elles boiront |

**comprendre** *deall* (gweler **prendre**)

| conduire | je conduis | j'ai conduit | je conduisais | je conduirai |
|---|---|---|---|---|
| *gyrru* | tu conduis | tu as conduit | tu conduisais | tu conduiras |
| conduisant | il/elle conduit | il/elle a conduit | il/elle conduisait | il/elle conduira |
| conduis! | nous conduisons | nous avons conduit | nous conduisions | nous conduirons |
| conduisons! | vous conduisez | vous avez conduit | vous conduisiez | vous conduirez |
| conduisez! | ils/elles conduisent | ils/elles ont conduit | ils/elles conduisaient | ils/elles conduiront |
| connaître | je connais | j'ai connu | je connaissais | je connaîtrai |
| *adnabod* | tu connais | tu as connu | tu connaissais | tu connaîtras |
| connaissant | il/elle connaît | il/elle a connu | il/elle connaissait | il/elle connaîtra |
| connais! | nous connaissons | nous avons connu | nous connaissions | nous connaîtrons |
| connaissons! | vous connaissez | vous avez connu | vous connaissiez | vous connaîtrez |
| connaissez! | ils/elles connaissent | ils/elles ont connu | ils/elles connaissaient | ils/elles connaîtront |

# Tablau Berfau — Les Verbes

| Berfau Afreolaidd (v**) | | | | |
|---|---|---|---|---|
| **BERFENW** | **PRESENNOL** | **PERFFAITH** | **AMHERFFAITH** | **DYFODOL** |
| **construire** *adeiladu* (gweler **conduire**) | | | | |
| **coudre** | je couds | j'ai cousu | je cousais | je coudrai |
| *gwnio* | tu couds | tu as cousu | tu cousais | tu coudras |
| cousant | il/elle coud | il/elle a cousu | il/elle cousait | il/elle coudra |
| couds! | nous cousons | nous avons cousu | nous cousions | nous coudrons |
| cousons! | vous cousez | vous avez cousu | vous cousiez | vous coudrez |
| cousez! | ils/elles cousent | ils/elles ont cousu | ils/elles cousaient | ils/elles coudront |
| **courir** | je cours | j'ai couru | je courais | je courrai |
| *rhedeg* | tu cours | tu as couru | tu courais | tu courras |
| courant | il/elle court | il/elle a couru | il/elle courait | il/elle courra |
| cours! | nous courons | nous avons couru | nous courions | nous courrons |
| courons! | vous courez | vous avez couru | vous couriez | vous courrez |
| courez! | ils/elles courent | ils/elles ont couru | ils/elles couraient | ils/elles courront |
| **couvrir** (gweler **ouvrir**) | | | | |
| **craindre** | je crains | j'ai craint | je craignais | je craindrai |
| *ofni* | tu crains | tu as craint | tu craignais | tu craindras |
| craignant | il/elle craint | il/elle a craint | il/elle craignait | il/elle craindra |
| crains! | nous craignons | nous avons craint | nous craignions | nous craindrons |
| craignons! | vous craignez | vous avez craint | vous craigniez | vous craindrez |
| craignez! | ils/elles craignent | ils/elles ont craint | ils/elles craignaient | ils/elles craindront |
| **croire** | je crois | j'ai cru | je croyais | je croirai |
| *credu* | tu crois | tu as cru | tu croyais | tu croiras |
| croyant | il/elle croit | il/elle a cru | il/elle croyait | il/elle croira |
| crois! | nous croyons | nous avons cru | nous croyions | nous croirons |
| croyons! | vous croyez | vous avez cru | vous croyiez | vous croirez |
| croyez! | ils/elles croient | ils/elles ont cru | ils/elles croyaient | ils/elles croiront |
| **cuire** *coginio* (gweler **conduire**) | | | | |
| **découvrir** *darganfod* (gweler **ouvrir**) | | | | |
| **devenir** *dod yn / troi yn* (gweler **venir**) | | | | |
| **devoir** | je dois | j'ai dû | je devais | je devrai |
| *bod rhaid* | tu dois | tu as dû | tu devais | tu devras |
| devant | il/elle doit | il/elle a dû | il/elle devait | il/elle devra |
| dois! | nous devons | nous avons dû | nous devions | nous devrons |
| devons! | vous devez | vous avez dû | vous deviez | vous devrez |
| devez! | ils/elles doivent | ils/elles ont dû | ils/elles devaient | ils/elles devront |
| **dire** | je dis | j'ai dit | je disais | je dirai |
| *dweud* | tu dis | tu as dit | tu disais | tu diras |
| disant | il/elle dit | il/elle a dit | il/elle disait | il/elle dira |
| dis! | nous disons | nous avons dit | nous disions | nous dirons |
| disons! | vous dites | vous avez dit | vous disiez | vous direz |
| dites! | ils/elles disent | ils/elles ont dit | ils/elles disaient | ils/elles diront |
| **dormir** | je dors | j'ai dormi | je dormais | je dormirai |
| *cysgu* | tu dors | tu as dormi | tu dormais | tu dormiras |
| dormant | il/elle dort | il/elle a dormi | il/elle dormait | il/elle dormira |
| dors! | nous dormons | nous avons dormi | nous dormions | nous dormirons |
| dormons! | vous dormez | vous avez dormi | vous dormiez | vous dormirez |
| dormez! | ils/elles dorment | ils/elles ont dormi | ils/elles dormaient | ils/elles dormiront |

# Tableau Berfau — Les Verbes

| Berfau Afreolaidd v** | | | | |
|---|---|---|---|---|
| **BERFENW** | **PRESENNOL** | **PERFFAITH** | **AMHERFFAITH** | **DYFODOL** |
| **écrire** | j'écris | j'ai écrit | j'écrivais | j'écrirai |
| *ysgrifennu* | tu écris | tu as écrit | tu écrivais | tu écriras |
| écrivant | il/elle écrit | il/elle a écrit | il/elle écrivait | il/elle écrira |
| écris! | nous écrivons | nous avons écrit | nous écrivions | nous écrirons |
| écrivons! | vous écrivez | vous avez écrit | vous écriviez | vous écrirez |
| écrivez! | ils/elles écrivent | ils/elles ont écrit | ils/elles écrivaient | ils/elles écriront |
| **envoyer** | j'envoie | j'ai envoyé | j'envoyais | j'enverrai |
| *anfon* | tu envoies | tu as envoyé | tu envoyais | tu enverras |
| envoyant | il/elle envoie | il/elle a envoyé | il/elle envoyait | il/elle enverra |
| envoie! | nous envoyons | nous avons envoyé | nous envoyions | nous enverrons |
| envoyons! | vous envoyez | vous avez envoyé | vous envoyiez | vous enverrez |
| envoyez! | ils/elles envoient | ils/elles ont envoyé | ils/elles envoyaient | ils/elles enverront |
| **éteindre** | j'éteins | j'ai éteint | j'éteignais | j'éteindrai |
| *diffodd* | tu éteins | tu as éteint | tu éteignais | tu éteindras |
| éteignant | il/elle éteint | il/elle a éteint | il/elle éteignait | il/elle éteindra |
| éteins! | nous éteignons | nous avons éteint | nous éteignions | nous éteindrons |
| éteignons! | vous éteignez | vous avez éteint | vous éteigniez | vous éteindrez |
| éteignez! | ils/elles éteignent | ils/elles ont éteint | ils/elles éteignaient | ils/elles éteindront |
| **être** | je suis | j'ai été | j'étais | je serai |
| *bod* | tu es | tu as été | tu étais | tu seras |
| étant | il/elle est | il/elle a été | il/elle était | il/elle sera |
| sois! | nous sommes | nous avons été | nous étions | nous serons |
| soyons! | vous êtes | vous avez été | vous étiez | vous serez |
| soyez! | ils/elles sont | ils/elles ont été | ils/elles étaient | ils/elles seront |
| **faire** | je fais | j'ai fait | je faisais | je ferai |
| *gwneud* | tu fais | tu as fait | tu faisais | tu feras |
| faisant | il/elle fait | il/elle a fait | il/elle faisait | il/elle fera |
| fais! | nous faisons | nous avons fait | nous faisions | nous ferons |
| faisons! | vous faites | vous avez fait | vous faisiez | vous ferez |
| faites! | ils/elles font | ils/elles ont fait | ils/elles faisaient | ils/elles feront |
| **falloir** | il faut | il a fallu | il fallait | il faudra |
| *bod rhaid* | | | | |
| **lire** | je lis | j'ai lu | je lisais | je lirai |
| *darllen* | tu lis | tu as lu | tu lisais | tu liras |
| lisant | il/elle lit | il/elle a lu | il/elle lisait | il/elle lira |
| lis! | nous lisons | nous avons lu | nous lisions | nous lirons |
| lisons! | vous lisez | vous avez lu | vous lisiez | vous lirez |
| lisez! | ils/elles lisent | ils/elles ont lu | ils/elles lisaient | ils/elles liront |
| **mettre** | je mets | j'ai mis | je mettais | je mettrai |
| *rhoi* | tu mets | tu as mis | tu mettais | tu mettras |
| mettant | il/elle met | il/elle a mis | il/elle mettait | il/elle mettra |
| mets! | nous mettons | nous avons mis | nous mettions | nous mettrons |
| mettons! | vous mettez | vous avez mis | vous mettiez | vous mettrez |
| mettez! | ils/elles mettent | ils/elles ont mis | ils/elles mettaient | ils/elles mettront |
| **mourir** | je meurs | je suis mort(e) | je mourais | je mourrai |
| *marw* | tu meurs | tu es mort(e) | tu mourais | tu mourras |
| mourant | il/elle meurt | il est mort | il/elle mourait | il/elle mourra |
| | | elle est morte | | |
| meurs! | nous mourons | nous sommes mort(e)s | nous mourions | nous mourrons |
| mourons! | vous mourez | vous êtes mort(e)(s) | vous mouriez | vous mourrez |
| mourez! | ils/elles meurent | ils sont morts | ils/elles mouraient | ils/elles mourront |
| | | elles sont mortes | | |

# Tablau Berfau — Les Verbes

| Berfau Afreolaidd v** | | | | |
|---|---|---|---|---|
| BERFENW | PRESENNOL | PERFFAITH | AMHERFFAITH | DYFODOL |
| **naître** | je nais | je suis né(e) | je naissais | je naîtrai |
| *geni* | tu nais | tu es né(e) | tu naissais | tu naîtras |
| naissant | il/elle naît | il est né | il/elle naissait | il/elle naîtra |
| | | elle est née | | |
| | nous naissons | nous sommes né(e)s | nous naissions | nous naîtrons |
| | vous naissez | vous êtes né(e)(s) | vous naissiez | vous naîtrez |
| | ils/elles naissent | ils sont nés | ils/elles naissaient | ils/elles naîtront |
| | | elles sont nées | | |
| **offrir** *rhoi / cynnig* (gweler **ouvrir**) | | | | |
| **ouvrir** | j'ouvre | j'ai ouvert | j'ouvrais | j'ouvrirai |
| *agor* | tu ouvres | tu as ouvert | tu ouvrais | tu ouvriras |
| ouvrant | il/elle ouvre | il/elle a ouvert | il/elle ouvrait | il/elle ouvrira |
| ouvre! | nous ouvrons | nous avons ouvert | nous ouvrions | nous ouvrirons |
| ouvrons! | vous ouvrez | vous avez ouvert | vous ouvriez | vous ouvrirez |
| ouvrez! | ils/elles ouvrent | ils/elles ont ouvert | ils/elles ouvraient | ils/elles ouvriront |
| **paraître** *ymddangos* (gweler **connaître**) | | | | |
| **partir** | je pars | je suis parti(e) | je partais | je partirai |
| *ymadael* | tu pars | tu es parti(e) | tu partais | tu partiras |
| partant | il/elle part | il est parti | il/elle partait | il/elle partira |
| | | elle est partie | | |
| pars! | nous partons | nous sommes parti(e)s | nous partions | nous partirons |
| partons! | vous partez | vous êtes parti(e)(s) | vous partiez | vous partirez |
| partez! | ils/elles partent | ils sont partis | ils/elles partaient | ils/elles partiront |
| | | elles sont parties | | |
| **pleuvoir** | il pleut | il a plu | il pleuvait | il pleuvra |
| *bwrw glaw* | | | | |
| pleuvant | | | | |
| **pouvoir** | je peux | j'ai pu | je pouvais | je pourrai |
| *gallu* | tu peux | tu as pu | tu pouvais | tu pourras |
| pouvant | il/elle peut | il/elle a pu | il/elle pouvait | il/elle pourra |
| | nous pouvons | nous avons pu | nous pouvions | nous pourrons |
| | vous pouvez | vous avez pu | vous pouviez | vous pourrez |
| | ils/elles peuvent | ils/elles ont pu | ils/elles pouvaient | ils/elles pourront |
| **prendre** | je prends | j'ai pris | je prenais | je prendrai |
| *cymryd* | tu prends | tu as pris | tu prenais | tu prendras |
| prenant | il/elle prend | il/elle a pris | il/elle prenait | il/elle prendra |
| prends! | nous prenons | nous avons pris | nous prenions | nous prendrons |
| prenons! | vous prenez | vous avez pris | vous preniez | vous prendrez |
| prenez! | ils/elles prennent | ils/elles ont pris | ils/elles prenaient | ils/elles prendront |
| **recevoir** | je reçois | j'ai reçu | je recevais | je recevrai |
| *derbyn* | tu reçois | tu as reçu | tu recevais | tu recevras |
| recevant | il/elle reçoit | il/elle a reçu | il/elle recevait | il/elle recevra |
| reçois! | nous recevons | nous avons reçu | nous recevions | nous recevrons |
| recevons! | vous recevez | vous avez reçu | vous receviez | vous recevrez |
| recevez! | ils/elles reçoivent | ils/elles ont reçu | ils/elles recevaient | ils/elles recevront |
| **reconnaître** *adnabod* (gweler **connaître**) | | | | |
| **revenir** *dychwelyd* (gweler **venir**) | | | | |

# Tablau Berfau — Les Verbes

| Berfau Afreolaidd v** | | | | |
|---|---|---|---|---|
| BERFENW | PRESENNOL | PERFFAITH | AMHERFFAITH | DYFODOL |
| **rire** | je ris | j'ai ri | je riais | je rirai |
| *chwerthyn* | tu ris | tu as ri | tu riais | tu riras |
| riant | il/elle rit | il/elle a ri | il/elle riait | il/elle rira |
| ris! | nous rions | nous avons ri | nous riions | nous rirons |
| rions! | vous riez | vous avez ri | vous riiez | vous rirez |
| riez! | ils/elles rient | ils/elles ont ri | ils/elles riaient | ils/elles riront |
| **savoir** | je sais | j'ai su | je savais | je saurai |
| *gwybod* | tu sais | tu as su | tu savais | tu sauras |
| sachant | il/elle sait | il/elle a su | il/elle savait | il/elle saura |
| sache! | nous savons | nous avons su | nous savions | nous saurons |
| sachons! | vous savez | vous avez su | vous saviez | vous saurez |
| sachez! | ils/elles savent | ils/elles ont su | ils/elles savaient | ils/elles sauront |
| **sortir** *mynd allan* (gweler **partir**) | | | | |
| **suivre** | je suis | j'ai suivi | je suivais | je suivrai |
| *dilyn* | tu suis | tu as suivi | tu suivais | tu suivras |
| suivant | il/elle suit | il/elle a suivi | il/elle suivait | il/elle suivra |
| suis! | nous suivons | nous avons suivi | nous suivions | nous suivrons |
| suivons! | vous suivez | vous avez suivi | vous suiviez | vous suivrez |
| suivez! | ils/elles suivent | ils/elles ont suivi | ils/elles suivaient | ils/elles suivront |
| **tenir** *dal / cydio* (gweler **venir**) | | | | |
| **venir** | je viens | je suis venu(e) | je venais | je viendrai |
| *dod* | tu viens | tu es venu(e) | tu venais | tu viendras |
| venant | il/elle vient | il est venu | il/elle venait | il/elle viendra |
| | | elle est venue | | |
| viens! | nous venons | nous sommes venu(e)s | nous venions | nous viendrons |
| venons! | vous venez | vous êtes venu(e)(s) | vous veniez | vous viendrez |
| venez! | ils/elles viennent | ils sont venus | ils/elles venaient | ils/elles viendront |
| | | elles sont venues | | |
| **vivre** | je vis | j'ai vécu | je vivais | je vivrai |
| *byw* | tu vis | tu as vécu | tu vivais | tu vivras |
| vivant | il/elle vit | il/elle a vécu | il/elle vivait | il/elle vivra |
| vis! | nous vivons | nous avons vécu | nous vivions | nous vivrons |
| vivons! | vous vivez | vous avez vécu | vous viviez | vous vivrez |
| vivez! | ils/elles vivent | ils/elles ont vécu | ils/elles vivaient | ils/elles vivront |
| **voir** | je vois | j'ai vu | je voyais | je verrai |
| *gweld* | tu vois | tu as vu | tu voyais | tu verras |
| voyant | il/elle voit | il/elle a vu | il/elle voyait | il/elle verra |
| vois! | nous voyons | nous avons vu | nous voyions | nous verrons |
| voyons! | vous voyez | vous avez vu | vous voyiez | vous verrez |
| voyez! | ils/elles voient | ils/elles ont vu | ils/elles voyaient | ils/elles verront |
| **vouloir** | je veux | j'ai voulu | je voulais | je voudrai |
| *eisiau* | tu veux | tu as voulu | tu voulais | tu voudras |
| voulant | il/elle veut | il/elle a voulu | il/elle voulait | il/elle voudra |
| veuille! | nous voulons | nous avons voulu | nous voulions | nous voudrons |
| veuillons! | vous voulez | vous avez voulu | vous vouliez | vous voudrez |
| veuillez! | ils/elles veulent | ils/elles ont voulu | ils/elles voulaient | ils/elles voudront |